问道改革

宋志平◎编著

中国财富出版社

图书在版编目（CIP）数据

问道改革／宋志平编著 . —北京：中国财富出版社，2018.11（2022.6 重印）

ISBN 978－7－5047－6794－3

Ⅰ.①问…　Ⅱ.①宋…　Ⅲ.①宋志平—访问记 ②国有企业—企业改革—研究—中国　Ⅳ.①K825.38 ②F279.241

中国版本图书馆 CIP 数据核字（2018）第 256863 号

策划编辑	郑晓雯	**责任编辑**	张红燕　郭　莹　沈安琪		
责任印制	尚立业	**责任校对**	卓闪闪	**责任发行**	董　倩

出版发行	中国财富出版社		
社　　址	北京市丰台区南四环西路 188 号 5 区20 楼	**邮政编码**	100070
电　　话	010－52227588 转 2098（发行部）	010－52227588 转 321（总编室）	
	010－52227566（24 小时读者服务）	010－52227588 转 305（质检部）	
网　　址	http://www.cfpress.com.cn		
经　　销	新华书店		
印　　刷	宝蕾元仁浩（天津）印刷有限公司		
书　　号	ISBN 978－7－5047－6794－3/F · 2965		
开　　本	710mm×1000mm　1/16	**版　　次**	2018 年 11 月第 1 版
印　　张	26.5	**印　　次**	2022 年 6 月第 7 次印刷
字　　数	418 千字	**定　　价**	79.00 元

惟改革者进，惟创新者强，惟改革创新者胜。

——习近平

序

中国改革开放 40 年，国有企业改革也进行了 40 年，都取得了举世瞩目的伟大成就。但中国采取的是渐进式改革，至今改革还没有到位。其中，国有企业的进一步改革仍是牵动全局的一个核心问题。

温故而知新。如果回到原点看一看国有企业为什么要改革、改革的基本命题是什么，也许能帮助我们加深对党多年来关于国有企业改革理论政策的理解。

1992 年春，邓小平南方谈话破解了长期困扰我们的"计划与市场""姓资与姓社"的纠结，全党实现了又一次思想大解放。在此基础上，党的十四大确立了中国经济体制的改革目标是建立社会主义市场经济体制。这是一项影响长远、具有重大里程碑意义的战略抉择。与之相对应，国有企业改革的基本命题就由计划经济体制下的放开搞活，转向公有制、国有经济能不能与市场经济相融合，在公有制、国有经济的范畴能不能构造出千万个独立的市场主体，保障市场在配置资源中起到基础性作用。

1993 年党的十四届三中全会与之后党和国家涉及经济体制改革的几乎所有重要文件都有针对破解如上难题的理论和政策突破。

梳理党和国家这些重要文件，可以看出破解这一难题主要围绕三个要点：第一，建立现代企业制度，完善有效的公司治理结构；第二，调整国有经济的结构和功能，实现政企分开；第三，改革国有资产实现形式，建立适应市场经济的国有资产管理体制。这三个要点相互关联，但进展参差不齐。总体上看，改革至今还未到位。党的十八届三中全会提出管资本为主、积极发展混合所有制、健全公司法人治理结构和划转部分国有资本充实社会保障基金等，在国有企业改革的理论政策上又有了新的突破。

在纪念改革开放40年之际，认真总结国企改革的成就，理性评估改革发展的态势，结合实际正确理解和执行十八届三中全会理论政策的新突破，有望最终解决公有制、国有经济与市场化配置资源相融合的历史难题，实现十八届三中全会设定的改革目标。

我与宋志平相识于20世纪90年代中期。40年来，他始终扎根国有企业，是国企改革全过程的参与者、实践者和探索者。《问道改革》这本访谈集涵盖了他多年对国企改革的深入思索，记载了丰富的改革案例和对进一步改革的建议，为我们提供了一位国企改革实践者的真知灼见。

早在20多年前，他担任大型企业的厂长时就创新内部管理、力推国企的转机建制，带领企业适应市场、走向市场，并在具备条件时改制上市，使企业焕发出了生机和活力。进入21世纪后，他先后担任中国建材集团总经理、董事长，其中有5年时间同时出任中国建材集团和国药集团两家央企的董事长。他大力推进企业市场化转型、结构重组，同时把两家央企集团带入世界500强。可以说，宋志平是一位国有企业改革成功的实践者，是40年来千万个国有企业改革者中的一个代表人物、一员闯将。

宋志平深知传统国企的弊病，也深知国企发展的动力在于改革。在长期的企业实践中，他从市场的角度看国企，从改革全局看企业的改革，坚持以改革求发展。他注意学习与研究党和国家的相关政策，结合企业实际组织推进了所在企业的"央企市营"、混合所有制、共享机制等重大改革试点。有人说他是国企改革的探路者、铺路石，这个评价是中肯的。

难能可贵的是，在承受巨大工作压力的同时，他勤于思考、勇于创新，承担了多项改革试点和课题研究，笔耕不辍。他在实践中进行思考，在深思熟虑中推进改革，在企业的市场化改革、建立适应市场经济的体制机制，以及产权多元化、公司制改制、治理结构现代化等方面有着深入思考与成功探索。文集中许多观点来源于实践，又在实践中被检验和修正，因而其提出的一些见解就显得十分珍贵。

党的十八届三中全会之后，他进一步把国有企业市场化与国有资产资本化看作国企改革的两件大事，在改革思路上有了新的飞跃。一方面，借由混合所有制改革抽丝剥茧，触及国资改革的深层次问题；另一方面，奔着问题纵深推进改革，围绕机制革命、职业经理人制度、弘扬企业家精神等重点难点逐一破题，切中要害，有着重要的现实意义。鉴往知来。《问道改革》是来自国企改革成功实践者的著述，既有思想的高度又接地气，是企业管理者和研究企业的专家学者值得一读的好书。

希望有更多改革者再接再厉，为中国企业改革与发展贡献力量！

陈清泰

2018 年 9 月

（**陈清泰**：第十届、第十一届全国政协常委，国务院发展研究中心原党组书记、副主任）

目录

01

国企改革的关键工作^①

李凡： 2018 年 10 月 9 日，全国国有企业改革座谈会在京召开，刘鹤副总理出席并作了重要讲话，引发社会各界热议，您作为会议的参与者，对这次会议有什么看法？

宋志平： 从 2013 年十八届三中全会开始的新一轮国企改革，把完成阶段目标的时间节点确定到 2020 年，可以说现在已经到了最后冲刺阶段。现在，"1 + N"的顶层设计已经基本完成，国资委和中央企业的各项改革工作正在稳步推进，三个改革示范工程深入开展，央企的十项改革试点进一步深化，双百行动如火如荼，区域性国企国资改革也已全面铺开。全国国有企业改革座谈会指出，"当前国有企业改革正处于一个行动胜过一打纲领的关键阶段，也是改革乘数效应最大的阶段"，需要聚精会神，攻坚克难。在这样的时刻召开高规格的全国国有企业改革座谈会，为国企国资深入改革提纲挈领、指明方向，意义十分重大。

李凡： 和以往的改革会议以及"1 + N"文件相比，这次会议有什么亮点和新的要求吗？

宋志平： 首先，这次会议对十八大以来的国企改革给予了充分肯定，新一轮国企改革不同以往之处在于，更加注重改革的系统性、整体性和协同性，是将顶层设计与试点先行相结合的，中国建材集团承担了国资委央企兼并重组、

---

① 本文原载于《企业观察报》2018 年 10 月 22 日。李凡，《企业观察报》总编辑。

发展混合所有制经济、落实董事会职权、员工持股四项试点任务，今年又有三家子企业进入双百行动。我们在试点中总结提炼了经验做法，也为改革提供了可供借鉴参考的案例。

会议提出要深入贯彻落实习近平总书记关于国有企业改革的重要思想，准确研判国有企业改革发展的国内外环境新变化。针对近年来国内外环境深刻变化，习近平总书记提出的"两个一以贯之"和"三个有利于"的标准，为我们把握国有企业改革发展的国内外环境和国企改革进程树立了指路明灯。习近平总书记提出，坚持党对国有企业的领导是重大政治原则，必须一以贯之；建立现代企业制度是国有企业改革的方向，也必须一以贯之。[①] 推进国有企业改革，要"坚持有利于国有资本保值增值、有利于提高国有经济竞争力、有利于放大国有资本功能的方针"，为国企改革确立了价值判断标准。[②] 进入新时代以来，中国建材集团在强化党对企业领导、不断推进企业改革的同时，高度重视中央有关国企改革战略的承接落实，不断加强对行业企业发展环境新变化的研究，使企业在加强党的领导、现代企业制度建设与国有资本保值增值、增强竞争力、放大国有资本功能等方面始终保持协调推进，始终走在国企改革的前列，取得了丰硕的成果。

其次，这次会议提出了新的重要论断和观点，一是提出了从战略高度认识新时代深化国有企业改革的中心地位，过去我们讲，国企改革是经济体制改革的中心环节，新的提法更加突显了国企改革的战略意义和重要性。二是提出了充分认识增强微观市场主体活力的极端重要性，微观市场主体就是市场中千千万万的企业，这次会议把增强企业活力提高到"极端重要"的位置。三是提出了"完善治理、强化激励、突出主业、提高效率"的新的十六字要求，习总书记以前对混合所有制企业提出的要求，现在成了国企改革的总要求，特别是把激励机制提高到前所未有的高度，点明了通过改革增强企业活力的着力点。

最后，这次会议提出了六个方面的重点任务，每一项都有具体目标，是奔

---

① 人民日报：《习近平：坚持党对国有企业的领导不动摇》，人民网 – 中国共产党新闻网 2016 年 10 月 12 日，http://cpc.people.com.cn/n1/2016/1012/c64094 – 28770427.html。

② 同上。

着问题去的，有很强的针对性，将成为近期改革的行动纲领和指南。

李凡：结合本次会议精神，您认为当前国企改革的关键工作是什么？

宋志平：国企改革的工作林林总总，应先着手抓关键工作，用关键改革的突破带动企业的全面改革工作，起到纲举目张的作用。国企改革的目标是建立适应社会主义市场经济的体制和机制。这次会议提出的六个方面的重点任务，前三项，即中国特色现代国有企业制度建设、混合所有制改革和市场化经营机制，是企业自身能做的，也是加快自身改革最为紧迫的任务；后面三项主要是国资监管机构以及创新转型方面的工作。我认为，结合前三项任务，企业要重点做好现代企业制度的改革、混合所有制改革和企业内部机制的改革三项改革工作。

李凡：很多文件和会议都讲到现代企业制度，现代企业制度主要指的是什么？现在大多数国有企业都已经建立这种制度了吗？

宋志平：现代企业制度的概念伴随着现代企业而产生、发展。从普遍意义上讲，现代企业制度是指现代公司制度，是以产权制度为基础、以公司治理为核心、以内部机制为重点，包括生产运营管理在内的一整套公司运作制度。我国国有企业建立现代企业制度的目标是达到"产权清晰、权责明确、政企分开、管理科学"的要求。现代企业制度中的核心制度是现代公司治理制度，即企业中党组织、股东会、董事会、监事会和经理层的权利、义务、责任和运行制度。

中国特色现代企业制度，"特"就特在把党的领导融入公司治理各环节，把企业党组织内嵌到公司治理结构之中。现代企业制度对所有权和经营权做了分离，对决策权和执行权做了分离，我们建设中国特色现代企业制度，就是要进一步对党组织、股东会、董事会、监事会、经理层等各治理主体的权利、义务和责任进行清楚的界定，保证企业中各层级的权责明确。党组织是领导作用，要把方向、管大局、保落实；董事会是决策作用，依法行使重大决策、选人用人、薪酬分配等权力；监事会是监督作用，围绕重大事项和关键环节强化当期和事中监督；经理层是经营管理作用，行使经营自主权。

按照现代企业制度，在企业中国有股东和任何股东一样，按股权大小说话，所有股东都应严格按照《公司法》行事。在股份制公司中，股东只能通过股东会方式行使权力，公司的董事会对股东会负责而不是单对某个股东负责，部分董事虽是股东推荐的，但必须经股东会选举任命，董事的权力也是股东会授予的。在上市公司中，还加入了独立董事以保护小股东的利益。

现代企业制度中，董事会聘任经理也是董事会法定的权力，坚持党管干部原则要与董事会依法选择经营管理者相结合，既要保证党组织在确定标准、规范程序、参与考察、推荐人选等方面把好关，又要保障董事会依法行使选人、用人权。董事会聘任经理是市场化聘任性质，并不是政府部门行政任命性质，经理层的身份也就随之转换为市场化职业经理人身份，不再有行政级别，其薪酬待遇也应依市场水平而定，真正做到这次座谈会提出的"市场化选聘、契约化管理、差异化薪酬、市场化退出"。

国有企业现代企业制度建设是当前国企改革中的迫切任务。习近平总书记强调，建立现代企业制度是国有企业改革的方向，必须一以贯之。2017 年年底，我国中央企业公司制改制基本完成，为全面深化改革、奠定体制机制基础，国企改革已经实现了历史性突破。目前中国建材集团这样的试点企业正在结合混合所有制改革，进一步巩固和完善现代企业制度建设。随着国有企业国际化步伐的加快，未来国有企业现代企业制度建设仍有许多新的课题。

李凡：这次会议强调抓好混合所有制改革，您曾领导的国药集团和中国建材集团都是央企的混改试点单位，被誉为混合所有制改革的先行者和践行者，对继续深化混合所有制改革您有什么建议？

宋志平：党的十八届三中全会的《决定》① 中，把国有资本和非公资本交叉持股形成的混合所有制作为我国基本经济制度的重要实现形式，既符合我国社会经济发展的实际，也为国有经济发展和国有企业改革指明了方向。我国是社会主义国家，基本经济制度以公有制为主体，国有经济占主导地位，但发展国有经济既可以用国有企业模式，也可以用混合所有制企业中国有股本的模式。换句话说，国有经济的实现形式有两类：一是在公益保障领域由国有企业

---

① 《中共中央关于全面深化改革若干重大问题的决定》，简称《决定》。

实现，目标是做好服务、降低成本、提高效率和减少浪费；二是在竞争领域由混合所有制企业中的国有成分实现，目标是国有资本保值增值。

混合所有制是一种新的所有制形态，既不能看作是传统的国有企业，也不能看作是民营企业，而是一种新型所有制形式。刚刚召开的全国国企改革座谈会上强调，混合所有制企业要切实转换经营机制，这和中国建材集团的实践完全吻合，混合所有制关键在机制转变，混合所有制企业内部机制更加市场化，既有国有企业的实力，又有民营企业的活力，提高了企业竞争力。过去传统的国有企业政企不分，那时的国企都是纯而又纯的，且政府对企业承担无限责任，而在混合所有制企业里，政府的角色也就由无所不包的行政性管理者转化为股东出资人角色，企业则成为由股东出资的市场竞争主体。混合所有制是国民共进的一种经济结构，国有资本和民营资本都作为股东而存在，都以股份说话，按市场规则办事，并不存在谁吃掉谁的问题，大家都在《公司法》下规范运作，都以效益最大化和效率最优化为最终目的，都要维护各自的合法权益。

在混合所有制企业中，无论是在国有绝对控股、相对控股和参股的公司中，国有股东一经投资，其投资就成为公司的法人财产，承担相应债务和责任，股东只承担限于出资的有限责任。国际通行的做法，一般是把国有股持有50%以上股份的企业才视同国有控股企业，而国有股低于50%的企业并不纳入国有控股企业，这样一来，很多竞争领域的上市公司就完全以市场化形式进行竞争。国际上这些通行的做法，对我们进一步发展混合所有制有一定的参考意义。

厉以宁教授指出，"在一定时间里，国有企业、混合所有制企业和民营企业将会三足鼎立，支撑着中国的经济"。既然我们认识到混合所有制是我国基本经济制度的重要实现形式，就应该把混合制企业形态充分确立起来，形成我国国有企业、混合所有制企业、民营企业三足鼎立的微观经济结构，这是我国社会主义市场经济的重要特色，也是我国国企改革四十年来的重大成果。

李凡：您刚才讲到，本次座谈会提出的十六字要求，把强化激励放到更为突出的位置，加强激励才能激发企业活力，您对完善内部激励机制有什么建议？

宋志平：企业内部机制主要指企业经营者、员工和企业之间的关系，以前的内部机制改革主要指企业的人事、分配和用工制度这三项制度的改革，现在的重点改革是引进员工持股、上市公司持股计划、科技型企业的股权与分红权等内部激励机制。其实，机制问题并不只是国有企业所特有的，民营企业、家族企业同样存在着内部机制问题，无数实践证明，没有好的内部机制，无论何种所有制，企业都搞不好。在国有企业改革中，即使实现了股权多元化和现代公司制度，但市场化内部机制并不一定随之而来，因为机制是企业内部进行的企业股东、经营者、员工之间的利益安排。

我们搞股权多元化和公司制改革，实际上解决的是政企分开、产权清晰和权责明确的问题，目的是实现企业的市场主体化和企业制度法治化，但激励机制的建立是企业内部治理内容，也是国企改革的关键。全国国企改革座谈会特别强调，要充分认识增强微观市场主体活力的极端重要性，其中微观市场主体，就是指的具体的每一户企业，增强企业的活力，就是要建立激励机制，充分调动干部员工的积极性。

党在改革初期推行过承包制，实际上是想在不触动所有权的情况下把机制引入企业，当时提出国家大头、企业中头、个人小头的利益分配机制，调动了企业和干部员工的积极性。后来也采取过股票增值权、员工持股、现金奖励等方式，有些取得了很好的效果，但总体上中长期激励的方式和效果还有限。这次全国国企改革座谈会也指出，要加快工资总额管理制度改革，统筹用好员工持股、上市公司持股计划、科技型企业股权分红等中长期激励措施。这是当前国企改革的重点难点问题，是应该"大胆务实向前走"的关键所在。

内部激励机制是企业发展的强大驱动。从外部环境来说，中国企业已经进入全球化竞争新阶段，充分调动企业内部要素特别是人的潜力，是增进国有企业和混合所有制企业创新活力和竞争力的关键。通过改革激励制度，建立多层次的现代激励体系，保护激发企业家、知识型员工和广大干部职工干事创业的热情，是确保企业可持续发展的百年大计。从国有企业发展目标和归宿来看，今天我国已经进入了高质量发展阶段，人们生活逐渐富裕，社会主要矛盾发生变化，国企改革的动力就是满足员工对美好生活的向往，让所有者利益和劳动者利益能够共享。国企经过改革要成为财富共享平台，把物质资本和人力资本的积极性都充分调动起来。我们的干部员工通过在企业辛勤、努力地工作，能够共享企业财富，能够负担子女教育、老人赡养、购房购车等生活成本，在企业里安心工作，在社会上体面地、受人尊重地生活。这样大家才能发自内心地以在国企工作为荣，才能与企业发展荣辱与共、同舟共济。

李凡： 2018 年是国企改革 40 周年，作为国企改革 40 年的亲历者，您有什么希望和期许？

宋志平： 国企改革伴随着我国的改革开放，风雨兼程，至今已经 40 年了。40 年来，国企改革沿着市场化的方向，先后经历了放权让利、建立现代企业制度和加强国有资产集中统一监管等阶段，正面向一个崭新的时代。党的十九大报告对国企改革提出了明确要求，最近召开的国企改革座谈会是将国有企业改革向纵深推进的重要会议，意义重大。

当前，国有企业改革的路线图已经十分清晰，任务和目标也非常明确，下一步，我们就是要按照这些精神、部署，坚定不移地推进改革。中国建材集团是一家有强烈的改革创新精神的企业，我们要在习近平新时代中国特色社会主义思想的指引下，乘着新时代的浩荡东风，以时不我待的精神，不忘初心、牢记使命、坚定信念、敢闯敢干，在深化改革的进程中继续挺立潮头、走在前列，谱写国企改革发展的新篇章！

02

深化国企改革的路径已经清晰①

国有企业改革一路走来，风雨兼程，迄今已经进行了40年。经过放权让利、建立现代企业制度和探索统一的国资监管体制等重要阶段，国有企业解放思想、攻坚克难，改革发展日新月异，贡献担当成绩斐然。

党的十八大以来，国企改革进入了新时代，十八届三中全会的决定和党的十九大报告为国企改革指明了新的方向。十九大报告提出把国有资本做强做优做大，继续深化国有企业改革、发展混合所有制、培育一批具有全球竞争力的世界一流企业，明确了国有企业进一步改革的任务和目标。

围绕新一轮国企改革中以管资本为主、设立国有投资公司、发展混合所有制和建立企业内部机制等几个核心问题，《企业管理》杂志的记者采访了中国企业改革与发展研究会会长、中国建材集团党委书记、董事长宋志平。

以管资本为主是国企改革的重大突破

记者：请您谈一谈对当前国有企业改革的看法。另外，您曾多次提到"新国企"，请问这是什么概念？

宋志平：改革开放40年是我国国有企业告别计划经济体制迈入市场经济体制，进而凤凰涅槃、走向辉煌的过程。进入新时代以来，新型国企在社会主

---

① 本文原载于《企业管理》杂志2018年第10期。

义市场经济中的作用越发强劲。国有企业为什么会有这么大的变化，确实值得研究。对此社会上有两种认识，一种认为国企因为垄断、"吃政府偏饭""国进民退"，所以发展强劲；另一种认为国企传统的体制和机制还是有生命力的，用不着改革，只要坚守就能做得很好。这两种观点都有些偏颇。

其实，改革前的国企确实躺在政府怀里，效率低下，发展缓慢。而今天，国企大都处于竞争领域，并不具备垄断地位。说到底，国企之所以今非昔比，是因为其在改革中摸爬滚打 40 年，终于找到了正确的路子，发生了脱胎换骨的变化。

回顾改革开放初期，由于体制机制不适应市场经济，国企曾经非常困难，国企脱困时的艰难情景还历历在目。那时候要求国企改革的社会压力也很大。国企能有今天，是我们毅然迈向市场，拥抱市场化改革的结果，是几代人心血和汗水的凝结，大家都应看到这一点，承认这一点。

我们常讲的"新国企"，是指国企引入了现代产权制度和市场化的体制机制。此国企非彼国企，这些新国企既不像外国人想象的那样，是纯而又纯的国有独资企业，也不像有些人以为的那样，是完全靠国家输血、靠垄断和传统体制机制支撑起来的。

现在的中国国企是经历了改革开放、经历了市场化改革的国有企业，其中多数都上市了。中央企业将近 70% 的资产在上市公司，地方国企也有很多上市公司，这意味着产权的多元化，意味着国有企业接受了市场化改造，接受了市场规则，所以才有了今天的辉煌。

举例来说，中国建材集团在总股本中的国有资本只占 30%，非公资本和社会资本占 70%。新国企，"新"在产权制度上，是多元化产权制度下的国企，是被市场化了的、被股份化了的、被混合化了的国企，要从这个角度来理解国企变化。

新国企从产权制度、公司制度，从体制机制的根子上发生了改变，与市场接轨后焕发出勃勃生机。这就是新国企真正的内核，这个内核就是市场化改革，市场化改革的内核则是产权制度的革新。

记者：新一轮国有企业改革"新"在何处？当前国有企业改革有哪些关键

突破？

宋志平：中国国企经历了 40 年改革，中间有过不少波折，但国有企业和社会主义市场体系最终都发展起来了。按照十八届三中全会的判断，我国国有企业总体上已经同市场经济相融合。党的十八大、十九大以来，可以进一步讲，我国国有企业改革的路子基本上走通了。

中国是社会主义国家，要坚持"两个毫不动摇"，要以公有制为主体、国有经济为主导，这是基本经济制度决定的。但怎样才能把公有制为主体、公有制和多种所有制共同发展的基本经济制度跟市场接轨，实现方式是什么？这就是改革的出发点和难点所在。

做不到政企分开，企业就不能成为真正的市场主体。过去我们实行计划经济，政企不分，效率低下，问题不少。进入社会主义市场经济后，由市场配置资源，企业要成为有竞争力的市场主体，就不能再作为政府的附属物。

明确了政企分开的要求，还有一个怎么分开的问题，另外分开了之后怎样管控国有企业也需要找到解决办法。西方遇到过类似问题，他们的解决方案是将国有企业私有化。中国是社会主义国家，不能靠私有化解决问题，必须探索出一条既要发展壮大国有经济，又要政企分开，让国有企业成为市场竞争主体的道路。国企改革这么多年来一直在探索的就是这件事情。

党的十八大到党的十九大这几年，国企改革的实践探索和理论创新双管齐下，在这个关键问题上终于实现了突破，打通了改革"最后一公里"。过去，国有资产监管的工作重心落在"管企业"上，十八届三中全会提出完善国有资产监管体系，以管资本为主加强国有资产监管，改革国有资产授权经营体制，准确界定国有企业功能定位，这是 40 年改革的最新成果。

党的十九大进一步讲清了这个问题，要把国有资本做强做优做大，不是要把每一家国企都做强做优做大，优胜劣汰、要素转移，符合市场经济竞争择优的规律。如何做强做优做大国有资本？思路是改革监管体制，过去国资委是管人管事管资产，既做"婆婆"又做"老板"，现在要以管资本为主，真正回到作为出资者和管理人的角色，抓住监管体制问题的核心。

在市场经济中，监管部门到底如何实现管资本？国有资本的投资载体是什么？如何让国有资本做强做优做大？党的十八大、十九大提出改组组建国有资本投资运营公司、发展混合所有制、培育一批具有国际竞争力的世界一流企业，目标是做强做优做大国有资本。这就是当前国企改革的新意所在和重大突破。

记者： 当前国有企业改革在目标模式上的突破体现在什么地方？

宋志平： 首先是用管资本为主的方式实现国有资本做强做优做大的目标。国家作为出资人，用资本运营的方式发展国有经济，这是一个重大突破。国企改革40年来，最初我们放权让利，但是政企不分，困扰不断。后来建立现代企业制度，提出了十六个字要求：产权清晰、权责明确、政企分开、管理科学。

但政企分开的难关还是绕不过去，管人、管事、管资产的模式，还是无法真正做到政企分开。现在升华到以管资本为主，升华到以国有资本做强做优做大为目标，一下子就解决了长期困扰我们的"国有企业怎么管、管什么"的问题，这真正是国企改革指导思想上最深刻的变革。

围绕以管资本为主，将构建新的国有资本管理体系，重塑国有资产管理部门的功能定位及管理方式，这超越了过去管理国有企业的惯性思维，是在40年改革发展成果基础上的一次认识上的飞跃。

从做强做优做大国有企业到做强做优做大国有资本，也是一次升华。过去我们说做强做优做大国有企业主要是对国有企业整体而言的，而如今的新目标进一步抓住了社会主义市场经济条件下国有经济的本质特征。

有了这个新的目标，在国有资本做强做优做大的过程中，国有企业就应该有进有退，有所为、有所不为，可以更加有效地进行战略调整和布局调整，这对于国有企业适应创新驱动、竞争焦点快速变化的现代经济体系十分重要。

大前提是改革要朝着做强做优做大国有资本的方向迈进。有了这个方向，在过去做强做优做大国有企业的基础上，进一步做强做优做大国有资本，通过对国有资本的有效管理，提高国有经济的竞争力和影响力。

所以说，以管资本为主和把目标锁定在做强做优做大国有资本上，是当前国企改革在目标模式上的重大突破，是根本性的，它打通了我国社会主义基本经济制度与市场经济衔接的"最后一公里"。

国有投资公司是管资本的载体

记者：在新的路径模式下，以管资本为主的国资监管体制究竟通过何种方式实现？按照新的路径模式，将形成国资监管部门、国有投资公司、混合所有制企业的三层结构，这样一来，如何构建国有投资公司以及国有投资公司的管理问题就无法回避，请谈一谈您的看法。

宋志平：国有投资公司是管资本的载体。国资监管部门要落实以管资本为主，主要采取设立和管理国有投资公司的方式，成立多个专业化的国有投资公司。国家资本透过国有投资公司通过股权投入市场中的企业，国有投资公司虽然也是企业，但它是一种特殊的企业，它用股权的方式经营国有资本。这样就形成了国资监管部门、国有投资公司和所投资企业构成的结构清晰的国有资产管理体系。

国有投资公司是经营国有资本的公司制企业。围绕投融资和项目建设，推动产业整合、资产管理、开展投资运营，化解产能过剩，推进转型升级。著名的淡马锡就是新加坡的国家投资公司。中国会发展出一批专业化的"淡马锡"。这是由我国的国情决定的。

中国的经济体量大，各个专业行业又急需专业投资公司。现有的央企实际已经在发挥着类似的功能。央企大多数是控股公司，具有强大的投资功能。只要将这些央企做一些改造，强化其投资能力，转变为投资公司，就可以事半功倍地建成一批具有强大专业投资能力的国有投资公司。

像中国建材集团就是投资公司，准确地讲，是投资管理型产业集团，通过并购的方式，短短数年成长为世界水泥巨头，同时在"三新"（新材料、新能源、新型房屋）产业和"互联网＋"、人工智能等领域频频出手，配合"一带一路"倡议开展一系列跨国项目，有很强的投资能力。

有了投资公司，下一个问题就是怎么管？投资公司虽然是国有独资公司，但也是依据公司法运行，应该依法通过国资委派驻董事组成董事会，这些董事应该是专家董事，尤其应有在投资方面富有经验的专家，由董事会掌控公司战略，决定重大的投资决策。

董事会聘任高水平的职业经理人，以形成一个功能完备、有很强投资运营能力的投资公司。目前绝大多数央企都是有较强投资功能的产业集团，地方政府也基本上完成了投资公司的改造。今后可以以央企为基础加快打造国有投资公司。

投资公司把国有资本作为股权投到企业里，那么投到哪些企业呢？参照《关于国有企业功能界定与分类的指导意见》，国有资金将投向以下三类企业。

第一类是公益和保障类企业，这类企业主要是国有独资企业。比如铁路、电网、交通运输类。

第二类即商业二类企业，涉及自然垄断、关系国计民生的领域。一般采取绝对控股的方式，确保国有经济控制力，保障经济安全运行，这是非常重要的。比如石油、石化等领域，国家要绝对控股，掌握更多主动权。

第三类即商业一类企业，属于充分竞争领域，在这类企业中投资公司可以采用相对控股、第一大股东和参股的形式投入，其中心任务是突出保值增值，企业采取完全市场化方式。

属于商业一类的央企有 66 家，都是国家用一定资本金，吸引大量社会资本发展混合所有制。其实在欧洲，像法国雷诺汽车、法国燃气等知名企业，也有国有资本相对控股和担任第一大股东的情况，这些企业都视同市场化企业看待。在这种模式下，国有资本作为股东通过促进企业效益增长和企业发展壮大，使国有资本保值增值，为国家增加财力。

就国有投资公司而言，投资公司主要是管股权，无论对国有独资公司、商业二类绝对控股企业，还是对商业一类这种相对控股或参股的企业，都是通过股权来管理，派出董事，按照股权多少分享权益。这样的构造符合《公司法》有关要求。国资委通过投资公司管资本，投资公司通过经营股权投资企业，企业用完整的法人财产权自负盈亏，这样就形成了有效的国有资本管理和运行体系。

综上所述，40 年改革取得的成就，不仅包括国有经济做强做优做大，最重要的贡献是我们找到了国有经济和市场结合的方式，找到了基本经济制度和市场相结合的方式。

混合所有制打造共享新机制

记者：混合所有制是当前国有企业改革的一个热点。国有企业和混合所有制企业在任务和职能上有什么不同？

宋志平：混合所有制由来已久。20 世纪 50 年代初，那时的公私合营就是混合所有制，后来引进外资搞中外合资也是混合所有制，现在上市也是混合所有制，国有资本与民营等非公资本直接混合的也是混合所有制。当前深化混合所有制改革，大家有一些顾虑，国有企业担心民营企业"蚂蚁搬家"，最后把国有资本私有化了，民营企业则担心跟国有企业打交道，很快就被公私合营了。

实际上，这一次我们的混合所有制绝不是这个目标，而是希望大家共同发展，互利共赢。而这就需要双方注意，作为国有企业，不要把行政色彩的东西放到混合所有制企业里，国有资本作为股东要遵从《公司法》，遵从市场及市场原则，否则企业就会丧失活力。

作为民营企业，要规范治理，不要把不规范的东西放到混合所有制企业里。混合所有制应是优势互补，国有企业的实力加上民营企业的活力等于企业的竞争力。中国建材集团发展混合所有制坚持了这些根本原则，从实践来看是非常成功的。

按照厉以宁教授的说法，在一定时间里，国有企业、混合所有制企业和民营企业三足鼎立的经济结构，将支撑着中国的经济。我们现在是将国有独资、国有控股、相对控股和第一大股东的企业都视同为国有企业。

但随着发展，我们应该按照功能分类和国有股本的多少把国有企业和混合所有制企业分开管理。

在公益保障类企业中我们主要是国有独资企业，这类企业主要是以确保公共服务质量和成本控制为主要任务，目的是把公益和保障类的事情做好，因为这是全民的保障。

在商业类企业中，一般采用混合所有制方式发展。对于关系国家安全和国民经济命脉、处在重要行业和关键领域的企业，一般采用国有绝对控股的方式，这类企业可按国有企业管理，但也应考虑非公资本的小股东利益，给予比较市场化的政策。

对于充分竞争类企业一般采用相对控股、第一大股东或参股方式。目前多数混合所有制企业都属于这类，这类混合所有制企业其实属于非国有控股企业，可以参照国际上通行的做法，将其视为完全市场化的企业。

这样做有什么好处？

第一个好处是在市场里面，国有股东不是处于绝对控股地位，而是跟其他投资者是一样的、平等的，国有资本按照市场的公平原则分享股东的收益。这样的设计有利于构建公平竞争的市场秩序，就不会发生"国进民退""民进国退"的争论。

第二个好处是便于企业国际化，参与国际竞争。现在参与国际竞争的国企大多是上市公司，国际市场的认可度更高。混合所有制促使国有资本更好地适应全球化的竞争环境。

中国建材集团在海外也是这样做的，如赞比亚工业园，我们给民营企业留了19%的股份，如果没有民营企业打前站摸清了情况，国有企业也会"两眼一抹黑"。所以说，混合所有制对"一带一路"和开放环境下的国民经济与民生发展意义重大。

记者：混合所有制改革是本轮改革的亮点，为什么要开展混合所有制改革？混合所有制改革将为国有企业带来哪些重要变化？

宋志平：混合所有制虽好，但也不是一混就灵，需要混得恰到好处。过去我讲混合所有制是把"金钥匙"，解决了"国有经济和市场接轨、国有企业深化机制改革、社会资本进入国有企业部分特定业务、国有资本与民营资本携手共进"四个难题。可以说，混合所有制确实能治愈很多国企的"痼疾"，用好了可一通百通。

现在，无论国有企业、民营企业还是混合所有制企业都是公司制，应该说都解决了公司制度问题。但有了公司制度并不一定就有好的内部机制。机制其实就是解决企业效益和职工利益分配问题，即在所有者、经营者和企业员工之间如何分配收益。

西方国家企业在这方面经历了漫长的探索，目前法国50%的企业是员工持股企业，日本企业大多是人人持股。在混合所有制企业大力推行员工持股，顺应了知识经济、创新经济、信息经济时代人力资本日趋重要的趋势。随着人力资本相对于固定资产的资本比重日益增大，企业将会成为所有者、管理者和劳动者的共享平台。

企业有三件东西最重要：资本、经营者和具备人力资本的员工。好的机制就是要把这三方面关系处理好。所谓好的企业机制就是企业所有者和经营者、员工之间的利益有着正相关的关系。有好机制的企业发展就快，没有好机制的企业发展就慢。

十八届三中全会通过的《决定》提出，"允许混合所有制经济实行企业员工持股，形成资本所有者和劳动者利益共同体"。让经营者、员工进一步参与利益分配，让经营者、员工有积极性，企业才会发展，国有经济才会壮大。

推进混合所有制改革需要优秀的企业家。优秀的经营者对企业成败至关重要。有好的经营者，企业才能赢利。而差的经营者则往往导致企业亏损，甚至破产。因为经营者的差异同样是由国家出资、劳动者劳动的企业，有的经营不善亏损倒闭，有的跻身世界企业五百强。因此，发展混合所有制要关心和爱护企业家，充分发挥企业家的经营才干。

职工不仅仅是劳动者，也是人力资本的主人。在混合所有制企业里，应该大力推行机制革命，建立共享机制。共享是党的十八届五中全会提出的五大发展理念中的一个重要内容。过去我们讲国有经济是全民所有、全民共享，但这应该和企业所有者、经营者和劳动者共享机制结合起来。

经过多年的实践，我们认识到，作为经营者和企业员工如果没有企业发展红利的分享权，一定会制约企业的长期发展。华为"财散人聚"的成功经验就说明了这一点，在信息化和高科技时代，这也是企业发展的必然选择。

同时，国有企业内部也应该有有效的共享机制。全民共享和企业共享并不矛盾，只有企业实现共享，才能更好地保证国有资本保值增值，保证全民共享。

03

国企党建：两本账合成一本账^①

新华网： 这里是新华网和国务院国资委联合推出的"砥砺奋进新国企"大型融媒体系列访谈节目。今天做客我们演播间的是中国建材集团党委书记、董事长宋志平先生。宋总您好，为了了解网民对于国企的真实关切，新华网通过大数据分析了网民关心的国企热词，您最关心的几个关键词是什么？

宋志平： 有五个关键词是我比较关注的：一是党建，二是供给侧结构性改革，三是混合所有制，四是创新，五是"一带一路"。

把政治账和经济账统一起来

新华网： 为什么您第一个关键词提到的是党建呢？

宋志平： 2016年召开的全国国有企业党的建设工作会议是一个非常重要的会议，会议对国有企业的党建工作做了非常细致的安排。在习近平总书记的讲话里，我印象比较深的有三点。第一点是充分肯定了国有企业在我们国家的地位和历史作用。这一点非常重要，因为我们是一个社会主义国家，国有企业是我们的经济基础。总书记讲到希望国有企业发挥"六种力量"，对国有企业寄予了无限希望。第二点是总书记讲到坚持党的领导、加强党的建设，是我国国有企业的光荣传统，是国有企业的"根"和"魂"，是我国国有企业的独特优

---

① 本文为"砥砺奋进新国企"喜迎党的十九大系列访谈节目第一期，2017年7月播出。

势。总书记讲话的一个核心就是突出国有企业要在党的领导下，充分发挥党组织的领导作用。第三点是总书记提到把国有企业党的领导和规范的现代企业制度结合起来，做到"两个一以贯之"，即坚持党对国有企业的领导是重大政治原则，必须一以贯之；建立现代企业制度是国有企业改革的方向，也必须一以贯之。这些重要思想为做好新形势下国有企业党建工作提供了根本遵循。

新华网：在这次会议召开了快一年的时间里面，中国建材集团做了哪些部署，有哪些安排？

宋志平：首先，在党建方面，我们在顶层上做了安排，集团党委召开了各种学习研讨辅导会，把大家的思想认识统一到习总书记在全国国企党建工作会议的讲话精神上来。其次，在组织建设上，按照国企党建工作会议要求去做。央企已经全部把党的领导纳入公司章程，同时在整个决策的过程中，党委发挥前置决策的作用，并实现了董事长和党委书记"一肩挑"。中国建材集团把这些工作都很好地完成了。除此之外，我们每一个基层党组织，都配齐专职副书记、纪委书记等，在组织建设方面做了大量工作，使得整个党组织进一步健全。最后，我们要充分发挥基层党组织的作用。基层党组织是我们的基础，中国建材集团有25万名员工，有4.5万名党员，有2350个基层党组织。如何把这些基层组织发挥好、调动好，使之有凝聚力、有战斗力，这是我们非常重要的工作。

新华网：中国建材集团是怎么处理经济账和党建账的？

宋志平：党建工作是国有企业的光荣传统和独特优势，也是特有的竞争优势。多年的工作表明，党建工作和企业经营水平息息相关，在企业里，党建工作做得好，企业经营发展就会做得好；党建工作做不好，企业经营发展往往也做不好，甚至乱象丛生。中国建材集团有两家混合得非常彻底的企业。一家是北新建材，在这家上市公司里，国有股占比约30%，剩下的都是社会股东，这家公司的党建工作做得非常突出，公司效益也非常好，石膏板业务做到了全球第一。另一家公司是位于浙江桐乡的中国巨石，这也是一家绩优上市公司。这家公司混合度很高，中国建材集团持股约20%，剩下的都是由社会股东持股。这家公司党建工作很突出，走进其中就会发现党建工作无处不在，真正把党建放在心上、落到工作上。怎么把党建落实在工作上？就是能够扎下根去，到处都有浓厚的党建氛围。所以说，国企的政治账和经济账可以高度统一起来，相互促进，把两本账合成一本账。

眼睛向内推进供给侧结构性改革

新华网：第二个您选的是供给侧结构性改革，那我们是怎么来进行这个改革的？

宋志平：中国现在在大力振兴实体经济，水泥、玻璃是典型的实体经济，这些建筑材料是我们生活中不可或缺的。如果没有水泥，那我们的城市、道路、桥梁、隧道会是什么样子？无法想象。但是现在水泥确实过剩了，中国的水泥产能有 35 亿吨，近两年市场销售只有 24 亿吨，多了 11 亿吨。在这种情况下，我们不可能再指望或者要求政府像过去那样用"水多加面，面多加水"的办法，盲目扩大基础建设投资，我们必须眼睛向内进行供给侧结构性改革。一方面我们必须坚决去产能，做好"三去一降一补"。中国建材集团是行业去产能的领军人，带头限制落后、限制新增、错峰限产，比如冬天雾霾严重的时候，我们的水泥厂就都停产了，市场状况好的时候再开起来，能够保证市场上有得用，但是同时又不让它过剩，不让它产生大量的雾霾。中国建材集团还开展了大规模联合重组，提高产业集中度。现在我们正在致力于淘汰低标号水泥，低标号就是强度低的水泥。刚才讲 24 亿吨水泥，其中 60% 左右是低标号的。现在全世界普遍都在用 42.5 水泥、52.5 水泥，几乎没有人用 32.5 低标号水泥了。如果我们把水泥标号提高的话，就会减少水泥用量，同时减少二氧化碳的排放。相信在未来，我们能够实现淘汰 32.5 低标号水泥的目标，使我国水泥产品高端化。

供给侧结构性改革不仅要淘汰落后，同时还要提供一些中高端产品。大家手机上用的电子薄玻璃屏幕和 iPad 上的屏幕玻璃，以前我们都是从美国和日本进口，现在中国建材集团都可以制造出来。我国的航天航空事业都要用到碳纤维，过去西方对我们封锁这项技术。现在中国建材集团的 T800 碳纤维做到了千吨级，全国国产供应量达到71%，这一方面大大降低了成本，另一方面也填补了国家的空白。

建立国企民企"亲清关系"

新华网：有人担心混合所有制会导致国有资本流失，中国建材集团的企业混合所有制的程度这么高，民营企业资本占比这么高，会有这个问题吗？

宋志平：国有企业在推行混合所有制时，担心被扣上国有资产流失的帽子，民营企业也有担心，担心被公私合营了，进入国有企业后会被赶出家门。其实这些担心都是不必要的。我们今天的混合所有制是在社会主义市场经济的法制条件下进行的。国有也好，民营也好，都是平等的股东，都要严格依照公司法规定，按照出资额在公司行使权利。大家合作的时候，要做到规范运作，依规依法进行，营造风清气正的环境，杜绝内幕交易、权钱交易。只要我们把住这样的观点，混合所有制完全能够做得很健康。

在混合所有制企业里，既有国有企业的干部，也有民营企业家，大家在一起怎么工作呢？习近平总书记提出建立"亲清"新型政商关系，我把这个提法引入中国建材混合所有制企业党建中。"亲"，就是国有企业与民营企业混合后，所有人员要紧密合作，劲儿往一处使、心往一处想；"清"，就是体制内外的干部坚守底线原则，在经济利益关系上要清清爽爽，合力把企业经营管理得更好。

让"大象的舞蹈"更绚烂

新华网：在创新方面我想请问您，很多人都把国企比成大象，认为国有企业大多处在传统产业，处在产能过剩的行业，摊子很大，规模也很大，一艘大船转身是很困难的，您是怎么认为的？

宋志平：有人把国企比作大象，我觉得这说出了国企的两个特点。一是规模很大，像大象一样；二是认为国企机制不够灵活。有一本书叫《谁说大象不能跳舞》，其实我们完全可以让大象跳起舞来。我以前去过云南的西双版纳，看过大象跳舞，跳得很好。国有企业规模是很大，但是我们要用改革和创新，使这头大象跳起舞来。

国企改革有三件大事。一是体制上的改革，主要是股份制改革，现在我们讲的混合所有制、产权多元化，主要是指这方面的改革。二是制度上的改革，就是我们把《企业法》下的企业转变成《公司法》下的有限公司。到2017年年底，央企要全部改制为公司制企业。中国建材集团88%的企业已完成了这项工作，下半年我们要把剩下的12%全部转化成公司。三是机制上的改革，即三项制度改革，干部能上能下、员工能进能出、收入能增能降。我们可以做一些股票增值权、股票期权给管理层，让他们的效益和股价能够联系在一起，同时对广大职工做一些分红权，把激励机制放进去。

另一方面就是创新。中国建材集团的战略有三条：创新驱动、绿色发展、国际合作，其中创新是第一位的。在创新上，我们有"三条曲线"，中国建材产品比较多，到底哪一类产品应该朝什么样的方向创新，我们做了分类。第一条曲线是水泥、玻璃等传统产业，创新方向是节能减排、结构调整，做出更好、更新的产品，而不是在量上增加。第二条曲线是发展新材料、新型房屋和新能源业务。新材料方面，像北新建材和中国巨石分别在石膏板、玻璃纤维领域做到了全球第一。新型房屋方面，我们正在大力建设绿色小镇，在密云等地建设的加能源5.0新型房屋很受欢迎。加能源是指这个房子不再需要外来能源，它本身就是一个发电厂。新能源方面，我们是全球最大的风力发电叶片供应商，有16GW的供应能力，中国海上的大型风电叶片都是中国建材提供的。第三条曲线主要指的是新业态。例如，在"互联网＋"方面，中国建材做了易单网，把建材产品通过网络销往全世界，我们采用网上银行、网上结算、网上扣税的方式，还建立了遍布全球的海外仓，让销售变得更加便捷。

在转型升级方面，中国建材提出了四化转型。一是高端化，建材领域的制造水平已经达到中高端水平了，我们要从过去的跟跑、并跑状态变成领跑全球，这是我们的目标。二是智能化。我们在山东泰安的智能化工厂非常先进，这个工厂基本做到了无人值守，所谓无人不是真的没有人，而是生产线都是机器操作，人负责看着就行。过去我们一个日产5000吨的水泥厂，最多用2000多人，后来是500人，再后来是300人、200人、100人，现在我们的工厂只需要50个人。这50个人，如果三班倒，一班也就十几个生产人员。三是绿色化，一说到水泥，很多人就会想到冒烟、傻大黑粗、工厂下不去脚等，其实今天的水泥厂已经完全不同了。中国建材集团的水泥厂是花园中的工厂、草原上的工厂、森林中的工厂、湖边的工厂，能够和大自然相得益彰。四是国际化。我们不仅在中国做市场，还要把产能输出去，开展产能合作，要把企业做到国外去。

中国企业乘风远航

新华网：提到国际化，那就不得不提一下"一带一路"了，其实我们了解到"一带一路"沿线很多国家都需要大量的基础建设，中国建材集团有怎么样的一个布局？

宋志平：以前有句话叫"要想富先修路"，就是说得先进行基础建设，进行城市建设，这会用到大量的建筑材料。"兵马未动，粮草先行"，在"一带一路"市场中，我们必须把目光放在建材供应上。过去这些年，中国建材集团在产能合作方面，极大地支持了"一带一路"沿线国家的经济发展。粗略算一下，我们过去十年向这些国家提供EPC①交钥匙工程，帮助建设了312条水泥生产线、60多条玻璃生产线，占了整个市场的65%。中国建材集团在"一带一路"市场里划分了几个大的区域，如东南亚、南亚、中亚、中东欧、东南美、东南非、南美等都是我们的重点开发区域。

围绕"一带一路"建设，中国建材集团已经描绘出了自己的未来，提出了"6个1"战略。第一个"1"，要在全世界建10个建材工业园。最近中国建材集团刚刚在赞比亚建了一个。第二个"1"，要建10个海外仓，目前我们在迪

---

① Engineering Procurement Construction，即工程总承包。

拜的海外仓是中东地区最大的建材产品销售基地和物流仓储服务平台。第三个
"1"，要建 10 个大型国际区域实验室，把中国的标准、信用、国检认证等服务
带出去。第四个 "1"，要管理 100 个工厂，水泥厂、玻璃厂都要由中国人管
理，形成建材管理集团。第五个 "1"，要做 100 个 EPC 项目，继续做老本行。
第六个 "1"，要在发展中国家开设 100 个建材分销中心。

04

改革是件细致活①

新型国企新在哪里

管清友：聚焦改革新趋势、挖掘发展新动力。我们非常荣幸地邀请到中国建材集团党委书记、董事长宋志平先生。今天的主题是对话新国企，我想先跟宋总探讨一下什么是新国企？"新"在什么地方？从中国建材集团的角度，这些年在打造新国企上有什么实践和思考？

宋志平：您这个问题非常好。我们总是在讲国企，但是今天的国企和20年前的国企有很大不同。

第一，体制机制上有重大变化。以中国建材集团为例，中国建材集团现在是一个有限公司，十年前搞了董事会试点之后，不再是传统的《企业法》下的国有企业，而是《公司法》下的有限公司，成立了以外部董事为主的董事会。

第二，现在的国企绝大部分都进行了上市改造。今天的国企大部分都进行了公司制改造和股份制改造，甚至都是上市公司。整个国资委管理的央企70%的资产都在上市公司。

第三，内部机制上有很大变化。比如薪酬制度的改革。现在国企的薪酬制度和以前也不一样了，以前干多干少一个样，干和不干一个样，但现在这些问题都有了很大转变。

---

① 本文为"对话新国企　加油十三五"2016两会系列网络访谈的第一场，由人民网录制，特邀主持人为民生证券副总裁、研究院执行院长管清友。

第四，整个定位也有很大变化。过去的国企可能是无所不包，而现在的国企则集中在国计民生或者一些大行业里，如战略产业。

第五，现在的国企，一个很重要的功能是与中国民营企业一起在国际市场上同国外跨国公司角逐，提升中国企业和中国经济的竞争力。

所以说，今天中国的国企是新型的国企，当然还有很多需要改革的地方，但也应该看到，中国的国企经过这些年的改革和创新，已经不能和过去的国企同日而语，已经发生了很大的变化。

充分竞争领域的国企使命

管清友：体制机制、公司治理、激励机制，应该说现在的国企确实发生了脱胎换骨的变化，取得的成绩也有目共睹。

第二个问题，带有一些垄断性质的企业可能随着体制机制、公司治理结构的变化，会产生非常大的增量，从中国建材集团的角度，应该说它的市场化、竞争性非常强，这些年您在竞争性领域，是如何实践的？

宋志平：这也是大家经常问的问题，这里有两个含义：一是在充分竞争领域里国企的意义是什么，二是在充分竞争领域里国企怎么做。

我们要先清楚国企的历史使命。刚才我们讲，在国计民生领域，在充分竞争领域，国企肩负着很重要的历史使命，要完成国家产业的方针政策，推进产业的变革。像建材行业是一个充分竞争的行业，而且也是多、散、乱的行业，但是中国建材集团在这些年的发展中做了以下几项工作。

第一，引领企业转型升级。我国建材行业小水泥、小玻璃的淘汰等，中国建材集团都是引领者。中国建材集团有 1.3 万名科研设计人员、13 家科研院所，现在我国建材行业的技术基本都源于中国建材的这些科研机构。

第二，大规模联合重组，提升行业集中度，实现规模化生产，增强国际竞争力。现在中国建材集团的水泥产能世界第一，石膏板产能世界第一，玻璃纤维产能世界第一……取得这样的发展，技术进步和产业升级是一个方面，行业整合和联合重组的作用也非常大，中国建材集团肩负着很重的历史使命，的确也发挥了它的重要作用。

第三，中国建材集团现在已是混合所有制，而且混合度很高，净资产有三分之一来自国有，三分之二来自社会资本，是一个高度社会化的国企。这说明现在的国企，在充分竞争领域里，在整合行业的同时，也吸引了社会资本，实现了共同发展，改变了过去传统的国企机制，变成了一个有竞争力的、规范的、多元化的股份制企业。

管清友：像中国建材集团这样的很多央企对行业起着举足轻重的作用，代表了这个行业的基本情况和特征，包括它的规模、人员、技术水平，所以大家对中国建材集团也充满期待。

关工厂也是发展生产力

管清友：现在中央层面已经明确提出，要在适度扩大总需求的基础上，着力推进供给侧结构性改革。供给侧结构性改革要做的第一件事就是解决现在很多行业面临的产能过剩问题，当然我们知道过剩产能和落后产能是两件事情，在化解过剩产能过程中，从中国建材集团的角度，您是怎么考虑的？

宋志平：供给侧结构性改革的核心是结构性，在供给侧进行结构性改革。从建材行业来讲，以水泥为例，它的结构性究竟出了什么问题呢？中国现有水泥产能大概 35 亿吨，如果包括在建的产能会达到 40 亿吨，而 2015 年销量是 23.5 亿吨，2014 年是 24.8 亿吨，也就是说，2014 年达到了峰值。相对于现有的 35 亿吨产能，大概有 60% 的产能利用率，40% 左右过剩。如果再把在建的建完，那就是 50% 左右的产能过剩。中国的产能过剩是中国特色的产能过剩，为什么呢？

2008 年，我国进入推出 4 万亿元救市计划后的高速扩张期，钢铁、水泥等产能过剩行业也进行了扩张。2009 年的国际水泥峰会上，我提出了水泥"休克疗法"，先停下来不要盲目建设。产能过剩带来的后果就是打价格战，企业没有利润，而长期没有利润会带来一系列问题，所以现在必须治理。我认为，治理产能过剩政府要出台配套政策，大企业要发挥带头作用，包括行业协会，共同采取措施。我们转变观念，新常态下不能再走中低端的扩产能发展模式了。这非常重要，因为即使到今天，有的地方还在建水泥厂。我们应该把有限的资金投入到中高端的新兴产业上去。

去产能要坚决淘汰落后，这是必须要做的，而且对产业不会伤筋动骨，比如水泥，过去由"中国水泥第一爆"关掉 9 个小立窑水泥厂开始，中国建材带领整个行业淘汰了 6 亿吨小水泥，现在中国建材又在引导整个行业淘汰 32.5 低标号水泥。在国际上，42.5 标号水泥大概占 50%，52.5、62.5 标号水泥占 50%，可是我国 32.5 标号水泥市场占有率达到 50% 以上，这样会导致很多建筑寿命减短，隐患很大。为此，我们现在对住房和城乡建设部、工业和信息化部都提出，要及早取消 32.5 低标号水泥，还要取消一些小水泥厂、小粉磨站。现在水泥行业进行资源综合利用，生产中加 30% 左右的粉煤灰、钢渣等混合材，但一些小水泥厂将混合材加到了 70%，只有 30% 的水泥熟料，而且目前我们对混合材的功能鉴定并没有好的方法。这样一来，也会为建筑，尤其是桥梁埋下重大隐患。

去产能还要杜绝新建。如果边淘汰边建，过剩就永远无法解决。现在有人提出不要新增，但有些人会用等量置换、异地置换等概念，偷梁换柱，实际还是建新工厂。只有淘汰落后、清除一些产能，把住进口关、不再新建，水泥去产能的事情就好办了。

接下来我们就可以由大企业去"间苗"，联合重组，增加集中度。现在的过剩不只是落后产能，先进产能可能也过剩，某些区域的日产 5000 吨生产线甚至万吨线，也可能过剩，这些工厂也要关掉。关工厂很难。十多年前，我们开始建工厂，差不多每个礼拜都会有奠基仪式、剪彩仪式等；后面十年是收工厂，你们有工厂我们联合重组；现在开始关工厂，过去建设得很漂亮的花园式工厂，今天产能过剩了，怎么办？只能关。十年前在日本考察时，我发现日本有的大水泥基地，许多大型水泥线非常壮观却都关了，锈迹斑斑，我也不理解，觉得很可惜。十年过去了，今天我们也走到了关工厂的进程。过去建工厂是为了经济效益，后来收工厂是为了经济效益，现在我们关了工厂还是为了经济效益。若违反规律，今天我们建工厂反而是破坏生产力，但关掉一些工厂，会实现产销平衡，有利于生产力的发挥。

前些年，中国建材集团重组之前，我国水泥行业前十家企业的市场占有率只有16%，经过这几年中国建材的重组，现在行业集中度提高到53%。过去钢铁、煤炭市场都比水泥市场好，但现在钢铁、煤炭市场比水泥市场差，就是因为中国建材在行业进行大规模的联合重组，使行业集中度提高了。但发达国家的行业集中度是80%，也就是说我们的联合重组还有很大空间。

供给侧结构性改革的关键是下决心。我觉得中央现在下了决心，政府的配套政策应尽快出台，比如支持淘汰落后，支持杜绝新建，支持联合重组，在融资、利息、税收等这些渠道上进行政策层面的支持。行业大企业也要起到带头作用，中国建材集团就已表示要做到五个带头：带头淘汰落后、带头不新建工厂、带头联合重组、带头错峰生产、带头不打价格战。从世界范围看，大企业引领行业发展，所以一个行业里有没有领袖企业，领袖企业能不能把这个事儿想清楚，带着大家进行供给侧结构性改革，进行大规模的转型，至关重要。

中国建材集团作为一家央企，既要考虑自身利益，同时也要考虑为行业、为国家做贡献，有时我们牺牲了一些个人利益，目的是为大家创造一个健康的环境。在去产能和结构性调整中，中国建材集团也是责无旁贷，跟其他央企一样，要做整个行业供给侧结构性改革的排头兵。

改革的关键是引入市场机制

管清友：接下来，我们探讨一下国企体制机制改革方面的做法。中国建材集团是混合所有制和董事会建设的双试点，这在央企里也是非常少见的，应该说是中央、国资委对中国建材集团的肯定。下一步在混合所有制改革、董事会建设层面，或者说在整个公司治理方面，在供给侧结构性改革新的背景下，中国建材集团准备怎么做，有什么打算？

宋志平：中国建材集团在2014年7月15日被国资委确定为发展混合所有

制经济和落实董事会职权"双试点"企业。这一年多来，中国建材集团在国资委的指导下，积极开展试点工作，两个试点方案也都经过国资委批准了，正在按照试点方案向前推进。目前，中国建材集团有几项工作有一些进展。

第一，推进规范化的混合所有制。混合所有制的要点是规范，大家都很担心国有资产会不会流失，党建工作会不会削弱。担心是普遍的，有建议，也有批评，我觉得这些都是在关心国企，我们都是这样去积极正面理解的。在这方面，中国建材集团对三家上市公司加大了规范的混合力度。北新建材过去是一股独大的公司，除了国有股剩下的都是散户，但是现在北新建材在股东方面引入了非公资本的一些股东，既扩大了企业规模，增加了企业盈利，同时使企业更加多元化，管理更加规范，三四家股东相互制约制衡，企业发展更稳定。中国巨石、方兴科技①也是这样。现在北新建材是全球最大的新型建材上市公司，中国巨石是全球最大的玻纤公司，效益都非常好，方兴科技发展也非常迅速。

第二，进行职业经理人制度建设。过去，中国建材集团的二级、三级企业都采用了职业经理人制度。职业经理人的来源有三种：国有企业转化、社会招聘、混合所有制过程中进来的。现在需要对职业经理人进行进一步的规范，所以我们正在推进整个职业经理人的制度建设，包括培训、考核等，希望在这方面有所进展。国有企业改革的方向是市场化，就是公司制改革。公司制的核心理论是委托代理，过去这些年，我们成立的董事会只完成了委托代理的一半，还有一半是职业经理人，我们现在必须全力以赴地推进职业经理人建设，这样委托代理就形成了完整的闭环。

第三，落实董事会职权。国资委推行的落实董事会职权试点，实际上给了我们董事会很大的权力，包括战略制定、经理人员选聘、工资总额等，中国建材集团最近几年进行适度多元化，增加了新能源材料业务板块。我们现在是风力叶片全国最大供应商，风力叶片是用碳纤维、玻璃纤维等复合材料做的。我们还做了CIGS铜铟镓硒光伏产业，收购了德国Avancis在世界上最优秀的工厂，收购了西门子在德国慕尼黑的一个研发中心，中国建材集团现已成为全球

---

① 2016年更名为凯盛科技。

铜铟镓硒薄膜太阳能光伏产业的领导者，在国内已开始进行吉瓦级的生产线建设。这些都是我们的产业延伸。

在新一轮的体制机制改革中，我们最重要的是吃透精神，结合企业实际来做。现在我们有了顶层设计"1"，《关于深化国有企业改革的指导意见》已出台，"N"细则也将陆续出台，遵从的纲领和规定都有了，还有改革开放几十年积累的经验，剩下的是由企业来做了，要把顶层设计和企业的首创精神结合起来。最近国资委推出了新一轮的试点，过去是四项，新一轮是十项，中国建材也在这十项试点之中。

我们希望能够多开展几个试点①，这样可以得到国资委更多的指导，得到大家更多的关心，我们就能做得更规范一些，将来为行业提供一个标杆，让大家有所借鉴，起到一定的指导意义。中国建材集团过去这十几年，一直靠改革和创新发展，展望未来，尤其在新常态下，我们也面临着一些问题和困难，要解决这些问题还得靠改革和创新，缺一不可。

国企改革的核心是机制，包含三点：一是真正的所有者到位，这很重要，过去我们有所有者缺失的现象，所有者究竟怎么到位，这是核心；二是发挥企业家精神，因为企业归根结底是企业家带领下的企业，如果没有企业家，这个企业很难有活力，我们国企怎么产生自己的企业家？怎么来支持和保护这些企业家的热情？要有容错机制；三是建立企业利益、员工利益和管理层利益正相关的关系，没有这个关系，企业的机制就没有建立起来。

归根结底，我们的改革还是要围绕着习总书记提出的"三个有利于"方针："要坚持有利于国有资产保值增值、有利于提高国有经济竞争力、有利于放大国有资本功能的方针。"② 我们在改革的过程中，一定要把握企业的内核——机制，把市场化的机制"装"入国企，就能完全形成新国企，甚至更新的国企。

---

① 继 2014 年被国资委列为发展混合所有制经济和落实董事会职权"双试点"企业后，2016 年中国建材集团再度入选改革试点，成为央企兼并重组试点单位，所属中材江西电瓷电气有限公司入选首批十家央企子企业混合所有制员工持股试点。

② 习近平总书记在 2016 年 10 月 10 日至 11 日举行的全国国有企业党的建设工作会议中提出"三个有利于"方针。

充分发挥企业首创精神

管清友：在"1＋N"模式的大框架下，现在应该说顶层设计很清楚了，那么您觉得企业首创精神在哪些方面还要进行探索？

宋志平：改革是一个细致活儿，也是一个系统工程。做国企改革，既不能急于求成，也不能畏缩不前，应该一步一步地稳步向前推进。过去国企改革主要是企业去做，然后总结，现在国企改革有了顶层设计，大的方向、目标、原则、边界等都界定好了，让大家在这里面去做，应该说现在的改革与过去的改革相比更有法有章可依了，环境也更好了。

关于整个改革过程中的难点和困难，我觉得第一个是认识。现在有两种认识：一种是认为国企不需要改革，认为国企的机制就是这个机制，天经地义；还有一种是认为国企怎么改革也改革不好。这两种认识都比较极端。中国是社会主义国家，我们基本的经济制度决定了我们要有一定的国有企业、国有经济，而且我们的国企可以和市场相容，并不是不可容的。过去的实践也证明我们可以融合在一起，这就是我们改革要做的事情。现在《指导意见》和各项细则的出台，实际上是要解决这些认识上的误区，我们一定要树立国有企业改革的信心，首先得有信念，否则这件事情是很难做的。

第二个是要啃硬骨头，解决好关键问题。一是要市场化，就必然会和市场资本相融合，可以建立严格的规章制度，让融合过程透明化、有据可依，避免发生国有资产流失、监管不力等问题。但不能因为可能存在问题就什么都不做，恰恰是因为有问题我们解决了，之后才能前进。另一个是怎么加强党的建设。中国建材集团过去重组了那么多企业，其中很多企业的党组织并不健全，重组后我们建立了几十个党委、几百个党支部，把央企的政治优势延伸到混合所有制企业，党的领导和党的建设在企业里得到了加强。

第三个是职业经理人的选聘。这也是大家关注的一个焦点。企业归根结底还是要用职业经理人，让经理人职业化、市场化、专业化，是我们应该走的一条道路，现在我们做的是一层一层地从下往上做，基层企业都是职业经理人化，逐渐做到股份公司职业经理人化，然后再做集团公司的职业经理人化。

这些工作都得一步一步来，操之过急不行，畏缩不前也不行。只要扎扎实实地做，国企改革是完全有把握做好的。衡量企业发展的是竞争力和效益，竞争力是指国际竞争力，效益指的是要跑赢整个大势和行业。现在我们叫"新国企"，经过这场改革，我们会"新"上加"新"，在过去的基础上会做得更好。

管清友：您在企业层面把新国企的内涵延展得非常清楚了，应该说也给其他央企、国企甚至是民营企业提供了很多值得参考的经验。期待在新一轮国企改革中，中国建材集团能有更好的模式、更好的产品、更好的技术，贡献给国家，也贡献给世界。

05

国企改革：从哪改，改什么[①]

李凡：党的十八届三中全会召开以来，关于国企改革的说法似乎很多，大家的问题是新一轮国企改革要解决哪些问题，从哪儿改，改什么？作为国资委央企改革试点企业领导人和中国企业改革与发展研究会会长，您怎样看待这些问题？

宋志平：如果细读党的十八届三中全会《决定》的相关内容，就会认识到这轮国企改革的着眼点是从国有经济、国有资本及国有资产的布局、分类、功能和监管层面出发，希望从根儿上理顺和厘清发展国有经济和国有企业的关系，探索出一套更适应社会主义市场经济的国有经济的有效实现形式。和以前的国企改革相比较，应是更加重视深层次和系统性问题。如果要我归纳，我觉得这轮国企改革的出发点是解决国有经济的分类和实现形式，关键点是"改回去"和"改出来"，着力点是确立以"管资本为主"的国有资产监管方式，创新点是大力发展以融合为特征的混合所有制经济，原动力是充分发挥企业家的能动作用。

新一轮国企改革的出发点：国有经济分类和实现形式的改革

国企改革这个词在今天的意义已超出国企本身，上升为国有经济的功能分

---

① 本文原载于《企业观察报》2014 年 11 月 24 日。

类、实现形式和运营方式等方面的改革，实际上是国有经济的改革。

李凡：您刚才说把国企改革上升到国有经济实现形式的改革上，但不少人仍把国有经济和国有企业混为一谈，对此您怎么看？

宋志平：其实国有经济和国有企业的经济范畴有所不同，虽然我们早就提出探索国有经济实现形式这个命题，但多年来，国企改革工作大多集中在现有国有企业如何进入市场方面，也取得不小的成绩，但再往前走却发现很多问题难以逾越，很多做法似乎互相矛盾，这就使我们不由地要思考这轮国企改革新的命题。

回顾改革开放的历史，普遍的看法是国企改革经历了四个阶段：第一阶段是从1978年开始，围绕放权让利、转换经营机制，目的是搞活国有企业；第二阶段是从1994年到2002年，这段时间的改革主要围绕股份制改造和建立现代企业制度进行，目的是对传统国企进行公司化改造；第三阶段是从2003年国资委成立到党的十八大召开，围绕完善国资监管体系的核心推进改革，目的是使国有企业保值增值，做大做强；第四阶段是从党的十八大开始，这一轮国企改革是围绕国有经济的实现形式、国有资产的分类、国有资本的监管体系、国有企业和混合所有制企业运营方式等问题。应该说，这次国企的深化改革是更深层面、更为系统、更加全面的改革。

李凡：我们注意到，您最近在公开场合多次讲到国有经济的分类布局和实现形式，您认为这是新一轮改革的出发点吗？

宋志平：我觉得这是新一轮改革的关键性问题，也是改革的出发点。事实上，多年来随着改革的不断深入，国企改革这个词的意义在今天已经超出了国企本身，上升为国有经济的功能分类、实现形式和运营方式等方面的改革，国企改革实际上是国有经济的改革。国有企业只是国有经济的一种实现形式，现在改革应该定位于如何搞好国有经济，把目标锁定在国有经济的分类和实现形式的改革上，并探索国有经济如何和市场经济接轨的问题。国有经济和市场接轨应是国有经济如何适应市场要求，而不是让市场去适应国有经济的特点，这是大逻辑，不能颠倒。通过改革，国有经济的实现形式应从单一的国有企业形式转向适应市场的多种实现形式。

李凡：以前我们一直说的是国有企业改革，而且取得很大成绩，这样改下去不行吗，为什么还要设立新命题？

宋志平：我想这也是问题导向。改革开放初期，我国国有经济的实现形式主要是国有企业，国有企业的改革方向是如何满足市场化要求，大部分应该市场化的国企与政府脱钩进入市场、从政府的附属物变为市场主体。坦率来讲，我们那时候的想法是找出办法来，通过改革把这些国企搞活、搞好，可最后发现许多国企很难建立起市场机制，一些经营十分困难的国企不得不选择改制退出。今天，大家对这件事还有一些不同看法，有些人认为贱卖了国有资产，有些人则认为解决了当时国企的难题，我的看法是那是当时没办法的办法。

应该说，这些年国企改革取得了很大成绩，我们应给予充分肯定，党的十八届三中全会就讲到"国有企业总体上已经同市场经济相融合"。但改革和认识都是螺旋式上升的过程，而且我们今天又面对不少新问题，改革就应该是为解决问题而来。我是学理科出身的，知道在寻找一条最优工艺路线时，往往是临近大功告成却突然发现最后一步怎么也走不通，因此不得不对整个工艺方案和过程逐一进行思考。我觉得今天国企改革的问题也应该本着这样的态度，"大概齐""差不多"等可能无法解决"是"与"不是"的精准问题。

李凡：许多人认为国有企业改革是个多元未知数方程，是世界性难题，能有精准的解决方案吗？

宋志平：我想我们还是要回到探索国有经济的实现形式的改革上来。要搞好国有经济，先要弄清国有经济要完成什么职能、怎样进行分类、实现形式上应该怎样做。

我国是社会主义国家，国有经济是我国的经济基础，发展壮大国有经济是我们长期的任务。国有经济代表国家和全民的利益，在功能上应主要起到公益保障作用，同时强大的国有经济也是增强国家经济实力的基本保证。

国有经济应该有两大功能，一是完成国家战略和政策功能，实现公益和保障作用；二是在经济发展中不断保值增值，积累财富支持国家财政。与两大功能相对应，国有经济的实现形式也应有两类：公益保障类的由国企完成；保值增值、创造收益类的由国有经济参加的混合所有制企业完成。这样，就从根儿上把国有经济、国有企业和混合所有制企业理清楚了。所以，与其说现在我们要深化国企改革，不如说我们是在深化国有经济的改革，使国有经济的实现形式多元化，不同的实现形式立足于完成各自的特定功能。

这样也就可以让国有企业回归本源，国有企业应该是由政府投资管理、完成特定任务的企业，要服从于政府，同时也高度依赖政府，按照政府的预算进行经营。应该说国有企业的功能、作用和机制在世界各国都是成熟的。政企分开在国有企业和混合所有制里有不同的内涵，国有企业的政企分开主要指国有企业要按照企业方式运作，以降低成本、提高效率和做好服务，但国有企业是政府办的企业，是看得见的手；混合所有制的政企分开是指企业是市场的主体，是完全市场化的身份，国有资本在企业只是股东。

李凡： 国企的分类方式是目前大家认识上难以统一的问题，您说要分为两类，但有地方出台的改革指导意见认为要分为三类。

宋志平： 按照国有经济在经济体系中的功能和作用，现有国企应分为两类，一类是公益保障性的，另一类是竞争性的。像铁路总公司、邮政公司、公交公司等具有公益性质，国家电网等公司具有保障性质，这些企业可算作公益保障类的；大多数制造业、服务业企业则属于竞争类的。分类应从全局和长远看，不能只看眼前的状况。其实像石油、石化等公司也可以算竞争类的，这些公司要参与全球化竞争，其主体也是上市公司，也在搞混合所有制，如果列为公益保障类，眼前看有道理，但实际上增加了太多限制，对长远的发展以及国际化竞争并没有好处。

我们要把国有经济按功能定位分好类，只有分类清晰了，才能把改革的事情理清楚，但分类不应该太复杂，不是按照现有企业所做的事去分，而是按照需要确定的功能分类，让现有企业满足分类的要求，实现分类的功能。我是做企业的，做企业的人希望把问题简单化，使其可操作、有效果。所以我主张，现有国企可按国有经济的功能分类分为公益保障型和竞争型两类。这样问题既简单又清晰，也便于理解和操作。

李凡： 您确实说到了一些深层次的问题，这是否意味着我们需要一份新的国企改革路线图？

宋志平：是的。党的十八届三中全会把国企改革的方向和目标都定下来了，我们的任务是找到具体的实施路径，或者说要做出一份详尽的路线图。我主张要继承以前国企改革的经验，但也要能面对深层次的问题，在认识上进行螺旋式上升，这才是科学、负责的态度。如果我们在过程中发现问题，不把它亮出来解决，可能会带来长期的问题，而且最终也是绕不过去的。

党的十八届三中全会提出了国企再改革的任务，给了我们一次系统思考的机会，给了我们一次修正完善的机会，也给了我们一次改革再出发的机会。因而这次改革是对以前改革的继承和发展，而更重要的是发展。

新一轮国企改革的关键点："改回去"与"改出来"相结合

国有企业应该按照功能定位分类运营，确定不同的改革目标，公益事业要"改回去"，竞争领域要"改出来"。

李凡：其实大家总在想国家投资国有企业目的是什么，最近也有专家认为国企改革的方向是民营化，您怎样看这个问题？

宋志平：首先，搞好国有企业是必需的。世界各国大都有国有企业，我国是社会主义国家，又是人口大国，在关系全民利益的公益保障领域，国家拥有更多的责任，而这些都要靠国有企业来完成。但以前，我们把国有企业的概念理解得过于宽泛了。我觉得一切都应先回归本源，理清方向和目标，才能做出正确的改革方案。国有企业应按照功能定位分类运营，确定不同的改革目标，公益事业要"改回去"，竞争领域要"改出来"。

"改回去"是指在公益事业中，企业要保证质量、保障服务，大部分企业甚至是赔本的，这部分企业不用非改成混合所有制企业，如北京的公交公司，已经改了的可以再改回去，要严格按照政府指令和预算管理，完成好政府所赋予的任务。我去德国访问时了解到，德国的铁路公司在 20 世纪 90 年代曾拿出49% 的股份上市，由于股价很低、流动性差，2008 年，政府又把上市股权全部收回了，柏林和汉堡也相继把原已私有化的水务和电厂企业收归国有了，主要是从长期运行质量和安全上考虑，这些原本是公益保障事业的企业让国家管理更安全。

"改出来"是指在竞争领域，采用混合所有制的方法吸引社会投资，进行多元化股份制改造，国有资本只作为股东，企业完全进入市场。所以我不赞成国有经济从竞争领域完全退出，更不赞成国有企业改革只能民营化的观点。我认为应该大力发展混合所有制，原则上在竞争领域里国有经济以混合所有制形式存在，而不再以国有企业形式参与竞争，暂时还没能混合的国企，也可等同于混合所有制企业，给予完全市场化的身份。二者的区别是，完全国有的公司由国有股东独享分红，而混合所有制企业国家以股份比例分红。也就是说无论国有经济成分占多少，只要在竞争领域，就要进行市场化经营。

李凡：现在也有人说，上一轮国企改革以地方政府选择国企退出改制的方式收场并不合适，您怎么看？

宋志平：这正是我为什么说要着眼国有经济实现形式的改革，而不是只着眼国企改革。上一轮改革由于我们关注的不是国有经济的分类和实现形式的改革，而是要求国有企业无一例外地市场化，一些人得出只有改制为私营企业才能进入市场的结论，一些地方出现大规模的国有企业售卖风潮。今天看来，如果当时能引入混合所有制这种模式，就不会发生那样的事情。如果不以国有经济的实现形式入手，不大力发展混合所有制经济，仅从国有企业改革入手，往往是要么改不动，要么导致国有经济大规模退出市场。

李凡：关于这次针对国有企业限薪，大家仍有不少想法，您怎么看？

宋志平：这也和怎样看待目前国有企业性质的问题有关，如果国有企业领导者是通过行政任命，由政府规范薪酬无可厚非，国有企业领导者的工作和薪酬相对稳定，又有行政任命的特殊性，因而规范薪酬是必然的。现在大家有些想法，不是因为国有企业领导者薪酬不应该规范，而是因为不少处在充分竞争领域里的国有企业并不是铁饭碗，这类国企领导者面临的风险和付出都很大，他们希望参照市场考虑其薪酬，但前提是必须向职业经理人身份转变，不可能一边挂着行政级别、一边拿着市场化薪酬。这也是我们要把国有企业和混合所有制企业分开的一个原因。

在混合所有制企业里，企业负责人不会有那么稳定的工作和薪酬，而是完全取决于企业的经营效果，在拿高薪的同时也承担着巨大的风险，因而社会上对混合所有制企业的薪酬市场化并没有太大意见。总之，在市场经济条件下，国有经济盈利方式主要通过混合所有制企业而不是国有企业实现，企业领导者想要高收入也只能到混合所有制企业，在国有企业是不会有高薪的。

新一轮国企改革的着力点：落实各级国资"管资本为主"

在组建国有资本投资公司和运营公司方面不能退步，实体母公司向两类公司的转化要以"小震荡、大功效"为目标，尽量一步转到位，不能拖泥带水。

李凡：现在大家对于国资委从"管人、管事、管资产"为主转化为"以管资本为主"也有不同的见解，您怎么看这个问题？两类公司的设立会对形成"以管资本为主"的监管体系有促进作用吗？

宋志平：这次改革提出了国有经济改革"以管资本为主"，又提出了成立国有资本投资公司和国有资本运营公司两类公司。"以管资本为主"是国有资产监管体系的正确方向，成立两类公司是解决这个问题的关键抓手，二者互为因果关系。

国资委管理的央企大多是实体公司的形式，每个实体公司都有人财物、产供销的职能，所以国资委"管人、管事、管资产"的做法有其现实原因，在管实体公司的情况下，国资委难以摆脱"婆婆＋老板"的处境。因此要想使国资委回归到"管资本为主"的角色，就必须搭建国有资本投资公司和国有资本运营公司，把目前一部分国有企业融入这两类公司里，让两类公司成为国资委和实体企业之间的界面。两类公司行使投资和资本运营职能，国资委就比较容易实现向"管资本为主"的转化，同时两类公司也成为实体公司的投资平台，而实体公司的改革目标大多应是混合所有制企业。

李凡：怎样构建两类公司，两类公司的区别是什么？国资委好像更倾向于由现有央企转化，而不主张再多加层级，但有人说这又成了翻牌公司，您怎么看？

宋志平：关于两类公司的区别，我觉得如果以现有企业为组合方式去构建，可能既会有投资功能也会有资本运营功能，两种功能比较难区分，而且也没有必要刻意去区分。以现有的企业进行组合转化，主要目标是以现有企业的国有资本进行运营，国家一般情况下不会增加资金投入，因此我觉得选择哪种公司形式并不那么重要，关键是资本投资和运营公司都是以股权方式进行运营，不再是实体型公司。

从公司层级上看，如果能减少管理层级是件好事，另外，把实体公司转化为投资公司也不能简单地看成翻牌，虽然公司的名称中可能只多了"投资"两个字，却意味着公司功能和性质的重大变化。在国有资本投资公司的组建方面，比较现实的方法是挑选合适的实体母公司作为平台，把它转化为投资公司，再选择一些企业打捆并入，同时对并入企业进行混合所有制改造，这样就形成了"国资委—投资公司—混合所有制实体公司"的模式。

李凡：现有的所有央企都要转化为两类公司吗？有人主张，一些规模巨大的企业仍可保留为实体公司。您怎么看待这个问题？另外，组建多少家两类公司比较合适呢？

宋志平：在组建两类公司问题上不应退步，即使中石油、中石化这样的大公司，母公司也可以转化成资本投资公司，事实上，目前这些集团母公司的主要功能已经是以投资业务为主了。把实体公司转化为投资公司有利于形成国资委以管资本为主，有利于两类公司把精力聚焦到国有资本的投向、流动和增值上，有利于把目前国资委和集团母公司承担的社会公共职能交给各级政府相关管理部门，有利于成为混合所有制企业的规范股东。因而，我主张一步转到位，不拖泥带水。关于央企形成多少家两类公司为好，考虑到目前的经济形势和企业状况，数量不能太少，关键是转功能，在数量上可采取现实一些的方法，尽量减少不必要的震荡，这样可起到"小震荡、大功效"的作用。

李凡：在组建投资公司时，是要在央企中合并同类项吗？

宋志平：投资公司和实体公司有很大的不同，投资公司的业务以适度多元为好，这样可以对冲投资业务周期性压力，保证投资公司效益的稳定。投资公司下边可以是不同的产业集团，因此公司在组合时也应考虑把不同类别的公司并入，而不仅是把钢铁拉在一起，把煤炭拉在一起，可能是把钢铁、建筑和房地产等相关企业结合在一起，形成若干综合性业务的公司，有点儿像日本的三菱、三井、伊藤忠等财团模式，这样的投资公司下边可能有几家世界 500 强企业，像日本三菱财团下就有三菱银行、三菱商社和三菱重工等几家世界 500 强企业。

李凡：讲到多元化和专业化，记得您一直是一个专业主义者，您为什么主张投资公司多元化呢？

宋志平：我做企业几十年了，确实是个专业主义者，或者说身上都是专业化的基因，主要也是由于一直做工厂和产业集团的原因。其实我最近也常反思，思考这些年中国建材集团在战略规划上还欠缺什么？我觉得就是投资业务过于单一，无法抵御经济周期性带来的风险。这些年，大多数央企都主张企业朝专业化发展，主要是想集中打造专业化的企业竞争力，同时减少盲目投资的风险。但有利必有弊，过去这些年大部分央企业务过于单一，遇到经济周期性下调时，就很难对冲风险，无法用其他业务弥补。我们看到，宝钢在做钢铁业务的同时进入金融和房地产业，这几年在钢铁全行业亏损时仍有不错的盈利表现；而有些钢企业务只是顺着钢铁产业链延伸，没有其他业务对冲亏损。因此，连过去十分专业化的日本丰田、新日铁，以及韩国的浦项钢铁，近些年也开始开展全球的不动产业务。我认为作为一家投资公司应以适度多元投资为特征，在进行组合时应充分考虑到资本运营投资公司的适度多元化安排，而投资公司下边的实体公司应专业化，这样才是合理的搭配。

李凡：您讲到宝钢进入金融领域，您也讲投资公司应更像日本的财团，大家都想知道您为什么主张产融结合呢？

宋志平：我主张投资公司涉入金融业务，进行产融结合，主要是因为我国现行融资成本太高，实体企业几乎是在为银行打工，自身利润都很薄，这又使得银行处于十分强势地位，投资公司开办银行可以减少融资成本和资金风险。

大家也总是拿欧洲企业专业化举例，认为企业不一定进入银行，应该按照业务细分原则走专业化的道路。事实上欧洲市场体系已有两三百年的历史，市场已经完成细分，各业务领域之间的服务成本很低，在这种经济环境中未必一定要产融结合。但在日本和我国这种经济后发国家，或者说是快速发展的经济体系中，产融结合是必需的。

这些年，在产融结合、跨界经营新业态、由制造业向制造服务业转型等过程中，一些大型民营企业走在了前头。我们应以组建投资公司为契机，系统思考企业战略方向和调整企业的业务架构。

新一轮国企改革的创新点：混合所有制以融合经济为特征

不应再用非公即私的传统思维看待混合所有制。混合所有制是企业所有制的"新常态"，不应有谁吃谁、谁混谁的担心。

李凡： 目前，全国各地正掀起发展混合所有制经济的改革热潮。但事实上，从前推行的股份制就是混合所有制，混合所有制也不是新概念，现在为什么大家将其看得这样重要？

宋志平： 我们在国企改革的第二个阶段就认识到产权多元化的问题，党的十四大就提出我国国有企业改革的方向是多元化股份制，党的十五大、党的十六大都提到混合所有制，因此我国国有企业推进和民营等企业的合作和上市，为今天推行混合所有制打下了基础。

但在以前国有企业以股份制形式上市的过程中，更多强调的是引入资本，而把市场化机制挡在了外边，结果大部分成为国有一股独大并戴上了"国有控股"的帽子，仍按老的国有企业的办法运作，对管理层实行中长期激励、职业经理人制度、员工持股有很多限制，甚至还清理了一些企业原有的员工持股和股权激励政策。因此这次发展混合所有制时没有再提"国有控股"的概念，国有经济成分在混合所有制企业中是股东身份，不再是上下级，更不是政府和企业的关系。也只有在这种情况下，混合所有制企业才能真正引入市场机制，才能真正受民企和市场欢迎，才能真正成为市场的主体。

我理解的引入市场机制应包含三个内容。一是把真正的所有者引进来，让所有者真正到位。二是选拔、培养和保护企业家，充分发挥企业家作用。在企业改革发展过程中，企业家是偶然性因素，可遇不可求。企业家与职业经理人的区别是，企业家是把企业发展作为实现个人价值的目标，是"我要做"。而职业经理人的工作是完成业绩目标，是"要我做"。在混合所有制企业中，不能简单地用行政方式选人，而要依市场方式选人用人，企业的领导团队应以企业家为核心，确立企业家在经营决策中的重要地位，确保企业家在混合所有制企业中的位置长期稳定。三是建立经营者和所有者利益、企业效益正相关的关系。

在发展混合所有制的过程中，要处理好三个关系，坚持"三优先"原则。所谓"三优先"，即在活力和控制力之间，应是活力优先，有活力才会有效益，如果忽视活力，竞争领域的企业往往留给国家一个烂摊子；在开展员工持股和引入机构投资人之间，应是机制优先，引入共享机制，打造员工与企业的利益共同体，为企业注入持续而强大的发展动力；在利润和收入之间，应是利润优先，不盈利的业务原则上不做。当然一些具体做法还要继续探索，但应该立足于试，不设框。

李凡：现在社会上对混合所有制的议论很多，但主要的担心可以概括为两个方面。一部分人担心会造成新的国有资产流失，另一部分人担心民营企业进入国有企业后成为新的"公私合营"。

宋志平：有这些议论是因为大家在对中央搞混合所有制的认识上还不清楚，其实混合所有制是指国有经济和非公有制经济成分交叉持股、相互融合的新型所有制形态。在这样的公司，国有股东和非公股东都是平等股东，大家共同出资构成有法人财产权的公司，国有股东和非公有股东的权利都是神圣不可侵犯的，因而不存在谁"吃掉"谁的问题。

由于在我国的改革历史上出现过"公私合营"和国有资产流失的现象，大家有这些担心是正常的。但正是有过去这些教训，这次把混合所有制提升到我国基本经济制度重要实现形式的高度，也是告诉大家混合所有制企业是我国经济领域企业所有制的"新常态"，不是过渡的短期形式。

混合所有制企业既不能被简单当成国有企业，更不能被当成民营企业，搞混合所有制不是把非公资本国有化，也不是把国有资本私有化，不应该再用非公即私的传统思维思考这个问题，混合所有制是以融合经济为特征的新的企业所有制形态，这也恰恰是这次改革的创新点。另外，混合所有制也是国有企业和民营企业两种优势的互补，不单是资金投资的事，我以前讲的"央企的实力＋民企的活力＝企业的竞争力"的公式就是这个道理。

李凡：最近有民营企业家提出，搞混合所有制企业，如果国有企业控股就不参加，媒体也提出混合所有制企业中民营占股比例的问题。混合所有制企业里国企、民企到底是谁混谁，您是怎么看待这些问题的？

宋志平：我注意到了这些问题。首先说，搞混合所有制是把资本和资源要素组织起来，在市场中取得利益最大化，因而投资各方都要从公司发展中获益。控股比例应取决于各方的实力和条件，不应事先设定。当然，如果是集团化投资，往往从财务并表考虑提出一些股比要求，如50%以上可以合并收入，20%以上可以按权益法合并利润，但这些是一般性企业行为，和国企、民企性质无关，在企业发展过程中，各方股权也是不断流动和变化的。在混合所有制企业中，无论国有和非公资本各方股东占多少，各方的投资比例无一例外都应按混合所有制企业对待，不再看成国有或民营企业，因此不应有谁混谁的担心。

如果站在更高层面，民营资本进入混合所有制企业，一方面为国家创造了税收，另一方面提升了混合所有制企业中国有股的收益，这两者都可视同民营资本对国家的贡献，这也可能是中国特色社会主义条件下我国民营资本所发挥的特定作用。

李凡：为什么管理层的中长期激励、职业经理人制度和员工持股只有混合所有制企业才能执行，而不能在国有企业推行？

宋志平：这就牵涉到我们以前总讲的企业所有者到位的问题，国有企业里的管理都有国家委派的代表，是虚拟的投资者；但在混合所有制企业里非公产权的代表是天然的所有者代表，在这些企业，如果你拿他一根烧火棍，他也会和你急。在国有企业，由于对激励标准没有真正所有者做参照系，激励政策很难确定；而在混合所有制企业，非公有制的所有者会根据激励政策做负责任的考量，而国有产权代表也有了决策的参照系，即个人在企业里有真正的股权，他们都愿意奖励经营者，我们有什么不可以呢？所以我们就在混合所有制企业引入管理层中长期激励、职业经理人和员工持股机制。

李凡：关于员工持股好像上一轮改革时不大成功，另外，员工哪儿来那么多的钱持股？员工持股以多少比例为宜？

宋志平：不能笼统说上一轮员工持股不成功。其实今天发展起来的一些企业如海螺水泥、中联重科、上海绿地和山东信发等，都得益于员工持股的机制。上一轮搞全员持股的企业的确有的不成功，但我想原因未必是发生在员工持股机制上，大多数可能还是出在产品结构和企业管理上。当然，今天讲的员工持股可能更多的是指管理、技术、业务骨干的持股。

关于员工持股资金的来源确实是个现实问题，现在中关村、张江等高科技开发区施行了把近年来新增利润切出一小块作为公司技术骨干的持股资金来源，国资委在这方面也开展了试点。

至于员工持股比例，我认为至少应在三分之一左右，搞员工持股不应当简单视为一种对员工的奖励行为，更重要的是让员工持股公司真正在企业决策和管理过程中发挥作用，员工持股公司的引入可以解决结合员工利益与企业整体利益形成命运共同体的问题，可以解决企业民主决策、杜绝官僚主义和铺张浪费的问题，可以解决公司治理结构的规范化、建立职业经理人制度和企业内部平等制衡的问题。

李凡：也有人提出搞混合所有制是与少数非公资本合作，忽视了广大个人投资者的平等参与机会，会加大不公平，您怎么看这个问题？

宋志平：关键看要解决什么问题，混合所有制的着眼点是把市场化机制引入企业，这种机制的核心就是所有者真正到位。在企业长期的管理实践中，我们发现公司在多元化改革过程中，两种倾向都不可取：一是一股独大，即由大股东一家掌控公司；二是股权过于分散，会出现"三个和尚没水吃"，股东无法统一意见，或无人真正关心公司的发展，公司的权力往往被经营层所操纵，这就是我们常讲的"内部人控制"。

所以我认为合理的混合所有制结构应该是由国有经济资本和两三家非公资本组合形成公司的战略投资人，其余由财务投资人和散户股民自由进入，这样既保证企业有负责任的股东，也能使广大的投资者有高额的回报。试想，一个股东过于分散的决策低效的企业，对广大投资者来讲必然也是灾难。

李凡：您做国企领导人多年，现在您大力提倡混合所有制，不怕议论吗？

宋志平：首先我想说，搞混合所有制是我们国企改革的重大举措，搞混合所有制是探索国有经济的实现形式、推进国有经济和市场接轨的重要举措。混合所有制不是把国有财产私有化，当然也不是把私有财产国有化，而是双方交叉持股、互相融合的一种新的所有制形态，是我国基本经济制度的重要实现形式，是国有经济和市场有效接轨的重要方式。

在竞争领域，国有经济的实现方式是混合所有制，而不是国有企业，在公益领域是靠国有企业而不是混合所有制。国有企业和混合所有制都是国有经济的实现形式，国有企业改革的主要任务是进一步规范运作、提高效率、节约成本和做好服务，而混合所有制改革的任务是进一步市场化、提高效益、让包含国有股东在内的所有股东利益最大化。认真研究和探索混合所有制企业的经营和发展模式有利于国有经济和市场接轨，是为提高国有经济活力和主导作用做出的应有贡献，因此我没有太多的担忧。

新一轮国企改革的原动力：充分发挥企业家的能动作用

要把改革的顶层设计和企业的改革原动力结合起来，倾听企业家的呼声，尊重企业家的首创精神，发挥企业家的能动作用。

李凡：我们了解到中国建材集团搞混合所有制已经有十年以上的历史了，而且也是这次央企的改革试点单位。大家都想知道为什么您会先知先觉，较早走上混合所有制这条道路呢？

宋志平：其实我没有先知先觉，我是一个喜欢思考和总结的人，中国建材集团搞混合所有制完全是市场倒逼出来的选择。12 年前，我奉命来到中国建材集团的前身中新集团任总经理，当时这家企业十分困难，业务比较杂乱，我认识到充分竞争领域的建材企业要实现发展，只有走从资本市场中获取资金的发展道路。当时思考更多的是企业的生存问题，并没有想到十几年后中国建材集团能进入世界 500 强。因而我常说两句话，一是中国建材集团是"草根央企"，所谓"草根"就是底子薄、基础弱；二是中国建材集团的混合所有制是倒逼出来的。

李凡：记得您以前就开始探索央企如何市场化，还出了一本书《央企市营》，现在又成为国资委央企混合所有制试点企业的带头人，作为一名国企领导者，您在改革中一直走在前列，其中的动力是什么？

宋志平：现在社会上有人说，这些年国企改革停滞了，我不大同意这些观点，事实上国企的改革这些年一直在进行。中国建材集团过去十年间实现海外上市、推行董事会制度建设、进行了薪酬制度改革，这些改革在企业发展中都发挥了重要的作用。

这十几年我带领企业进行了一些改革。企业改革是适应市场的过程，企业领导者应是能动的推动者，不应该是被动的执行者。2008 年，我总结了中国建材集团的改革实践，系统归纳出"央企市营"的思想，内涵有五点，即股权多元化、规范的公司制和法人治理结构、职业经理人制度、内部机制市场化、按市场规则经营。今天看来这些是符合十八届三中全会要求的，但在当时提出确实需要一些勇气。2010 年针对社会上"国进民退"的质疑，我也是较早提出国民共进的观点，即社会主义市场经济应是国有经济和非公经济共同发展、国有资本与非公资本互相融合、国有企业和民营企业互利共赢。我把国民融合比作茶水，国有经济是水，民营经济是茶，形成一杯茶水后就无法分开，也没有必要分开。实际上，中国特色社会主义市场经济正是一种融合的经济体系，国有和民营是一对孪生兄弟，没有必要把他们分开，也不应该把他们分开。

李凡：关于国企改革，目前是顶层设计，一些部委分工负责，最近大家又提出改革的动力来源于企业和企业家，您怎么看这件事，您觉得作为国企领导者怎样才能在这方面有所作为？

宋志平：改革确实是一件关系全局和长远的事情。我国在以往长期的经济改革中积累了不少经验，具备了顶层设计的条件。同时，真正在企业第一线的企业领导者，清楚改革前沿的真实情况，有更切实的感受，改革更关系到他们自身的命运，因而他们的感受和见解应该受到重视。倾听他们的呼声，尊重他们的首创精神，保留他们改革的原动力，对国企改革来讲是十分重要的。现在党中央选择一部分企业作为改革试点，我觉得这就把顶层设计和企业的改革原动力结合起来，通过试点来验证改革的一些思路和探索出一些改革的方法。

李凡：您现在既是一名央企领导者，又同时兼任中国企业改革与发展研究会会长，这种特殊的身份是否让您对国企改革更有使命感？

宋志平：是的，作为中国建材集团的董事长，这些年来我一直倡导改革，集团又成为国资委发展混合所有制经济和落实董事会职权的试点单位，因而我必须拿出相当多的精力推进改革试点工作。同时作为中国企业改革与发展研究会会长，我要研究一些面上的国企改革工作，为顶层设计提供一些建议，这也是我的责任。最近，我带领中国建材集团改革办的干部们到中联重科、上海绿地、浙江物产和山东信发等在改革发展上有特色和有建树的企业进行了实地学习，这次学习收获巨大，感触颇深。大量的事实表明，党的十八届三中全会关于深化改革的决议是十分正确的，现在的关键是领会精神、结合实际，真正把改革推进下去。

改革要触及痛点，改革要解决问题，改革要真刀真枪地干。国企改革是个大题目，也是世界性难题，我希望通过我们的努力，把国企改革的思路理清楚，把适合我国国情的国有经济的实现形式、国资监管体系、国有企业和混合所有制的运营方式等框架结构都建立起来，使国有经济在国家现代化治理的大框架下有机地发展壮大，这应是我们的历史使命。

06

建立适应市场经济的企业制度①

　　北京城外西三旗有一家大型建材企业，名叫北京新型建筑材料总厂。这家企业是我国 1979 年投资兴建的全国最大的新型建材生产基地，主要生产建筑上用的石膏板、岩棉板等，年销售额有 1.5 亿多万元。今年年初以来，随着新厂长宋志平上任后，全厂的面貌发生了深刻变化，不仅经济效益明显增长，特别是企业有了生机，增添了活力。许多干部职工交口称道他们的厂长有胆识、有魄力。记者闻讯，慕名前往，对宋志平厂长进行了采访。

　　记者：您 31 岁当了这家大企业的副厂长，36 岁当上厂长，非常年轻。

　　宋志平：不年轻了，在美国，30 岁的人是经理阶层，40 岁的人应该当董事长，当真正的老板了。现在深圳、珠海等地的企业领导，也都是年轻的大学毕业生，相比之下我不觉得自己是少年得志，经理阶层、厂长阶层应该是三十出头的人来干。

　　记者：您这样说话，不怕人说您狂吗？

　　宋志平：不怕。过去认为当厂长是做官，人不能官迷心窍；但搞企业不是做官，而是做事业，做事业就是做得越大越好。日本松下电器公司从做插座起家，现在是世界著名的大公司；美国可口可乐公司初创时的资产不过几百美元。相比之下，我们现在的条件好多了。新材总厂现在占地 1 平方千米，地产

---

① 本文原载于《中国建材报》1993 年 10 月 11 日。

就值五六亿元，加上铁路专用线、厂房设备投资的两亿多元，要发展起来，基础条件好得很。过去是计划经济，不利于企业自我发展，现在的市场经济是企业生长的土壤，关键在于机制。

记者：机制转换有许多方面的工作，但首先一点是认识问题。您在企业工作很长时间了，您认为转换机制中，现在观念上最突出的障碍是什么？

宋志平：观念上的障碍不少，现在最突出的是，尽管国家已经把我们推向了市场，企业也叫"企业"了，但是许多厂长经理还是很传统地看待自己与上级、自己与企业、自己与职工之间的关系。"很传统"就是说，他们还是以过去行政管理的"官本位"的观念来考虑问题。官本位是权力取向，而市场经济的价值取向是利益取向。现在的问题是尽管厂长经理有许多改革和发展思路，在得不到上级领导和主管部门赞同和理解时，都要服从上级行政命令，这种观点有时是潜意识地存在着。职工中的传统观念也很浓厚。许多工人认为，自己是在给国家干，国家给我发工资，厂长与职工一样，都是拿国家工资的，所以厂长有什么权力来定岗定薪呢？又凭什么来除名呢？他们还没有看到企业与行政机关已经脱钩了，企业的厂长不是国家行政官员，也不是企业的一般职工，而是企业的管理者。现在国有企业职工的工资奖金，不是国家发的，是企业挣得的。由于传统观念上的误区，阻碍着企业转换经营机制，以至于在企业改革中想得越深，越是迫切，遇到的问题就越多。但是，上下左右的人可以这样看或是那样看，作为企业的领导要有正确的认识，要坚定不移地走改革之路，要带动其他同志转换观念。

记者：建材企业在转换经营机制上有什么特殊矛盾吗？或是说，建材企业在转换机制方面要注意哪些问题？

宋志平：说行业的宏观问题我恐怕谈不清楚，但从新型建筑材料这个行业来说，一个大问题是企业的组织形式不合理。现在许多其他行业都形成了比较强有力的企业集团，如中信、光大、健力宝、四通、首钢、宝钢、一汽、二汽等，可是建材行业就没有一个能与之媲美的集团公司。出现这种空白现象的根本原因是投资决策上的失误，以致在集团公司新生发展的敏感时期失去了机会。决策投资上的失误有三个方面：一是投资分散，到处都想插一手，结果是虎头蛇尾，不能形成规模经济；二是割断了投资与经营之间的联系，投资的只管投资，不连带考虑生产经营、市场开发等问题，不仅是资金回收乏力，更谈不上滚动发展了；三是投资行为还沿袭行政部门的模式，实际上公司已经不是行政机关了，但仍然不能按照企业的投资方式进行管理经营，因此难以形成强有力的企业集团。另外一个问题是，建材企业在进入市场方面，行动迟缓。看重生产科研，忽视市场开发，看重工程项目，轻视贸易流通。我前不久到山西出差，看到好几个工厂的引进生产线在那里闲置着，十分痛心。其实，如果拿出 20% 的投资来开发市场，就不会是这样。建材企业也应该以市场为取向规范行为，记住市场第一、项目第二。产品开发不仅是科技开发，还有市场开发的大文章。

记者：现在都说厂长难当，可我还很少看到哪位厂长主动辞职，倒是有不少机关干部去创业，您觉得厂长好当吗？

宋志平：厂长难当是事实，当一个好厂长更难，但我并不觉得很难，关键在于怎样把工作料理清楚。我把企业面临的问题分为 A、B、C 三大类，A 类的问题是全社会都解决了，我才有办法解决的事，如社会保障、企业负担等问题；B 类是企业经过努力而能做好的事，如企业三项制度的改革等；C 类是企业必须做好的基础工作，如劳动纪律、财务管理、现场管理、卫生环境等。现在有的厂长觉得难当，主要是他把三大类问题混淆了，想做自己所不能做的事，所以觉得厂长难当。实际上，能把 C 类事做好，大家就会认为是可以接受的；能把 B 类事做好，就是经营有方；对 A 类的问题，要思考，做个促进派就很不错了。如果厂长一上任，不去做必须做好的 C 类事情，也不努力去争取做好 B 类事情，而是面对 A 类的问题抱怨不停，保证他整天都是烦恼。我与上级单位也偶然会有分歧，但每次我只要感到基本满足时就画上句号，绝不没完没了地纠缠。当厂长难是客观的，但如果自己有一个良好的心理素质，就不难了。自己要找好自由度，创造好自己的创作空间，这样就能够做好事情了。

07

积极探索央企市营新模式①

"十一五"期间，中国建材集团坚持遵循发展规律、创新发展理念、转变发展方式、破解发展难题，从一家以新型墙体材料为主业的规模不大的企业，成长为我国建材行业最大的综合性建材企业集团和行业排头兵企业，成为推动行业联合重组、结构调整和科技进步的中坚力量。

中国建材集团取得跨越式发展的主要经验之一，是积极探索央企市场化经营的模式，走一条包容性成长的道路。集团所属南方水泥有限公司共重组150家水泥企业，其中有65%是民营企业，15%是地方国企，20%是混合股份企业。

中国建材集团的这种市场化经营模式不仅带动了其他所有制企业共同进步，也大大提升了集团的市场竞争力。2010年，中国建材集团销售收入达到1354亿元，实现利润75.6亿元，就业员工10万名，上缴税金10.3亿元，净资产收益率高达22.5%。在为国家创造了高额回报的同时，集团创造利润的60%归属广大社会投资者和股民。

怎样理解央企市营

记者：中国建材集团跨越式成长的重要经验，是积极探索央企经营模式，您总结为"央企市营"。请问"央企市营"究竟包含了哪几层意思？

---

① 本文原载于《经济日报》2011年6月15日，采访人崔书文、李予阳、祝君壁。

宋志平："央企"是指企业的所有制性质，中央直接管理的国有企业；"市营"是指企业机制和运作方式。在社会主义市场经济下，作为央企应该市场化经营。

中国建材集团的"央企市营"包含了"央企"与"市营"两层意思。

作为"央企"，从它的公有制性质和社会作用来看，应包括四个方面的内容：一是坚持企业中党组织的领导作用，坚持党的领导是我国国有企业的独特优势；二是带头执行党和国家的方针政策，带头推进产业升级、科技创新和节能减排，带头大力发展战略性新兴产业；三是在企业发展过程中，主动承担政治责任和社会责任；四是创造良好的经济效益，为国家保值增值，为全民积累财富，真正成为我国社会主义经济建设的顶梁柱。

关于"市营"，即按照市场化的要求，改革央企的内部机制和运行模式，这主要有五个方面的内容。

一是股权多元化。股权多元化可以解决产权问题。与单一产权相比，多元化股份制能使公司更有活力。现在央企单一产权的很少，包括中国建材集团在内，很多央企旗下都有上市公司或者多元化的公司。也就是说，央企的多元化产权改造已经不断深入。

二是规范的公司制和法人治理结构。按照《公司法》规范央企的相关制度，过去央企大部分是根据《企业法》注册的，而现在应根据《公司法》重新注册，使公司真正成为市场竞争中的法人主体。规范的《公司法》必然引出规范的法人治理结构，也只有规范的《公司法》下的公司才有真正的董事会，而《企业法》下的公司没有董事会的法定地位。央企过去没有董事会，国资委推行董事会试点工作的几年来，包括中国建材在内的部分央企建立了外部董事占多数的董事会，形成了"国资委—央企董事会—央企经理层—全体职工"的清晰的委托代理模式。国资委是出资人代表，董事会是被委托经营企业的机构，请一些有决策能力和水平的董事做决策，再找一群年富力强的职业经理人执行。这样就形成了政企分开、所有权和经营权真正分离的规范的治理结构。这几年中国建材集团的运营证明，规范的公司治理结构是确保企业稳定发展的组织保证。

三是职业经理人制度。职业经理人制度既包括经理，也包括董事，董事也应该从市场中来。经理层由董事会聘任，更应该是职业经理人。中国建材集团职业经理人有三种来源，第一种是企业自己培养，第二种是从市场上选用招聘，第三种是在重组过程中跟着重组企业进来的。中国建材集团对于职业经理人，坚持按市场论价，根据做过什么，有多大能力，有没有职业操守，给出职业化待遇，做不好也有退出机制。虽然这样做常会有压力，但最后能够让企业有效率，让国家资产保值增值。

四是公司内部机制市场化。过去常讲企业用人、用工与激励三项制度改革，就是内部机制。干部能上能下、职工能进能出、收入能升能降，这些说起来容易，做起来没那么简单。国资委每年对中国建材集团进行考核，集团总部也有一套薪酬与激励制度，每年对干部进行考核。现在各类企业里不同的职务收入差距已经拉开，央企也是这样。就那么多位置，怎么保证优秀的人上来？一定要市场化，只有内部机制市场化的企业才有真正的动力。

五是按照市场规则开展企业经营。企业在市场上不向国家要一些高过国民待遇的优惠条件，关键不能再有"等、靠、要"的思想，而是迈开双脚在市场里拼搏，这样才能真正赢得市场的尊重。同时，央企要提倡包容性的增长，和社会非公有制企业和睦相处、共生多赢。中国建材集团秉承"蓝海"战略，提倡与竞争者和谐，追求竞合关系，营造健康与良性的市场环境，因为只有行业健康了企业才能健康成长。南方水泥成立的背景是当年在浙江等地区，几百家水泥厂打价格战，每吨水泥价格从400多元打到200元以下，水泥行业出现全行业亏损，行业亟待整合。中国建材集团发现和遵循了这个行业发展的规律，着眼于系统解决行业共性问题，展开了大规模的联合重组并取得成功。

通过这几年走"央企市营"的道路，中国建材在建材领域里获得了快速成长。集团近几年净资产回报率在20%以上，连续在中央企业业绩考核中被国资委评为A级企业，并被授予第二任期"业绩优秀企业"称号。

央企是为国为民赢利，不是与民争利

记者：中国建材集团市场化经营的经典案例是组建南方水泥公司。在水泥行业如此大规模推进联合重组，是否存在与民争利的问题？

宋志平：不存在与民争利，实际情况正好相反。联合重组是为了大家共同的活路，为了优化行业的资源配置。近年来，我国建材行业中水泥、玻璃等领域产能严重过剩，无论是国企还是民企，几千家企业竞相压价，有的小企业甚至靠降低质量、牺牲环境来求得生存。行业呼唤着进行适度集中。大家逐步认识到，低集中度、低水平竞争，是不可能实现质量的提升和产业升级的，受损的反倒是广大消费者，牺牲的是国家的资源和环境。而与地方国企和民营企业相比，央企在资源整合方面有一定的优势，所以中国建材集团这几年的发展就搭上了联合重组这班船。

另外，"十一五"伊始，国际跨国公司也看到中国水泥行业亟待整合的机会，它们纷纷抢滩，大举并购中国水泥企业，形成了区域分割的格局。中国建材集团认为，水泥这样的基础性原材料工业，既不存在用市场换技术，也不存在用市场换资金，不能犯水泥行业发展的战略性错误，让跨国公司垄断了中国水泥工业，用本土的能源、本土的原料进行基础原材料的制造。作为一家央企，中国建材集团有责任承担起行业整合的历史责任。

"捆绑不成夫妻"，中国建材集团重组民营企业都是建立在自愿基础上的。重组几百家企业从来没有强买强卖，没有让被重组的企业感到有压力。中国建材集团有个被大家熟知的公式，"央企的实力加上民营企业的活力等于企业的竞争力"。为了发挥央企与民企两种要素的积极性，中国建材联合重组民企，一般都在新企业中保留30%的股份。同时，多数原来企业的负责人继续担任新企业的管理者，民企的资本得以保全和升值，活力机制继续发挥作用。我以前一直想做个试验，人拥有一定财富后，还要不要工作？对于一些成功的创业者来讲，工作是谋生的手段还是乐生的手段？这在南方水泥这场重组变革里得到了答案：南方水泥很多经理对工作充满热情，很有职业精神，在中国建材的队伍里愉愉快快、全身心投入地工作。由于联合重组后的市场效应和管理整合，这些成员企业和企业家进入中国建材以后，自身资本的价值不是小了而是大了，挣的不是少了而是多了，这是实实在在的实惠。

通过联合重组，盘活了存量，给行业注入了新的活力，地方政府欢迎，民企欢迎，央企也受益。中国建材集团虽然已发展成为世界最大的建材企业之一，但水泥业务国内市场占有率还不到15%，形不成垄断。作为建材央企，首先，中国建材集团向市场提供更高质量、更符合环保要求、价格适中的产品，消费者从中得到了实惠；其次，通过让民企保留部分股份，再通过后来的上市筹资，企业的饼做大了，国家和社会投资都得到了双赢。央企联合重组，扮演的是一个资源整合者的角色，中国建材就是牵头把大家各自想做又没有能力做的事做起来，企业发展了，消费者和民企也得到了实惠，这是大家共生多赢的发展模式。

现在社会上对央企、民企之间的关系议论比较多。其实无论是国企还是民企，都存在企业制度是否规范、管理是否科学、创新能力是否先进的问题。改革开放初期，民企具有明显的制度优势，那时不少国企转给了民企。近年来，国企在制度创新方面锐意进取，取得了显著的成绩，尤其是国务院国资委推动央企主业管控、科技创新、风险防范、薪酬考核和证券化进程，极大地提高了央企的管理水平与市场竞争力，在建立规范的制度方面已经具有了优势。央企这几年之所以快速发展，之所以能够重组民企，就是说明它先进了，赢得了制度优势，建立起规范的治理结构。

在社会主义市场经济条件下，央企和民企长期依存，是一种互相补充、互相带动、互相合作、互相学习的关系，即使有竞争也是市场中的常规竞争。任何夸大央企和民企矛盾或把央企和民企对立起来的说法都不符合实际情况，对央企和民企发展都是有害无益的。

央企的历史责任和作用

记者：中国建材集团已成为我国建材行业规模最大的企业。您认为央企在国民经济发展中应承担怎样的历史责任？

宋志平：中国参与国际竞争需要大企业，中国的大企业时代已经到来。2010年我国的GDP是39万亿元，如果按照年增7%的速度增长，到2015年能达到55万亿元，到2020年即使按5%增长也可超过70万亿元①。我预测，到

---

① 2016年我国GDP首超70万亿元，达到74.4万亿元。

2020 年中国前 100 家企业平均销售额在 3000 亿元左右。

大企业与中小企业是带动关系，是共同发展的关系。俗话说，大河流水小河满，因为大企业给小企业提供外包，例如大飞机企业可能有近千家中小企业与其配套。过去韩国"三星"的销售收入占了韩国 GDP 的 20% 左右，带动了一大批中小企业。一个大宇曾安排了韩国 10% 的就业。日本产业空心化后，大企业出走，中小企业受影响最大，中小企业没饭吃了。

由于中国特殊的历史背景，央企承担我国大企业发育成长的历史责任。央企具有规模优势、人才优势、创新优势和国际化优势，这是因为我国央企领导团队大部分具有行业工作背景，他们对于行业宏观的理解和把握有比较丰富的经验。以往国家部委的大院大所和进出口窗口公司也都集中到央企的企业集团。因而我国大企业崛起形成了以央企占主导的特点，同时建设具有国际竞争力的大企业也是央企的目标与责任。

以央企为代表的中国大企业至少应该在五个方面起带头作用：第一，大企业是国民经济发展的支柱；第二，大企业是技术创新的主要平台；第三，大企业是带动中小企业发展的火车头；第四，大企业是"走出去"的带头人；第五，大企业是社会责任的重要承担者。

目前，央企确实已经承担起科技创新、节能减排、参与全球竞争和国际资源配置的历史责任。国家之间的竞争还是国际市场的竞争，主要发生在不同国家的大企业之间。西方国家今天对整体经济的政策仍是贸易保护主义。在刚刚过去的国际金融危机中，一些西方国家用实用主义代替了市场原则，用贸易保护主义代替了国际化。所以，应该辩证地、实事求是地去研究西方市场理论，要坚定不移地支持我国大企业的发展，支持央企在大企业进程中的成长。

如何解决大而不强的问题

记者： 现在央企规模很大，但一些人把央企的并购扩张认为是大而不强的主要原因。中国建材集团在这方面有哪些实践和思考？

宋志平： 大而不强主要指的是企业竞争力和效益问题。提高企业的竞争力靠技术创新，而提高效益需要精细管理和严格的企业管控模式。

关于技术创新，我们总讲企业是技术创新的主体，因为大企业有更大的创新投入，能组织大兵团作战。例如我国建材行业的浮法玻璃、新型干法水泥等技术，都是中国建材集团的相关院所和企业结合创新出来的。这些年集团大力发展余热利用，一次性投资 58 亿元，把所有的水泥生产线都配备了余热发电装置，节约用电 50% 左右。像现在的碳纤维和 TFT① 液晶玻璃基板，也只有中国建材集团这样的公司才有实力投入进行研发。因而，目前央企实际承担起我国企业技术创新的主要任务。

企业做大了，存在着加强管控的问题。企业容易乱在两个地方，第一个是行权乱，形不成领导核心，政出多头，不能令行禁止，该你做你不做，不该你做你做了。第二个是投资乱，投资决策不能高度集中，层层都有投资权，母公司在投资，子公司也在投资，不知道有多少子公司，公司每天投资多少也不知道。企业层级很多，数目很多，这就容易大而不强，容易在管控上出问题。所以，我主张要做非常精准的管控。企业坍塌不在大和小，关键在管控制度。

一个集团应该有一个很好的管控模式。中国建材集团在实践中探索出一套"格子化"管控模式：治理规范化、职能层级化、业务平台化、管理精细化、文化一体化。"格子化"管控模式把集团所属企业管住了，也实实在在提高了集团的效率和效益。就职能层级化来说，中国建材集团总部有投资决策权，二级企业是利润中心，工厂是成本中心，企业和工厂再大也没有投资权。关于业务平台化，中国建材集团实现专业化管理，总部之下，南方水泥就是做水泥，中国玻纤②就是做玻纤，像比赛一样，足球队对足球队，篮球队对篮球队，提高专业化水平，参与专业化竞争。

另外，我不完全同意企业大了风险就加剧的说法。企业只有具备一定规模才能更好地抵御风险。一个美国的管理学家告诉我，纽约的电话黄页中十年间有 80% 的公司都会消失，这些大都是中小企业。当然大企业如果出了问题负面

---

① Thin Film Transistor，即薄膜晶体管。
② 中国玻纤于 2015 年更名为中国巨石。下同。

影响会更大，所以要更加精心，平衡好管理与发展节奏的关系，但不能说企业大了更容易倒。

同时也不要因为个别的央企在并购中出现的问题就对企业并购成长模式产生疑问。实际上，在过剩经济环境下，兼并收购的风险远远小于投资上新线的风险，这已经被国际跨国公司的成长经验所证明。一些企业在联合重组中出问题，往往是管理整合没做好。这么多年的管理告诉我们，企业经营的难度在于，不仅不能犯大的战略错误，也不能犯大的技术性错误。中国建材集团在水泥联合重组后，注意加强管理整合工作，大力开展对标优化、"三五"管理和辅导员制，取得了很好的成效。

2011年年初，国资委领导在给中国建材集团年度工作会的贺信中充分肯定了集团"十一五"的发展成绩，希望中国建材集团成为世界一流建材集团，为此，集团调整了自己的战略和发展思路。国资委在"十二五"央企发展战略上定位于"做强做优、培育具有国际竞争力的世界一流企业"，为央企的科学发展和转变发展方式指明了方向。央企从开始的"做大做强"到"做强做大"，再到现在的"做强做优"，反映了央企不同阶段的战略取向，符合央企成长的逻辑。相信在国资委对央企新的战略指引下，未来几年，我国央企会实现发展质量新的飞跃，演绎出更加精彩的故事。作为一家建材央企，中国建材集团也将在市场实践中总结更多的经验与大家共享。

08

一条市场化改革的新路①

宋志平，中央企业中唯一的"双料"董事长，同时担任中国建材集团与国药集团的董事长。在他手中，中国建材集团10年间从一个营业收入20亿元的小公司，发展到世界500强企业、全球第二大建材集团，其快速推动中国水泥行业整合的管理经验还入选了哈佛大学商学院案例库。值得一提的是，他以外部董事身份出任董事长的国药集团过去3年间营业收入增长了3倍。

这两家企业的成功，固然展示了一个企业家的才华和作为，但更值得人们注意和思考的是，它们展示了在充分竞争领域里央企的市场化改革的道路。这样一条道路被宋志平升华为四字理论："央企市营"。

"央企市营"是实践的升华

"一提到央企，不少人就会想到垄断、吃偏饭等，事实不是这样。这些年，央企已经发生了巨大的变化。"

记者："央企市营"不是一个出自文件或者教科书的理论，从字面上看，这个理论的内涵是什么？

宋志平："央企市营"是我们的经营模式和经营方法，包括五点内涵，股

---

① 本文原载于《人民日报》2012年7月30日，采访人朱剑红、陆娅楠。

权多元化、规范的公司制和法人治理结构、职业经理人制度、内部机制市场化和按照市场规则开展企业经营。

记者：建立现代企业制度、增强企业竞争能力，这都是几十年国有企业改革的题中应有之义，您为什么能用四个这么简单易懂的字来高度概括？

宋志平：这四个字来自我们的实践，是我们对中国建材的成长模式的概括。

一提到央企，不少人就会想到垄断等，事实不是这样。这些年，央企已经发生了巨大的变化。

十年前，中国建材在市场中打了败仗，资不抵债，财务室都被贴了封条。建材是充分竞争的市场领域，没有人再给我们资本金，也没有人给我们特殊的保护，银行从专业银行向商业银行转化之后，我们失去了最后的资金依靠，完全成为自负盈亏的市场主体，接受市场优胜劣汰的严酷选择。当时我们痛定思痛，果敢地迈向市场，用市场的规则改造自己，同时按照市场化的方式推进联合重组，吸纳了 480 余家民营、外资、地方国企等多种不同所有制企业，退出 218 家劣势企业，企业内部结构进行大规模调整。①

到 2012 年 6 月，中国建材集团总资产已达 2400 多亿元，在世界 500 强中排名第 365 位。② 能成为市场中的佼佼者，靠的既不是垄断也不是吃偏饭，而是"央企市营"：用市场的机制改造自己，运用市场的规律做大、做强，在市场化过程中完成再造和重生。

再看国药集团，3 年前销售额 360 多亿元，到 2011 年就超过了 1200 亿元。这么快速增长，靠的是垄断吗？靠的是非市场化的东西吗？坦率地说，不是。完全是靠市场化运作，就是"央企市营"。

"央企市营"不是央企私有化

"我们说'央企市营'，绝不是搞所谓的私有化，而是中央企业要市场化经

---

① 2006 年以来，中国建材集团共重组近千家不同所有制企业。
② 截至 2017 年底，中国建材集团总资产近 6000 亿元，营业收入超过 3000 亿元；在 2018 年《财富》世界 500 强企业排行榜中，位列第 243 位。下同。

营，走一条市场化道路。"

记者：如何解决国有企业改革面临的种种问题，很多人都提出了解决方案，有些人甚至主张国有企业全面"私有化"，您主张"央企市营"，并认为"充分的市场化"是央企近些年来取得快速成长的内因，这会不会被理解为另一种私有化？

宋志平：我把中国建材集团的成长模式概括成"央企市营"，不是央企私营，而是中央企业要市场化经营，走市场化道路。

首先企业做大了，产权就要多元化。纯粹的国有产权，或者纯而又纯的家族企业单一产权，都有弊端。现在国资委作为出资代表，要求央企要向多元化的股份制迈进，向上市公众化迈进。但又和普通的企业公众化不同，国家控股要当第一大股东，可以绝对控股，也可以相对控股。制造凡尔赛宫玻璃的全球第一大建材公司法国圣戈班有 360 年的历史了，开始是皇家所有，后来是国有公司，再后来成为上市公司，经历了从皇家到国有，再到公众化上市的过程。央企也是这样，通过引进战略投资、社会资本投资，通过上市实现公众化和股权多元化。

现代产权理论证明，多元化产权比单一化产权管理更科学、更明晰。在我任董事长的两家央企中，国资委分别持有的股份不超过50%，50%以上的资本由社会投资人和股民组成。从保值增值的意义上来讲，国有资本虽说比例缩小了，但是从绝对值来讲极大地增加了，国有资本的控制力没有改变。

国资委前不久发布了落实"新36条"① 的 14 条实施细则，其中提到建立现代产权制度；我的理解就是建立多元化股份制，将民营资本引入央企，实现国有资本在市场中的合理流动。

但是，央企市营所倡导的股权多元化，绝不是要搞全面的私有化，私有化不是，也不应该作为央企市场改革的选项。

---

① 《国务院关于鼓励和引导民间投资健康发展的若干意见》（国发〔2010〕13 号）。

"央企市营"的核心是市场化

记者：我们理解，央企市营的本质是公有制与市场经济的融合，除了在产权结构的层面外，在企业管理经营等各个层面怎么理解和实现"市营"？

宋志平：除了多元化产权结构，"市营"的内涵还包括规范的公司制和法人治理结构、职业经理人制度、内部机制市场化和按照市场规则开展企业经营。

公司治理的核心是董事会，中国建材集团和国药集团都是国资委的董事会试点单位，建立了规范的董事会运作体系。董事会就像一把刀，解决了政企不分的问题。现在，国资委并不审批每一家央企的投资项目、投资决策，而是主要进行资产层面的监管，行使出资人的权力。央企主业之内的项目都由董事会决定，这样就把出资人和企业、政府和企业分开了。

国资委现在推行的董事会建设引入了外部董事。外部董事的进入，使公司决策机构发生变化，内部人控制或者过去的"一把手"制度得到根本改变。像中国建材集团和国药集团都是外部董事占多数。国药集团是 9 名董事，其中 6 名是外部董事，中国建材集团是 11 名董事，其中 6 名是外部董事，并且两家董事会外部董事中各有一名从国际化公司聘请的外籍人士。

为什么一个规范的、国际化的董事会至关重要？我举一个例子：新加坡淡马锡也是国有企业，但全世界都认为它是市场化的公司，因为淡马锡董事会由十几个人组成，只有两人是所谓的内部董事，剩下的全是社会精英，大都是国际化人士。这意味着把国家公司的董事会交给全球最优秀的人来决策，国家只享受出资人和作为股东应有的权利。

记者：如果是市场化经营，可能不仅仅是董事会，职业经理人也要市场化、国际化吧？

宋志平：职业经理人制度，也是"央企市营"里一个重要内容。

有人常问我，你们重组了那么多企业，经理人从什么地方来，我的回答是一切皆由市场中来，央企的经理人也要职业化、市场化。中国建材集团 2011

年选聘总会计师，中组部和国资委进行全球招聘，有 1000 人报名，初次筛选 100 人，从中选出 25 人，再选出 8 个人面试，最终我们选了 1 名十分优秀的总会计师。此外，我们也在积极探索经理人职业化机制，职业经理人要有职业操守，有职业化能力，享受职业化待遇，做不好也有退出机制。有了这套办法，才能保证央企、国企的经营层干部真真正正有进有退，保证干部能够年富力强。

说到用人市场化就避不开报酬问题。和民企、外企相比，央企领导人的收入并不高，为什么现在社会上对央企领导人的收入总有微词？很大程度上是因为目前国有企业尚未完全做到市场化选聘人才，大家不知道什么样的人在做总经理。也许经理人职业化、市场化、国际化之后，人们就不会对央企老总的收入有那么大的意见了。

央企的内部机制也要市场化。只有内部机制市场化的企业才有真正的动力。过去常讲企业用人、用工与激励三项制度改革，就是内部机制。干部能上能下、职工能进能出、收入能升能降。应该说，在这个问题上历经了 30 多年的改革后，市场化内部机制已在央企中普遍建立起来了。

"央企市营"促进国企民企融合

"央企和民企不应是对立关系，而应在'你中有我，我中有你'的融合中，实现'国民共进'的良性发展。"

记者：有一种观点认为，国有企业不应该进入市场，否则就是"与民争利"，会导致"国进民退"。您怎么看待央企参与市场竞争的影响与意义？

宋志平：关于国有企业的地位和存在的意义，我想中央的政策中有明确的规定，这是我国国有经济为主导的经济形态所决定的。关于谁进谁退，其实市场是公平的。记得刚进入市场那阵子，我们机制落后，水土不服，打过败仗，痛定思痛后进行了脱胎换骨的改革。在市场经济中，竞争是客观的，任何企业都应该接受竞争的考验，不断适应市场的变化。央企这些年之所以快速发展是因为央企改革了，全方位进入市场了，在市场化的改造过程中赢得了机制优势。这也是"央企市营"中"市营"这个概念的最后一条内涵——按照市场规则开展企业经营。我们央企愿意和民营企业、外资企业享有同等的机会。我们彻底摒弃了过去"等、靠、要"的思想，在市场中奋力拼搏，逐渐赢得了市场的尊重和认同。

事实上，不管是央企也好，民企也好，无论什么性质的企业都要遵循市场规则去经营和管理，都要在市场化的过程中依靠先进的机制取得发展的动力。即使是民企，如果治理结构落后，管理不科学，同样会被市场无情地淘汰。2010年，我到瑞士拜访过著名的水泥企业豪西姆公司，虽然是家族企业，但是董事会里11名董事都是外部董事，董事长在欧洲出任三家董事局主席，CEO也是社会精英。一个家族公司为了更好地科学管理，愿意把全部资产交给社会经理人管理。我国的民营企业目前大多还没有发展到这个阶段。

记者：那么您认为在市场竞争中，央企与民企的理想关系是怎样的？

宋志平：我们提倡包容性的增长，央企和社会非公有制企业和睦相处、共生多赢。如果能把央企的资金实力、人才技术、品牌价值、管理优势与民营企业的活力、激励机制和创业精神等有机结合起来，这不是更好吗？

中国建材集团旗下的中国玻纤，10年前只有1万吨产量，现在已经达到100万吨。这个企业原本是浙江桐乡的一家民营企业，和中国建材集团合作后实现上市，前几年又引入联想弘毅基金7000万美元。中国玻纤现在已成为全球最大的玻纤企业，现在又到美国去投资，到埃及建厂，成为一家全球化企业。这个例子就说明，央企、民营企业甚至外资企业完全是可以在资本层面合作的。

中国特色的社会主义市场经济，是以国有经济为主导、各种所有制经济共同融和发展的混合经济模式。在这个大的市场体系里，央企、地方国企和民企高度融合、互为补充，我们不应该人为地分开，事实上也分不开。中国建材集团的实践证明，央企和民企不是对立关系，而是互相补充、互相带动、互相合作、互相学习的关系，二者在"你中有我，我中有你"的融合之中，实现了"国民共进"的良性发展。

09

董事会的使命①

被视为"国资委工作生命线"的央企董事会改革，已走过了近8年的历程，并取得了令人瞩目的成绩。如何进一步做到形神兼备、规范高效，关系到央企改革的成败。国资委强调，要进一步建设和完善规范董事会，进一步健全规范董事会运作的制度体系，理顺国资委和董事会之间的运作关系。这是国有企业改革中的一个核心问题，意义非常重大。

宋志平作为央企董事会改革的积极践行者，带领企业完成了一系列的制度性转化。从1979年大学毕业由技术员做到中国建材集团的董事长，2009年受命担任国药集团的外部董事、董事长，成为国资委在职外部董事担任董事长的第一人，宋志平对董事会治理有着深刻的理解和感受。

在接受采访时，他对建立规范、高效的董事会和搞好央企充满热情和自信。

要逐步确立董事会在公司内的领导地位

记者：作为国有独资的央企董事会，和当今英美"典型的董事会"相比，您认为有着怎样的独特的模式？

宋志平：就如公司治理没有固定的模式一样，董事会在世界各个国家也没

① 本文原载于《董事会》杂志2011年第11期，采访人佴永松、严学锋。

有一个固定的模式，如德国是双层董事会，英美董事会模式相同，日本则是社长拥有绝对权力。这是由一个国家的国情和文化所决定的。全球的董事会都在演进中，各国不尽相同。中国的国有企业引入董事会制度，是和社会主义市场经济体制联系在一起的。建立完善、高效的董事会制度，是社会主义市场经济推进的必然，也是国企按照公司法运作的起码要求。因而国资委在央企中大力推进规范的董事会试点应是抓住了央企体制改革的牛鼻子。

董事会的使命是什么？社会主义市场经济决定了公司是经济活动的主体，董事会作为股东会的信托组织，是公司的决策机构和权力机构，按公司法依法行使权力。董事会在企业内，它不是外部的监督机构，而是企业的核心机构，是公司发展战略、机构设置和管理层人员选聘的决策机构，对公司的发展、绩效和风险负有全部责任。而董事会对股东负有的是信托责任，对公司负有的是法律责任。因此，要确立董事会在公司的领导地位。明确这一点很重要，因为不少人把董事会只当作监督执行者的机构，但我认为监督职能仅仅是董事会的职责之一。

如果一个公司没有强大的董事会，我认为它不会是一个有竞争力的好公司。

记者：您说的"董事会的领导地位"具体表现在和经理层的关系上，应该是怎样的？

宋志平：一些学者认为，公司治理是西方"三权分立，相互制衡"的宪政思想在公司中的体现，但我不完全同意这个观点。关于制衡机制，主要是形成权力机构、决策机构、监督机构和经营者之间的制衡，而在这之间，董事会对经理层的制衡应是单向的。我认为在规范的公司治理中，经理层是董事会选择的受托组织，代为完成执行层面工作。经理层所有权力均来自董事会，董事会和经理层是领导和被领导的关系，是监督和被监督的关系，不存在所谓双向制衡。

还有人认为董事会的工作就是拿经理层的方案来批，"你来干我来看，干不好就换人"。其实董事会对公司的发展、绩效和风险负有全部责任，对经理层负有指导、帮助和支持的责任。董事会要指导和促进经理层正确理解和执行董事会的战略决策并创造绩效。如果一个公司老搞不好，股东会应该果断地撤换董事会。公司做砸了，一定是董事会出了问题。经理层做不好，账也应该算在董事会身上，也就是说董事会对公司负有全部的不可推卸的责任。重大决策在董事会，经理层只有在董事会授权前提下才能做决策，经理层决策如果出了问题，仍然应由董事会负责。

现代公司制的基础是公司的独立性

记者： 在上市公司，十分强调公司的独立性，您认为现在央企在建设规范董事会工作中，怎样把握公司的独立性？

宋志平： 现代公司制的基础是公司的独立性，而公司的独立性要通过具有一定独立性的董事会来实现。董事会的独立性确保了公司的独立性和法人财产的完整性。股东以出资人的形式对公司负有限责任，而董事会各位董事对公司负法律责任和无限责任。股东若超越公司法扩大对公司的权利，则会引起法律上所谓"刺破面纱"的连带诉讼，使自己担负了本不应由股东承担的对公司的无限责任，即股东在扩大权力的同时也增加了责任风险。股东的意志是通过股东会选举董事会和依法派驻董事而实现的。所以，公司的独立性在市场经济中应该得到尊重，事实上公司的独立性也保护了股东利益。我跟新加坡一个国企的高层人士聊，我说你们也是国企，但你们用决策市场化来修正国外对国企缺乏独立性的非议，他说你算把话说到根儿上了。中国企业到国外投标，往往股份公司容易中标，而集团公司不大顺利，当地政府常常认为身为国有企业的集团公司不够独立。因此，要认真对待公司的独立性这件事，真正地按照公司法改造国企，使其变为有限公司或股份公司。一个公司的合理状态应该是股东按出资享有有限权责，董事会独立做出经营决策，而经理层按照决策去执行，即逐级实行委托代理制。

记得在当年搞现代企业制度试点时，提出了"产权清晰、权责明确、政企分开、管理科学"的十六字方针。如今央企的董事会试点也是国资委在新形势下探求建设适应市场经济和公司法下的产权清晰和权责明确的现代公司制度。

因而，董事会试点方向是给董事会更大的独立性和权力空间，朝着建设规范的董事会这个方向积极探索。在这个过程中，国资委才是真正的推手。

其实，增加公司的独立性，是对各级股东的要求，对于集团公司来讲，往往在增加集团控制力和保障法律要求的公司独立性时面临两难。我也常常担心在强化集团控制力时会越出股东的权利。集团公司在对子公司行使管理权时，不应以上级领导单位身份进行，应尽量以股东身份进行，通过股东会和多数董事席位方式依法进行管控。中国建材集团二级公司具有一定的独立性，集团只行使股东权利。通过股东会和派驻的董事依法为集团公司进行战略管理。

记者：具体到国有独资和国有控股公司，如何保证董事会的独立性？

宋志平：董事会是股东会批准设立的，董事是由股东派出的，因而董事会是股东的信托责任组织。董事应对股东负责，应该认真倾听股东的声音，维护股东的利益，但董事会一经选出，又是独立于股东而运作的，并对公司承担法律责任。国企董事会试点也应该逐步完善董事会的独立性。证监会对上市公司有"独立董事必须保持三分之一以上"的规定，除了保护社会小股东利益外，另一个重要的原因是确保董事会的独立性。

国资委董事会试点也引入了一些社会精英出任央企董事会的外部董事，并加大国资委董事人才库建设，积极推进市场化过程中对央企公司董事会独立性的探索。国资委在试点企业中引入外部董事制度，是希望把精力更多地放在监管工作上，而把公司决策层面工作逐渐交给董事会。这个方向是正确的，完善国有企业委托代理关系是一个认识实践的过程。

引入外部董事占多数既能解决内部人控制问题，也为董事会独立决策奠定了基础。中国建材集团董事会的 11 名董事，外部董事 6 名，职工董事 1 名；国药集团董事会的 9 名董事，外部董事 6 名，职工董事 1 名。国药董事会是三三制，内部董事 3 人，国资委体系 3 人，社会聘请 3 人。董事会更加公开透明独立，比一些上市公司的董事会独立性还强，这也给董事会试点提供了非常好的样本。

国资委有个董事库，设立了董事资格审核委员会，我也是委员之一。随着更多的职业外部董事进入，董事会的独立决策水平会进一步得到提高。

记者：有关文件提到，央企领导人要逐步实现分级管理，在集团层面，中国建材集团的董事会有选聘和解聘经理层的权力吗？

宋志平：这个问题随着董事会试点工作进一步深化，应该会逐步得到解决。现在国资委正在指导和帮助试点企业逐步推进相关工作。目前仍是由国资委对经理层进行考核和提名，再由董事会履行聘任程序。当然也没有必要把董事会选聘总经理的问题推演到绝对化，西方国家也不能完全做到。事实上，即使由董事会对经理层实施任免，也会与股东进行充分沟通并备案。

站在董事长的角度来说，我希望国企董事会应逐步过渡到：全部董事由国资委派出，董事长兼任党委书记及法人代表；国资委定出经理层任职标准，由董事会聘任经理层，董事会在选择经理层的过程中要征求国资委相关部门的意见并上报备案；国资委对经理层的薪酬做出管理规定并定出上限，董事会根据国资委确定的薪酬上限并参照市场水平来确定经理层的薪酬。

我希望经理层逐渐职业化。我以前向国资委领导汇报工作时说，开展董事会试点只解决了国企体制改革的一半问题，另一半就是解决职业经理人的问题。现在中国建材集团旗下的子公司在市场化选人用人方面进行了一些积极探索，我们的子公司经理人主要是通过自己培养、社会招聘和被重组企业带入三个途径产生。中国建材集团企业发展很快，有人问公司哪里来那么多的职业经理人？我回答说一切皆由市场来。我对职业经理人的要求，一是职业操守，二是职业化能力，三是业绩。

记者：您理想中的国企董事会成员构成是什么样的？

宋志平：这么多年我做过不少类型的董事长。1994年开展百户企业建立现代企业制度试点时做过董事长，那时候是领导班子的翻牌；后来做过A股、H股董事长，现在又在做两家央企的董事长，体会比较深。我认为理想的董事会就是三三制的董事会，把中国建材集团和国药集团的特点结合起来：执行董事3名，国资委派的外部董事3名，国资委向社会招聘3名董事。董事不用多，9名就够了，如果公司规模大，可再多聘请2名社会上的董事。

董事会文化决定董事会的决策质量和工作效果

记者：您作为国资委唯一一位担任两个集团董事长的人，是如何在两个集团建立和塑造董事会文化的？

宋志平： 对任何组织的运作来讲，文化都是基础。董事会文化决定董事会的决策质量和工作效果。当然，一个好的董事会文化的建立和塑造，是要有个过程的。董事会是一个精英团队，应该源于一个共同的愿景和价值观而走到一起。

在董事会文化的塑造上，我注重以下几点。

一是尊重董事的独立性。也就是每个董事独立发表自己的意见，包括质疑和建设性的意见，同时也能充分地听取和尊重他人的意见。董事会是个决策机构，讨论问题时又应像个学术组织。董事会不应该只是一团和气，还应该尊重董事的独立性和不同观点。过去上管理课，老师讲自然辩证法时说"小型涨落是进化过程"。用在这里就是说，大家通过反复热烈的讨论，增加对问题的认识深度，这样董事会能产生高质量的决策。

二是充分认识董事的责任。董事会的每位成员对股东都承担着信托责任，而对公司负有法律责任和无限责任。有人认为做董事是个待遇，其实做董事不仅仅意味着荣誉和待遇，更是一个对公司负有无限责任的严肃的工作，正因为如此，作为股东和经理层应尊重董事依法履职。

三是讲究议事的效率。董事长的核心工作是要保证董事会的有效性，既要保证董事会会议上董事充分发表意见，进行积极、热烈的讨论，也要保证董事会形成一致性意见，否则开一天会一个决议都没有形成，就比较失败。失败和失效的董事会都不可取。我主张的是积极、学习、绩效型的董事会。

四是董事会应成为学习型组织。董事会是制定战略决策的，是把控企业发展方向的，每位董事必须要有全球的视野和很强的专业水平，这就要求董事要不断地学习。所以，我一直致力于建立一个学习型的董事会，并带动整个企业倡导学习型文化。

国务院国资委充分肯定中国建材集团的董事会是个和谐有效的董事会。国药集团的一位外部董事向国资委汇报工作时说，国药集团董事会的文化非常好。我觉得，中国建材集团和国药集团的每位董事都是善于学习、勤勉尽责、非常有责任感的。

记者：在您领导的两家董事会中，有没有意见不一致议案被否决过的？

宋志平：董事会运作的难度在于常常要在企业的发展和风险之间进行抉择。开好董事会是董事会运作的基础，要让大家充分表明观点和发表意见，但最终又能达成基本一致，确保董事会的公正和有效。有一次国药开集团董事会，审议经理层提出的购买某地区医药网络的方案，外部董事们通过做模型算账，认为收购价格比较高，担心风险，会议开不下去了，但如若董事会否决，就意味着该地区的网络会被别人拿去，而影响整个战略布局。于是我只好先休会，和其他 5 名外部董事逐一沟通，意见达成一致后董事会接着开，议案获得通过。目前此项目做得非常好，所有董事也都十分高兴。但确有议案被董事会审议后否决的，这几年下来，中国建材集团和国药集团董事会各有一次议案被否决过。

董事长是董事会的灵魂人物

记者：您是作为国药集团外部董事担任的董事长，是否可以理解为就是西方的非执行董事长？您是如何同时做好中国建材集团和国药集团这两个不同行业的企业董事长的？

宋志平：是的，我在国药集团类似于西方企业的非执行董事长。在西方国家，不少大公司都请猎头寻找董事长。就拿水泥行业来讲，瑞士的水泥公司豪西姆（HOCIM）公司是个家族企业，11 名董事全部是聘请的外部董事，董事长同时担任欧洲 3 家公司的非执行董事长。爱尔兰的水泥企业 CRH 老城堡集团 9 名董事全是外部董事，并由外部董事担任非执行董事长。

到国药集团担任董事长后，我对自己的目标是做"外行里的内行、内行里的外行"——对医药行业宏观的、定性的方面有一定理解。为此我做了大量调研和学习，但坦率地讲，再专业也不及内部人专业，但作为董事并不是要代替专业技术人员。我们在决策时，也常常通过内行的董事来提供一些专业化的意见。但我也不认同董事长总是以外行自居。既然做董事就要学习行业、企业知识，所以我主张学习型的董事会。我在国药集团做董事长，按照国资委相关规定，董事长应该出任战略委员会主任，我认为我不够专业，请了外部董事、原来哈药集团的董事长刘存周出任战略委员会主任。

中国建材集团基本是在我带领下发展起来的，我也算是个创业者，在公司有时像个CEO。不是我愿意做CEO——如果有人向你请示，你说这事不归我管，去问总经理吧，那别人会说宋总怎么懈怠了？所以我得在这里认真地帮助总经理。但我也非常清晰哪些该总经理管、哪些是我帮助总经理。经理办公会有些重大事情，我因为是党委书记就去参加，有一些会议则不去参加，放手让经理层独立工作。

两个企业相比较，在国药集团我作为外部董事担任董事长，感觉更像个董事长，总经理是法定代表人，党委书记也是分设的，所谓一驾马车三匹马。我只抓重大决策、战略方向、开好董事会以及搞好班子建设。但是以央企目前的实际情况和接受度来看，大家比较认同的还是中国建材集团的这种模式，即董事长兼党委书记并出任法定代表人，总经理分设。

在董事会讨论发生分歧时，我要做大量的工作，常常要跟董事们逐一沟通。由于站位不同，内部董事和外部董事常常想的不一样。在中国建材集团我是内部董事，要理解外部董事；在国药集团我是外部董事，努力理解内部董事。我做董事长最多的工作就是沟通，一般来讲，董事会的冲突多是发生在董事长和总经理、强势董事之间，这只能通过加强沟通来解决。

董事会决策是个互相沟通、互相学习、取长补短的过程。董事长的责任是努力让大家理解事情的全部，所以董事长的理解能力和表达能力要很强。做董事长也挺辛苦的，我白天工作很忙，晚上回家也要看文件、读议案，在我这里从来没有一个没看过就上会的议案。董事长认真了，董事们也会认真。大家都认真，董事会就不会去糊弄事。

记者：您如何看待董事长在董事会中的角色定位？

宋志平：董事长应该是董事会的灵魂人物，是沟通能手，负责董事会的协调，负责与股东和总经理的沟通，获得董事们和经理层的尊重和支持；董事长也应是个战略家，有全局和长远的战略眼光；董事长还应是个老师，肩负建设学习型董事会的责任，积极创造条件让董事们得到充分的培训和指导，引导全体董事一起把董事会建设成为开放的、包容和高效的董事会。

其实董事长这个职务并不轻松，因而大家常讲，找总经理容易，找董事长难。国资委一位局长有次参加了国药集团的董事会，他说你这董事长当得不容易，左一勺右一勺的，处处都得平衡好。的确，国药集团董事会中有 3 名董事来自社会，他们不会看你脸色，你怎么把意见统一起来？这就需要董事长有相当的包容和智慧，因而做好董事长也是一门很有学问的艺术。

10

尝鲜混合所有制①

陈伟鸿：欢迎各位收看我们的《对话》，我们在节目的一开始不妨来猜一猜，我们请到的这位嘉宾是来自哪一个群体。有人说他们非常有钱。

观众：是一个企业家或者是一个老板。

陈伟鸿：还有人说他们是有级别的，他们是被任命的。

观众：官员。

陈伟鸿：他们是有政府补贴的。

观众：应该是国企掌门人。

陈伟鸿：贴了几个标签之后，我们现场有观众猜出是国企掌门人，恭喜大家猜对了。我们今天邀请的是一位国企掌门人。如果一位国企掌门人出现在大家面前，你们最想问他什么样的问题？

观众：社会公众对国企掌门人这个群体可能会有些非议，我想知道这位掌门人他是怎样看待这些议论的。

陈伟鸿：好，如何面对非议。还有吗？

观众：现在老百姓都觉得国企的老总都特别好当，所以说我特别想知道，国企的老总是不是真的这么好当。

陈伟鸿：好，或真或假的一些描述，然后还有我们发自内心的最想要得到答案的问题，我们都交给即将登场的这位国企掌门人。准确地说，他应该是两

① 本文为 2014 年 2 月 16 日中央电视台财经频道《对话》节目实录，主持人为陈伟鸿。

家世界500强企业的掌门人。让我们掌声欢迎来自中国建材集团以及国药集团的"双料"董事长宋志平先生。

如何看待国企

陈伟鸿：欢迎宋总，其实当我们提到国企掌门人这几个字的时候，大家自然而然就涌现出这么多的问题。您刚才在台侧都听到了，有没有您特别想要辩解的？

宋志平：大家刚才说的这些问题，也是社会上关心的问题，一个是说好当不好当。

陈伟鸿：对，您觉得好当吗？

宋志平：我觉得很不好当。

陈伟鸿：不好当，而且加了一个"很"字。

宋志平：其实你知道北京以前有一句话"四大傻"，其中有一个就是"国企当一把"，就是在国企当一把手属于一大傻的事情。

陈伟鸿：天啊，您还当了两家国企的一把手啊！

宋志平：其实这也说明在这个位置实际上是比较困难的，或者说是不那么好当的，或者说也不是那么多人愿意选择的一个位置。

陈伟鸿：但是有人说，你们是国家指派的、任命的，是有级别的，有人甚至是副部级的，坊间这样的传闻，您有没有什么想要澄清的？

宋志平：其实我一直说，过去曾经有过级别，但国有企业在进入市场之后，我们就没有级别了。比如像我，其实在北新建材做厂长的时候就没有级别，到现在一直没有级别。

陈伟鸿：其实关于国企的掌门人，人们想知道的还有很多，接下来在大屏幕上会出现几个最受关注的问题，当然我事先有一个温馨提示，请宋总准备好，小心脏别怦怦乱跳。我们看一下大家关注度比较高的一些跟国企掌门人相关的话题到底是什么。来，看一下，第一个，"年薪"。有人感兴趣吗？感兴趣的鼓鼓掌。大家认为，你们的年薪是"旱涝保收"的。

宋志平：其实国企也有严格的考核制度，国企里有基薪和业绩薪，基薪其实是很低的，业绩薪占三分之二，基薪只占三分之一，如果业绩不好，就拿不到高薪。就说我，去年比前年的业绩少，我的工资是下降的；今年的业绩又好起来，所以我的工资可能还会再涨一点儿。

陈伟鸿：那2013年，您能给自己多发点儿年终奖吗？

宋志平：其实我的奖励是由国资委来进行严格考评的，我们也有一个考评委员会，最后经过国资委分配局，再来平衡，看看我们到底该拿多少钱。社会上有的人觉得国企收入高是和公务员比，但是，国企领导者的收入，如果和市场上比，比如和民企、外资企业来比，其实国企的这些领导者的收入是低的。

陈伟鸿：和钱有关的另一个数字就是企业的利润，2013年您掌管的这两家企业利润如何？

宋志平：利润还不错，中国建材集团和国药集团这两家企业都是充分竞争领域里的，在2013年中国建材集团大概有123亿元的利润，国药集团也有70亿元的利润。

陈伟鸿：这么高额的利润，其实大家很关心它们到底是怎么来的，我们先看看需要您以正视听的第二个话题："国企的高额利润是靠垄断地位。"我们觉得国企好像特别能挣钱，但大家觉得高额利润是靠垄断地位获得的。

宋志平：国企其实有几类，大家都知道，也有一些是自然垄断这一类的，但是对大多数国企来讲，都是在充分竞争领域里面，比如建材和医药，这两个领域实际上是在完全竞争领域，不存在垄断，想垄断也垄断不了。在央企里，绝大多数都处在充分竞争领域。

陈伟鸿：有人认为国企不仅垄断，而且还拥有定价权，总而言之，你们天然有很多特殊的待遇和优势，您觉得呢？

宋志平：定价权可能大家指的是油、气、电等，其实这些都是由国家定的价，并不是由这些企业定的价。但是我们中国建材集团的水泥、国药集团的药品，这些定价实际上是服从于市场，自己也是随行就市的，本身没有强加于市场的价格，如果强加于市场的话市场也不接受，因为你在充分竞争的行业内。

陈伟鸿：我们节目一开始，有人说国企掌门人挺好当的，这个"挺好当"，在我的理解当中，您不需要为企业负太大的责任，不管怎么样还依然过着您的好日子。所以，下面一个问题又需要您来以正视听了，请看，在亏损面前老百姓的判断是什么："国企亏损不怕，因为有人'埋单'。"您觉得是这么回事吗？

宋志平：刚才您讲到"埋单"，其实大家不太清楚，即使国企到今天也是这样，就是给了你一定的资本金，尤其是在充分竞争领域里，实际上是不会再补给你资本金，是用这点资本金去发展，那么都亏掉了怎么办？企业怎么办？这么多员工怎么办？我觉得如果提这个问题，可能就是说，因为资产不是国企领导者的，是国家的，民营的企业是他自己的，他亏了会害怕，因为他要自己"埋单"，好像国企就不用害怕。其实我们大部分都是职业经理人，是职业化的，所以并不会因为不是我们自己的，我们就觉得亏了也无动于衷，这是不可能的。

陈伟鸿：综上所述，我们需要给国企掌门人来画一幅像。

宋志平：其实国企中也有一批都是草根国企，或者草根央企，并不是像大家想象得那么光鲜、那么繁华，实际上也是这些年来大家毅然决然走向市场，通过第一轮在市场上栽倒，然后义无反顾地果敢地迈向市场，才有今天一些国企的崛起。

市场倒逼下的战略抉择

陈伟鸿：今天在节目现场，不妨来打开属于您个人的一本国企备忘录，看看您曾经经历过什么样的艰难、困苦、幸福和希望。我们看看属于宋志平先生国企备忘录这一页上记录了什么。

2002年的中国建材集团资不抵债，公司总共有20多亿元的销售收入，却有30多亿元的银行逾期负债，买辆汽车都不敢以中国建材集团的名义，否则就可能让法院抵债，财务室已经贴好了封条，财务人员晚上偷偷进去办公，白天再把封条粘好。就在此时，一纸聘书送到了宋志平手里，他被任命为中国建材集团的总经理。就在任命的当天，宋志平坐在主席台上就收到了法院发来的传票。

宋志平：当时，其实那张传票送到我手里，我就把它马上背过去了，为什么？因为我还要表态讲话，这个太戏剧性了。因为我不能老看着这个东西给大家讲话，我要发表就职演说，可是这儿拿到一张传票，所以我把它翻了个个儿，先把眼前的事情渡过，再说这个债怎么还。

陈伟鸿：那一刻如果要打退堂鼓还来得及吗？

宋志平：来不及。

陈伟鸿：必须要背水一战了。

宋志平：当时我记得，是中央大型企业工委领导找我谈话，谈完话以后，原来的老总就给我打了一个电话，说："我从弹坑里爬出来了，该你进去了。"所以我当时对接手这样的一个企业，心里也没有底。其实那个时刻就等于已经上阵了，没有退路了。后来有一次我在行政学院学习，给我开传票这个资产公司的老总居然跟我分到了一个课桌上，我说你要债怎么要到一个课桌上来了呢？所以有时候真的很戏剧化。其实我后来还是筹集了钱，把债给还上了。

陈伟鸿：但至少它带着一个国企的光环，国家总不能见死不救吧，该给钱还是得给一点啊。

宋志平：很多人认为，国企就像刚才讲的，是垄断，好像不缺钱，好像银行天生就要给你钱，其实不是。其实那时候接手这家公司的时候，我当时问了一个问题：国家在哪里呢？一个国企成了这个样子，负债累累，银行也是这些银行，今天这些银行都是我的好朋友，在当年也是这些银行查封了我，国家的银行查封了国家的企业，当时我心里百感交集。但是也让我知道了，即使国企，并没有一个托盘托底，并不是在保险箱里。

陈伟鸿：其实我很好奇，当一个资不抵债的国企摆在您面前的时候，按您的说法，其实又没有太多的特权，然后国家也不会在这个时候因为是国企而出手救您，那到底靠什么来做自救呢？

宋志平：如果中国建材集团在行业里不能做到老大，作为一家央企就没有存在的意义了，这就把这个目标给锁定了。我就在想怎么能做成老大呢？靠什么呢？行业里什么是最大的？研究一番，因为水泥占到建材行业GDP的70%，也就是说水泥是一个主流的产品。可是原来这家公司不做水泥，很多人都认为我们有什么就做什么，但是我对战略的理解是，先定目标，缺什么找什么。那我确定了做水泥，没有水泥怎么办？不懂水泥怎么办？我们缺资源去找资源，缺人才去找人才，恰恰是这样的一个思路，奠定了这个企业一个重大选择的基础。

陈伟鸿：您当时选择这样的战略路径，我发现在您面前是山头林立，强手如林。到底在水泥行业他面对的强手有多强大？我们看看下面的片子。

徐州战役底定中联水泥

在徐州，对手是战无不胜的"水泥之王"海螺水泥，海螺水泥在徐州是条万吨线，这样的生产线全球只有七条。而中国建材集团在徐州虽然有两条线，但是一条 5000 吨，一条 3700 吨，小马拉大车，效率很低。双方在徐州打得昏天黑地，甚至两家企业生产的水泥卖给高速公路公司都低过成本，打到最惨烈时，中国建材集团在徐州的 9 个搅拌站客户丢掉 6 个。情况万分危急，如果海螺水泥再加一把劲，中国建材集团就将彻底被打垮。而徐州当时拥有中国建材集团手中主要的水泥厂，失去徐州就意味着全盘皆输。此时，宋志平却派人与海螺进行谈判，希望能够收购徐州海螺。

陈伟鸿：我不知道是不是很多人会跟我一样不太明白，您眼见着要被徐州海螺打败了，都快被挤出这个市场了，却突然振臂一呼说："我要收购你！"这个颇像现代版的天方夜谭。您不觉得吗？

宋志平：当时我们两家企业竞争得非常惨烈，对于海螺水泥来讲，因为海螺在江南，这是在江北当时唯一的一条线。过去我们其实想和海螺水泥划江而治，但海螺水泥实际上在徐州做了一条万吨线，应该说从设备、技术都远远比我们先进，在竞争里面我们处在劣势。所以对海螺水泥来讲，其实是可进可退的，但是对中国建材来讲是没有退路的，是生死存亡之战。

陈伟鸿：就是您必须拿下。

宋志平：必须拿下。

陈伟鸿：但坦率地说，我觉得各方面跟海螺水泥好像都没法比，人家设备那么先进，市场占有也那么广泛，根基也那么牢固，那您凭什么就能够把人家挑下马来，一定要拿下人家。

宋志平：针对这样的竞争总要有一个解，要么你收购了我的——他觉得我这个企业太破了；要么我收购你的——他就给我开了一个很好的价钱。我的同事们就觉得太贵了，但是这个时刻已经不存在贵和便宜了，所以有时候大家说收购的价钱，这个价钱也是市场定的。所以我们当时其实拿了上市融资获得的一半的钱，去做了这一件事情。

陈伟鸿：算是不惜代价了。

宋志平：不惜代价，孤注一掷。我觉得其实在做企业的时候，有的时候会遇到这样的坎儿，就是关系到你的生死存亡，这个时候也是关键的时刻，所以这时候就必须果断地决定。中国建材如果把徐州海螺收购掉，在徐州这一块整个的版图就都是我们的了，同时保护了鲁南的这一块水泥市场，就会形成我们的一个水泥基地。

陈伟鸿：在这件事情上，您觉得"国企"这两个字起到作用了吗？因为要去收购徐州海螺的是一家国企——中国建材集团，如果是别人的话，恐怕不行。

宋志平：起到了一定作用，但不是关键性作用，关键作用还是有好的价格。为什么我说起到了一定的作用，因为我们在收购徐州海螺时，不说"收购"，而是说"战略合作"。

陈伟鸿：当时你们两位负责人之间有过一些交接吗？

宋志平：当时我记得是个傍晚，郭总在小楼上跟干部们开会告别，我在楼底下院子里的台阶等着他，他下来了，我跟他握握手。当时下着雨，有很多水，郭总眼泪都出来了，大家会问他赚了钱为什么还会掉眼泪，他觉得企业是企业家的孩子，也就是说把这个孩子要交给中国建材集团，要交给宋志平，其实也难以割舍。他当时上了他的车，车开走的时候尾灯照着水花，这一幕我印象很深。

陈伟鸿：好有画面感。大家眼前看到的是送战友踏征途的这种感觉，驼铃声声都要响起了。所以刚才我们看到的，算是您的联合重组中的第一战，非常重要的一战，因为收购了徐州海螺，其实也确立了中国建材集团的江湖地位，但是江湖依然并不是全在您的手里，需要面对的还有很多江湖上的竞争者。

"三盘牛肉"缔造混合佳话

浙江的水泥行业可谓是群雄混战，而在南方地区没有一条生产线、不产一两水泥的中国建材集团却计划通过整合，在南方成立一家水泥公司。在浙江，有四个人掌控了浙江水泥行业的半壁江山，分别是虎山水泥董事长张剑星、三狮集团老总姚季鑫、尖峰水泥董事长杜自弘、浙江水泥董事长冯光成。一个中字头的国企，面对四家割据一方的民企，他们能走到一块儿去吗？

陈伟鸿：今天现场就来了一个"天王"，现任南方水泥执行副总裁张剑星先生。

张剑星：应该说在当时，我们没感觉到中国建材会到我们南方来。刚才"四大天王"里面，有三位到现在为止都有 30 多年水泥企业的资历，在水泥行业，无论是在我们浙江省还是华东地区，以至于在我们国内，都是深耕这个行业的。

宋志平：因为我确定了要做"水泥大王"，所以就想什么地方能去。第一，我选择有市场潜力的地方；第二，我选择一个没有像海螺水泥这样强大的竞争对手的地方；第三，我选择仗打得十分激烈的地方，大家已经觉得无心恋战了，这个仗没法打了，有倦意了。江浙一带当时就是这么个状况，所以我就觉得是时候了，应该去了。刚才讲收购海螺水泥，这是一个在我们水泥行业的经典案例，其实我们还有第二个案例，就是"汪庄会谈"，剑星是参加了汪庄会谈的。我们从北京出发，在西子湖畔的汪庄，摆下了茶，对着湖。因为我的想法是，谈这些敏感的话题，我们要找一个风景如画的地方，让大家比较舒服的地方。

陈伟鸿：您总是在刀光剑影中赋予它诗情画意的一面。

宋志平：其实那一天我们谈得并不轻松，整整一天，从早晨谈到傍晚。因为当时他们"四大天王"都有了自己的归宿，都有人在找他们，都比我们谈得早。剑显他们，其实有一个化工集团在和他们谈，浙江水泥的冯光成，有一个外国公司已经付了定金，正在进行尽职调查，尖锋水泥的董事长，兜里装着明天就去马来西亚的机票，就要卖给马来西亚的公司了。

陈伟鸿：您属于典型的"抢婚"啊，人家各自都心有所属了。

宋志平：有时候我就想到"无巧不成书"这句话，为什么是那个时刻去了，如果晚一个月，有些事情可能没那么简单。那天谈下来，杜总出去打了个电话，后来我知道是退掉了机票。浙江水泥的冯总也退掉了定金，把人家给赶了出去，要卖给中国建材集团。

陈伟鸿：您这也太有魅力了，四个人中，两个人已经当场"悔婚"。

宋志平：张剑星在这四个人里面，是主张跟我们合作的，主张我们联合重组。

张剑星：主要是因为刚才宋总讲到的，在当时的前提下，宋总还没进入的时候，我们虽然都是高技术含量的企业，但依然打得血淋淋，整个行业处于亏损，所有企业几乎就没盈利的。在这样的过程中，我们这几家企业本来都可以牵头，但谁也不服谁，这时候再继续竞争下去，可能几败俱伤。

宋志平：我觉得是两点，一点是中国建材集团的战略，中国建材集团告诉大家，你们四家，我知道你们每一家都有了朋友，但是你们把四个不同的人引进到这儿来还是四家，你们还要继续打下去，唯有我，中国建材集团可以同时把你们四家联合起来，我们不再打仗了。这样就解决了大家现在真正存在的问题，我觉得这个大家都听进去了。

陈伟鸿：这句话让大家有所心动。

宋志平：是的。另一点是，当时我信奉一句话，就是你要变革，要改变，就要端出"牛肉"来，好处是什么，要显而易见。我是拿出了三盘牛肉：第一盘牛肉，用公允的价格促成国企、民企的战略合作，实现共生多赢。第二盘牛肉，给创业者保留一定的股权，过去这些创业者有百分之百的股权，可是企业亏损，现在股权虽然只有30%，但经过管理整合和协同发展，反而能赚钱。第三盘牛肉，将从业多年的民企老总聘为职业经理人。这些创业者原来做了几十年水泥，你收购了把他赶出去，他确实有一大堆钱，但是人是要工作的，人要有事业，有归属感，所以我就提出来，大家可以留下继续做工厂，继续做管理者。

但行好事，莫问前程

正当宋志平率领中国建材集团，在南方地区大举整合上百家水泥企业，实现从无到有，在上海成立覆盖浙江、上海、江苏、安徽、湖南、江西、广西等六省一市的南方水泥有限公司之时，2008 年金融危机来袭，中国建材集团的股票每股从 38.05 港元一路下跌到最低点 1.46 港元，股价像坐上了过山车，靠资本市场融资的中国建材集团面临资金危机，而一大批已签订的收购合同正等着付钱，又一个难题摆在宋志平面前。

宋志平：当时股价 38.05 港元时，其实我有一个计划：发行 3 亿 H 股。按每股 40 港元算就是 120 亿港元，拿 120 亿港元来做南方水泥，我的如意算盘是这样的。阿拉伯人有句话叫"没有到手的钱不能花"。结果就像刚才讲的，我都把协议跟他们签了，要付钱了，股票价格跌到一块多港元，被我们收购的这些企业他们也知道啊，那宋志平该怎么办？

陈伟鸿：所以十几年前的那个疑虑再度来袭，您有钱吗？您拿什么钱给我们？

宋志平：这时候我肯定不能向资本市场求救了，那我掉过头来呢，就得向金融市场来找钱。

陈伟鸿：很多人觉得您的运气太好了。

宋志平：我相信一句话，叫"但行好事，莫问前程"。其实这些银行都是当年看着我从北新建材怎么把一个艰难的企业、一个没有信用的企业变成一个有信用的企业、一个优秀企业，后来又是怎么把中国建材集团从那么困难的企业变成了一个香港上市的公司。包括支持我的最大的一家银行，我曾做过令他们感动的事情。他们在上市的时候，清理一些历史的旧账，是十年、二十年以前的一些账，他们就派人找我说，宋总，没想到账上还有你们欠的以前的一些钱。一般的国企在遇到这个问题时会说，剥到资产公司去吧，"我"眼下没有钱。但我没有，我说我知道你们要上市，所以当时就筹集了钱，把钱还上了。后来这家银行说，其实他们去的时候没想到能要到这笔钱。恰恰就是这家银行，后来在我遇到困难的时候伸出了援手，说要支持宋志平的联合重组，无论如何要让他过这一关。所以他们一次性给了我 120 亿元的现金授信支持，帮助中国建材集团渡过了那一关。

从遭遇重拷到"心里的石头落地"

陈伟鸿：您看您每次都愿意多给他们一些钱。所以有人写信说，不久之前的收购当中，宋志平先生又多给了某某民营企业十个亿，你们得去查一查，有没有涉及国有资产流失的问题。

宋志平：其实对于中国建材集团重组海螺水泥，后来做了一个再评估，就是对我们收购的再评估。这个收购再评估是政府组织的，因为当时大家对这个案子有很多的疑问，为什么宋志平要花那么多的钱收购。可是整个审计组去了之后，最后的结论是，中国建材集团的这场收购是双赢的，而且对中国建材集团来讲收购是合算的。为什么？因为后来赚了钱。其实收购是以市场论价，是以未来的价值潜力论价。

陈伟鸿：但是您是否担忧别人如何来看您们一起干的承诺，您那么早就开始了混合经营，其实在当时并没有这样的一个词出现。

宋志平：是，我当时跟他们说，南方水泥是中国建材集团的，同时也是大家的。其实我的压力也很大。

陈伟鸿：甚至可能还会有风险。

宋志平：因为组建南方水泥这件事情在社会上引起很大的震动，因为一家央企到了江浙一带市场经济最发达的地方，要和民企大规模联合，虽然今天混合所有制大家都认可，真好，但是在当时并不是这样。

陈伟鸿：我还记得在 2008 年的时候，有一个文章就是针对中国建材集团的，这个文章的标题非常劲爆，叫《中国建材是不是疯了》。

宋志平：这篇文章到了国资委高层领导案头，高层领导再签给我，同时报上登出了文章《国资委重拷中国建材》，所以我当时是有压力的。

陈伟鸿：当时我听过有人是这么来质疑的，说掺入了那么多民企的股份，那么一个堂堂的央企国企，就变成给民企打工了。

宋志平：是这个问题。我们有些干部就说，我们不就是无产者给有产者打工了吗？我们都是拿薪水的，他们是有股权的，其实大家内部也有不一致的东西。关键是外部压力更大，有两种压力。一方面是说，国企为什么非要去找民企？没好处能去吗？还有一方面，说国企为什么欺负民企，这不等于"国进民退"了吗？大规模地收购民企，到底居心何在？

陈伟鸿：听上去您做了这样一件事，是左右不讨好。而且我觉得最让人替您个人担忧的是，当时所有的政策或者文件，没有任何一个可以明确地告知，您做这样的一件事是对的。其实您是用一己之力，在踏进一个很多人不敢踏进去的雷区。

宋志平：是。所以当时也有一些领导来找我、劝我，说志平这事别做了，风险太大。但是我这个人，凡是我的部下都知道，这么多年来跟员工都没有红过一次脸。大家可能看到我，觉得我很温和。但是我是一个进行理性逻辑思维的人，如果我认为这件事情想通了，应该这么去做，我会坚持。我觉得这个时刻，确确实实需要一个企业领导者，需要坚定信心和决心。其实我也一直在担心。

陈伟鸿：一直担心到了什么时候？

宋志平：我在中国建材当时的处境是：有二三十亿元的收入，一个资不抵债、负债累累的公司。其实我推行混合所有制，当时不知道混合所有制这个词，我起的名字叫"央企市营"，就是中央企业市场化经营，央企必须引进社会资本，必须和民营企业合作，我没有别的道路。所以大家有时候说，宋总你真有先见之明，我说我没有，我是被迫的。其实改革是因为有问题，是倒逼出来的，如果给我一个很舒服的公司，我就不会去这么做。

陈伟鸿：很多的改革都是被逼到了绝路上，是一种绝地反击。

宋志平：是的，其实我一直心里提着，觉得有一天人家会给我算一笔账。可能企业做好了，真的成了世界的巨无霸，但是宋志平当时你为什么做了这件事、那件事，给我说一大堆，我其实有这个担心。十八届三中全会提出了混合所有制经济是我们基本制度的重要实现形式。我觉得一块石头终于落地了。

陈伟鸿：算是为您从前的一些举动正了名。

宋志平：正名了。国资委一位领导在一次公开场合演讲的时候讲到，中国建材集团整合水泥，开始有不同意见，很多人写信，现在看来，中国建材集团整合水泥这件事是做对了。我很感动。这让我想起了达尔文的学生赫胥黎的一句话，他说，"真理伟大而能取胜，但真理的取胜要经过漫长的过程"。

陈伟鸿：当年被您收购进来的那些民营企业的老板，也不知道未来国家会倡导积极发展混合所有制，但他们当时却坚定地选择融入这个大局中，比如北方水泥总裁张传军，还有大同国药威奇达公司总经理韩雁林。听听他们的看法。

张传军：我原来是民营企业出身，吸引我加入中国建材的动力主要是宋总的"央企市营"。"央企市营"就是把民企和央企的优势互补，共同前进了二十年。如果双方不合作，民企再干二十年，或者央企再干二十年，都达不到今天的这种效果。体制的改变，把企业的生产力和效率都提高了一大块。现在北方水泥的主要管理团队，都是当时我那个企业里的管理骨干，如今大家的工作和生活也非常如意。感谢宋总的"央企市营"，特别是十八届三中全会混合所有制得到了肯定之后，我们更加积极了。

韩雁林：我们是 2010 年和国药集团合作的。我们原来是一家已经在美国上市的公司，后来跟宋总沟通后，我们经过各方面的评估，选择从美国退市，和国药集团合作。选择跟随宋总，是因为单凭我们自己的力量做到一定的规模还是有点问题，而宋总说的一段很精辟的话吸引了我们："国企的实力加上民营企业的活力就是核心竞争力。"到现在为止，在与国企的合作中，我们这种"有活力"的民营企业得到了很好的发展。现在国家提倡发展混合所有制，实际上我们之前已经做了很多这方面的探索，这种模式不论是对社会还是企业的发展来说，都是进步向上的。

陈伟鸿：下面我们来问一下中金公司投资银行业务委员会执行主席蒋国荣先生，听到宋总讲他实施大整合的种种，是不是在您眼中，宋总也可以进入到投资银行界做一做？

蒋国荣：中国建材集团成功运用资本市场实施联合重组的战略，已经进了哈佛大学商学院案例库，从资本市场的角度来讲，这是一个非常成功的运作。中国建材上市和后续的三次增发，一共融资将近110亿港元，这对他的战略实施起到了巨大的支持作用，同时也是现在所说的混合所有制经济实现的方式，用有限的国家资源，调动大量的社会资源，推动重组战略的实施。宋总在中国建材的成功运作，实际上也为很多产能过剩行业用什么方式从产能过剩的泥坑里爬出来提供了样本，这对国企和民企都是很有价值的。

陈伟鸿：中国建材的重组案例是怎样进入哈佛大学商学院案例库的？

宋志平：对中国建材的重组，社会各界都很认可，而且现在变成了其他行业仿效的一个案例。美国的一些管理学院也很关注，哈佛大学商学院的鲍尔教授，亲自带领学生整理了南方水泥的混合所有制的重组案例，并收入案例库。

陈伟鸿：听说泛太平洋管理研究中心董事长刘持金先生是牵线人？

刘持金：鲍尔教授到中国来做调研的时候专门跟我谈了几次话，因为中国建材集团前期的联合重组我们参与了很多。他最关心的一点，就是中国建材集团这样一个快速的联合重组的案例，能否做成全球商业学院的案例，能不能复制，这是非常重要的。

绑在桅杆眺望远方

陈伟鸿：不管从前您曾经用过什么样的眼光去看待国企掌门人，我希望今天这期《对话》可以让您看到一个更加真实的国企掌门人。宋总，我知道您是一个理想主义者，曾经那么深情地回忆过自己的青春年华。比如说您写过，"我们"曾经有过那样一位充满理想的一丝不苟的厂长，但是往事并不如烟。

我想说，如果十年、二十年之后我们再来书写今天的宋志平先生，希望怎样来描绘此刻的您？

宋志平： 我今年58岁了，我觉得如果未来描述的话，大家能够记得，有一个58岁的人，他被绑在桅杆上为大家眺望远方，就可以了。

陈伟鸿： 谢谢您一直站在那里眺望远方，为了团队，为了更多的人。

好友微信提问

陈伟鸿： 其实到了今天，我知道很多人也在关注您的明天。我知道您有很多的好朋友，这些您的好朋友也是我们《对话》的老朋友，今天我们要通过一个特殊的方式，来听一听他们给您的提问。首先是复星集团董事长郭广昌。

郭广昌： 宋总，我想问您一个问题。我很同意您的看法，就是企业发展的话，混合所有制是一个很好的方式，但这种合作当中文化融合也非常重要。那么在混合所有制当中，您想寻找什么样的民营企业来合作呢？对对方在文化上有什么要求？

宋志平： 是啊，其实联合重组在国际上有很多失败了的案例，失败的大多数原因是产生在文化冲突上。这个融合的文化就是在考虑利益的时候，首先想到它们，我们应该有利他主义的思想，就是有包容的思想。我所联合重组的企业能够接受这种包容的文化，能和中国建材集团真真正正实现国民共进，大家一起双赢，一起结合起来不分彼此。所以我就讲，一杯茶水，水可能是国有的，茶叶可能是民企的，我们泡成了一杯茶水再去喝的时候，还会再想这水到底是国有还是民营的吗？不用去想了，因为它就是一杯茶水。

陈伟鸿： 这个确实就是包容的力量。那我们再选一位企业家，格力集团董事长董明珠女士。

董明珠： 宋总作为中国建材集团的董事长，是水泥行业的整合者，也是过剩产能的终结者，那么其他的产能过剩行业，能否复制您的模式呢？

宋志平： 我觉得至少在一些传统行业领域里边，比如钢铁、化工，包括汽车制造业等，像中国建材整合水泥的这种模式是可以复制的。而且现在钢铁企业也在找我，但坦率地讲，国资委对中国建材有要求，比如我们的主业是建材，肯定不能跨越到钢材的领域里去，再搞一次钢铁大整合。但是我也毫无保留地把中国建材集团整合水泥的这些案例和经验跟他们讲了。

极致对话

陈伟鸿：接下来是一个极致对话的环节。所谓极致对话，我们希望能够给到您一些压力，当然也许这些压力我们会从第一个外在的条件说起，就是时间。我们会在一分钟答题时间里来倾听您的内心。宋总，您做好准备了吗？

宋志平：我准备好了，因为你是让我说心里话。

陈伟鸿：对，谢谢您的这份坦诚。好，请听题。未来如果您把水泥行业90%的民企都收购了，会不会出现垄断？会不会成为典型的"国进民退"？那么这种收购，是不是明显挤占了我们民企的生存空间？

宋志平：其实垄断和规模无关，垄断只是说你是不是滥用了市场支配地位。我们有规模效益，但是这个规模效益是在一个合理的范畴里。其实我做企业想做大，是想有一个合理的效益，并不是想去垄断，我也反对垄断。我搞混合所有制，不是挤占民企，而是让他们和我一起来发展；不是把他们挤出去，而是把他们拉进来，我们共同发展，做混合所有制。你看中国建材集团里多少民营企业家，国药集团里有多少民营企业家，大家是在一个平台上。

陈伟鸿：下面请宋总来听第二道题。现在中国建材集团1/3是国有资本，那么如果未来国有资本继续减少，可能减少到10%，如果其他90%的民营资本合起伙来把您给炒了，你那个时候该怎么办？

宋志平：首先我觉得，他们不会炒我，因为我做董事长不只是给这10%做，我主要是给大家做，包括这90%。我想我是这个出发点，他们不应该炒了我。但是，如果说他们真的哪一天犯个错误联合起来把我炒了，也是正常的，因为他们用股权说话，我接受市场的选择。那个时候，我会打起背包出发，也不带走一片云彩，我能做到。

陈伟鸿： 您设想过合适的一个国有股的比例吗？

宋志平： 从中国建材集团来看，我们对上市公司国有股的持股比例要求是不低于30%。国有股占比不能太少，比如5%~6%，持股比例在20%~25%即1/4左右也是可以的，总的原则是保持第一大股东相对控股。

蒋国荣： 宋总，您作为混合所有制的先行者，我想请您评价在目前这个体制之下，对您个人的激励机制到不到位？您所在的企业以及整个国企员工的个人激励体制到不到位？

宋志平： 我认为现在在国有企业里，包括我们做的混合所有制里，对于国有企业干部的激励机制是不到位的。所以在这次改革中，中国建材集团提出，在混合所有制里要有员工持股，但员工持股有各种方式，我觉得下一步改革要解决在国有企业里、在混合所有制里如何能够让我们的企业领导者、管理层和员工有激励机制，也就是常讲的把资本要素和劳动者要素结合起来，共同考虑。

陈伟鸿： 您回避了一个特别敏感的问题，您觉得现在这个力度对您个人的激励足够吗？我们也不好意思打探您到底每年拿多少钱。

宋志平： 其实我前不久也跟我的领导报告过想法，我个人感觉到，过去这么多年，我们管理国有企业是靠责任心、事业心及政治觉悟。但是我们现在被推向市场，在混合所有制里，我觉得我们下一步应该是靠责任心、事业心及激励机制，就是把精神和物质统一起来。我个人也服从这个原则。

11

混合所有制的逻辑^①

马光远： 感谢您再次接受央广的专访，20 年前我们中央人民广播电台曾直播专访过您，还记得当时的主题是什么吗？

宋志平： 主题是关于国有企业管理和改革。

马光远： 20 年以后的今天，我们发现这个主旋律依然存在，也就是说管理和改革仍然是国企未来的两大主要课题，那么您对过去 20 年国企改革取得的重大成就以及不足和遗憾有怎样的总结？

宋志平： 十八届三中全会《决定》对过去几十年的国企改革进行了总结，就是"国有企业总体上已经同市场经济相融合"。这是对国企改革成绩的一个充分肯定。其实回想一下二三十年前，由于刚刚进入市场有诸多不适应，所以那时很多国企打了败仗。"市场不相信眼泪"这句话大家都很熟悉。市场是无情的，国企当年被推下海后，流了很多泪，但市场并不会因为你流泪就去救你，有些企业适应不了倒下了，有些企业果敢地进入市场幸存下来，一路改革发展走到了今天。国企改革是一个大浪淘沙的过程，是一个市场化的过程，也是国企不断进化的过程。这些年来国企改革取得了巨大成就，其根源就是国企逐渐适应了市场，没有"等靠要"，不再"不找市场找市长"，而是主动适应市场，向市场要效益。

---

① 本文为 2014 年 4 月 22 日中央人民广播电台中国之声"观察员问国企"专访。观察员马光远，独立经济学家，经济学博士，产业经济学博士后，中央电视台财经频道评论员。观察员张春蔚，专栏作家，资深媒体人，多档电视节目嘉宾、策划，中国之声特约评论员。

从国家治理层面看国企改革的继承与发展

马光远：我记得您 20 年前的称呼是厂长，现在叫董事长。实际上这个变化非常大。

宋志平：因为那时是国有工厂的厂长，而现在是《公司法》下的国有独资有限公司的董事长，是完全不同的。

马光远：但是现在仍然有很多人认为，一方面我们很多国企并没有靠市场，仍旧是"靠市长"；另一方面大家感觉国企改革尽管取得了很大成就，但是仍然发展很慢。20 年前您是个风度翩翩的青年，但现在您的头发已经白了，我不知道未来我们还要等几代人，才能给国企改革的大话题画上一个圆满的句号。

宋志平：这 20 多年的改革，确确实实让很多人从黑发人变成白发人了，也有不少人倒在了改革的征途上，所以我也希望国企改革早日画上圆满的句号。这一次，党的十八届三中全会把总的经济改革的时间表定到了 2020 年，我相信国企这场改革会在这之前完成。

马光远：您指的完成是什么？

宋志平：把国企从投资管理到企业运行规则等问题都彻底、真正地解决。例如，国有企业要服从国家的安排，为全民的利益起到保障作用，国有经济要通过混合所有制保值增值，为国家创造巨大的效益，等等。放到更为宏观的角度来看，其实是一件国家治理层面的事情。因为国企不仅仅是 110 多户央企①，实际上地方、政府部门甚至大学下面都有一些企业，如果放在这样的一个大题目下，我觉得国企的问题也就有了答案，现在我们已经看到了这个问题的核心，所以离彻底解决也为时不远了。

马光远：您说的我非常认同。您之前讲到过学校办企业，事实上有些也办得很好，效益也很好，技术也很好，比如北大系、清华系的一些企业，您觉得

---

① 截至 2018 年 10 月，中央企业户数已减至 96 家。下同。

高校办企业是不是不务正业？

宋志平： 其实我们进入市场阶段以后做了很多事情，进行了大规模的社会创新。但如果站在国家治理的高度来看，有些东西还要进一步规范和改革，不停地完善和提高。我们今天认识到问题不见得就是我们昨天做得不对，而是说在新的大环境下需要改变。现在我们国家的经济实力强了，可以有更多税收支持教育的发展，那么还需不需要建校办工厂？坦率来讲，让老师们做教育最好，但是让他们去组建企业、经营企业，或许可能会有少数做得好的老师，但是总的来看，大多数人并不成功，还是按照社会分工比较好。

马光远： 您讲的动态、辩证地来看国企改革，这个问题非常重要。

宋志平： 我们不应否定昨天，因为昨天每走一步都不容易。我们要继承发展，合理的要继承，一些不合理的东西要改变、要发展。

从"央企市营"到发展混合所有制经济

马光远： 2002 年的时候，您在中国建材集团一上任就收到一份大礼——法院传票，当时是一个什么样的情况？

宋志平： 我是 2002 年 3 月 13 日到中国建材集团的，3 月 20 日开工作会宣布任命的时候，我在主席台上收到了一张传票，因为负债累累，一家资产管理公司要冻结我们的财产。那时，中国建材集团很困难，可以说是"风雨飘摇"，因为企业规模小，资不抵债，债主临门，大家对未来也没有信心。前任总经理给我打电话说他爬出弹坑了，该我爬进去了。在当时那种情况下，我并不知道自己会带着这家企业进入世界 500 强，更想不到还能同时做两个世界 500 强。奇迹是人创造的，中国建材集团为什么会发生巨变，创造奇迹，最重要的原因就是义无反顾地迈向市场，进行了改革。

马光远： 我觉得中国建材集团好像越到后面发展劲头越足。

宋志平： 我们是充分竞争领域的企业，是草根央企，企业底子薄，基础差，开始一无所有，能有今天的成绩完全是靠在市场中拼出来的。中国建材集团做了两件事，一是市场化改革，二是联合重组，这两件事后来成就了一种企业模式，就是混合所有制。

马光远：那个时候还没有混合所有制的提法吧？

宋志平：还没有。当时我们叫"央企市营"，既不是"央企民营"，也不是"央企私营"，而是中央企业市场化经营，"央企"是指企业的所有制性质，"市营"是指企业的运行方式和机制。当时我也认认真真地和国资委的几位局长讨论过"央企市营"的提法，经过大家反反复复的研究，认为这种提法是准确的。中国建材集团按照这种思路一路做过来，吸引了近千家民营企业加入，构建了一个混合所有制的产业大平台。现在集团660多亿元的资本中，有220亿元是国有的，440亿元是民营的，是三分之一和三分之二的关系。国药集团是540亿元的总资本，270亿元是国有的，270亿元是民营的，一半对一半的比例。可以说，这两家企业混合的程度已经很高了。

马光远：对，应该说大家的认可度也很高。这种混合不仅仅在量上，可能在质上都发生了一个很大的变化。大家会问，您发展混合所有制是有先见之明吗？

宋志平：我们没有先见之明，是被倒逼出来的。因为企业没有钱，可在这个行业中发展必须得去找钱。有人会说，没钱找银行，国企贷款非常容易。但事实不是这样的。20世纪80年代时，银行可以给国企拨款发工资、买原料，那个时候叫专业性银行。但90年代初，这些银行转化成了商业银行，国企被"断奶"。银行不会因为"国企"两个字就给你贷款，而是要看你的三张报表，然后给你的信用评级，信用不好照样不给贷款。当年中国建材集团资不抵债，查封我们的也是这些银行。

马光远：虽然银行的架子是股份制的，可事实上还是国有控股。我们经常听到一种说法，如果银行要把钱贷给民营企业，能收回来还好，收不回来要追究银行的责任，但是如果银行要贷款给国企，出了问题大家可能就会认为是理所应当的。

宋志平：你讲的是银行里一些同志的担忧，我给一家国企贷了款，出了问题，不会对我怀疑，可如果贷款给了一家民企，它倒闭了，那些坏账就跟我脱不了干系。这是认识上的问题。但是从实践来看，如果一家企业经营不好、信用不好，没有哪家银行愿意给它贷款，不会因为是国企，就可以畅通无阻地拿到贷款。每家银行对贷款卡得都很紧，并且贷款审查委员会还规定一定额度以上的贷款必须要报总行，因为银行也要防范风险。

马光远：会不会有这种情况，比如说因为企业做得不错，信誉也好，更不会跑掉，银行在贷款过程中会多给一些优惠和支持，这种支持本身是不是有我们国企的一些优势？

宋志平：这个应该综合起来看，一方面银行并不会因为是国企就给予贷款，但是同时，因为是国企，而且宋志平在这里工作，就建立了良好的信用，所以他们会综合考量。做企业会面临很多的问题和困难，但即使这样，我们也要保证自己的信用，因为市场经济是信用经济。从当厂长的第一天开始，我就对财务人员提出要求，对待银行要做到"利息一分不能欠，本金一天不能拖"。很多财务人员说，宋总我们那么困难，这样的要求能实现吗？可如果不这么做，银行凭什么给你贷款呢？我在北新做了十年厂长，建立起了良好的信用。后来到中国建材集团工作后，尽管当时企业负债累累，但很多银行说，宋志平来了，他们的钱有人还了。他们说得没错，我到中国建材第一年基本没做别的工作，就是找钱还钱，债务重组。实在还不了的，就作为股本加入我们的上市公司，上市后再回购。所以，信用和企业的实力有关，也和企业领导者的价值观有关。后来我遇到困难的时候，银行也伸出了援手，我觉得这和你刚才讲的身为国企有一些关系，但更重要的是企业和我本人这么多年建立起来的市场信用起了很大的作用。

国有企业改革三个层面的问题

马光远：社会上有一种看法，认为改革开放以来，我们国家的 GDP、税收、创新、就业等方面，大部分靠民企，所以对民企天然有一种人格上的同情，而对国企可能天然有一种人格上的歧视或偏见。我觉得应该像您这样，用实际行动为国企正名。

宋志平：国企和民企都是市场经济的重要组成部分。过去搞姓资姓社争论的时候，是不信任民企，可经济发展到了今天，大家又把国企当作落后生产力的代表，什么毛病都有，把它妖魔化。这是不客观的。

法国也有50多家大型国企，主要分布在关系国计民生、全民利益和社会保障的领域，有的国企也是混合所有制的。法国国资局局长曾跟我讲，法国公众包括媒体对国企的看法是很正面的，学生选择职业时愿意到国企，因为国企工作相对稳定，市民选择服务时也愿意选择国企，因为国企对消费者来讲是质量和安全的象征，而且法国的民企和国企也没有激烈的对抗。这些在法国已经得到印证。在我国，大家有不同的看法并不奇怪，国企听一听负面声音也没有坏处，应该心平气和地面对。如果大家提得对，我们就去改正、去提高，如果大家提得不对，我们就去解释并用实践说明，让大家能慢慢地理解我们。我觉得我们应有这样的态度，而不是去论战，事情不是靠论战来解决的，而是靠大家的互动、沟通和交流来解决的。所以我希望媒体能多走进国企央企，真正地了解实际情况。

改革开放以来，中国的国企、央企已经发展为新国企、新央企，所以我经常讲，此国企非彼国企，此央企非彼央企。在成都召开的财富全球论坛上，耶鲁大学资深教授斯蒂芬·罗奇先生问及我中国国企的市场化作用，我讲，你们对中国的国企情况不是太了解，中国的国企绝大部分已经上市了，如果一定引用科斯理论说民企效率高过国企，那么今天中国纯而又纯的国企已经很少了，大多数国企已经和民企或社会资本组成股份制公司了，已经成为混合所有制企业。中国的传统文化是兼容并蓄，我们可以把不同的东西联系起来，在融合的过程中达到共赢、多赢，实现"一加一大于二"的效果。就说这杯茶，可能水是国企的，茶叶是民企的，混成一杯茶水要喝下去，我们还要区分吗？还要刻意说这一杯茶水到底是民企的还是国企的？我觉得没有这个必要。

十八届三中全会告诉我们混合所有制不是私有化，而是公有制的一种特定的实现形式，告诉我们在充分竞争领域，国有企业改革的方向就是混合所有制。混合所有制解决了国有经济和市场经济接轨的问题，这是我们经过三十年反复验证得出的结论，在十八届三中全会把它深化了、升华了，形成一个理论上的巨大创新。我说混合所有制是把金钥匙，因为它解决了很多事情，其中之一就是解决了国有经济怎么发展的问题。国有经济和国有企业有相同，也有不同。我们是社会主义国家，国有企业要完成国家特定的目标，大部分应是公益性的、非营利性的、补贴性的，但"以国有经济为主导"，不能完全通过传统的国有企业来实现，而是要通过和非公经济交叉持股、互相融合的混合所有制来实现，这样既可以保证参与的经济实体是市场化的，实现市场身份的统一，同时由于有民营企业的参与实现了所有者的到位，又能保证混合所有制企业的竞争活力和市场化机制。

国有企业实现政企分开很难，我认为强调政企分开主要是要国企按企业模式运营，但毕竟是国有企业，国有企业就是完成国家交给的任务，主要做公益性的服务，目标就是提高效率、减少浪费。国有经济除了国有企业外还有一部分要在竞争领域中存在，这部分要通过十八届三中全会提出的资本运营公司和资产投资公司来实现，任务是保值增值，给国家创造巨大的财富。比如淡马锡是新加坡政府的资本运营和投资公司，在全世界都有投资，为新加坡政府赚了很多钱。资本运营和投资公司可以是国企，国家全资投入，对国有经济、国有资本进行运营，其实现形式就是混合所有制。之前有国有绝对控股企业、国有相对控股企业和国有参股企业，在十八届三中全会以后只有一个名字，就叫混合所有制企业。这样就彻底地厘清了国有经济和国有企业的关系，公益性的、非营利性的发展国有企业，营利性的、保值增值的可以通过混合所有制的形式实现。

马光远：有人认为国企干部可以有行政级别，我完全认同，那您现在到底有没有行政级别？

宋志平：事实上我没有行政级别，可是很多人依然问我，说我至少是个正局级，可是国资委并没有文件说我是什么级别。还有人见面打招呼时恭维我称宋部长，我感觉很别扭，当面解释"我不是部长"也没什么意义。

地方国企可能有的领导干部有级别，但中央企业没有。如果你原来是副部级、副省级，调任到中央企业后，会保留相应的级别待遇，但如果你是土生土长的从企业基层上来的，即使在中央直管的 53 户央企里也并没有明确的行政级别。

马光远：这么多年来，我们一直讲政企分开，可是一直也没彻底分开，我认为或许根本分不开。

宋志平：1994 年搞百户试点就提出四句话 16 个字，其中有一句话就是政企分开，但分了 20 年，到现在依然没有分开。混合所有制就把这个问题解决了。我常说混合所有制是一把金钥匙，刚才讲它解决了第一个问题、开了第一把锁，第二个是解决了国有企业改制的问题，国有企业的现代企业制度就是公司制制度，公司制制度包含了产权多元化，混合所有制可以做到这一点，而传统国企要做到这一点很难。比如说资本运营公司在资本层面上买卖股票股权，在资本项下赚钱，投资公司在产业上投资，从中长期支持产业发展并获益，资本运营和投资公司下面是混合所有制企业，建立董事会和规范的治理结构，国企改制的问题就迎刃而解了。

马光远：十八届三中全会关于国企改革的要求非常重要。比如说国有资本运营公司这一个层级，已经很明确讲了应该投资哪些领域。

宋志平：所以我们应该按照十八届三中全会的要求来规范地发展国企，该是国企的就给国企，已经上市的可以把它买回来，已经混合的可以部分赎回。该赚钱的国有经济，将来由国资委设立投资运营公司，去投资升值的企业。我们国家需要钱的地方很多，不能单一地靠税收，如果国有资本能进行资本运作和投资升值岂不是更好？如果国有经济不带着政府行政色彩去做，而是完全按照股权去做，以股东的身份参与企业管理，用股权在股东会行使权力，这样民企就不会反对我们，到外国投资做项目，就会得到公平的对待。

马光远：国企要理直气壮地去赚钱，该赚钱的就去赚钱。

宋志平：其实，关于国有经济的问题要从两点来看。一点是国有经济要有一定的总量。我们是中国特色的社会主义国家，基本经济制度是以国有经济为主导，如果国有经济没有总量，还怎么去主导？另一点是通过混合所有制的方式搞国有经济，如果不通过这种方式，我们就会遇到国企和民企争利的问题。国家一方面是市场中的征税者，另一方面又要到市场上参与竞争，这会是悖论。如果国有经济以混合所有制的形式与民企混合，按照经济的法则而不是按照行政的法则去做，只享受该得的那一部分，就会大大弱化社会公众对国有企业垄断的诟病，也有利于国企到国外市场参与竞争。其实淡马锡和法国的国企也用的是这种方式，在全世界参加招投标，做得非常好。

马光远：这样做应该讲是合情合理的。

宋志平：其实在改革开放初期，我们就认识到了传统国有企业的问题——不适应市场、效率低下，所以增强企业的活力和竞争力，包括政企分开，是国企改革的出发点。但是我们当时没有想清楚到底国企该干什么，哪些要放出去，哪些要留下，哪些是必备的，哪些是必须进行市场化改革的。并不是说所有的国企都要进行市场化改革，都要以营利为主要目的，当时我们在这个问题上并没有想清楚。但现在我们想清楚了，按照国有经济的功能定位，区分国企和混合所有制企业，国企完成国家和人民交给的任务；国有经济该赚钱的，通过资本运营公司和投资公司，以股权形式管理混合所有制企业来实现，国资委真正管理的应是国有资本，而不是具体的企业经营；让混合所有制企业真正实行市场化运作。

马光远：这样三个层面就都搞清楚了。

混合所有制使所有者到位

马光远：在多年的改革过程中，很多事情走着走着就变样了，您认为混合所有制会不会"一混就灵"？对于混合所有制，我有几点担忧，可能很多人没有弄清楚为什么要混，也就是说混的目的是什么，如果是这样，那混的结果也很难预料。

宋志平：混合所有制是一把金钥匙，混合的目的包括四个方面，我刚才已经讲了两个。第一，解决国有经济和市场经济接轨的问题；第二，解决长期以来困扰我们的政企分开、国企建立现代企业制度和规范治理的问题；第三，解决民营企业进入特定业务领域的途径问题，使这些领域变得更加市场化、公开化；第四，混合所有制中国有和民营交叉持股、互相融合，解决了长期以来困扰我们的"民进国退"和"国进民退"的纷争，实现了我国国民共进和国民共赢的融合体系，促进了经济发展的合力和正能量，减少了国有和民营企业之间的竞争和矛盾。

现在大家担心发展混合所有制会不会又成了1956年的公私合营，当时叫社会主义工商改造，目的是要把资本家变成社会主义劳动者。当时我们对社会主义的理解比较理想化，但今天的理解是我们将长期处于社会主义初级阶段，这一阶段可能延续100年，在这种情况下发展混合所有制应该是一个长期的过程。而且现在提出了"两个神圣不可侵犯"，公有财产神圣不可侵犯，非公财产也神圣不可侵犯。无论从经济环境、政策环境来看，还是从改革的出发点来看，现在的混合所有制和公私合营是根本不同的，我觉得民营企业不用担心。从中国建材集团和国药集团的实践来看，民营企业和国有企业进行混合是多赢的，实现了共同发展。中国建材集团这些年来联合重组了近千家企业，在这个过程中我们没有以大欺小，没有强买强卖，所以到目前为止也没有一家民企"反水"。

马光远：就是没有一家企业要跑掉？为什么？

宋志平：是的。我觉得有三个原因：一是按照《公司法》的标准、股份制的标准开展合作；二是合作后能产生规模效益，过去一家一户的恶性竞争，不赚钱，联合起来以后形成了规模效益，大家都能有钱赚，这一点得到了广泛认同；三是企业中民营资本有一定的股权，这样就将所有者真正地引入了企业，实现了所有者到位。

马光远：我以前也研究国企，我感觉世界上没有任何一份资产监管的严厉程度和严密程度超过国有企业。但是最后流失最多的又是国有资产。您觉得民企的所有者到底能起到多大的作用？

宋志平：按照之前的模式，国资委是国企所有者的代表，国资委又委托董事会代为管理，严格意义上讲两者都是所有者代表。但是民企入股者是天然的所有者。在中国建材集团，民营企业家既是所有者，又是管理者。企业内部所有者的眼睛就是最好的监督机制，这种天然的内部机制比强大的外部监督更有作用。

马光远：股份制或者上市也会产生企业的所有者，也会带来监督，那么这种监督与混合所有制的监督有何区别？

宋志平：混合所有制与普通的股份制是有区别的，国有资本交叉持股也可以叫股份制，这与国有资本和民营资本交叉持股的混合所有制是根本不同的，不能将民企的优势引入国企。而上市公司则存在两种情况：一种是"一股独大"，其他都是散户，散户并没有多大的发言权，不能真正参与企业的管理运营；另一种是股份过于分散，过于公众化，很容易出现被内部人控制的风险。比如今天日本企业绝大部分都是公众化的，而且公众化程度很高，最大的股东不超过5%~6%，在丰田汽车公司，最大的股东丰田章男世家的股权也不超过2%。所以混合所有制最好的一种方式，就是国有资本和两三家非公资本组合形成公司的战略投资人，我认为这是比较良性化的股权结构。

大力推进职业经理人制度

马光远：我一直有一个疑问，就是我们国企改革学美国是不是学错了？美国的资本分散程度比较高，但是同时也有一整套的控制体系，可以确保股权非常分散的企业有很好的发展，但是我们东方缺乏这种传统，所以我经常想我们以前在公司治理方面是不是走了很大的弯路，从所有者缺位最后变成内部人控制，这与我们学习美国是不是有很大的关系？

宋志平：是这样。十八届三中全会提出要"建立职业经理人制度"。其实全世界的大型跨国公司都有两大特点，一是股权高度分散，二是职业经理人占据主要位置，职业经理人的薪水中中长期激励比重很高。也就是说，由于大家都不是大股东或者持股人不来管理这个公司，而是出高价稳妥地代理给这些职业经理人，通过职业经理人来管理企业。

马光远：我们也一直在讲职业经理人，但是这个队伍一直建立不起来，您觉得是缺乏信任，比如说国美的陈晓案，还是缺乏高素质的人才？如果有一天国企大规模去市场化招聘高管，市场中会有这么多职业经理人吗？

宋志平：你讲的两点我们都缺乏。一是缺乏诚信化的经营文化，当然这种文化也跟社会氛围有关系。二是缺乏有经验、有素养的职业化队伍。作为职业经理人有三点很重要，一是职业操守，二是职业化能力，三是职业化待遇，也包含了退出机制，这三项构成职业经理人的全部。中国建材集团二、三级企业招聘职业经理人时，有的面试者讲得天花乱坠，可是却讲不出一个失败的故事，说明没有真正地承担过。可是并不能因为现在的诚信基础差、职业经理人少、水平不够，我们就不做这件事，我们依然要大力推进职业经理人制度。

马光远：可能发展职业经理人最大的问题就是待遇问题。我非常尊敬您这一代的国企领导人，很多国企领导都有着很高的职业操守、责任感、奉献精神、党员党性，可怎么保证后来者都是这样呢？

宋志平：关于待遇，其实又和国企的定位有关，这也关乎后来者的职业价值观。如果是在国企工作，如果国企干部是铁饭碗，你的待遇就不能和市场上的民企外企比。因为国家已经给了你稳定的工作和生活保障。如果进入的是混合所有制企业，那就是市场化身份，可以参照市场化标准，享受职业经理人待遇，同时也意味着高风险高付出。这样就能平息大家纷纷纭纭的说法。

有一次我在《参考消息》上看到一篇文章，这篇文章转载自香港《南华早报》。文中说，国企领导人放个"傻瓜"都可以做，但是年薪却平均五六十万元，凭什么？我在香港的新闻会上问记者，假定国航董事长换一个"傻瓜"来做，你们还敢坐他的飞机吗？但是话说回来，我也反思人家为什么要这样说，因为大家认为我们的选拔机制不透明，国企领导不是从市场中来。面对这个问题我们该怎么办？答案就是改革，建立职业经理人制度。职业经理人从哪里来？我认为用不着全到社会上招募，大多数可以由现有企业的管理干部转化，因为全世界的经理人百分之八十由本公司产生。中国建材集团也一样，只是说过去我们没有给这些职业经理人职业化的待遇，而是半市场化待遇，所以中国建材集团将会继续大力推行职业经理人制度。

马光远：这个待遇是什么？是给股权还是薪酬？

宋志平：我们是请了中介公司来做的。待遇含业绩薪和特殊奖，如果是上市公司我们会给一些股票和分红权，比如今年要做2亿元利润，结果多做了5000万元，我们就会在这5000万元中给经理层一定的分红权，来调动大家的积极性。我们总讲，让企业的员工与企业共同成长，指的是集团快速成长，成为世界500强，大家的收入也应有所提高。我们过去做企业更多的是靠事业心、责任心和政治觉悟，今后应要加上激励机制，能够让广大员工分享企业发展的成果。

马光远：假如您真的到混合所有制企业里工作了，您又带出了两个世界500强企业，您的薪酬应该是多少钱？

宋志平：我一直在国有企业做事，从1979年到现在整整35年了，应该说我的思维已经国有企业化了。虽然我讲国有企业分类应该是一小部分做公益性的纯国有企业，大部分去发展混合所有制，但如果让我选择，我可能还会选择做国有企业，因为我的大半生都交付给了国有企业，我要善始善终把这件事情做好。让我再去选择新职业或者创业，对我来讲概率是很小的，但是如你所讲一定要模拟一下，我想要做的可能也是个帮助年轻人发展企业的董事或顾问的角色，因为我这么多年所习惯或者说我的专长是资源的整合和战略的制定，在这个层面上我不可能再去做个创业者，再打造出两个世界500强，那也不适合我现在的年龄。

马光远：换一个角度说，看着别人拿高薪您是怎么想的？您的心能平静吗？

宋志平：我以前在北新当厂长时，因为搞改革有些成绩，第一年组织上就奖给我27万元奖金，当时这些钱可以在郊区买一栋小别墅，但是我没要，因为我觉得工作是大家一起做的，于是就用这笔钱设了个奖励基金，用于奖励优秀员工。后来，上级还给了我10万元的奖励，我全部用来给工厂托儿所买书和玩具；再后来，奖了两次房子，我也都分给了部下。现在回过头来想，这些财产在今天也是一笔不小的财富，我刚才讲这么多年来就是凭着责任心、事业心加政治觉悟走过来的。这么多年来我和干部员工为企业和国家创造了不少财富，作为企业的一员，我也分享了企业的成功。由于体制原因，国企领导人不可能有很高的待遇，但和我的前任、我前任的前任相比，我已经很知足了。所以作为国企领导人，我们一方面要支持改革，要把市场机制引入企业中来，但是同时我们也要淡定地对待过去，要有这种付出的精神，这也是种企业家精神。

马光远：我们经历过的人肯定都能理解您的想法和做法。

发展混合所有制经济实现国民共进

马光远：您领导的两家企业在改革中实现了国民共进的和谐发展，能介绍一下吗？

宋志平：我们的社会发展到今天，国有经济和民营经济在不同阶段发挥了不同的作用，计划经济时代全部都是国企，现在民企也承担了很多责任，包括去年的就业，民企就发挥了很大的作用。其实我是赞成和支持民企的，我与民企的合作也非常好。2014年年初，我受邀参加了柳传志、马云等民营企业家组织的道农会，200多名大民营企业家聚集在一起，我作为央企领导人也参与其中，并给大家朗诵了一首李白的《将进酒》。我很感谢他们接纳我。

民企发展到了今天，取得了卓越的成绩，但国有经济同样也支持了民营经济的发展，而且承担了更大的社会责任，为经济社会发展做出了重要贡献。像汶川大地震时，国企和央企都冲在了抗震救灾的第一线。国资委领导同志在央企负责人会议上讲到，我们既不搞"国进民退"，也不搞"民进国退"，我们要国民共进。前些日子我跟中央政策研究室的同志报告时说，回想起来我在中国建材集团这些年就做了一件事，就是用混合所有制的方式完成了水泥行业的结构调整，带动了一批混合所有制企业，组成一支浩浩荡荡的大军，形成我国的一种大企业成长模式。在国药集团的五年也是如此，这家企业用混合所有制的方法进行了行业的调整，实现了国家和民营的双赢，成为世界500强企业。

马光远：您这种模式还有没有可能复制？比如现在钢铁企业很困难，您有没有可能去整合一下呢？

宋志平：钢铁行业找过我多次，但我是做建材的，不可能去整合钢铁，因为国资委有主业要求，而且中组部也有不让兼职的相关规定。但是我觉得中国建材集团的模式是完全可以复制到钢铁行业的，我也把我的经验教训毫无保留地告诉了他们。钢铁行业产能严重过剩，过剩产能怎么退出呢？就要靠大企业兼并重组。比如河北省的钢铁行业，可以通过兼并重组、混合所有制的方式建立两家大型的公司，把小钢厂的老板吸收为小股东，然后根据市场需求关停工厂。兼并重组后的第一件事就是关闭多余的工厂，在产量严重过剩、雾霾严重的情况下更应该这样做。因为有两家大公司承债，关工厂也不会带来破产和坏账。所以说全世界的大重组往往是由债权人推动的，兼并潮由此代替了破产潮，没听说哪一个发达国家最近出现大规模的企业破产，这是市场的进化。

很多人说，过剩了就要再打擂台、优胜劣汰，甚至破产跳楼也是必要的。可为什么大家不能换位思考一下？换作你，你愿意跳楼吗？而且，跳楼就能一了百了吗，就能消除破产给社会造成的影响吗？遇到问题要找解决办法，不能意气用事。我的模式包括两个核心：一是提高集中度，解决过于分散和恶性竞争的问题，集中起来以后进行合理布局，通过减产限产让价格理性回升，让企业不再亏损；二是构建混合所有制的大企业平台，混合前你是小企业的大股东，但是不挣钱还债主临门，混合后你是大企业的小股东，可是每年还能分好多利润。中国建材集团的故事就是这么发生的。

马光远：一般提到并购大家会想到野蛮人。中国的"蛮"字下边是个"虫"字，但是恋人的"恋"字下面是个"心"字，把"虫"换成"心"，就从野蛮人变成了恋人。我想知道在大规模重组中，您使用了什么"心"让对方不"反水"，甚至见面仅仅20分钟，对方就把全部身家交给了您？

宋志平：谈到企业并购的真谛或者想法，最关键的是我们到底为什么整合。中国建材集团的整合是为了大家都有活路，在大家打得头破血流的时候，我给大家讲了一个共生多赢的故事，加入中国建材集团，不仅让这些企业走出了苦海，而且都得到了实惠。很多民营企业家此前都是身经百战，之所以能在见面20分钟就加入我们，一定是我的故事说到了他的心坎上，所以他们愿意认同我，认同中国建材集团。

我这个人信奉利他主义，在和民营企业合作时从不算计对方。我们有很多财务高手和技术手段，也会找中介机构很公平地算好所有的细账，在公平公正的基础上将所有的条件说清楚，并给对方适当地溢价，这样就赢得了大家的信任。国企和民企的重组合作是个长期过程，彼此要相互信任，我觉得这是核心。大家现在有很多担心，有的怕国企算计民企，有的怕民企侵吞国有资产。这些问题都可能存在，但如果有一个好的指导思想，能够做到公平合理、互相尊重，长期合作、规范运作，那就能实现长期共赢。股份公司一般都有几个股东，如果彼此不信任为什么还要搞股份公司呢？都搞家族制就可以了。之所以合在　起，是因为大家能做更大的事，能分享更多利润，但前提是要相互信任。

这么多年，在和民营企业家合作的过程中，中国建材集团对他们是充分信赖的，事实证明他们也是很成功的。我们四家大型水泥公司的CEO中，北方水泥和西南水泥的CEO原来都是民营企业家，手中有股份，南方水泥CEO是我们从市场上挖来的职业经理人，只有中国联合水泥CEO是从鲁南水泥这家国企成长起来的。有人问我，你收购的这些民企老板是不是都是一帮土豪，长袍马褂、长枪短炮？其实不是。市场经济大浪淘沙，民营企业家经过多年的历练，早已不是当年的个体户了，他们中间不乏企业英雄。中国建材集团每次开会，底下四五百人年富力强，坐得整整齐齐，每个人都佩戴着司徽，拿个笔记本认真记录。我感觉就像是围城效应，在国企工作的人很多想出去单干，在民企工作的人历经艰辛，也愿意进入一家大集团，有个组织。这些是真实发生的事情，和很多人的想象完全不同。实践永远先于理论，改革也好，管理理论也好，应该多听一听这些从前线发回来的"报道"。好的指战员，他的指挥所一定离前沿阵地不会太远，拿望远镜就能望见战况。我认为今天改革也是这样，改革的动力应该来源于企业，来源于一线企业家，我们应该多听一听这些企业和企业家的声音。

马光远：我认为中国多年的改革中最宝贵的财富就是企业家，不知道您认不认同？

宋志平：企业家确实很重要。有一次我在座谈会上讲到，国企最大的财富是什么？巨额资产无疑是一笔巨大的财富，但是真正的财富是企业家，对于企业家我们应该关心他们、支持他们，帮助他们成长。可有时候我也纳闷，国企走到今天很不容易，但是为什么现在常常有一些学者甚至是官员提起民企就很同情支持，提起国企就只是非议和批评。这其实不是什么好现象。对于国企改革，我们应该满怀热情地支持，即使有问题大家也应该平心静气地、温和理智地商量讨论，而不是采取极端的方法。有不同观点不可怕，大家应该多讨论，形成共识再往前走。

"双料董事长"的经历与挑战

马光远：您 2009 年 5 月就任国药集团董事长，今年 4 月 15 日正式卸任，可以说是央企历史上出现的第一个"双料董事长"，我估计这既是空前的也可能是绝后的。您把两家身处不同行业，且都曾是困难重重、规模不大的企业，同时带入世界 500 强，靠的是什么？

宋志平：这次卸任是届满卸任，去年 10 月是我在国药集团的第二个任期。到期后，我就向国资委提出卸任的请求。五年前我去国药集团的时候，当时中国建材集团只有 610 亿元的收入，国药集团只有 360 多亿元的收入。短短五年时间，这两家企业发生了翻天覆地的变化，都已经进入了世界 500 强。中国建材集团做到 2500 多亿元的收入，国药集团收入也超过了 2000 亿元。当年我去国药集团有一个重要的任务，就是打造国家的医药健康平台，我去了以后利用资源整合的方式进行了央企"四合一"重组，同时推动国药控股在香港上市，在全国建立了覆盖 290 多个地级市的医药配送网，企业在研发和制造方面也有很大的变化，应该说今天的国药集团已经羽翼丰满了。企业是企业家的孩子，孩子长大了就应该放手。有些人不理解，觉得企业负责人要么是退休离开，要么是升迁离开，要么就是出了问题，否则为什么做得好好的就不做了呢？我觉得董事长任期届满卸任是很正常的事情，应该比较洒脱地把企业交给更优秀的继任者。还有一个原因就是我年龄也大了，刚去国药集团时 53 岁，现在已经 58 岁了。

马光远：对于企业家来讲，这个年纪正是风华正茂。国药集团因为有您才有了今天，才有了世界 500 强的地位，您离开了，会不会跌出 500 强？

宋志平：不会的。我相信，国药集团今后会蒸蒸日上、快速成长发展下去。拿今年的数字来说，第一季度国药集团的销售收入增长 27%，在整个央企中名列前茅。而且企业做大了就是财务问题，接任我的董事长是国资委的一位资深秘书长，过去在财政部工作过，后来在国资委产权局当过局长，他对财务和资本运作有着更深刻的理解。

马光远：对于一家腾飞的企业，如果有制度、有基础，还有规范的治理，我们会比较放心。但是许多人可能认为，我们的企业特别是国企央企，很大程度上是靠一把手的个人魅力。比如说您，在做中国建材集团的同时接到赴国药集团的任命，两个企业的业务风马牛不相及。您觉得这个任命是因为您的个人魅力，还是说这种任命机制本身有其合理性？

宋志平：讲到人事的选拔，中组部也好，国资委也好，有一批从事人事工作和人力资源工作的专家，他们能够站在专业角度上思考问题，看人、选人和用人。当时选拔我去国药集团工作时，基于两点考虑：第一点是要具备学习能力，医药是个高端行业，要不断学习，而且能迅速进入状态；第二点是国资委要在央企搭建一个国家级医药平台，需要一个有资源整合能力和协调各方关系能力的人出任国药董事长，所以选来选去把我派去了。回头来看，大家觉得这个选择是对的。其实随着经济的发展，国际大公司在董事长这个层面跨界的并不鲜见，欧洲很多大公司的董事长也不见得是对应的专业，不一定非得要专业化。公司做大了以后，高层更多需要的是在资源配置、公共关系维护、风险防范、战略制定等方面具备一定的能力。此外，国企也开始用市场化手段来进行人才选拔。无论是之前由上级组织人事部门选拔也好，还是现在的市场化公开招聘，经过这些年的验证，应该说大多数的人还是选对了，我们选了一批高素质的经营者来管理企业。

张春蔚：您能够同时管理两家大型国企，而且是跨界管理，您怎么理解"跨界"这个词呢？

宋志平：现在互联网新经济中讲的跨界实际上是用新的商业模式，将新的经济形态和传统的实体经济相结合，进而产生协同效应。比如我们卖药，过去是靠实体药店，现在可以通过互联网，而且还有了网上支付手段。但是像我从建材到国药的这种跨界和年轻人目前讲的跨界是不一样的，不过也是一种跨界吧，好处是会带来一些协同的效应，比如两家企业的一些社会资源和发展经验可以共享，但是建材和医药两种行业毕竟不同，甚至是风马牛不相及的。而且建材是重资产业务，国药是轻资产业务，建材主要是做制造，国药主要是做销售，这些激发了我很多的思考，使我在管理上有了更深度的认识，我觉得大有好处。

张春蔚：最重要的一个认识是什么？

宋志平：不同行业的企业，规模小时差异化很大，但随着企业规模的增加，企业共性的东西越来越多，经营中有不少触类旁通的东西，跨界经营会把一些经验进行互补和加强。

马光远：终有一天您会退休，退休了以后对中国建材集团和国药集团这两个孩子，您会有什么建议？

宋志平：对中国建材集团也好，国药集团也好，我的建议是企业要不停地寻求优势，不停地创造优势。过去我们通过联合重组、发展混合所有制创造了规模优势，通过持续创新获得了技术优势，通过践行先进工法获得了管理优势，通过深化改革获得了机制优势。但仅仅满足于这些还远远不够。做企业的过程是一个不断创造优势的过程。做企业的人每天都要问自己，我们的优势是什么，怎么能够强过别人。企业基业长青的道理就是不断寻求优势、寻求卓越。一个没有优势的企业终将不复存在，这是我的忠告。

张春蔚：我看您的名片上印着董事长和管理学博士，如果只选一个，您会选择哪个？

宋志平：刚才说到，退休之前我会选择做国有企业的董事长，退休之后我希望成为一个管理界的思想家，做一些企业研究，把多年积累的企业经验贡献给年青的一代，我觉得这可能是我个人最大的财富。拿现在来说，我是国家行政学院的兼职教授，讲课也是我的一项工作。"知我者谓我心忧，不知我者谓我何求"，我认为自己有责任把做企业的经验教训、感悟体会总结归纳出来，让社会真正了解国企走过的发展道路，为中国企业的改革发展提供些正能量。

张春蔚：管理近千家企业，您觉得最难的是什么？

宋志平：在企业里，怎样发挥大家的热情、积极性和创造力，这是最重要的，也是最难的。员工凭什么每天能到这个公司上班？凭什么要认认真真地工作？这就要靠文化来解决。我一直认为，企业要用先进的文化指引心灵，用规范的制度约束行为。

张春蔚：从36岁做厂长到现在58岁，做一把手的这22年里，就您个人而言，您觉得最重要的感悟是什么？

宋志平：困难面前不退缩，勇于担当责任。一把手最重要的是责任面前能不能担当、能不能负责，一个不负责任的一把手是不会有忠诚的部下的。

张春蔚：在您的经历当中，您认为的失败是什么？有什么教训？

宋志平：优点的反面就是缺点，我的优点是包容，缺点是过于宽容。我在中国建材集团的收购过程中，大的方面做得不错，但也有在管理整合方面失之以宽的地方，使得有些该解决的问题没有及时解决，我觉得这是我应该好好总结的部分。

张春蔚：您个人最喜欢的商业故事案例是哪个？

宋志平：2006年收购徐州海螺。海螺水泥当时门第高过我们，做了四十多年水泥，而我们才刚开始做水泥，当时仗打得一塌糊涂，但是最后我们还是把徐州海螺收购了，而且因此形成了中国建材水泥业务的基础。

张春蔚：如果用历史上的一场战争史来界定，您觉得它更像哪场战争？

宋志平：这肯定不是战争，它更像历史上的一场合作，就是"将相和"。当时海螺水泥很强大，而我们相对弱小，最终我们打动了海螺水泥，海螺水泥也支持了我们。所以我不同意用战争这个词。其实我是不主张打仗的，我主张竞合。中国建材和海螺水泥不仅仅是竞争者，也是行业的同人，是非常好的朋友。

12

铺路石：国企改革者的使命与守望[1]

国企改革

苏小和：党的十八届三中全会之后，您认为中国的国有企业改革在未来十年会出现哪些与过去不一样的态势？

宋志平：改革开放经历了多年，从 1994 年百户企业改革试点开始，一直在循序渐进地进行国企改革。十八届三中全会的《决定》里讲了一句话，"国有企业总体上已经同市场经济相融合"，我觉得这是对过去多年国企改革的肯定和概括。但坦率地讲，我们很多改革还不完善，国企治理和内部机制还有不适应市场的弊端。十八届三中全会再度把国企改革提到了一个非常高的高度。

从十八届三中全会到 2020 年，在今后几年的改革中，我们应该完成两个目标：一个是国家的目标，就是国有企业在国家和全民利益中担当什么样的角色，怎样提高效率和服务水平；另一个目标，现在的国企大部分是国有经济的代表，从国有经济角度上讲，国企怎么能够进一步融入市场，保持国有经济的增长。

我们谈论的国企改革，往往把国有经济、国企归在一个范畴里，实际上应该把它们有机分开，两者之间有联系、又有区别。国企应该在公益性、非营利性的行业，主要完成国家一些战略性、政策性任务，满足国家和全民利益的需

---

① 本文为2014 年正和岛中国企业家精神特质研究之"国企改革家"系列专访之一。采访人苏小和，财经作家、独立书评人。

要。作为一个人口众多的大国，又是社会主义国家，需要很多国企来为人民生活提供保障。事实上，几乎所有国家都有国企，而且国企的目标差不多，都是完成国家的保障性、公益性、战略性任务。

至于国有经济的范畴则更宽泛。十八届三中全会讲到以公有制为主体，国有经济为主导，国有经济不是完全通过国有企业来实现，国有经济的发展还应该通过混合所有制企业来实现。换句话说，今天大部分国有企业都应该改革成为混合所有制企业，不应再沿用过去国企的概念，而真正的国企就是那些从事公益性、保障性事业的企业。我也希望国家将来推出国有企业法，把这些国有企业真正置于国有企业法之下，把混合所有制置于《公司法》之下，这样就十分清晰了。

进入市场，推进市场化，激发活力和动力，这都是过去国企改革的方向。习近平总书记提出国家的现代治理，这是一个非常大的概念。我们过去的改革没有上升到这个高度。下一步国企改革，应该从更高的层面，从一个规范的国家治理的角度来看。第一，需不需要国企？如果需要，它们做什么？怎么管理它们？第二，需不需要国有经济？如果需要，并希望以国有经济为主导，那它们应该怎么发展？和市场怎么结合？就是推进混合所有制。混合所有制解决了国有经济和市场的有效连接、融合的问题。

未来一部分国企是做公益事业的，一部分国企是做资本运营和产业投资的，比如新加坡的淡马锡是国有投资公司，投资了全世界的企业，是以赢利为目的。做资本运营、产业投资的，大多应该是混合所有制企业，就是和非公资本交叉持股、相互融合的企业。今后在市场竞争里面，企业没有不追求盈利的，都是一样的，有出资人出资的企业，里面可以有国有资产的成分，而且这个成分可以改变，资本可以流动，通过资本的流动来实现国有资产的保值增值，达到支持整个国家发展的目的。

苏小和：我个人认为混合所有制有两个不太清晰的地方。您觉得混合所有制是指产权的维度还是指资本的维度？如果是资本的维度，应该就是新加坡模式，甚至是高盛的投行模式，就是国有企业退回到资本的层面，只管资本的操作。如果是产权的维度，就有不确定性。我在外企和民企做过调查，很多人会心存疑虑，觉得国有企业这么大牌子，背后还有强大的政府支持，在政治话语权方面民企根本玩儿不过国企，所以就保持一种谨慎的姿态。这是否意味着混合所有制在某种意义上会形同虚设？还是我的理解有误？

宋志平：其实资本和产权是分不开的。现在的市场经济建立在现代产权制度之上，国有资本在企业里实际上是以国有产权存在的，或者说是以股权方式存在的，这是一个事实。

关于混合所有制，民营企业担心会是新的公私合营，其实也有一些国有企业担心，民营企业会像蚂蚁搬家，一点点地把国有资产变成他们自己的资产。我个人感觉不用这么担心。因为经历了多年的改革，现在我们国家的《公司法》《物权法》等都很健全，应该说是在健全的法制情况下来推动这场改革，来发展混合所有制，大家的股权都能得到充分的保障。另外，这次政府报告里面重申公民的合法财产不可侵犯。

混合所有制一定是《公司法》下的一个现代企业制度，靠股权说话。当然，如果企业里国有资本多，国有资本投资运营公司里出任的董事就多，那么他们的话语权就多，如果国有资本少，那出任的董事少，话语权就少，所以可能今后不再是国有和民营的产权之争，主要是在公司层面，股东之间的一种合作、一种讨论。

所以我希望无论社会还是媒体，今后尽量淡化国企和民企的矛盾。改革开放以来，民营企业迅速崛起，国家也非常高兴把国有经济放到混合所有制企业中，和民企交叉持股、互相融合。我们这些人都理解，也都能够接受，而且愿意和民企、民营资本共同发展。所以民企不要再有这些顾虑，国有企业也不要再有这些顾虑，大家互利互赢、国民共进，共同地来实践混合所有制。

过去有国有控股、国有参股，国有控股里面还有绝对控股和相对控股，这些无一例外都是混合所有制。

最早搞股份制的时候，我们的期望是什么？尤其是在竞争领域里，期望不要再沿用过去传统国有企业的那套制度。这是当时大家的愿望。可是后来，国有企业包含了国有控股，国有绝对控股、相对控股，把改造的股份公司又给兜回来了，使得那一场股份制改造没有实现我们的初衷，或者说偏离了最初的方向。混合所有制和国有企业、民营企业是不同的所有制形式，它既不是完全的国有企业，也不是完全的民营企业，它是一个有国有、有民营，或者有公有、有非公的交叉持股的一种新的所有制形态。如果有这样一个清晰的定位，你刚才说的那些顾虑就不存在了。

苏小和：问题是，涉及所有制形式，背后还有一个意识形态的天花板，我们看到 20 世纪 80 年代曾经有一个旺盛的解放思想的时期，今天在这方面，思想的解放应该足以支持您所描述的这种混合所有制。您刚才说国有企业也许通过这样的改革会从市场、从一线竞争中退出来，会保证竞争带来繁荣的这么一个良好的市场经济的态势。但是怎么跟这个意识形态构成一种同构的关系或者说正相关的关系？

宋志平：我最近读了一本书，叫《文明的代价》，讲自由市场竞争和政府管制之间的关系，作者是杰弗里·萨戈斯。他说，自由市场竞争就是把市场发挥到极致，其实完全的自由市场、充分市场是一个理想状态，过去也遇到了很多的问题，包括 20 世纪初美国的大萧条，后来推出凯恩斯的政府管制等。这本书的核心思想是，任何一个理想的实现都要付出成本，不可能那么理想。所以，现在大家接受混合型经济，混合型经济就是既有市场的要素，又有政府的要素。这也是十八届三中全会里面讲的，要发挥市场在资源配置中的决定性作用，也要发挥政府的作用，既有民营的成分，又有国有的成分。其实现在全世界，没有单一地讲市场，也没有单一地讲国家控制，应该是两个互相融合在一起。

记得以前看到顾衍时博士在书中讲，"其实我们的仁人志士把世界上最先进的思想或者说世界上最新的东西都引到了我们国家，都试过一遍，但却没有搞好中国的事"。我们走来走去，现在走到中国特色的社会主义道路上来。中国特色的社会主义既包含了人类史上一些最先进的思想，同时又包含了我们这个民族的基础文化，就是要求共同富裕的文化，同时也把市场的活力、竞争的因素引进来了。实际上我们现在的这种体制——两个毫不动摇：毫不动摇地坚持公有制为主体，毫不动摇地鼓励和支持非公经济的发展——就是一场融合。西方学者有时候不理解，两个毫不动摇怎么能都毫不动摇？要么搞国有，要么就搞私有。我开玩笑说西方人是方脑袋，我们中国人可能更具有辩证思想，我们更能把不同的东西连接在一起，太极图就是中国人画的，黑和白很巧妙地连在一起。

今天发展混合所有制，无非是混合经济的一个具体的、微观的样板。混合经济是宏观的，混合所有制是指企业层面，我们依然要顺着这种思路，把国有经济和民营经济结合起来。其实，混合所有制就是把金钥匙，因为它解决了我们国有经济怎么进入市场的问题。大规模推进混合所有制可能是我们中国人对市场经济和企业所有制形态改造的一大贡献。

在充分竞争领域里，国有经济以股权形式放在混合所有制里比较好，这样会缓解因国有企业直接和民营竞争带来的矛盾和冲突。当然，混合所有制企业也不要打国家的招牌，而是以一个普通的市场主体身份，用市场规则参与竞争，而作为国有经济只能以股东身份行使权利，而不是以上下级身份说话。

2013年春天我去法国培训，拜访了法国的国资局局长。法国密特朗时代，左派执政，当时搞了大规模的国有化，然后右派上台，又搞了大规模的私有化，国有、私有折腾了这么久，现在还有50多家大型的国企，其中只有20多家是全资国企，30多家是混合所有制企业，比如雷诺汽车，法国政府拥有大约20%股份，剩下的是社会资本。我问法国国资局局长，国资局的任务是什么？他说，一方面，要做好国家保障，另一方面还得为国家多挣点儿钱。我问，这个钱怎么挣呢？他说，我们要投资一些好的项目。这好比新加坡淡马锡，也是为国家挣钱的。

现在我们国家的开支绝大部分靠税收，税收其实是不够的。我国是社会主义国家，发展国有经济是我们基本经济制度的一种使命，同时又关系到全民的共同利益。当国有经济不再以国有企业形式出现在市场的竞争领域里，而是以一种股权的形式存在于每一个企业之间，没有过去传统国有企业的标签，企业和企业的竞争就公平了。国有资本在企业里边可进可退，有时候可能少一些，有时候可能多一点，比如经济比较困难的时候，我们国家适当地投多一点资金来支持这些行业，经济很繁荣的时候，国企可以减持一点儿，让利给民营企业，把它变成一个流动的过程，国企不是与民争利，而是与民共同赢利。

过去思想偏左的人讨论姓资姓社，小平同志说不要讨论。那个时代争论那些误事。现在一些人又反过来争论，觉得国有企业和国有经济都是落后的生产力，不应该存在。其实我们的社会，国企、民企都不可缺少，他们既有分工又有合作。至于国有经济和民营经济共同组织的混合所有制企业，更应该得到社会的大力支持，不应该人为地去撕裂它们，而应该主张它们融合。比如说，与中国建材、国药集团合作的大部分都是民营企业，超过 2000 亿元的销售收入，大部分是外包给民营企业形成的，我们的各方面都跟民营企业很接近。也就是说一个国有企业在混合过程中，不仅内部的资本结构发生了变化，而且市场上也和民营企业在共同的产业链上，两者根本无法分开。

中国的企业融合度很高，融合产生了今天中国经济的发展动力，产生了我们在世界经济上强大的竞争力。如果我们自己在这儿打起来，自己在这儿争论不休，还怎么到国际市场上去竞争呢？

在国际市场竞争中，往往先是民企去做，民企在这个国家把脉络摸清楚了，拥有一定的资源了，把社会关系建立好了，需要强大的资金支持的时候，国企再大规模进入。"走出去"，国企和民企也是一个军团。所以我一直主张国民共进、国民融合，这不只是一个良好的愿望，是现在国企和民企的一种生存状态，也是国家的战略需要。

现在回想中国建材集团这十几年，实际上是和民营企业合作的过程。中国建材进行了水泥的大规模联合重组，甚至完成了中国水泥结构的调整，没有去向国家伸手要钱，而是靠混合经济的力量、靠国民共进，大家一起推动了这场结构改革。

在产能过剩的情况下，我们不希望大家一味地打仗，杀价竞争，逼得一部分人关门，一部分人跳楼，这不是今天市场经济的选择，今天市场经济的选择应该是大家联起手来互相融合，建立健康的、竞合的市场，而不是早期那种丛林战争，你死我活、弱肉强食，那是 100 年前工业时代的打法。今天，你看全世界都是重组浪潮，很少有倒闭浪潮，其实意味着全世界都在融合。现在无论从产业层面，还是从所有制层面、国企改革等方面，我们都希望能够融合。

现在一些国有企业领导者常常感到比较尴尬，为什么呢？比如说薪酬，有老百姓说，既然是国有企业，我也有一份，你凭什么拿那么高的薪水？公务员心里也有意见，部长一年就十几万元，你凭什么挣几十万元？但是这些企业家，如果跟市场中的民营企业家、外资企业家比，他们的收入又少得多，他们其实也没有级别，退休以后不享受公务员待遇，即使是中管干部，也没有级别，如果是省里、部里调来的干部保留原来的级别，这也是人之常情。但是真真正正从企业里面提拔、任用的，我没有见到给过级别。大家总觉得国有企业的领导者，两头都占，一方面是官员，有级别、有待遇；一方面还拿市场化的薪酬，实际上他们两头都不占。这是现实体制造成的，不同的角度肯定有不同的看法。

我们现在用改革来解决它，是国企，就要规范地做国企，是市场中的企业，即便有国有资本在里面，也得遵从市场规律。今后就不要再为身份模糊不清而困扰，来回讨论，很多悖论，彻底明晰了，这就是我对改革的期许。我们要么扎扎实实地去做国企，要么扎扎实实地做混合所有制企业，国企享受国家统一的国企的待遇，而混合所有制企业享受市场化的待遇。

苏小和： 您的话里有很丰富的信息，我觉得您是一位具有强烈改革意识的国有企业家。您这些年的企业家生涯，引领两个企业，这两个企业在市场准入的秩序方面是开放的，民企可以做，国企也可以做，这就意味着您一直在竞争的第一线。但我们今天所说的国有企业改革，可能更多的是针对那些市场不准入的产业，比如石油、电信。您怎么看那些不准入的产业未来的一个发展态势呢？

宋志平： 建材、医药领域是充分竞争的，所以我的思想更加市场化，或者说和跨国公司的企业领导人没有什么区别。

你刚才讲到了所谓自然垄断的企业，现在国家有一些这样的企业，其实也是从国家的战略目标来考虑的，不是大家愿意不愿意。西方国家早期有一些企业也是国家自然垄断的，后来慢慢地放到市场当中去。比如英国撒切尔夫人，她把企业都放在市场。但是像法国航空公司是国有的，包括我国的台湾地区，现在还有一大批公营企业，日本也有公营企业。这是完成国家的任务，就是说是国家的需要。但这些也可以变化，石油石化、通信、铁路等，现在都逐步地向民营资本开放。

也有人问，开放了为什么非得跟国企搞混合，民企难道不能从零开始吗？其实从零开始不如混合快，国家的企业原来都占有了这些资源，这是一个现实，要开放这块市场，需要和现实中已有的这些国有企业合作，把它们改造成为一个市场化的混合所有制企业，而不是简简单单地再成立一家新公司，把原来的国有企业赶跑。从我们国家的社会和经济现实来讲，这也是不可取的。而在现有的国企里，通过搞混合所有制，把民营融合进来，是比较现实的选择。

十八届三中全会文件里有一个重大理论上的突破，就是让市场在资源配置中发挥决定性作用。刚才你提的这些领域，实际上都开始对民营企业打开了大门，当然这个过程会是逐步的。作为这些领域的国有企业，也要做好充分的思想准备，要接受市场、接受民营企业，要准备和民营企业、民营企业家、民营资本共同发展。

另外一方面，可能我们国家比较特殊，国家在某些领域，比如航空、油、气等方面要有一定的影响力。我问过很多民营企业朋友加油加哪儿的？他们说中石化。为什么？油品质量好。坐飞机坐哪个航空公司的？他们说国航。为什么？安全。

事实上，国有企业所从事的这些事业，不仅为国家赚了钱，也支撑了我国民营企业经济的发展。就拿发电来讲，多年来我们的发电系统不赚钱。是谁在发电？是国有公司。发的电给了谁？给了全体老百姓。全国的民营企业都在享受着国家补贴的这个电价。其实民营企业飞速成长也离不开国有经济的强大支持。

实际上，社会主义基本制度、法律上讲国有经济为主导。中华民族的文化倾向也希望国家有一定的实力，希望国家在关键时刻有控制力、影响力。现在讲改革，我们应该静下心来，谋定而后动，认真地想这是怎么回事儿，怎么理性地、清晰地把我们的目标、我们的路线图想清楚，然后一步一步地把它做好。

苏小和：我能理解您的意思，国有企业承载着一个国家公共管理的职能。国资委对国有企业每年都下指标，但是企业的发展基本上是中长期的考虑，兼顾短期，所以政府在国企管理上的架构，会影响国有企业的长期发展，您觉得我的分析有道理吗？

宋志平：大家都注意到十八届三中全会对国资监管改革的提法，今后国家监管，以管资本为主。这句话非常深刻。我们从过去管人、管事、管资产，到以管资本为主，这是认识上的飞跃。

如果我们是以管资本为主，将来我们管理的是投资公司，若干个投资公司下边管着若干个混合所有制企业，而且股权在变化、在流动。国有企业的投资公司、资本运营公司和我刚才讲的公益性的国有企业，它们和政府是切不开的，这些要由国家用新的国有企业法管理。但是投资公司投到企业里的资产应该遵从市场规律，在《公司法》下管理。这样通过投资公司和资本运营公司就可以把政府和混合所有制企业有机地分开，实现政企真正分开。

你刚才提到的这个问题，恰恰就是在这次改革里最重要的一个问题。国资委领导也认识到了，过去国资委管理过细、过多、过宽泛，其实也是管理本身的偏好，如果不设限，就会朝着过细过宽方向扩展。所以一定要给它一个界限。这次十八届三中全会给了一个界限，就是以管资本为主。最近国资委在清理部分审批项目，围绕着中央讲的，该管的管好，不该管的统统放下去，可管可不管的统统放给企业。在改革里，这是头等大事，牵一发而动全身，它就是改革的牛鼻子。解决了以管资本为主，大家思想通了，将来按照这个设置机构，按照这样的工作逻辑去做，底下的企业就都有了活力。你刚才提的那些问题也就解决了。

苏小和：但是我听说，现在中央的一些部门，尤其是管理国有企业的部门，可能会曲解中央政府的文件，比如说过去是管人、管事，现在是不仅管人，也要管资本，它是权力放大的过程，而不是放权的过程。

宋志平：现在可能大家有各种不同的理解，所以我们要学习、要提高，要进行讨论，大家越讨论、越学习，会越清晰。我们已经有了改革的大方向和大目标，但是这个过程是怎么样的、路线图怎么设置等，要在大家的探索中慢慢地细化和完善。

开始有一些认识上的分歧是正常的，如果我们做出一个决定，分分钟一呼百应，大家统统认为是这么回事儿，这也不符合客观现实。需要一段时间一步一步地来深化认识。

　　从2013年三中全会到现在，其实每个层面的人都在思考，国有企业存在的问题是什么？到底要改什么？这实际上是一个思考的过程，现在有些东西开始在做了，改革的一些思路和措施也慢慢出来了。这些事情该怎么安排？路线图怎么做？路径怎么走？牵涉到这么多的部门、这么多的人，它会有一个过程。大家应该静下心，这场改革不应该是一个简单的、运动式的做法。看到一些问题，其实是冰冻三尺非一日之寒，包括人们的观念，也不是今天来场访谈，明天登篇文章，大家一看都恍然大悟，我们需要温和式、渐进式的改革，看起来好像走得慢，但是每一步都很扎实，不会向前跑一会儿又退回来。今天的改革，目标都搞清楚了，思路也有了，关键是细则，这些细则怎么能够定得更细、做得更好，这可能是大家今天要想的问题。

　　苏小和：您提到大企业是过剩产能的终结者，请您给我们解释一下其中的内涵。

　　宋志平：全世界企业的成长都是一个不断发展，不断整合，形成寡头的过程，比如欧洲的钢铁都被印度人米塔尔整合了。十年以前，我们中国的企业也大都在建自己的工厂，每一个创业者都想鸡生蛋，蛋生鸡，从来没想到过被收购。但整个企业发展，还是分久必合、合久必分，最后还是要整合起来。从这个意义上讲，大企业要把行业整合起来。市场经济下，开始是企业竞争，接着是行业产能过剩，过剩之后就要重组整合，整合就会产生寡头，这个行业进入一个稳定期，终结者就是这个意思，不是大家不干了，而是指在这个行业里，产业最后整合了，不再恶性竞争了。

　　苏小和：有一种关于国企的观点，说中国有些国企永远做的都是市场规模，是市场占有率，而不是做品牌，您怎么看？

　　宋志平：这个话不准确，说对了一部分。今天存在的国企特别是央企都是行业里面有着规模优势的企业，市场经济里有一个规模效应，规模效应也是企业发展过程中的一个最普遍的规律。企业规模大，市场占有率高，在市场中议价能力强，获得利润、效益就大，抵御风险的能力就大，大船能够迎风，更加平稳地抵抗惊涛巨浪。所以这多年来，大家一直把做大作为一个目标。但是只做大也有问题，现在我们又提出来做大做强和做强做优，就是怎么进一步提升企业自身的优势。我在建材这些年，中国建材取得了什么优势？规模优势。今后我们要取得什么竞争优势？就是寻求技术优势、管理优势，还有品牌优势、机制优势，让这些优势构成我们国企或者说央企，或者说是大型国有经济参与的大型混合所有制企业的新优势。

说到品牌，我最早任职的北新建材，现在是全球最大的石膏板企业，产量规模达 17 亿平方米①，这是个天文数字，关键是品牌效应。中国也有外资的品牌，但是价钱卖得最好的，用户最拥护的是龙牌石膏板，国产品牌能做到价格高过跨国公司的大品牌，这是不容易的，是我们国企做出来的。

其实细想国企这些年之所以能快速发展，主要受益于三点。

一是中国经济的快速发展，GDP 总量从 10 万亿元到现在的 57 万亿元，这是一个惊人的发展，国企发展了，民企也发展了，好多企业都是在这 10 年里崛起的。

二是结构调整。中国经过前 20 年的一轮发展，涌现出众多的企业，而我们成了结构调整的领头羊，做出了规模效益。

三是不断改革。有人说过去 10 年国企没改革，这话说得不对，比如我们在海内外上市，按资本市场的要求改造自己；比如外部董事占多数的董事会改革；比如一些人现在诟病的国企薪酬制度，这些年还是起到了激励作用。当然还有需要改进的，我想这也正是改革的本意。

现在我们的经济从高速增长转到中高速增长，经过大规模的结构调整，有的企业壮大了，有的企业消失了。全球对中国的企业也不像过去那样，只要你上市，就给你很高的市盈率，现在股票大都不太好，不管是 A 股还是 H 股。在过去经济高速发展的过程中，企业有一定的规模化发展是必需的，在下一轮经济发展过程中，要着力做强做优，加快企业创新，提高核心竞争力，提高企业的素质，进行跨国竞争，下一步的目标不是和国内的企业竞争，而是和国际上一些大牌的跨国公司竞争。这样的话，我们也准备好构筑新优势，创造出一些具有国际竞争力的大品牌。

---

① 截至 2018 年 6 月，北新建材石膏板产能规模达 22 亿平方米。下同。

解读国企企业家

苏小和： 十八届三中全会文件讲国有企业改革，比如职业经理人制度设计，国有企业如何建构混合所有制，还有国有企业如何立足于资本的价值组成一种宽阔的国有资本运营公司和投资公司。但是我觉得有两个问题可能没有提及，一个就是国有企业的企业家价值，为什么国有企业的领导者不是企业家？您肯定是思考过的。如果一个国家、一个市场经济没有企业家那是不可思议的，而国有企业的领导者，的的确确做的就是企业家的事情。从国有企业改革这个维度，您怎么看待企业家这个定义？

宋志平： 这是一个值得讨论的问题。为什么我们有一些人会说国有企业没有企业家呢？因为他是从英语语义里理解。企业家是一个外来词，原义是指创业者，个人经过奋斗，白手起家，最后做大做强企业，拥有巨额财富。这样看来，国企领导者不是创业者，就算不上企业家。但其实现在西方的企业家概念也在改变，变得比较宽泛了。比如说艾柯卡，他是一个职业经理人，也是一个大企业家。今天全世界的大型跨国公司基本上股权都高度分散，他们把经营权让给了一部分职业经理人和社会精英，其中产生了一大批的职业化的企业家。

我的想法是，关于企业家，我们可以有一个狭义的理解，比如创业者，由小到大，做得像松下幸之助，这是过去我们对企业家的理解。也可以有个广义的理解，只要从事企业工作，在企业有建树、有创新，在企业困难的时刻能够担当，让企业走向辉煌，以做企业为荣，终生做企业，就是企业家，用不着教条地去理解企业家的概念。

我们一直说改革，改革的动力真正来源于哪里？上一场改革，其实来源于企业和企业家。企业活不下去了，最难受的是企业家，当时叫"破三铁"①。企业家身在其中，被套在网中央，要改变命运，就成为当时企业改革的动力，像

---

① 1992 年年初，以徐州国营企业改革为发端，国营企业掀起了一股以"破三铁"（"铁饭碗""铁工资""铁交椅"）为中心的企业劳动、工资和人事制度改革热潮。所谓"三铁"是对我国传统体制下的国有企业劳动、工资和人事制度的形象概括。

步鑫生①、马胜利②等人，很多都是国有企业领导者，他们在推动这场国有企业的改革。现在，我们这场改革讲顶层设计，这么多部门来谋划，但是有一件事情不能忘，实践出真知。改革的动力来源于什么？应该是企业和企业家希望变革的力量。

回到你的问题，今天，我们还是应该把企业家精神放到这个伟大的改革当中来，或者说，由企业家来推动。他们更具有首创精神，更知道前方战场上的情况，他们是改革一线的指战员。他们的声音应该被制定改革的顶层设计人听到。改革需要勇敢分子。勇敢分子是谁？企业家。上一场改革是，这场改革依旧是。

苏小和： 您怎么看很多国有企业的领导者有志于进入政界的现象？我发现很多的企业家都有这样的心态，这是体制的原因还是个人的志向？

宋志平： 这并不是我们国家所独有的现象。美国一些官员以前也是大企业家，比如前财政部长亨利·保尔森曾是高盛的首席执行官，美国的官员退下来又回去从事企业事业的也大有人在。

在这方面我们国家也有自己的特点，民企领导者直接进入政府领域的不是很多，主要集中在政协、人大，真正进入党政机构的可能性不大。但国有企业里，有企业领导者去从政，也有政府领导者来做国企，这里边既有个人的人生抱负、人生选择、人生志向，也有现有体制的原因，就是我们现存体制或者说是工作的需要，是正常的。

优秀的企业家既要有战略思想，又要有全面管理的经验。从政府部门出来的企业家，以前从事政府管理，也可能管理过工业，管理过经济，在经济管理上有一定的经验，过来做企业也有些长处。从企业界进入政界的，有一定战略

---

① 1980年，步鑫生出任浙江省海盐县衬衫总厂厂长，在他带领下，工厂打破"大锅饭"，进行全面改革，企业飞速发展，一年后成为全省行业领头羊。1983年其事迹成为全国典型，"步鑫生神话"轰动全国。此后由于一系列决策失误，1988年海盐衬衫总厂资不抵债，步鑫生被免职；后曾在上海、北京、辽宁、福建等地办厂；1993年起在秦皇岛创立步鑫生制衣有限公司。

② 被誉为"承包国有企业第一人"。1984年，马胜利毛遂自荐承包石家庄造纸厂，率先在国有企业打破"铁饭碗""铁工资"制度，并推出改革"三十六计"和"七十二变"，使造纸厂迅速扭亏为盈。在全国近千家企业"求承包"的呼声下，1987年，马胜利承包全国100家亏损造纸厂，组建"中国马胜利纸业集团"。1995年，因企业效益滑坡被上级免职。2004年，其加盟青岛双星集团。

管理经验，尤其是处理复杂问题的能力，经过角色置换，也可以成为优秀的政府官员。但是，对于绝大多数从事企业的人来讲，我觉得还是应该把企业作为自己终生的事业，而不应该把企业做成升官的跳板。大家应该有这样的一种心态。

就我个人来讲，这一路走过来，也不是没有走仕途的机会或者选择，但是我觉得我还是更适合做企业。我对一些欣赏我的领导人讲，我很难把工厂的几千号工人放下，选择自己一个人走仕途。我觉得做企业重要的是要坚守，有责任心，有担当。所以这些年我一路走过来，没有左顾右盼，直视正前方，忠实于所做过的每一个企业。在国药集团五年，我是外部董事长，但是我从来没把自己当外人。卸任那天做告别演说，我说我以作为一个国药集团的老兵为荣，我会始终关注国药集团，为你们站台。这是作为一名企业家应有的态度。

虽然我是这样，但是我不反对别人去从政，我也不反对政府官员来国企工作，这些都是现实中的事情。以前有句老话，叫人各有志，社会也该尊重和接受个人的多元化选择。

个人价值

苏小和：我在您的文章里看到一些比较前沿的观点，比如企业的联合重组是市场竞争的高级形式，比如做企业要有与人分利的思想。我了解到在您的企业家生涯里面，做过几个漂亮的并购、联合，或者说是改革也好，有些经典的案例，能不能跟我们分享？

宋志平：我带领了两个企业成为世界500强，我觉得这两个世界500强企业只是阶段性结果，关键是我带领企业走了一条市场化的道路。那时候还没有提到混合所有制这个高度来认识，说的是"央企市营"，即中央企业市场化经营，这个观点本身其实包含混合所有制所有的要素：第一条是产权制度，多元化的股份制；第二条是规范的公司制和法人治理结构；第三条是职业经理人；第四条是三项制度改革；第五条是遵从市场规律，和民企公平竞争。这确实也是我带领这两家企业所走的道路的真实写照，从实践中归纳出来的。

这些年一路走来，我做了几件有意义的事情。第一是带领这两家公司——中国建材集团和国药集团在香港上市，把他们带入了国际资本市场，一切都遵循国际资本市场的要求，成熟的资本市场对这两家企业的市场化进程产生了巨大的推动力。我们踏入了国际资本市场，进入了全新的参照系，不再是原来国有企业的那个参照系，我们得到了升华和提高，不只拿到了钱，还改变了很多做企业的价值观。这对整个企业来讲，是一个非常大的变化。

第二是行业的重组，比较经典的就是南方水泥重组过程中大家耳熟能详的汪庄会谈。当时我们在当地没有一家水泥公司，完全是带着一个概念去的。所谓汪庄会谈就是我们与四位民营老板的会谈，这四位民营老板当时能撑起浙江水泥的半边天。谈了整整一天，我用共赢的思想把大家融合到一起，形成了今天1.5亿吨的水泥产能、跨五省一市的南方水泥公司。这个案例说明了什么？一是我们行业有内部整合的需求；二是这些民营企业家也想集合起来加入集团，就是有规模效益上的需求，当然这里面也有我们中国建材集团企业战略的考量，在那个时间，那个地点，耦合在一起，产生了这样一件事情。这件事情进入美国哈佛大学商学院案例库，是不简单的。关键是这件事情本身的模式，总结出来的经验，指导了我们的发展，指导了国药集团之后的重组，也指导了国内很多企业。

第三是身兼两个央企董事长，从2009年5月出任国药集团董事长，到2014年4月15日正式卸任，做了整整5年。担任国药外部董事长是一件非常有开创意义的事情，不仅对我，对央企，对整个国有企业来说都是一件很有意义的事情。国企在探索一种新型的董事会模式，其实欧洲早有不少企业家出任两三个董事局主席，而且都是在大公司。国资委的观念也很超前，能够做出这种安排。我当时以为是兼任董事长，他们说不是，是"同时"任董事长，就是任中国建材集团董事长的同时任国药集团董事长，因为如果兼任就有先后、大小之分，这两家公司在央企是平等的，所以用"同时"这个词。

那些年，每天都有人问我，你一个人怎么做两个企业的董事长？一心怎么二用？水泥和医药差距这么大，两者风马牛不相及，你怎么去做？郭台铭到我的公司来，第一句话就说，你是一个怪人。我问为什么？他说一个人怎么能同时做两个董事长？要么你是精神分裂了，要么你是一个奇人。

这件事情对我的职业生涯非常重要。两个企业虽然都在充分竞争领域，但是水泥是一个周期性行业，医药是非周期性行业。比如今年的情况，国药集团第一季度的收入增长了20%，利润增长了22%，是快速增长；中国建材集团因为周期性原因，增长幅度相对就低些，两者之间差距很大。在建材这个行业，我按照建材这套逻辑，但是在医药行业又要遵照医药的逻辑。我以前讲，人一生中做好一件事，这一直是我的座右铭，现在我要说另一句话，就是人生有时候要尝试重大变化，也要主动地去接受这种重大变化。我接受了这种变化，一转眼在国药集团也做了5年董事长。这5年，中国建材集团的年营业收入从600亿元增长到2500多亿元，国药集团的年收入从360多亿元增长到2000多亿元，两家加起来有4600亿元。2013年年初，我就向国资委领导说希望不要再做国药集团下一届的董事长了，我是诚心诚意的。现在也有媒体问我，您做得好好的，为什么不做了呢？大家的想法是，要么你退休了不做，要么你提拔了不做，要么你出问题了不做，哪有自己提出来不做的。而我恰恰就是第四种。我们的社会今后应该习惯于这种安排，以包容的心态看待企业家或者政府官员届满退下来。那天我说，企业是我们企业家的孩子，孩子长大了就可以放手了。

我觉得国药集团也"长大"了，完成了4家央企的"四合一重组"，开展了海外上市，建立了全国的医药配送网络等，2013年进入世界500强，现在中国建材和国药集团盘子都很大，我觉得这个时候，可能需要更优秀的人来分担工作。

我现在可以多一点儿精力思考中国建材集团的事情。我同时还兼任中国企业改革与发展研究会的会长，这也是一个很重要的工作，现在我们国家正处在一个改革高潮时期，我也想认真思考一下国企改革的事情。

苏小和：您简单为我们总结了作为一个企业家的贡献和价值，第一是带领两家国有企业进行资本市场层面的改革；第二是产业整合或者说重构；第三是一个人身兼两个大型国有企业的董事长，创建了在别人看来非常另类的国有企业董事长的工作模式，说不定今后它是一个可复制的经验。

宋志平：我相信是的。也常有一些媒体把我说得很另类，认为我的经验和模式很难复制，但我认为我面对的是两个充分竞争领域的行业和两家普通的国企，这些年处理的事也大都是国企所面临的事，这些经验有一定的普适性。最近也有人把我说成是国企改革的铺路石，我喜欢这样的定位。

苏小和：请您从思想的层面总结一下您对国有企业的管理。常有人说，国有企业领导者是戴着镣铐跳舞，就是在这么一个体制、制度背景下，您如何能把国有企业做得这么好？

宋志平：我注重学习和思考，性格使然吧。我大学学的是化学，进厂后做技术员，到欧洲的瑞典等地培训过，那时候我才 23 岁，比较早地看到了西方大公司的一些景象，印象十分深刻。那时候就觉得企业未来有干头，值得学习和研究。我能有一些成绩，也得益于我常年不断地学习。我的学习有两种方式。

一是读书。这些年我一直在大量地阅读，一闲下来就读书，哪天要是没看书，睡觉之前会觉得心里有点不甘。读书习惯深深地影响了我的人生。

二是在实践中学习，认真学习先进企业的管理经验，尤其是日本的管理经验。日本是唯一一个由发展中国家或者说东方国家进入发达国家行列的，日本企业创造了大量的管理经验，创造了一系列的国际品牌，虽然近些年日本经济有些衰退，但是日本企业创造的一些管理经验却弥足珍贵。

之前我提到了实践出真知，同时我也认为，管理不能无师自通，应该加大学习的力度。这些年我通过 MBA、管理博士课程以及一些短期培训也学到了不少知识。

我们刚才说重组，重组这么大型的企业，很多人为我捏把汗，重组里也有不少失败的案例，大家也好奇地问宋志平为什么成功，为什么中国建材集团和国药集团双双进了世界企业 500 强，而且中国建材集团被国资委连续评为 A级？其实是里面一整套管理整合的方法起了很大的作用，比如"格子化"管控、"八大工法"以及"六星企业"、防止大企业病等管理方式。

我觉得做企业家，如果统帅像中国建材集团这样一个大企业，很多下属企业的干部一年不见得能见一次，那么怎么来管理？就得用思想、文化、政策去施加影响，得让所有的人都知道企业的思想是什么，每一个人清晨醒来，都知道为什么去上班，中国建材集团是什么企业，企业的价值观是什么等。

我觉得企业家最终的任务是创造思想。有思想才更受人尊重，就像你们现在做的事情一样，实际上你不是在读中国建材集团的报表，你是在挖掘中国建材集团的领导者思想深处的东西。世界上著名的企业家最后是一个思想者，全世界的大企业有一个共同特点，就是有一个创造思想的企业家，杰克·韦尔奇、比尔·盖茨、稻盛和夫是这样的，中国的马云、柳传志也是这样的，不在于做了多大的企业，最重要的是创造了一些闪光的思想。中国有句话叫立德、立功、立言，最后落在立言上，我觉得人生要做到这么多。

我在企业干了几十年，应该不再需要证明自己了，我把两家草根央企带入世界500强，在充分竞争领域里面，打了一连串的硬仗，这些年没休过一个假期，甚至连星期天都搭上了，也有不少苦劳，也到了"荣归故里"的时候了。

最近有很多人问我两个问题：你什么时候退休？你退休了以后是不是再做个500强企业？我说我今年58岁了，按规定过两年就到退休年龄了。我想退休后也不能再拼体力了，不会再去做个500强企业。但是有一件事情我想做，也是今后一个很重要的工作，就是整理思想，在思想上继续升华。坦率地讲，我希望做企业里的老师，做年轻一代企业家的老师。我想今后更多的时间用于企业的管理教育，提升企业的管理思想，促进中国企业素质的提升，我们应该有这样的人去做这样的事。

那天主持人艾诚问我，设想一下我的墓志铭上留一句话，那会是什么？我当时给她的回答是，我希望是"一个为企业眺望远方的人"。如果多刻上几句，我希望是"这里埋葬着一个企业思想家，一个没有个人物质财富，但是有精神财富，一个喜欢思考、充满理想的企业家"，我觉得就够了。当然我现在可能还不能被称为企业思想家，再历练十年看看吧。

13

被市场倒逼的国企领导^①

央企的实力 + 民企的活力 = 企业的竞争力

宋志平是中国最特殊的国企领导人之一，2014 年 4 月卸任国药集团董事长一职之前，他的肩膀上挑着中国建材集团和国药集团两家央企董事长的职务，并且带领两家企业双双进入世界 500 强之列，他本人也当选为《财富》（中文版）杂志 2013 年度商人，他的成功被归纳为"宋志平模式"，而他自己也总结出了一个公式：央企的实力 + 民企的活力 = 企业的竞争力。

艾诚：欢迎收看《艾问》，这是一场平等问答，为你而问的对话。今天邀请的是唯一一位同时带出两个世界 500 强企业的董事长，现任中国建材集团董事长的宋志平先生。我看到过很多报道，都将您定位成水泥大王，而且是从零基础到跃居全球的水泥大王。如果仔细分析中国建材集团兼并重组的历程，我们会发现混合所有制的影子。

宋志平：是。

艾诚：您在很早以前就开始践行混合所有制了？

宋志平：我总结了一个融合公式，叫"央企的实力 + 民企的活力 = 企业的竞争力"，这个公式就是中国建材集团发展混合所有制的核心。指的是，央企

① 本文为艾问传媒"艾问·人物"2014 年专访。主持人艾诚为独立双语主持人，曾任中央电视台驻纽约财经评论员。

有规范的管理、规模优势、技术实力，民企有灵活性、激励机制、企业家精神，二者相互融合，取长补短，企业竞争力自然会大大提升。

艾诚：您理解到底什么是混合所有制？

宋志平：我可以举组建南方水泥的例子。其实在南方，也就是苏浙沪一带，最初中国建材一两水泥都没有，所以在那个地方组建一个强大的水泥公司，开始时只是一个概念，怎么办呢？就得和民营企业合作，发展混合所有制。但是，就像大家讲的，民营企业愿不愿意和你合作，愿不愿意接受"收编"呢？其实并不是那么简单。所以在混合所有制里边，一个非常重要的问题，就是要彼此尊重，互利共赢，这才能够合作。怎么让他们相信你？你应该端出"牛肉"来。首先得有公允的价格，其次是留给创业者一些股权，股权就是混合，还要把他们留下来做企业里的管理者。

艾诚：职业经理人。

宋志平：对，职业经理人。如果你能够这么做，那么大家就会被你打动了，高高兴兴、开开心心地在中国建材集团这个集体里做事。现在大家说混合所有制，有民企担心被国有化，有国企担心国有资产被民企蚂蚁搬家，用移山大法给挪走了。我认为，混合所有制作为一种制度安排，这种制度是交叉持股、相互融合的，国有资产不可侵犯，民营资产也不可侵犯，大家应共同发展，而不是谁把谁的那一块拿掉。

艾诚：民企是茶，国企是水，水茶交融，听您讲是非常乐观积极的，但是我听到很多人持怀疑、迟疑的态度，有人说，不就是新瓶换旧酒吗？怎么可能合作呢？怎么可能很好地水茶交融呢？

宋志平：大家的这种疑虑可以理解。你看在西方，要么是国有化，要么是私有化。但我们是社会主义市场经济，国有企业今天离不开民营企业，好多外包都是通过民营企业来完成的，同时民营企业也离不开国有企业。我们大部分企业既有民营又有国有，是混合在一起的。所以我不大赞成非此即彼。十八届三中全会把混合所有制作为我国基本经济制度的重要实现形式，我觉得这既是我们这个民族中庸和谐的文化使然，也是中国特色社会主义制度使然。我不太赞成"国进民退"和"民进国退"的说法，其实国民共进是最好的。国企、民企不一定要撕裂开来，而且也没必要。

艾诚： 您觉得像国企、央企这样的名词，会不会就是一个阶段性的、一个时代的词汇？

宋志平： 有些人是这么看的，认为这是一个阶段、一个过渡。我不这么看。为什么？因为我国的基本经济制度是以公有制为主体、以国有经济为主导，这就决定了我国要有一定的国有经济，但是国有经济是不是都以国有企业的方式实现？不见得，我们要探索公有制和国有经济的实现方式。

艾诚： 按照您的理论，您觉得最理想的一个国有企业，未来会是什么样子？

宋志平： 今天我们大部分人坐飞机，坐的是国有航空公司的飞机，用的也大都是国有电厂发的电等，这说明大家是融合在一起的，所以国与民在现实中的融合并不是哪个人愿意或不愿意，这其实是社会制度的基础，而且这种社会制度，恰恰保证了民企的生存环境和发展。所以我不同意把国企和民企对立起来，甚至是让国企一夜之间消失，成为一个符号。其实今天国有经济在整个国民经济里只占三分之一，当然还可以更少一点，但是我们国家需要一定的国有经济，需要一定的国有企业，这些和民营企业的大发展不矛盾，还相得益彰。

艾诚： 对于百姓而言，可能期待的就是，国有经济真正是人民的经济，能够让人民分享更多的红利。

宋志平： 是。

水泥大王的大规模收购

水泥大王是宋志平的标签，也是中国建材当年在江湖上风生水起的标志。从 2006 年开始，宋志平带领着中国建材疯狂重组近千家企业，掀起了一场震惊世界的收购潮。然而争议和质疑随之而起，有人一纸文书递到国资委，质疑中国建材是不是疯了？宋志平自信地回答，央企应该市场化经营，收购和重组是市场竞争的必然选择。

艾诚： 2008 年的时候，有一份材料您肯定印象非常深刻，叫《中国建材是不是疯了》，就放到了国资委领导的案头，这算是一封举报信吗？

宋志平：不算举报信，应该说是一份向领导反映问题的文件，这封信中写的内容很多，其中核心就是对中国建材重组收购那么多民营企业进行了一些质问。

艾诚：那您怎么解释呢？

宋志平：当时国资委领导把文件批到我这儿，上面签着：请志平同志处理。我刚刚说这不是举报信，为什么这么说，因为在我们做企业的过程中，社会媒体包括一些学者会有不同的看法。也就是说，今天的企业实际上进入社会阶段，不是说你想做什么就可以做什么。大家都可以提意见，比如你看到中国建材有什么问题，那你可以提出你的看法，这很正常，所以我就给国资委写了一个情况说明的报告。

艾诚：在这里不得不提出一个比较尖锐的问题，就是水泥在银行算是贷款限制类的行业，像中国建材，如果不是头顶着"红顶"，或者说央企，或者说500强企业的光环，是不是早就收贷了？

宋志平：其实政府也好，银行也好，都是支持水泥业务联合重组的。最重要的原因是什么呢？一是信用，二是逻辑。银行不是傻瓜，一家一户的水泥企业在银行都有贷款，如果这些企业垮了，银行就会受到拖累，所以银行自身也是重组的推动者。全世界的重组往往都是债权人在推动。债权人在这场重组中，最大的益处是什么？是一个大企业接替了那些若干小企业的债务。所以银行既发一部分新贷款给大企业，同时也保全了他们过去发给小企业的那些贷款，这就是里边的逻辑。

艾诚：先是一封《中国建材是不是疯了》，之后又股票大跌，中国建材没有受到影响，您反而提出一个非常新颖的概念叫"央企市营"，鼓励中央企业进行市场化经营？

宋志平：对。"央企市营"其实是被逼出来的。像中国建材这样的企业，身处充分竞争领域，我用了一个词叫"草根央企"。大家问什么是"草根"？底子薄、基础差、国家资本金少。作为这样一家企业，如果想要生存发展，就得市场化，不可能让国家去接济你，所以我觉得在那个时刻，我们必须迈开双脚，义无反顾地进入市场。

艾诚：中国建材 2006 年在香港上市后疯狂重组了近千家企业，成为水泥大王，您觉得其中最大的风险是什么？

宋志平：做一场收购的目标是什么？实际上是增加集中度以稳定价格，进而能够赚取利润。那么风险是什么？是收购完不成，半途而废了。如果集中度不能够影响市场，不能够有市场控制力，这事情就等于流产了。市场上机遇不常有，所以我们必须以迅雷不及掩耳之势快速重组，把握时间窗口。例如，重组南方水泥时，有时候一晚上要谈十几家企业，而且我们选择了一个好的时点，收购的价钱只有今天的二分之一。

艾诚：有关您收购的故事一直在江湖上流传着，能不能跟我们分享一个最经典的故事。

宋志平：大家都知道我们收购徐州海螺的故事。海螺水泥当时在中国建材的核心市场徐州建了一个万吨线，而且这个万吨线的装备比我们好。两家就打仗，打得最激烈的时候，每吨水泥的价格从 400 元降到 190 元，双方都亏损严重。那怎么办？只能重组，要么你买我，要么我买你，要不就会两败俱伤。当时徐州一共有九个搅拌站，有六个半去买海螺的水泥，只有两个半买我们的水泥，我们面临的是这种情况。说到决策，不少人觉得我很有办法，但我说不是，因为人在困境中想出的一些所谓高招其实都是被迫的。即便当年这场"蛇吞象"的收购也是如此，因为我们如果不收它，就兵败如山倒了。

艾诚：一头大象凭什么就让您收了？

宋志平：这个世界上没有不能做的生意，关键是条件。他赚到了眼前的钱，我赚到了长远的钱，这就是共赢，这比我们俩在那儿打仗，他亏了眼前的钱，我亏了长远的钱要好得多。在收购徐州海螺的问题上，有的媒体正好说反了，说海螺输了战略，让中国建材把整个江北给占领了，中国建材多付了钱。国资委当时派了一个调查组，去了很多审计师，最后得出结论，中国建材收购徐州海螺是合适的，避免了恶性竞争，有效提高了产业集中度和企业竞争力，达到了预期目标。

艾诚：您说过一句话，竞争等于同归于尽，重组等于皆大欢喜。但是也许其他人包括其他行业的人不相信这句话。

宋志平：大家知道，自由市场是讲究竞争优胜劣汰的，但是实际上，在今天这样的一个市场环境里，行业整体利益对每个企业来说都是性命攸关的。我主张企业联合起来进行市场竞合，增加市场集中度，那大家就都有了活路，如果不联合，接着打无休无止的仗，只能两败俱伤。所以现在西方大部分都是兼并潮，很少有倒闭潮。从中国的水泥行业来看，由于有中国建材集团、有宋志平的这套主张，去年水泥行业还赚了766亿元的利润。

艾诚：您在之前的采访中曾经说，中国有100多家央企，其中绝大部分都是充分竞争的。我看到这个数字的时候将信将疑，因为对于普通的中国百姓而言，我们所熟知的央企还真的不是充分竞争的。

宋志平：如果拉个单子，你会发现，现在央企里真真正正处在自然垄断行业的其实就十几家，其他企业像中铁工、中铁建、中建等，都处在充分竞争领域。所以给央企都戴上垄断的帽子是不客观的。

被逼出来的世界500强

2009年5月的一天，宋志平在出国路演赶飞机的途中，接到了国资委打来的电话，随即掉转车头去了国资委，在毫无准备的情况下，他被通知同时担任国药集团董事长。在国药集团就任期间，宋志平不负众望，经过大刀阔斧的重组和整合，短短四年内，带领国药集团成为中国第一家进入世界企业500强的医药健康企业。

艾诚：我们知道您当年到国药集团任职很有戏剧性，国资委把您找过去就谈了15分钟话，后来您就以一个外行的身份开始执掌国药集团。那15分钟到底谈什么了？

宋志平：15分钟实际上就是谈了让我同时担任国药集团和中国建材集团董事长。当时，我主要说了几点，一是我不懂医药；二是中国建材集团的人会不会认为是把我调到国药集团去；三是如果组织决定了，那我就去。其实我那个时候正要去海外路演，在去机场的路上被叫了回来，谈得比较简短，谈完我还赶上了原来那班飞机。后来我到了英国，下飞机第一件事就是打开网站看看国药集团的情况，虽然都是央企，但是之前彼此了解很少。

艾诚：您看到国药集团的网站，第一印象是什么呢？

宋志平：第一印象觉得这个公司规模不大，当时有三四百亿元的收入，所以要把国药集团发展起来确实要下一番功夫。

艾诚：您对国药集团也是信心满满，您曾说如果这个星球上就留下5家医药企业，至少有一家应该是国药集团。

宋志平：国药集团现在和以前不同了，一方面流通大了，去年有了1700亿~1800亿元的收入，另一方面在研发制药方面取得了新进展，尤其是生物制药、化学制药等领域。国药集团在香港收购了一家饮片制药公司，现在改成了中国中药，进行了大规模的中药基地建设及收购。

同时，国药集团重组成立的中国医药工业研究总院是行业的国家级研究院，应该说今天的国药集团和5年前完全不同了，2013年以2000多亿元的收入进入了世界企业500强。

艾诚：我能感觉您当时是在很猛力地去弥补技术短板。

宋志平：是，技术上和制造上。制造是有利润的，营销的利润比较薄，但是营销有好处，因为掌握了终端。所以我的战略就是终端拉动上游，先控制市场，然后来收工厂、搞科研，最后用自己的网络进行销售。

可复制的"宋志平模式"

宋志平被称为"中国的稻盛和夫"，稻盛和夫这位近80岁高龄的企业家，用东方思想拯救了濒临破产的日本航空，而宋志平则用他的中国思想管理出了两家世界500强企业，中国企业界把宋志平的经营思路总结为"宋志平模式"，这种模式真的可以无限复制，战无不胜吗？

艾诚：我们讲了中国建材集团、国药集团，还讲了重组案例，一次次起死回生，总该总结出个"宋志平模式"了吧。

宋志平：我的想法就是，国企央企必须市场化经营，就是"央企市营"。那么怎么去做大企业？我的模式是"整合优化"。所谓整合就是把资源整合起来；所谓优化就是在整合的基础上，进一步提高技术素质和管理水平，我觉得这是一些成功的做法。

艾诚：您多次讲到市场化经营，对于国企而言，是应该和执政基础更紧密一些，还是直接就断开比较好？

宋志平：讲到执政基础，我觉得国企也好民企也好，作为国民经济的组成部分，都支撑着我们的执政基础。企业是国家的经济命脉，是社会的财富源泉，是国民就业的主要渠道，是国家实力的象征。企业强则国家强，企业兴则国家兴。企业做好了会支持国家发展，做不好只能成为国家的负担，就像改革之初的很多国有企业那样。

艾诚：我们都希望国企央企是人民的企业，那如何让这些企业的分红更多地体现在人民身上呢？

宋志平：现在大家讲分红，希望国企多一点分红给政府、社保等，这是一个大方向。任何企业都应该给股东回报，国企更是这样，所以我们现在每年的利润中有15%交到财政部，当然2014年还要再增加5%，今后挣得多，还可以再多一点。

艾诚：新加坡有一个可以借鉴的模式，国有企业很多分红是归属于社保的，真正用到人民的福利中去。

宋志平：国企赚了钱，应该给国家，应该服务于全体人民的共同利益，所以国企要做好、国有经济要做好的原因就在这里。所以我总说国企、民企一定不要撕裂开来，要加强合作，要互利共赢，要共同发展。

一个眺望远方的人

一场访谈下来，宋志平展现了一个似乎没有脾气的国企领导人形象：儒雅、包容，他也认为这是自己的优点，但是我们也发现了他的无奈、他的坚定，也许是因为中国国企一些根深蒂固的制度问题，也许是对改变这个不完全市场化的中国商业环境的期许，既要兼顾体制，又要参与市场，宋志平在一次次中国特色的难题中逆袭，他说自己是一只忙碌的蜜蜂，一个为企业眺望远方的人。

艾诚：您最大的恐惧是什么？

宋志平：是决策错误。因为作为一名决策者，一个错误的决策可能会给企业带来很大的麻烦。

艾诚：您最钦佩的人是谁？

宋志平：以前我最钦佩的是美国商业传奇人物艾柯卡，他身上那种一往无前和反败为胜的精神让我非常感动。现在我比较佩服日本企业家稻盛和夫，他用东方的思想、儒家的文化，同样做出了世界级的巨无霸企业，这很值得尊敬。

艾诚：您认为自己最大的优点是什么？

宋志平：最大的优点是包容。我在北新当了 10 年厂长，从没跟员工红过一次脸，后来在中国建材集团和国药集团也是这样。

艾诚：您最伟大的成就是什么？

宋志平：我觉得自己没什么特别的成就，如果一定要讲，就是带出了两个世界 500 强企业。

艾诚：您最讨厌别人做什么？

宋志平：能做好而不去做好。我常跟部下说，今天的环境十分复杂，赢大过输就很好了，但输绝不能输在责任心和事业心不够上，绝不能输在心不在焉和不在状态上。

艾诚：您最珍惜什么？

宋志平：最珍惜时间，总觉得时间不够用，想的事情太多，要做的事情也太多。

艾诚：您经常说的一句话是什么？

宋志平：我常说的一句话是"我们总要向前再迈一步"。作为企业来说，做每一个决策都不容易，都会有不同的议论，而且都存在不确定性，但企业领导人关键时刻要有勇气，要勇于突破，要带领大家向前再迈一步。

艾诚：您的座右铭是什么？

宋志平：我的座右铭是"忙碌的蜜蜂没有悲哀的时间"。

艾诚：您最希望成为什么样的人？

宋志平：能够真正为员工、为企业、为社会做一点事情，我觉得这就够了。

艾诚：假如要在您的墓志铭上留一句话，您希望自己如何被这个世界记住？

宋志平：我是一个被绑在桅杆上的远望者，这些年的工作基本上是在战略决策层面。作为企业里的决策者，要始终站在最高处，为团队眺望远方，即便是在最艰难的时刻，也不能遮挡远望的视线。我希望我的墓志铭上能够写这样一句话：一个为企业眺望远方的人。

艾诚：谢谢。

14

"草根央企"进化论①

　　他被誉为"中国的稻盛和夫"，自言出身草根央企，却同时掌管两家世界 500 强上市公司。接手负债集团，彻底融入市场，他带领的企业为何反败为胜？引民资掀并购，布局整合战略，上千民企为何甘愿随行？作为终极整合者的他如何应对外界质疑？国企改革拉开大幕，混合所有制如何践行？他提出的改革模式是否可复制？跨界掌门人中国建材集团董事长、中国医药集团董事长宋志平做客论道，详解混合所有制推进之道。

混合所有制是把金钥匙

　　新浪网：2014 年是国企改革年，而且是全面深化改革的起步之年，对国企改革来说，20 多年前面临的最大问题是脱困，现如今面临的难题又不一样了。您觉得在这一轮改革当中我们需要克服的难题有哪些？

　　宋志平：现在国企的问题主要是什么问题呢？如果我们把它归纳一下，实际上有三个问题，一是从国有经济的监管上，如何以"管资本"为主。二是从国企的治理上，怎么能够以现代企业制度，规范化地满足市场需求。三是从国企的内部机制上，怎么能够引入市场化机制。所以，国企改革实际上还是紧紧围绕政企分开、市场化，让企业焕发活力，提高竞争力。现在中央提倡混合所

---

① 本文为"对话新国企　改革进行时"2014 两会系列网络访谈之一，由新浪网《财经面对面》栏目录制。

有制，混合所有制里既有国企，也有民企，要把两者很好地结合起来，央企的实力加上民企的活力就等于企业的竞争力。

新浪网：您非常早就探索超越所有制的模式，2002年就启动探索混合所有制。但是直到十八届三中全会国家才正式确定要积极发展混合所有制，您为何有这样的先见之明？

宋志平：过去十年，国企有很大发展，所以社会上觉得你们是不是有一些特殊的东西。其实国企的发展很不容易，它们在进入市场后都经历了非常艰难的过程。我2002年刚到中国建材集团时，这家企业资不抵债、债主临门，可以用一个词形容，就是"惨不忍睹"。在那种情况下，到底怎么振兴这个企业？没有别的办法，路只有一条，就是市场化，包括资源如何从市场中来、上市、与民营企业混合等。其实无论中国建材集团还是国药集团，都是草根央企。有人说，央企里还有草根吗？我主要是讲，有一大群央企都是基础比较差、底子比较薄弱，经过多年市场化改革才艰难发展起来的。

与其说我们有什么先见之明，倒不如说是被倒逼的。没想到的是，在倒逼之下，我们反而选择了一条正确的道路。有时候正打正着，有时歪打正着，我们就是后者。如果我们是一个非常舒服的公司，肯定很难去走这一步。没想到提前走了这一步，反而尽早地进入了市场，十几年一路在市场里获得了动力，获得了成长。

新浪网：在您带领的企业当中，目前国有资本、集体资本以及非公有资本的持股分配大概是一个什么样的比例？

宋志平：中国建材集团混合的程度很深，原因之一是国有资本最初就不多，所以吸收了大量社会资本进行发展。目前，我们的整个资本量有600多亿元，其中国有资本只有200多亿元，是三分之一，三分之二是社会资本。国药集团有540亿元的总资本，其中国有资本和社会资本各占一半。随着国药集团上市公司的增发以及进一步混合，国有比例还会下降。你会看到这两个企业里，民营资本占比都很多。所以，大家有时问我，宋总，你等于给民营企业打工呀。我说虽然民营的资本多了，但国有资本也获得快速增长。像中国建材集团和国药集团，原来国有资本都很少，通过发展混合所有制，国有资本功能得到显著放大，民营资本也获得了发展，这就是混合所有制的一个奥妙。

新浪网：您自己又是如何定义混合所有制经济的？

宋志平：十八届三中全会强调发展混合所有制，强调"国有资本、集体资本、非公有资本等交叉持股、相互融合的混合所有制经济是基本经济制度的重要实现形式"。我们搞混合所有制，把民营企业引进来，但不能把民营企业都改造成国有企业。我用了一个词，没有必要去"驯服"它们，否则这种合作就没意义了。恰恰是有不同的经济成分，它们有不同的侧重。比如说央企有实力，有规范管理，有技术创新能力等等，民企有市场活力，有企业家精神，有拼搏能力等等，而且能够带来市场最原始的或者最初的动力和机制。我们要充分发挥国企的优势和民企的优势，让它们优势互补，形成"杂交优势"，这很重要。

混合所有制是把"金钥匙"，这把金钥匙打开了几个门。例如，促进国有经济快速发展、深化国有企业内部改革、民营企业得以进入一些特定领域、国有经济和民营企业互相融合不打乱仗等。所以，发展混合所有制是一件互利共赢的事情。

整合之道：宋志平模式

新浪网：我们知道中国建材集团和国药集团的发展离不开您的整合之道，而且您甚至被称为"终极整合者"。您是如何一个一个收购这些民企的呢？

宋志平：我先说说整合。整合是我们国家经济发展的规律，或者说是一个必然。多年来我们经过了快速发展，成为全球第二大经济体，企业个数也非常多，但是你会发现我们有两大问题：一是我们整个量过剩了；二是企业数量太多，集中度太低，市场相对比较混乱。包括我们现在说搞假冒伪劣等，其实都和这种成长模式有关。在这样一个时期，我们应该进行结构调整和行业整合。西方大企业很少是靠滚雪球自己做大的，绝大多数是靠兼并重组。像中国建材集团、国药集团都抓住了行业整合的历史机遇，迅速成为巨无霸。

整合是一个必然，关键是怎么整合？钱从哪里来？这就回到了混合所有制，不可能向国家要钱，说我要整合，给我点钱吧，那是不现实的。我们的选择是，通过资本市场的上市，通过和民营企业的合作，通过吸引社会资本拿到钱，然后来进行整合。

　　新浪网：您倾向于跟哪些民营企业合作？

　　宋志平：选择民营企业时，第一是要符合战略，比如中国建材集团做水泥，采取了区域战略，我们会在一定区域里选择民营企业。第二是这些民营企业要能够接受规范化管理、运作规范、效益良好。第三是能有协同效应，不是一家人，不进一家门，进来以后，能够组织在一起。当然，选择是双向的，我们在选择，民营企业也在选择，他们也会有自己的标准。因此，在选择民营企业的同时，我们也会问自己，我们怎么能被民营企业所选择。

　　怎么吸引大家？一是要有清晰的战略，这些企业跟着你会有一个什么样的未来，这要让他们非常明确。二是在合作过程中充分照顾他们的利益。三是充分信任他们，让他们继续做团队里的经营者。中国建材集团和国药集团三、四级企业的经营者大都是职业经理人，而且大都是来自被整合的民营企业，他们还在原企业里掌握经营管理权。这样的做法就使得中国建材集团和国药集团的整合非常平稳、快速，中国建材整合了近千家企业，国药整合了六七百家企业，在整个过程里没有一家"反水"。

企业应负起盈利的责任

　　新浪网：刚刚谈了您的整合之道，您收购得那么快，可以说是一路狂奔。据说还有人曾经写给国资委一封信，说中国建材疯了吗？

　　宋志平：中国建材集团确实发展很快，原因是什么？就是抓住了整合的这一轮机遇，这个机遇不常有，在整个经济发展的过程中可能就那几年有整合的机遇，后边都成了"山大王"了。当然，不是说我们一直都要以这样的速度奔跑，该跑的时候就要跑，该迈上台阶的时候就要迈上去，现在我们的速度就适当地放慢，主要精力是夯实基础，做强做优。但是如果没有这些底子，今天拿什么去做强做优呢？社会上对此有不同的看法。怎么看待这些不同的看法呢？

我是平心而论地来看这封信，这反映了大家对我们的担忧，其实也是给我们的一些提醒，提醒我们在重组中应该注意什么。

新浪网：对于中国建材集团的发展速度，其实外界还是存在一些质疑的，总觉得速度特别快。好像您一直在做加法，有没有考虑做减法，您不担心负债率高吗？

宋志平：中国建材集团在水泥领域开展的大规模联合重组现在已经结束，不像前几年那样快速收购了，现在我们主要是围绕核心利润区做一些填平补齐的收购。同时对于非主业的企业，我们还在继续清理，目的是让企业的战略更加清晰，让企业的平台更加坚固，让企业的结构更加稳定。我们现在有8个字，叫"整合优化，增效降债"。这几年做得非常好，负债每年都在往下降，效益每年都在往上增，企业越来越优化。

新浪网：其实像中国建材集团的业务板块是受制于经济周期的影响，一荣俱荣、一损俱损。当经济处于低谷的时候，比如房地产如果崩溃，中国建材集团怎么消化下去？

宋志平：首先，我不认为房地产会崩盘。中国人对房屋的需要还有相当一段时间，但是坦率来讲，现在大中城市的房地产价格是高了，所以现在要平抑房价。同时中国还有一个广大的农村市场，农房的保有面积300亿平方米，这300亿平方米绝大多数既不节能，也不抗震，同时卫生条件、功能也很差，都在改造之列。从建筑来看，中国是一个级次比较多而且很宽泛的市场。所以，我并不担心这个市场哪一天突然没有了。

其次，水泥产业迄今没有什么可替代性。我到国外时，一个水泥企业老总问我，在未来五年里，有没有可能取消水泥这种胶凝材料。我说没有，他说我和你的意见一样。这说明水泥是一种很稳定的产品，短期内没有替代产品，这个行当还算稳定。当然，水泥也好，建材也好，都属于基础资源类的周期性行业。对中国建材集团来讲，我们意识到了这个问题，所以也想再做一两个业务，能够平抑经济周期对我们的影响。

新浪网：当中国建材集团在一个区域行业里成为龙头的时候，有没有可能自己定价？

宋志平：打价格战是双刃剑，一方面价格低了，另一方面假冒伪劣就出来了，保证不了质量和服务，这就是过去老讲的"一分钱一分货"，我感觉什么东西合理才对。我们整合市场以后，价格有所回升，企业有一定利润，给政府缴纳一定税收，员工们也有一定的待遇，关键企业有积累之后，就可以进一步进行技术改革和技术创新，这样能够让这个产业维持技术的进步。一个不盈利的企业一定是一个没有社会责任的企业。所以，企业的盈利应该是一个企业根本的东西。

关于定价权，我问过西方一些企业。美国水泥市场集中度约为80%，他们把毛利率定在40%以上。中国建材集团的毛利率定在30%左右，也就是说要有合理的利润。对于市场集中、对于大企业整合，社会应该给予比较积极正面的看法。为什么？在《反垄断法》里有三个部分，一是价格串通，二是滥用市场支配权，三是不合理的集中。其实滥用市场支配权才叫垄断，如果一个企业规模很大，但并不滥用支配权，也就是不盲目涨价、不囤积，没有这些行为就没有垄断行为。西方很多国家就只有一个品牌的加油站，漫天要价了吗？没有。也就是说，大家想象企业规模大了，有市场控制力了，就会漫天要价，其实是不对的。事实上，只有企业规模大了，市场占有率高了，才能克服目前的"多、散、乱"的局面，使市场更加健康化。有健康的企业才能有健康的产品。大企业如果只是规模大但没有垄断行为就不是垄断。

新浪网：像您讲的这种混合所有制模式有没有可复制性？

宋志平：我觉得有。中国建材的混合所有制其实是几层混合。一层是在上市公司这个层面，中国建材和国药集团都有香港上市公司。香港上市公司的股票购买者并不都是散户，绝大多数是西方一些大基金，也就是国外投资者，而且都是成熟的投资者。也就是说，第一步是和国际上的资本混合了，把这个钱拿回来，然后搭建一些平台公司，和地方的民营资本、社会资本混合了，混合了以后，我们又去收购一些企业，在企业里留给原所有者一些股权。所以，我们是三级混合，混合度很高。这个模式提高了国有资本的控制力，促进了企业快速成长，满足了国有经济、国有企业、民营企业发展的多重要求，这是一个非常好的模式，其实是可以复制的。

市场竞争中不分国有民营

新浪网：您有没有关注过最近中石化和格力的混改举措，两个都是国企，这里面有没有释放出什么信号呢？

宋志平：中石化这次是把一些加油站拿出来做混合所有制，这是一个非常好的开端。过去大家对于石化、石油、天然气这些公司谈论得多一些，现在它吸引社会资本，进行混合所有制改革就具有更大的意义，所以包括资本市场在内反响都非常好。格力过去是一个地方企业，后来上市，管理层在里边起了非常大的作用，加上董明珠本身也具有很强的开拓和创新的能力。你讲的这两个例子是十八届三中全会以后特别积极的信号，也就是说无论从中央企业到地方企业，大家都行动起来了。

新浪网：就像您刚才说的，如果国企在市场化过程中，必然要出现重组和并购。随之而来就有一些声音传来了，比如国资贱卖、利益输送这样一些声音，您怎么看待这些杂音？

宋志平：整个国企改革，比如和民营企业合作的时候，要规范化、市场化。比如可以请中介机构进行尽职调查、评估，还有市场监督、公开竞价等，目的就是要用市场的方式、公开的方式、透明的方式来解决和避免暗箱操作等问题。舆论有的时候经常有一些质问，我倒觉得应当尽量积极正面地去看待。大家的担心和意见恰恰是我们应该关注到、认识到的，也是应该防范到的。

新浪网：提起国企，外界普遍存在一些看法，总觉得它的创新能力差，运转不灵活，高额利润背后可能是垄断。您作为两家国企的掌门人，您觉得怎么样重塑国企的形象？

宋志平：经过这些年的改革，现在的国企和大家理解的传统国企是不一样的，很多人并没有深入今天的国企去看，所以常常得出偏颇的结论。十八届三中全会《决议》里写到，我们的国有企业总体上已经符合了市场的要求，这对国企多年来的改革工作给予了充分肯定。对于国企，我们应该客观来看，一方面看到它通过市场化改革所取得的巨大进步，同时也要看到国企也遗留着传统的一些东西，需要再改革。

我去年到法国学习时，问过法国的国资局和一些企业，法国的国企在大家心目中是什么形象呢？他们的说法让我大吃一惊。他们说，法国国企在社会上的形象是比较好的，大家觉得它有很多保证，服务也好。我还问了他们一个问题：法国国企也参与市场竞争，在和民企合作的过程里会不会遇到问题？就是我们老讲的"国进民退""民进国退"的问题。他们的说法同样让我震惊，他们说这个事情在我们这儿很少发生，因为我们进入市场以后，都按照一个市场规则去竞争，不分国有还是民营的，在市场里分不清楚了。

新浪网： 那对于那些垄断性央企，怎么去重塑它们的形象呢？

宋志平： 国企中是有自然垄断企业，主要集中在公益性领域或特定行业。一方面大家对这些企业有意见，也让它们背负了委屈，其实油、气、电都是由国家定价，企业可以提意见，但企业是定不了价的。另一方面，大家要求开放市场，现在中石化已经开放市场了，搞混合所有制，这方面都是很积极的，包括国资委出台的落实"新36条"的14条实施细则，鼓励民资参与国企改制重组，这些都是非常好的，大家的意见慢慢就会小一些。这又回到国企会不会有非市场化的一部分，包括在服务、价格上等，我认为肯定有。对于这些非市场化的部分，我们用不着包着瞒着，或者在那儿闪烁其词。恰恰因为有问题，我们才要进一步改革，进一步市场化，这是我们的问题，也是我们的动力。我相信国有企业也能接受大家的批评，按照十八届三中全会精神进行改革，所以下一步会有越来越多的领域向民间开放。

企业家应贡献一些思想

新浪网： 您应该更愿意别人称您为企业家，而不是企业干部。您个人有没有特别喜欢的企业家？

宋志平： 我年轻的时候比较崇尚美国克莱斯勒的总裁艾柯卡，从福特公司出来之后，他到克莱斯勒领导这家企业转败为胜，他身上有那种一往无前的英雄主义精神。现在我年纪大了一些,比较崇尚日本的稻盛和夫,倒不是因为他是两家世界500强企业的老总,而是他是用东方的管理思想,用敬天爱人、利他主义这些经营哲学,成功做出了大企业,现在又在挽救新日航,他是我们的一个榜样。

企业家有两种,一种是埋头干事、埋头赚钱,还有一种是一边做事,一边还能给社会贡献一些思想,稻盛和夫就是这样的企业家。我觉得,中国也应该有更多企业思想家,把自己经营企业的一些真知灼见,贡献给社会。

新浪网:您在北新建材做厂长的时候,10年没跟人红过脸,也没发过火。现在您的角色不一样了,承担的责任越大,可能压力也越大,现在还能像以前那么淡定吗?

宋志平:急躁、生气的时候不多,但是也有。我生气大多是因为我认为部下能做好,但为什么不做好呢?原因就是马虎、懈怠。除此之外,即使他们犯了错,如果犯的错能够理解,我觉得都能够接纳,因为没有不会犯错的人。但即使是我生气时也不会大声呵斥人,而是一对一地谈,让大家有面子,人是需要尊重的,我觉得这是最重要的。管理不是控制人,而是要发挥人的长处,让他们能够充分发挥自我,更大限度地激发他们的热情及创造性,这是我作为一个管理者的本质要求。

我做企业这么多年,确确实实各种各样的事都遇到过,各种风浪都有,要做到平静淡定是不容易的。我在北新做过十年厂长,在中国建材集团做了12年央企的一把手,现在同时又在国药做董事长。我感觉,遇到问题还是要以一个平和的心态,最大限度地包容、理解别人,理解社会,自己尽力多做点事情。

15

国民共进才是康庄大道 ①

"近几年来，无论是学术界还是社会上，时而有人提'国进民退'。近来，又有这样的说法传出，但实际数据表明，民企发展得很快，民营经济占国民经济的比重已经超过60%。通过混合所有制改革，国企和民企也已经是你中有我、我中有你的状态。"近日，中国建材集团董事长、党委书记宋志平接受媒体专访时表示，"国进民退"的说法没有依据，国民共进才是事实。

国有经济与民营经济有高度的互补性

记者：近来有人认为是不是有"国进民退"的现象，在您看来，这种担心有必要吗？

宋志平：我认为，说"国进民退"没有理论上的依据，也没有实践基础，是一种比较偏颇的认识。这种说法会撕裂国有企业和民营企业之间的关系，对整个经济发展不利，不应人为夸大矛盾。

从理论上来说，现阶段，我国坚持公有制为主体、多种所有制经济共同发展的基本经济制度。毫不动摇地巩固和发展公有制经济，毫不动摇地鼓励、支持、引导非公有制经济发展。应该说，改革开放40年，国有企业获得了很大的发展，民营企业也获得了很大的发展。这是一个不争的事实。国有企业和民

---

① 本文原载于《中国经济周刊》2017年12月23日。

营企业共同的发展，有力支持了我们国家的经济建设，都是我们国家经济的重要力量，是不可分割的，更不是对立的。

在实践中，国有企业离不开民营企业，民营企业承担了大量国有企业的外包服务；民营企业也离不开国有企业，民营企业的大量服务，如电力供应大多来源于国有企业。

实际上，国有经济与民营经济有高度的互补性，双方的合作是一种互利的经济合作方式。我们看到，在发展中，国有企业在学习民营企业的市场拼搏精神；民营企业也在学习国有企业的规范管理，同时还受益于国有企业的科技研发所带来的成果。以我所在的建材行业为例，全行业都在使用中国建材集团这家央企所研发的技术，比如新型干法水泥、浮法玻璃等行业领域。近年来中国建材行业发展迅速，其中一个重要原因就是，中国建材集团作为行业的龙头，为民营企业的发展提供了大量的技术支持。

从宏观层面来看，中国经济为什么能够快速健康发展，一个重要原因是，我们没有像有的国家那样"翻饼"——一会儿搞国有化运动，一会儿搞私有化运动。

国有企业和民营企业之间并不是互相排斥、非此即彼的关系，而是可以互相融合的。通过交叉持股、混合所有制改革达到"你中有我、我中有你"，就好像太极图中的白鱼和黑鱼，这是中国人的智慧和能力。

国企民企共生共赢

记者：一直以来，有人认为国有企业的迅速发展来源于"垄断""政策优惠"等，您对此怎么看？

宋志平：社会上有一种想法，好像国有企业占尽了天时地利，实际上，国有企业成为市场主体之后面临和民营企业同样的问题。比如，实体经济近几年遇到难题，实体经济中传统的基础原材料行业大多是国企在做，遇到的困难也更多。相比民营企业，国有企业并不像有些人想的有多少得天独厚的条件。

有人说银行贷款主要支持了国有企业。我想说，银行贷款主要看财务报表和信用。以前我在北新建材当厂长，那是纯粹的国企，但经营不好的时候，银行也不给提供贷款。所以，说银行贷款主要支持了国有企业是不符合实际情况的。

有些民企为什么贷款难，一是因为民企普遍规模较小；二是因为资本充裕度也不够，能够提供的抵押物、信用不够；三是因为有些民营企业在初创的过程中，在信誉、规范度上做得不够好。

现在一些民企从银行不容易贷到款，但是从国企这里接到了外包的活儿，拿到了预付款。资金从银行流向国企，再通过国企流向民企。

"大河有水小河满，大河无水小河干。"可以说，中国国企的发展，带动了中国民企的发展，支撑了中国经济的发展。

联合重组与所有制没有关系

记者： 有人认为近年来国有企业的并购重组是一种"以大吃小""国进民退"，您对此怎么看？

宋志平： 全球正在经历第六次兼并重组潮。中国各个产业也走到了这个时间节点。当前的兼并重组在很多领域发生，有在国企发起的，也有在民企发起的。这是市场经济的自然行为，和所有制没有关系。

当前，国有企业的定义也已经发生了不少变化，不能再用二三十年前的国有企业概念来阐述今天国有企业的情况。一方面，国企在兼并重组，但同时也在通过上市公司增发，国有资本在企业里的份额发生了变化。虽然国有资本本身在增值，但是也引入了大量的非公资本，是国民共进的过程。国企的市场化改革非常深刻，表面上看国有企业是国家拥有，但从国有企业的市场化程度来看，民营经济、社会资本、个人投资者都已经成为国企的一部分，都在享受国企发展带来的红利。

中国建材集团在重组企业过程中，把水泥企业30%的股份留给了民营企业。在中国建材上市公司的总股本中，国有股本占43%，近60%都是非公资本。今天来看，行业的重组已经改变了过去竞争的思路，是从行业的健康发展、行业的共同利益，并照顾到方方面面进行的联合和重组。用混合所有制的方式，实现了市场高度整合，减少了"小散乱"的局面，形成我国有充分竞争力的大型企业。

我曾经提出一个公式：央企实力＋民企活力＝企业竞争力。央企有规范的管理、规模优势、技术实力，民企有灵活性、激励机制、企业家精神，二者相互融合，取长补短，可以形成企业强大的竞争力。

中国经济需要国有经济做支撑

记者：有一种观点认为，国有企业应该从充分竞争领域全面退出，否则就是"与民争利"，您怎么看？

宋志平：很多人也问过我，为什么国有企业还要在充分竞争领域存在？这是由我们国家经济需要强大的国有企业做支撑决定的，和历史传统、社会现实有关。

我们强大的国有经济，一方面来自社会税收，另一方面也要靠国有资本的保值增值。国有资本要做强做优做大，一方面要向国有经济的命脉流动，同时也要有盈利性的一面，在市场上取得良好的经济效益。

放眼全球，任何国家都有一定的国有经济。例如新加坡政府投资公司（GIC），就是代表新加坡政府在全球、在各领域投资并取得收益最大化。

精诚合作国民共进

记者：您提出的国民共进，目前体现在哪些方面？

宋志平：国企通过上市公众化，国有资本占有的比例越来越少；民营家族企业最终也要上市公众化，最后殊途同归，都会成为上市的公众化公司。国民共进才是康庄大道。

厉以宁先生曾写过，"国退民进"和"国进民退"的纷争定将成为过去。

混合所有制的发展当然会有一个逐步完善的过程。在一定时间内，国有企业、混合所有制企业、民营企业将会三足鼎立，支撑着中国经济，但各自所占 GDP 的比例将会有所增减，这是正常的。民营企业同样要以开放的心态，积极参与国有企业混合所有制建设的过程。

目前，有关政府部门正在加大混改力度，三批混改试点加起来一共有 50 家，重点领域混合所有制改革试点正在逐步有序推进。未来，国有企业和民营企业不应该划那么清晰的边界。

我们现在的问题是，中国的企业该怎样聚集起来、怎样提高竞争力，共同参与国际竞争。在参与国际竞争的过程中，国企与民企合作得也非常密切。有些民企比较早地"走出去"，好比"探路人"，给国企提供了大量的信息；国企出海好比"航空母舰"，又带动了大量的民企"走出去"。

未来中国企业参与国际竞争，需要国企民企精诚合作，这是我们义不容辞的责任。

16

谁来解围产能过剩[①]

恶性竞争是场没有时间表的战争，大企业整合重组可避免打恶仗

朱剑红：产能过剩是当前经济运行中的突出问题，水泥行业更是从南到北、从东到西无处不过剩。作为一个全面过剩行业的"龙头老大"，您认为有哪些方法可以实现去产能化？

宋志平：解决过剩产能，一般认为无非是两条路：要么靠市场，要么靠政府。但实际情况没这么简单。以水泥为例，现在采取的就是市场自发竞争来优胜劣汰，结果整个行业都在打恶仗、打乱仗，恶性无序竞争严重。我认为作为基础原材料行业，简单依靠市场自发的竞争方式解决不了当下的问题。尤其是恶性竞争是场没有时间表的战争，并且会造成债权人、投资者的重大损失，引发失业、税收损失、资源浪费等一系列经济和社会问题。

另一条路是让政府出面解决。这需要大量的资金，涉及大批员工安置等一系列问题。以河北省某钢铁厂为例，市里让工厂停产，但是工厂有 27 亿元的银行负债、5000 多名员工。这些问题如果都推给政府，会给政府造成很大压力，解决起来非常困难。过去纺织业限产砸锭时，政府把包袱都背起来了，现在不能指望让政府再去收拾烂摊子了。

我认为，大企业整合市场是过剩产能退出的有效途径。化解产能过剩问题

---

① 本文原载于《人民日报》2013 年 8 月 19 日。朱剑红，《人民日报》资深记者。

最恰当的方法就是扶持大企业，由大企业承担起行业整合的重任，走优化存量、减量发展、优化产业结构的可持续发展道路，增加行业集中度，改善产能过剩，实现合理有序减产。

朱剑红：您说的大企业整合就是由大企业来重组并购？

宋志平：大企业整合市场、进行联合重组并不是传统意义上的简单的企业并购，而是有组织的战略性市场安排。过剩产能在市场整合的过程中被有序地淘汰，这是市场化形态的进步。大企业是整合市场、提高产业集中度的载体，重组后能够合理利用资源，解决投资者、债权人的问题，解决职工就业的问题。

事实上，工业发达国家去产能化大都是通过大企业实施联合重组来实现的。往往是债权人推动重组，把工厂交给一些负责任的大企业。大企业重组之后采取减量措施，包括关掉部分工厂，降低产能利用率，逐步实现生产与市场的平衡等。从全球各国市场经济发展的历程看，市场经济发展到一定程度必然会带来行业的整合和重组，这是开展产业结构调整的重要途径。欧洲钢铁业去产能化过程中，印度米塔尔就抓住时机把欧洲钢铁厂全部重组了。

朱剑红：在产能过剩的背景下，企业普遍亏损，那么在去产能化和减量经营过程中，大企业的利润从哪里来？

宋志平：在产能过剩的情况下，行业的结构调整都是围绕产业集中度开展的。所有行业龙头都要通过不断扩大自己的话语权和市场占有率来保证市场地位，否则就会陷入恶性的价格战。大企业重组的核心是稳定价格、增加市场占有率。价格稳定才有利润，企业才能支付银行、债权人的利息和债务，重组整合的循环才能得到保证。大企业重组后，由于增加了集中度，可以改变行业竞相降价乱打价格战的恶性竞争的局面，让价格回归到合理的水平，所以说利润是从市场中来。只有在减量的过程中仍然有良好的经济效益，能够从市场中得到补偿，去产能化才能顺利完成。

日本在泡沫经济的时候，全国有 1.2 亿吨的水泥产能，现在日本只有 3 家大型的水泥企业，总产能不到 4000 万吨，但整个去产能化过程中企业效益一直很好。大企业整合完成后，关闭部分工厂，减少并退出过剩产能。大企业为什么能关闭得起工厂？因为大企业通过扩大市场份额还能实现盈利，而且关闭的工厂只是大企业的子公司，并不影响企业的整体运作，也不影响债权债务等问题。而如果关闭的是一家家有独立法人的企业，呆坏账问题、就业问题、资源能源浪费问题就会随之出现。

提高产业集中度，大企业重组不应被看作垄断

朱剑红：打价格战不能让水泥价格最终回到合理区间吗？不能实现优胜劣汰吗？

宋志平：以玻璃行业为例。玻璃行业迄今为止没有经历大规模的重组，大概六七年来一直是全行业亏损，长期处在低迷状态。玻璃熔窑一旦投产就不能停产，所以行业一直在走扩大产能继而恶性竞争的路子。如此消耗下去，再优秀的企业也难以生存。如果水泥等行业也是如此竞争下去，结局将是一样的。水泥窑不同于玻璃熔窑，可以停产而且损失并不很大。所以，出现了"价格低的时候停产观望，价格一回升马上开工"的现象，做不到彻底退出。

实现过剩产能的彻底退出，只能靠大企业整合市场。中国建材旗下的南方水泥是2007年组建的。在此之前，浙江地区依靠市场淘汰落后完成了技术结构调整，技术与装备都很先进。但由于生产线过多，布局不合理，最终是"先进的过剩产能"代替了"落后的过剩产能"，导致水泥价格一落千丈。在2004年至2006年间，企业持续打价格战，一度出现行业性亏损。南方水泥成立后，我们开展了大规模的联合重组，对于过剩产能采用了两种处理方式：一是彻底关掉小水泥厂，把土地卖给当地政府，基本原则是按水泥厂收购价成交，由于土地升值，所以我们也不亏本；二是在产能利用率达不到饱和的情况下，把小的生产线停掉，主要保证日产5000吨以上生产线的运行，缓解市场压力，这样就能使供需趋于平衡。南方水泥成立后，通过推动市场整合，带领当地水泥产业走出恶性竞争的迷局，整个市场逐步趋向稳定。

中国建材的实践说明，大企业整合市场并不影响优胜劣汰，恰恰是在去产能化的过程中，通过理性有序地优胜劣汰，把各种资源、各种利益兼顾好。

在中国，重化工、钢铁、汽车等大的制造业并不适合小企业做。像水泥、钢铁等行业，都是重资产投资产业，同时占有很多资源。当这种行业进行结构调整时，即使是减量化发展，也应该理性、有序。工业发达国家也都曾经历过产能过剩阶段，它们解决的方法也是由大企业进行重组，使整个行业退而有序。

朱剑红：中国建材的联合重组固然成功，还被哈佛大学商学院选为教学案例，但您倡导的大企业重组，会不会被指责为搞市场垄断？

宋志平：产业集中度低是当前中国大多数产业最主要的矛盾。在产能过剩的行业中，大企业通过重组整合提高市场占有率和集中度，符合国家产业政策、行业和企业的自身发展规律。

大企业靠融资完成重组，如果没有价格的合理回升，企业没有应有的利润，利息和债务就无法偿还，靠市场整合淘汰过剩产能的工作就做不下去。事实上，我国水泥价格长期严重背离价值。全世界钢材和水泥的比价是3:1，而我国即使按今天钢铁的价格来看，比价仍是10:1。这些年，即使在高速增长的环境下，在房地产市场最热的时期，水泥行业也没有赚到多少利润，行业价值没有得到充分体现，就是因为全行业都是一路过剩走过来的。

当前水泥行业的主要矛盾是过剩，在过剩情况下很难形成垄断。发达国家水泥行业前十家企业的集中度在60%～70%，中国到"十二五"末期的目标是35%。中国建材集团作为全球最大的水泥企业，在中国的市场占有率还不足15%。所以垄断对于有四五千家企业、近30%过剩产能和超低价格的中国水泥行业来说是不可能实现的，水泥行业提高产业集中度和价格合理回升不应该被看作垄断行为。增加产业集中度、减少恶性竞争，都是客观的经济发展规律。

朱剑红：您的身份是央企领导人，您倡导大企业重组会不会让人理解为是一种"国进民退"？

宋志平：大企业并不专门指国有企业，也包括民营企业。当然，就目前来看，在基础原材料行业，央企在资金、人才、技术和规模等方面具有一定优势，更有能力也有责任承担整合者的重任。如果是央企出手整合，一方面可以提高产业集中度、减少恶性竞争，另一方面可以通过上市、公众化，稀释国有资本比例，让社会资本占比越来越高。所以，整合实际上是一个国民融合、国民共进的过程，通过这个过程完成我国的产业结构调整，也推进了国企的公众化市场改革。这种对于经济结构调整、行业的健康化和对国企、民企都有利的整合不应简单地被扣上"国进民退"的帽子。

政策应支持大企业整合市场，增速放缓有利于解决"中国式过剩"

朱剑红：您认为大企业整合市场，国家应该给予支持吗？

宋志平：现在大家都认识到过剩问题的严重性以及对行业造成的巨大冲击，但大企业重组的热情并不高，原因就是缺少政策支持和激励。国家从政策上支持和鼓励大企业重组，大企业通过整合市场救行业、救小企业、救银行，实现共生多赢，这应该是理智的发展思路。

说到具体的支持，我想，一是可考虑设置重组项下的专项资本金，支持央企进行联合重组。二是在股票发行、市场融资、银行贷款方面给予一定的支持。例如，在发行股票、融资方面给企业重组开设"绿色通道"。全世界的联合重组大都是由债权人推动的，大企业作为载体，债权银行可采用债转股、挂账停息等方式支持重组。还有，要加快推进国务院"金融十条"中提出的，对实施产能整合的企业，探索发行优先股等方式，支持企业联合重组。三是进一步细化相关税收优惠政策，减免企业在资产评估升值和转让过程中的税收。四是支持重组大企业提高产业集中度。对于产业集中度，西方也是根据经济发展的主要矛盾反复修订，比如之前是限制集中，可当产业确实需要集中时，国家会相应调整法律。

朱剑红：我们的产能过剩是"中国式过剩"，经济高速增长时，水泥、钢铁等行业也随之高速增长，各地也都争相投资上项目，于是积累了产能过剩、集中度低、恶性竞争等诸多问题，现在经济增速放缓，您认为会对去产能化带来哪些影响？

宋志平：随着经济发展从高速增长进入中速增长，行业进入减量化发展阶段，过去积累的问题更加严峻。治理产能过剩和去产能化的问题已迫在眉睫。

我认为，当前的中速增长有利于行业和企业发现自身问题，找到新的发展路径。

中国水泥行业的问题一直是产能过剩导致价格超低，企业效益下滑。在经济中速增长的大背景下，投资增速放缓了，市场增幅也在下降，我们恰好可以掉过头来推进行业整合，进行结构调整和转型升级，从过去的追求数量、速度到现在的追求质量、效益。全世界大的联合重组并不是发生在需求量快速增长的时候，而是发生在去产能化和减量化的阶段。由大企业整合市场，优化存量，减少增量，做到退而有序，兼顾好各种资源和各方利益，推动共生多赢，这是过剩行业发展的必然逻辑，这个逻辑可以从水泥行业扩展到其他过剩行业。

17

让我们一起走出"丛林"①

2011 年，以大企业带头推动的水泥行业限产稳价助推行业利润一举创出历史最高，让人们看到了行业健康发展的曙光。而进入 2012 年，恶性竞争又起，一季度建材行业利润下滑 60%，水泥价格萎靡不振。水泥行业犹如坐上了过山车，刺激、跌宕，让人充满猜想。当下的水泥行业究竟要向何处去，有人想问问中国建材集团董事长宋志平。因为在他的治理下，中国建材集团成功带动并引领了水泥行业的联合重组，提高了行业集中度，而受益者绝非仅中国建材集团一家。这其中的经验和实践已经远远超出了行业范畴，更是作为经典案例入选哈佛大学商学院教学案例库。

几年前，宋志平在一年一度的水泥峰会上提出"行业利益高于企业利益，企业利益孕于行业利益之中"，进而提出限产稳价、市场竞合和共生多赢的发展思路，之后的事实从正反两个方面证明了这一思路的正确性。在水泥行业转型的大时代里，解决问题的方法不仅仅是优胜劣汰的丛林法则，换一个角度看问题，改变竞争的心智模式是告别高增长后的水泥行业必须进行的一次心理跨越，其中的精髓或许就是宋志平不遗余力倡导的建立合作、共赢的行业价值体系。

这位早年有过 10 年担任工厂厂长经历的世界 500 强掌舵人，这位追求完美的理想主义者，其实再实际、再务实不过了。宋志平知道，行业的发展基于对

---

① 本文原载于《中国建材报》2012 年 6 月 5 日。孟宪江，《中国建材报》总编辑。

自身内在逻辑的客观认识，必须顺应宏观环境的大势。

在思想纷乱的特殊时期，如何贯彻落实政府工作报告中关于"以汽车、钢铁、造船、水泥等行业为重点，控制增量，优化存量，推动企业兼并重组，提高产业集中度和规模效益"① 的重要指示和要求，如何冲破长期困扰行业的恶性竞争模式的壁垒，如何去破解行业发展中的种种迷思，宋志平提出了新论断："水泥行业已告别高增长，进入一个平台阶段""以销定产、限产稳价将是一种长期运行模式""水泥企业将例行寒暑假制度，每年安排放假 100 天""行业自律、联合重组不是垄断"……

解读经济大环境

孟宪江：在讨论水泥行业发展面临的形势和问题时，离不开经济发展的大环境，包括国际环境和国内环境，请问您对整个经济发展走势有怎样的认识和判断？这个大环境又会对水泥行业带来怎样的影响？

宋志平：我们先来看看外部环境，国际经济形势正开始好转。2008 年美国金融危机和之后的欧洲债务危机给全球经济带来了沉重打击，同时也带来了全球经济的结构性调整。

全球经济形势有喜有忧，可喜的是美国已经走出了金融危机，经济开始复苏，欧债危机也得到阶段性解决，国际经济最困难的时期已经过去。但令人担忧的是一些根本性问题仍未得到解决，美国政府有 17 万亿美元的债务，且每年有 1 万亿美元的新增债务；欧债危机虽然通过欧洲银行得到缓解，但深层次问题依然存在，为此最近世界银行把对全球经济增长的预期调低了 1 个百分点。

从国内经济来看，经过长期高速增长，我国已经步入中速发展阶段，GDP年增幅将降到 8% 左右。值得欣慰的是，根据世界银行副行长林毅夫的判断，中国 GDP 年增幅 8% 左右的中速发展期将延续 20 年。我们要看到，在中速发

---

① 温家宝在第十一届全国人民代表大会第五次会议上所作政府工作报告中提出。

展时代，虽然 GDP 增速下降了，但是 GDP 总额庞大，年增量绝对值仍然是一个天文数字。2011 年我国 GDP 总额为 47 万亿元，即使以 8% 的增幅计算，增长总量也非常可观。

孟宪江：在这种大环境下，建材行业或者说水泥行业面临着怎样的形势？

宋志平：过去 10 年，我国水泥行业飞速发展，年产量由 8 亿～10 亿吨增长到 2011 年的 20.9 亿吨，约占全球水泥产量的 60%，这样的发展速度今后不会再有了。

在我看来，建材行业在我国经济中速增长时期有三个"不会改变"。一是刚性需求不会改变，即我国基础建设、农村城镇化、水利建设的不断深入带来的巨大市场需求不会改变；二是产业结构调整、淘汰落后、限制新增产能的政策不会改变；三是企业靠联合重组做大做强的成长方式不会改变。

孟宪江：能不能找到一条新的道路，改变行业对传统发展模式的依赖？

宋志平：无论国内还是国外，拉动经济的方式无外乎投资、消费、出口这"三驾马车"，只是不同时期采用的手段有不同的侧重而已。过去这些年中，扩大公共开支、超前消费和虚拟经济等极大地带动了经济的增长，虽然也带来诸如金融危机等全球问题，但客观来讲，我们还没有找到更新的经济增长方式。

所以说投资依然会在一定阶段成为拉动经济的重要方式，但是我们也要看到高投资时代已经过去了，因而水泥行业就不可能延续过去一路增长的道路，相反，将迅速进入严重过剩的时代。

我的看法是，今天中国的工业，尤其是传统工业，已经步入中后期发展阶段，其表现就是绝大多数行业的产能都过剩。在这种情况下企业不能再指望政府通过大规模投资的方式来拉动建材行业的增长，也不能再指望企业继续扩大规模。所以中央提出要转变经济发展方式，从重视速度转变到重视效益，从重视数量转变到重视质量。

告别高增长时代

孟宪江：2012 年一季度水泥行业利润下滑明显，从 2011 年 1020 亿元的利润到现在的处境让很多人不知所措，不少企业身陷困境，对此您如何看？

宋志平：2011 年水泥行业的盈利是历史性的，但到 2012 年，情况急转直下。客观原因有两个，一是需求不足，二是产能过剩加剧。主观上的原因是，在市场压力下，部分企业开展竞合的信心和决心产生了动摇，甚至打恶仗的情绪又有抬头。

首先看需求。我去香港路演时，很多投资者都关心水泥行业的拐点是否已经到来，我认为已经临近了。发达国家水泥行业的拐点是人均需求量 1 吨，而我国人均已达 1.5 吨。我国的建筑习惯不同于欧美，有使用水泥的偏好，人均 1.5 吨大概是合理的水平了。同时，我们应该看到，进入中速发展期后，我国建材行业将不再维持以往的高增长，2011 年水泥需求量增长 10.8%，2012 年预计增长 5%～6%。即使不增长，我们也有一年 20 亿吨的水泥用量。有位英国分析师认为中国水泥需求量将在高位延续 8～10 年，水泥行业发展不会是一条抛物线，而是一条渐近线。

再来看供应。到 2011 年年底，中国水泥过剩量为 24%，过去行业里有冬储，现在连东北地区都不用冬储了。以前大家认为新疆的水泥市场很大，可现在多条新线的投产导致当地水泥价格下跌。水泥行业已属于"绝对过剩"，也就是说无时不过剩、无处不过剩。

过剩的产能大部分是新型干法水泥。2011 年新型干法水泥生产线达 1513 条，设计熟料产能为 14.5 亿吨，实际熟料产能达 17 亿吨。目前符合 38 号文①精神的在建生产线 216 条，这些在建项目的熟料设计产能就达到 3 亿吨，实际产能为 3.5 亿吨，加上现有产能，总计熟料产能为 20 亿吨，折合水泥产能约为 31 亿吨，大大超出需求量。

孟宪江：您这样分析我们就更能理解"控制增量、优化存量、提高集中度"的重要性和紧迫性了。

宋志平：是的。2011 年行业的竞合是建立在淘汰落后和限产的基础上的。

---

① 即《关于抑制部分行业产能过剩和重复建设引导产业健康发展若干意见的通知》（国发〔2009〕38 号文）。下同。

淘汰落后不能变花样，要"连根拔起"。控制新增产能一定要坚决，大企业要带头。2011 年行业淘汰落后做得不错，但新增没有限制住，尤其在长江流域，新建了很多大规模生产线，2012 年年初开始陆续投放市场，使已经严重过剩的水泥行业更加雪上加霜。俗语说"亡羊补牢，犹未为晚"，今后我们必须要把新增产能控制住，再也不能建新的生产线了。

历经了中国建材所推动的联合重组，水泥行业集中度有了一定的提升，但还远远不够。到 2011 年年底，行业前 10 强企业的集中度由 2005 年的 15% 增长到 26%，"十二五"规划提出力争在 2015 年做到 35%，但这个数字只有除中国以外全球前十家企业集中度 70% 的一半，因而，中国建材希望在"十二五"将我国水泥集中度提高至 50% 以上。

改变竞争的心智模式

孟宪江：三年前您提出限产稳价、市场竞合、共生多赢的水泥行业发展思路，现在从 2011 年全年和 2012 年上半年的正反两方面证明这条路是对的。面对 2012 年的严峻形势，您是否又有更新的想法？

宋志平：在中国经济中速增长的时代，水泥行业通过怎样的结构调整来实现水泥科学发展，要求行业有大思路、大智慧。

水泥行业转变发展方式，首先要转变行业的心智模式。心智模式也叫思维定式，是长期以来形成的思维模式。以前常讲"量本利"，就是在销量能充分增加的情况下，通过增加规模，降低单位固定费用而取得利润的经营模式。但在过剩经济下，产品卖不出去，如果再增加产量，不但无法降低固定费用，还增加了变动成本，使流动资金紧张。在这种情况下，主要矛盾不再是量，因为量已经没有弹性了。所以我们提倡"价本利"，一方面保证合理的价格，另一方面降低成本，取得经济效益。

建材行业对规模和竞争的理解也应该改变，因为大环境变了，企业必须面对多家水泥企业存在的现实，而且绝大多数又都是 5000 吨的新型干法线，所以我们必须倡导共生多赢的包容性竞合模式。共生多赢，也就是"大家都赚钱"，这种思路被事实证明是可行的，2011 年在钢铁和玻璃等其他建材过剩行业都亏损的情况下，水泥行业可谓一枝独秀，不论是大企业还是中小企业都赚了钱。

从 2012 年年初到现在，行业出现的问题又从反面证明如果不这样做，行业里不会有真正的成功者，正所谓"一荣俱荣、一损俱损"。

孟宪江：您怎么看待水泥行业在上下游之间的价格博弈能力？

宋志平：几年前我提出了行业价值的理念。一个行业如果没有定价实力，或者没有价格话语权，不能把成本的上升传递出去，这个行业就无法掌握自己的命运。水泥企业必须把命运掌握在自己手里，而不是依靠他人，对此我们要有坚定的信心。这个信心来源于我们多年来在恶性竞争中尝到的那些苦果及之后的思考。过去一年多，大家通过市场竞合、限产稳价，取得了初步效益和阶段性成果，2012 年仍要坚定信心。

中国建材集团希望在水泥行业里，企业无论大小，大家都有钱赚，使行业实现可持续发展。有一句老话："覆巢之下焉有完卵"。行业做垮了不会有受益者，谁都不应该心存侥幸。所以我们要摒弃过去那种你死我活的无序恶性竞争的丛林法则，要换一个活法，从"红海"到"蓝海"，达到均富和共富。

限产稳价将是长期运行模式

孟宪江：从过去看，限产稳价已经让水泥行业和企业尝到了甜头，未来这个模式还会继续吗？

宋志平：我们在限产稳价的问题上要不动摇、不犹豫、不含糊、不侥幸，大企业要带头执行。2011 年，南方水泥、中联水泥、北方水泥、西南水泥和一些区域龙头企业共同在市场竞合方面付出艰苦努力，取得了很大成功。我们限产的依据是以销定产，不会造成水泥需求的短缺，也不曾有任何一个项目因缺水泥而影响施工。前不久，一位朋友从南非回来和我说，2011 年南非的基建形势不好，水泥市场萎缩，它的四家水泥企业按市场需求的节奏进行生产安排，取得了很好的效益。现在国际上产能利用率一般是 60%~80%，我们也要认真思考降低产能利用率，现在不是短缺经济时代，市场就这么大，生产太多又有什么意义呢！

过去是规模导向，大家认为多开机可以平抑成本，降低固定费用和单位成本，这种思路的前提就是市场在持续增长。但在过剩的情况下以这种思路来经营，不但无法平抑固定成本，还会增加变动成本。所以我们提倡从"量本利"转变到"价本利"。

孟宪江： 限产意味着员工要放假，涉及众多企业的传统生产观念，他们能心甘情愿吗？

宋志平： 我们的产能已经超出需求的 30%，意味着水泥企业全年应有 100 天左右时间限产才能保证供需平衡。这就相当于在南方种水稻，不够吃就种三季，够吃就种两季，而且两季稻要比三季稻好吃。水泥也是，不够用就开足，过剩了就停窑。这个逻辑就引出了水泥行业的例行长假制度。水泥企业放长假不是玩笑，是直面现实最有效的办法，要让限产稳价成为一种长期运行模式。

过去在建设高速增长时期，建材供应很短缺，建材行业的工人很辛苦，节假日都要坚持生产。今天我们没有必要这样做了，在冬季、雨季、寒暑假和市场不景气时，可以让工人放假调整，职工也可以安排一些自己的事情。这是在过剩情况下的一个必然选择。2011 年我到南方水泥调研时，看到一个工厂三条生产线停了两条，我问厂长生产线停下来有什么感受，他说挺难受的，工厂里的人自然希望生产线都运行着。但他又说，虽然两条线不转了，但企业却赚了钱，所以现在看板上的产能利用率指标已经变成了净利润指标。其实，市场需求量是个定数，对水泥企业来讲，是根据市场需要合理均衡生产而取得较好利润，还是盲目生产中途不得不停产？产量实际上是定值，但不同的方法带来完全不同的企业效益。

孟宪江： 为什么新增产能总是控制不住？

宋志平： 多年来，地方政府总是习惯于支持新上水泥项目，因为他们只看自己区域的需求，或都想把水泥运到别处去销售。可是水泥的市场区域是按地域划分而不是按行政区域划分的，所以地方政府和行业应该从大局、全局去系统地考虑问题。

行业利益至上

孟宪江： 现在来看，您的共生多赢赢了丛林法则。

宋志平： 水泥行业到底是用丛林法则进行结构调整，还是用共生多赢进行结构调整，这也是困扰行业的一个迷思。我认为应该用共生多赢和联合重组的方法来进行调整。

丛林法则是市场竞争的极端行为，具有很强的破坏性，是西方成熟市场国家都极少使用的竞争手段。我们用产业政策把小水泥企业淘汰掉，由大企业集团相对集中地进行区域市场控制，使大型企业成为稳定区域市场的健康力量，实现水泥行业的合理布局。水泥行业不是必须通过恶性竞争的丛林法则才能实现发展，而是要从红海战略走向蓝海战略。"红海战略"的思路是"敌人一天天烂下去，我们一天天好起来"，"蓝海战略"的思路则是"我们必须和'敌人'一块好起来"，也就是说大家真正做到良性竞争，共生多赢。

现在行业里的恶性竞争又重新抬头，烽烟再起，要回到"丛林"，这也引发了我们对原始竞争理论的再探索。实际上，即使西方国家的市场竞争也是在有节制的理性范围之内，一些跨国公司对中国水泥企业的恶性竞争和盲目新增产能看不懂。市场竞争是对低效的计划经济的一场校正，而自律和协同又是对过度竞争的一场校正，市场经济的核心是市场资源的有效配置，在一个过剩行业里，不应该再以种种原因增加大规模的投入。

应该说，过去这些年，水泥行业一直在打仗，但过去水泥总量少，在经济高速增长的大背景下行业勉强维生。而今天我国的水泥量已经足够大，市场又没有更多的空间，行业如果不进行市场竞合、不限产稳价，再退回去"打仗"，只能是打比以前更恶的仗，只能使行业陷入比钢铁和玻璃等行业更长的低迷期。一旦这种局面再次出现，大家这几年的努力就会功亏一篑，整个行业的健康发展会前功尽弃。看看今天的钢铁工业，不能说行业中没有强手，但在"红海竞争"中，他们并没有一个成功者，而且也看不到战争结束的曙光。我认为，水泥行业只有大家以合作的心态拧成一股绳才能渡过难关。

中国建材的联合重组不是零和游戏，是共生多赢，希望所有人都能够获利。一个良好的社会应是一个没有穷人的社会，一个良好的行业应是一个没有亏损企业的行业。

孟宪江：您讲过"行业利益高于企业利益，企业利益孕于行业利益当中"，就要吃得了亏，受得了委屈。

宋志平：我一直主张行业利益高于企业利益，企业利益孕于行业利益当中，企业个体的小道理应该服从于行业整体的大道理，我也知道不是所有人都认同我的想法，但我会像一只啼血的杜鹃那样不厌其烦地讲道理给大家听。

中国建材集团现在有四家水泥企业，各水泥公司都是区域内协同的促进者。中国建材集团上下形成共识，不等不看，不怕牺牲，不计较得失，在市场竞合、限产稳价上坚定不移、以身作则。

我给集团的员工发过两本书，一本是松下幸之助的《经营的本质》，一本是稻盛和夫的《经营为什么需要哲学》。无论松下幸之助还是稻盛和夫，其核心思想都基于儒家文化，他们的人生观都是"利他"主义，就是处处为他人着想，为社会着想，在社会进步、集体成就中实现自身价值。建材企业也应该树立为社会服务、为行业健康发展做贡献的价值观，保持积极正面的良好心态。

希望通过各方面的共同努力，水泥行业能实现良性、健康、可持续发展。当然，这需要全行业特别是行业中的大企业来共同推动和担当。

18

联合重组与管理整合①

陈伟鸿： 大家早上好，非常高兴能有这样一个机会和各位面对面进行交流，从大家丰富的实战经验中汲取更多的养分和力量。今天的嘉宾，相信大家对他都非常熟悉，我曾经有幸在中央电视台《对话》节目中和他有过非常愉快的交流，同时在中央电视台 2012 年度经济人物的颁奖上也再次领略了他的风采，节目结束后我们组所有的人都对他非常钦佩，还有一位小同事说，"他怎么那么帅啊"，我告诉她，"其实他做的事更帅"。

我们掌声欢迎宋志平先生。宋总，您是双料董事长，业内都非常熟悉，我们给您抛出一个敏感的命题，在国企和央企领导人中关注度很高：企业在做大、做强过程中，并购是一条很重要的道路，但在这条艰难跋涉路途中，有很多人成为英雄，当然不可否认也有不少人成为"烈士"。这条路到底该如何走，我们很希望成功的先行者和大家分享一下经验和心得。

宋志平： 这个问题确实是一个敏感话题，但这个话题又无法回避，应结合实际认真研究。下面我先向大家讲述有关中国建材发展的故事，介绍我们是如何做的。

首先，我想讲的是现在我国绝大多数工业处于过剩时代，可以说是全面过剩，绝对过剩，无时不过剩，无处不过剩。

改革开放以来，我们新建了很多工厂，到处摆满了机器。我在中国建材集

---

① 本文为 2013 年 3 月 27 日国家行政学院企业家论坛访谈实录。论坛由中央电视台主持人陈伟鸿主持。

团工作的前五六年，几乎每个星期都去参加所属单位的奠基仪式、竣工仪式。但时光很快，现在全国大多领域都出现过剩，大家很少再建新厂，一年中奠基的活动就变得很少。在这样一个特殊时代，我们面临去产能化该如何做呢？工厂不能新建，而我国经济现在处于工业化中期阶段，转型并不是那么简单，也不是一夜之间就能实现。我们现在正承受着过剩的煎熬，全世界解决过剩的办法就是进行联合重组，增加集中度，进而解决市场的恶性竞争和无序竞争，使企业经营更加有序化。中国也不例外，也要按这样的思路进行。从产生的实际效果来看，联合重组比新建的风险要小一些。记得国资委领导同志讲过，新建一条生产线从开始设计到投产大约要三四年的时间，但在这个过程中市场会发生很大的变化；而联合重组时你看得见，知道对方的财务状况和市场情况。从另外一个角度比较联合重组和新建的不同，新建会在原有基础上增加量，而联合重组并没有增量，只是为了减少恶性竞争而对现有存量的优化。有时会听到一些厂长的想法，"我现在把规模再扩大一些，就可以把对方打败了"。可是对方也这么想，他也计划再扩大规模，这就成了悖论。大家联合起来分享市场不是更好吗？全世界都在走并购这条道路，西方国家现在正经历的第六次并购浪潮也是基于这个原因。

中国建材集团选择做水泥的原因是什么？作为央企，我们必须立足于一个大产业，凡是立足于大产业的央企或国企大都能很好地发展，而一些没有真正立足大产业的央企或国企，生存起来都比较困难。我们常讲建材行业里有水泥、玻璃、陶瓷，它们在行业里的比重大不相同，70% 的 GDP 是由水泥占有的。

中国建材集团要在建材领域做强做优，首先要选择做什么。从全球来看，水泥都是一些优秀的大型企业在做，中国以外，全世界前 10 家水泥公司的集中度是 70%，其中有 5 家是世界 500 强。水泥实际是一个资金密集度和技术密集度比较高而且门槛高的行业，国际投资者普遍认为能做水泥的企业很不简单。中国水泥行业这些年发生了很大变化，在座也有做过水泥的，相信大多数人的印象还停留在过去的小水泥上，现在中国水泥技术升级、技术结构调整基本完成，国内 90% 水泥厂的生产能力都在日产 5000 吨以上，装备和工艺都十分先进。但中国水泥现在面临的问题就是过剩，存在"多、散、乱"的现象："多"是指量很多，全世界水泥销量35亿吨，中国就有29亿吨产能，2012年销量21.8亿吨；"散"是指中国有四五千家水泥厂，前10家集中度仅占26%；"乱"是指水泥企业在市场中无序竞争。在这样的情况下，中国建材用重组的方法来整合，通过整合优化来解决过剩。央企是国家的企业，是转变经济发展方式的主力军，一项很大的任务就是要推动行业的结构调整，在推动行业结构调整的过程中实现自身做强做优，两者之间并不矛盾，这就是中国建材选择重组水泥的理由。

那么选择水泥重组的方法是什么，怎样更好地入手呢？中国建材做了一些战略思考。一是采取区域战略，就是我们常讲的"三分天下"。其实全国各地都有水泥厂，中国建材集团不可能把29亿吨水泥全部整合，也不太现实。水泥是短腿产品、非贸易产品，合理的经济运输半径只有250公里，这正是我们区域化整合水泥的一个有利条件。过去这几年中国建材主要组建了四个水泥板块：南方水泥的市场包括浙江、江西、上海、湖南、福建等省市；中联水泥主要在淮海地区；北方水泥的市场主要是吉林和黑龙江省；西南水泥涵盖云南、贵州、四川、重庆三省一市。而西北、华中、安徽、北京等地的水泥业务则是由行业中的其他兄弟单位在经营。

二是围绕地级市建立核心利润区。事实上国内市场并不成熟，很多人采用近乎"自虐式"或"自杀式"的竞争模式，很不理性，这和小农经济思想或受西方早期丛林竞争法则的影响有关。国际上，如果市场占有率到25%基本就能有话语权，但在中国不行，即便市场占有率达25%也没有控制力，只有达到50%以上才可能有话语权，这是中国水泥行业市场竞争的一个特点。中国建材在四个地区组建了45个核心利润区，2012年集团水泥的主要效益是由这45个核心利润区实现的。

关于重组，邵宁主任①肯定中国建材的联合重组是从赚钱出发。企业是个经济组织，归根结底是要赚钱，归根结底是要发展，追求效益最大化是企业不

---

① 邵宁，全国人大财经委主任委员，国务院国资委原副主任、党委副书记。

变的目标。联合重组也是为了盈利，它本身就是一个获得效益的故事。联合重组从一开始就要考虑能否盈利，该如何实现呢？首先，中国建材在水泥行业产能严重过剩的情况下实行联合重组，收购时成本都比较低，这奠定了获利的基础。其次，重组其他水泥企业之后，着重建设核心利润区，增强在区域市场的话语权，使水泥价格合理回升，这是实现赢利的第二个关键点。再次，后续管理整合、集中结算、集中采购、集中销售、降本增效和科技创新等措施的实施，可以形成并提高企业的规模效益，这是赢利的第三个关键点。过去几年，中国建材确实也是这么做的，比如我们当初组建南方水泥时投入的 100 亿元用三年的时间就全收回了，2011 年南方水泥税后利润为 50 亿元，2012 年由于环境和形势的原因，净利润为 30 亿元，这放在投资领域里看也是不错的成绩。联合重组要实现盈利、获得效益，不应单纯追求规模，中国建材围绕建立核心利润区，进一步增强市场话语权、定价实力和议价能力。一个企业如果不能掌握价格的话语权，在市场里就像汪洋大海中的一条小船，无法掌握自己的命运，只能靠天吃饭。当然，掌握了定价权也要有合理的利润，不能盲目涨价。

中国建材一路过来重组了不少水泥厂，重组过程主要遵循四大原则。一是服从战略。如果不在战略区域，即使再赚钱，我们也会选择退出，像西北地区就是中材在做，天山水泥、祁连山水泥都挺好的，我们都退出原有的股份，总之大家应该有一个区域划分。二是具有一定的规模、效益和潜在价值。三是能与现有企业产生协同效应。四是风险可控可承担。经营企业肯定有风险，但任何决策都是"双刃剑"，一边是风险，一边是利润。西方人认为经营利润是平抑风险的边际，也就是说高风险高利润，低风险低利润，关键在于风险发生后企业能否控制或承受。另外，我们坚持资产边界清晰、人员边界清晰、价格公允、竞业禁止的操作原则，以及专业、负责、尊重、共赢的行为原则，在具体执行层面，还建立了一整套详尽的联合重组工作指引。总的来说，在联合重组过程中一定要想好一套思路，稳扎稳打，步步为营。

接下来，和大家谈谈关于重组企业后的整合。

重组是否成功，关键看能否把后面的整合工作做好，这点非常重要。这几年，中国建材集团和中国医药集团在不断重组整合过程中总结了一套"格子化"管控模式,包括治理规范化、职能层级化、平台专业化、管理精细化、文化一体化。在重组后的管理整合中,中国建材总结出"三五"整合模式,具体包括"五化""五集中"和"五类关键经营指标"。第一个"五"是体制和模式整合,即五化运行模式,包括一体化、模式化、制度化、流程化、数字化,其核心是数字化,要求每个干部都要熟记数字。第二个"五"是集中整合,包括市场营销集中、采购集中、财务集中、技术集中、投资决策集中。第三个"五"是数字整合,五类关键经营指标包括净利润、售价、成本费用、现金流及资产负债率。具体实施的方法,我主要介绍两点,一是对标优化,就像袁隆平选稻种一样,企业多了自然就可以优中选优,可以通过举行现场会和树立样板等方式实现;二是辅导员制,日本企业的管理讲究工法,宽严结合,这是我们向丰田公司学习的管理工法。企业培养一大批辅导员,收购一个企业就派去5个辅导员,像乌兰察布水泥厂原来是内蒙古电力的一家企业,亏损多年,收购后我们派了5位辅导员去指导,当年就获得了收益。当地政府对干部开玩笑说,"以前你们不好好做,企业不赚钱,进入中国建材后就拼命工作,给人家赚了不少钱",实际上是辅导员起了很大作用。总之,中国建材的管理整合在整个联合重组中发挥了非常重要作用。[1]

最后,再和大家说点重组工作的收获和体会。

10年前中国建材集团营业收入为20多亿元,是一个经营极度困难的公司。经过10年左右的发展,集团的水泥、商混、石膏板、玻璃纤维产能均居世界第一,风电叶片、耐火材料产能居中国第一,玻璃产能居于中国领先。从效益来看,中国建材集团2011年利润总额为158亿元、净利润为130多亿元,2012年因为市场环境不好,效益略有下降,利润总额为113亿元,净利润为80多亿元。即使这样,集团2012年营业收入还是排在世界500强建材企业中的第二位,位居第一的法国圣戈班的收入中有一大部分是由欧洲的建材连锁业务实现的,而我们主要是做实业。中国建材集团2012年的利润,在5家世界500强建

---

[1] 在后来的管理实践中,中国建材将这些管理整合经验不断加以归纳和创新,形成了"格子化"管控、"八大工法"和"六星企业"等一整套符合集团特点的管控体系。

材企业中排名第一，当然这也和去年欧洲经济紧缩有关。中国建材集团作为一家底子薄、货值低的建材企业，在国资委业绩考核中连续排在 A 级企业行列，2012 年排名第 8 位，收入排在第 26 位，净利润和利润总额都排在第 20 位，这着实不容易。

我们在联合重组过程中强调，一要符合战略，制定清晰的战略。我们的战略是区域性的，目的是要盈利，没有效益的收购不做。二是坚持主业，主张在自己熟悉的领域认真扎实地做。跨行业的业务转型并不容易，比如说水泥利润低，药的利润高，但让建材的人去经营药不一定能适应，去了才发现这个领域竞争也很激烈。三是要有一个好机制。我们处于充分竞争领域，主张"央企市营"，鼓励央企和民企合作，把民企的活力引入央企，选用大量在市场中历练过的企业家。

有人问中国建材的重组是不是一路凯歌，是不是一帆风顺？其实不然，整个过程我也面临巨大的压力。明天我将去香港参加路演，那些投资者一定又会准备很多问题提问，归结起来有几方面：一是关于我们现在的资金状况，重组需要资金，但就有一个"先有鸡还是先有蛋"的问题，重组常常是一次性机会，并不均衡也不连续。可是眼前没有资金就得去融资，而融资又会涉及很多政府审批环节，是半市场化的。比如 2007 年中国建材的股票涨到每股 40 港元，当时我们准备增发 3 亿股，在国内开始办理相关手续，经过相关部委逐一审批，用了一年多时间总算批下来了，但金融危机又来了，在卖空基金打压下我们的股票一下子降到 1.4 港元，失去了宝贵的增发机会。从这个角度看，企业家要抓住瞬息万变的机会并不容易，基本是这个部门审批几个月，那个部门审批几个月，最后手续办完了窗口期也过了。

二是企业现在面临的主要矛盾是产业过剩、市场无序竞争，国家也提出通过整合增加集中度，但社会上还没看到整合的显著成效，我们又面临水泥行业的反垄断调查。在与相关部门沟通过程中，我提到，"现在中央经济工作会议也在强调增加行业集中度，我国水泥行业 2012 年集中度只有 30% 左右，而国外水泥行业的集中度达 70%，我们是不是应该先抓主要矛盾"，得到的回答是"一码归一码，我们只负责我们管辖的范围"。企业很多时候需要面临许多诸如此类的问题。企业进行重组并不容易，有些央企在重组时也出现过失误，还带来一些负面影响。但重组绕不过去，重组是我国解决过剩、结构调整的一条必由之路，也可能是央企主要的成长方式。因为央企是大企业，大企业就像大鱼吃小鱼，不可能去吃虾米，全世界的大企业大都是靠重组来扩大规模的。世界上没有不赚钱的行业，只有不赚钱的企业，重组也一样，不能绝对地说重组方式不对，只能说有的重组成功了，而有的重组失败了。

互动环节

陈伟鸿：谢谢您和大家分享了重组过程中的一些心得。我觉得那句话说得很精准："这就是从并购和整合当中赚钱的一个故事。"但是要完美演绎这个故事，要在并购和整合过程赚钱并不是那么容易的一件事。今天大家看到宋总很淡定地坐在这里，其实并购和重组当中有很多惊心动魄的故事，我们可能都想象不出来。

刚才我记录了几个非常感兴趣的关键点，一会儿在座各位还会有问题要提问，我先抛"砖"等着各位的"玉"。您刚才特别强调文化的融合很重要，我们也看到一些企业在整合中因为文化无法融合轰然倒下的案例，我想问您，在并购过程中有很多并购对象是民企，而且并购中也会保留他们的身影，您是如何做到文化融合呢？

宋志平：这也是我们在整合时面临的最大的问题，关于文化的融合，我觉得对于中国建材是"收人先收心"，我们收企业是"收人"，"收人"的时候"收心"，但"收心"的时候最难。

陈伟鸿：什么样的方式可以"收心"呢？

宋志平：我们的整合走的是共生多赢的路线，我常讲"三盘牛肉"端出来，要改变就端出牛肉来。第一盘是公平收购，不强买强卖，让大家心里舒服；第二盘是让民营企业原股东保留一些股份，一般是30%；第三盘是让这些民企老板经过培训转化成我们的职业经理人。中国建材集团和国药集团都是按这个方式运作的，解决了企业重组后管理者来源的问题。被收购企业可能过去有不同的品牌和企业文化，重组到中国建材以后，通过大量的管理整合加强了文化的融合。

我在中国建材集团实际是个"布道"的人，以前收购企业基本都会去，和被收购企业全体中层干部谈话。现在企业大了，我一个人也讲不过来了，但我在出版的书里讲到了中国建材集团的文化和联合收购重组过程，可以发给大家阅读。

陈伟鸿： 您觉得哪种力量更大？

宋志平： 我觉得我讲得还可以，但是如果讲不过来了出书也可以，书上的封面印着一张我微笑的照片，表示友善友好，让大家了解这家公司也是很友好的。其实中国建材在整个联合重组过程中良好的收购条件是一方面，但最重要的是很多企业在选择中国建材时，是选择了我们的包容文化。中国建材收购的企业里至今还没有一家"反水"，反水就是企业被收购后反悔了，职工在门口一坐，写一些上访信，甚至到上级部门找麻烦。中国建材重组企业的成功，强大的文化起了重要作用。中国建材的文化包含"三宽三力"，"三宽"就是指待人宽厚、处事宽容、环境宽松，"三力"指向心力、凝聚力、亲和力。宽松不是没有原则，而是讲一个重组企业要有包容精神，学会包容大家，使被重组企业的人员从过去穿"长袍马褂"换成"正规军"的服装，从"正规军"演练成"王牌军"，一步一个脚印，在过程中逐渐提升。

陈伟鸿： 随着文化的融合、并购的增多，你们拥有的人员越来越多，与此同时市场的份额也越来越大，并购可以更大范围地扩大市场，这时就出现了另外一个问题，就是您刚才提到的垄断。有没有人当面说过："宋总，您并购了这么多企业，是不是想垄断？"我觉得在外人眼中这是很难区别的概念，对于普通民众来说，一提到这么大的央企做这么大的市场，就会担心可能会出现垄断，他们的利益由谁来保护。您有没有可能在这几方面做到非常好的平衡？

宋志平： 李克强总理在任职后首次答记者问时说要敬畏法律。① 我也是主张依法办事。国家有《反垄断法》，从企业来讲，企业是向着规模和市场占有

---

① 《李克强：以民之所望为施政所向》，新华网 2013 年 3 月 17 日，www.xinhuanet.com/2013lh/2013-03/17/c_115053469.htm。

率的方向发展，而市场占有率的核心就是要有话语权，只有这样才能更好地获得效益，这是一个铁的规律。但《反垄断法》又进行了一些限制，其中有三部分，一部分是反对价格卡特尔即串通，第二部分是反对不正当的竞争也就是倾销，第三部分是反对过度集中。其实认真看每一部分限定的都是一些不正当的竞争，但同时也支持或豁免一些正当的行为。比如说现在中国的水泥过剩，价格战打得一塌糊涂，中国水泥价格在超低范围内，仅为全球水泥价格的二分之一。举个例子，房地产用水泥每平方米的成本只有 60 元，十年前水泥价格是煤炭的两倍，现在煤炭价格是水泥的两倍，在行业超低价格的前提下垄断不是当前的主要矛盾。从另一方面讲，如果只是一味地恶性竞争就会危害消费者的利益，消费者的利益并不只是价格，由于低价格导致的恶性竞争最后往往是以低质量甚至产品伪劣而损害消费者利益。这样的例子很多。例如，我国奶粉行业的低价恶性竞争，让整个行业几乎垮掉，在国际上造成了不良影响。再如毒胶囊事件，毒胶囊每万粒 60 元，好胶囊每万粒 80 元，有些人就为这 20 元动起脑筋。水泥行业有一个专业术语叫熟料，即水泥窑里烧出的纯水泥颗粒，国外水泥基本上是用纯熟料磨成的，也叫波特兰水泥。我国的水泥一般是 70% 的熟料加上 30% 的混合材，混合材大多是电厂的粉煤灰，可现在市场上为了压价竞争，有些企业的水泥变成 30% 的熟料加上 70% 的混合材，如果这种水泥泛滥，楼和桥等建筑都可能面临坍塌的危险。

　　《反垄断法》中第 15 条第 4 款讲到，如果企业能证明让消费者共享了利益是可以被豁免的，而消费者的利益并不只是价格，如果掺了大量的假对消费者的影响更大，带来的后果更加严重。我的想法是水泥应该回归合理的价格，全世界水泥的合理价格是毛利率 35%～45%，中国建材制订了一条价格指导曲线，毛利在 15%～30% 之间。现在水泥全行业的毛利率仅 20% 左右，怎么垄断？真正赚了钱的是房地产商，他们使用的是价格便宜的水泥。曾经一位著名的房地产商对我说，"我觉得挺奇怪的，我做了二十年房地产，发现就一个东西没涨，那就是水泥"。我说，"你奇怪水泥价格没涨，而我们心里在流血，这么多年你们占了我们的便宜，是我们行业恶性竞争给了你们超低价的水泥"。房地产商把水泥低价的好处赚走了，也没有把这个低价传递给广大购房的消费者，所以水泥的价格并没有直接影响住房消费者的购房成本。我给一些主管部门领导汇报了这些看法，他们听进去了，对水泥行业有了新的认识。

有很多人问过我："作为行业龙头，水泥的市场价格是不是中国建材说了算？"面对这样的质疑，我说："任何企业都不想在市场竞争中处于下风，都想有一定的市场控制力和价格话语权。否则，企业就相当于靠天吃饭，如同汪洋大海中的一叶小舟，根本无法掌控自己的命运。企业利润应取之有道、取之有度，我们只赚取合理的利润，绝不滥用市场支配地位，维护客户的利益是我们长期生存的基础。"中国建材这些年在行业里推动的市场竞合，都是为了推进市场的健康化发展，与垄断并不相干。

陈伟鸿： 不管你把企业做得多大，你并购了多少家企业，对于市场、对于消费者、对于品质，永远都需要有一颗敬畏之心，尤其是对于法律。其实企业内部同样有一个考验也是我们不可回避的，随着并购的企业越来越多，您可能不可避免地需要面对企业高负债的问题，那您是如何处理并购和高负债之间的关系的呢？

宋志平： 伟鸿不单是个主持人，他还是一个经济学家。这一点恰恰说到我的痛处，其实我们重组后的企业效益都不错，2012年因为组建西南水泥一下子又重组了1.5亿吨水泥，资产负债率上升了。这也是明天我准备要面对香港投资者的尖锐问题，肯定绕不过去，我也在想该如何回答他们呢。现在可以先来回答一下，看能否通过。

第一个是我们属于充分竞争领域的中央企业，国家很难再加多资本金，只是在技术创新领域会支持一些。中国建材属于用一定资本吸收社会大量资本进行发展的企业，历史上我们是个在原始资本不到位的企业，几乎没有铺底资本金，都是靠这些年发展积累起来的，所以资产负债率偏高。刚才我讲到希望得到资本市场融资，但资本市场融资我们说了也不算，要经过多个部门审批，可是有时等批好了股价也没了，不如人愿，有时候我说"我们大运气不错，小运气不怎么样"，经常处在这个状态。

市场的机会并不等人，拿西南水泥组建过程看，汶川大地震后当地水泥涨到每吨800元，地方上又新建一大批水泥厂，市场进入了恶性竞争，导致水泥价格跌至每吨190元，当时重组价格很低，这正是整合者进入抄底的机会。我们抓住机会靠积极融资解决资金来源成立西南水泥。企业家有时是"腹背受敌"，大家也有一些压力，一方面企业在发展过程中资产负债率提高，国资委在企业考核时还会减分；另一方面是机会难得，而且以后也不会再有。以前在香港路演时，我常对投资者说："请告诉我们做还是不做，不做的话我们可以马上放弃，如果决定要做，我们的资产负债率又会上升。"

第二个是关于资产负债率对经营质量影响的问题。中国建材集团联合会的乔龙德会长，也是中国建材的独立董事，在公司董事会上讲到资产负债率高和低是企业发展的一个指标，但不是唯一指标，唯一的指标是经济效益。现在中国建材集团每年业务经营的净现金流约150亿元，有很好的利润和偿付能力，银行不是傻瓜，他们能够帮忙融资主要是因为看到企业未来的发展前景。即使负债率很低，如果不赚钱企业的风险仍然是很大的，关键取决于企业的盈利能力和偿付能力。我也不喜欢高负债率，也希望未来几年把负债率降下来，但是我更懂得企业必须要发展，所有问题可以在发展中解决。

作为央企里基本没有国家资本金的企业，我们不能去埋怨，只能向市场要钱，相信市场会支持我们。中国建材当年发行股票时每股2.75港元，之后增发过三次，募集100多亿港元，经过"十送十"，现在股价在每股10港元左右。以前中国建材股价每股平均约13港元，后来有关部门对水泥行业开展反垄断调研，受其影响股价应声下跌，损失150亿元的市值，这也提示我们有关部门处理问题时应该结合国家利益进行综合考虑，给企业一些回旋的余地和时间。实际上降低负债率并不难，比如水泥业务中，中联水泥百分之百属于H股上市公司中国建材，如果出售部分水泥公司一半的股权，集团负债率就会降下来，但利润又会减少很多，这样我们就需要在利润和负债率之间平衡，近年来中国建材在国资委净资产收益率都在20%以上，有时达30%。从这点来看，国家又很合算，不多的投资获得了较高的利润。

陈伟鸿：谢谢您的回答，希望明天在香港的路演您同样可以用精彩的回答征服在场所有的人。大多数人不一定能这么真切地听到国企和央企领导人的心声，总觉得你们在很好的环境中轻而易举就能挣到钱。其实大家在每一次决策时都会有这样或那样的内心博弈，非常不容易。接下来我想请在座各位围绕刚才讲的并购、重组、整合和您进行交流，大家可以畅所欲言。

学员： 到目前为止，您的重组整合是成功的，我们也都很认可，这也很适合水泥这样充分竞争的行业。您刚才讲的过程是比较典型的"国进民退"，按照世界银行的报告，我们很多专家包括在座很多人认为，根据国有企业分类进行改革的思路，在充分竞争行业里应该更多吸收一些社会资本。我想问一下，中国建材对这个问题怎么看？您对未来有什么打算？

宋志平： 这又是一个敏感的话题。

陈伟鸿： 一般来讲不敏感的问题我们都不提问，之后可能还有更敏感的问题等待您回答。

宋志平： 在充分竞争领域的国企或者央企，我们的整合过程符合规模经济发展的规律，这是大生产或市场发展的一个逻辑。但从所有制、产权制度讲是另一个问题，目前中国建材大约600亿元的净资产支撑着3000亿元的总资产，其中600亿元净资产中只有200亿元是国资委的所有者权益，400亿元是小股东权益，符合国资委讲的用一定资本金吸引社会大量资金进行发展的思路。中国建材有一个"七三"原则，国药集团也在实行，就是收购企业时给民营企业所有者留下30%的股份，过去他们即使100%占有股份，但不一定盈利，因为他们没有市场控制力，现在虽然只占30%，但因有了市场控制力，跟着央企"坐车"，获得很多效益。这对于中国建材来讲不只是效益的问题，更是想把一部分市场机制引入企业，因为单一产权往往有一些问题。

从集团层面来看，我们虽然没有进行产权化改造，但母公司下面的公司都是股份公司，像中国建材香港上市公司，通过H股增发，中国建材集团所占的股份不足40%。像国药集团和复星搭建一个阁楼公司，国药集团占51%股份，香港上市后，即便阁楼公司在香港市场有60%左右的股权，算下来国药集团也只占30%左右。在通往市场化的过程中，虽然我们会收一些企业，但在资本市场我们的股比也在有序降低，而国有资本的绝对值是增加的，这就是双赢，是充分竞争的央企可以选择的一条道路。

现在有人常讲"国进民退"，其实水泥行业那些民营企业非常欢迎我们去，就像西南地区水泥因价格战使水泥价格跌至每吨190元的时候,大家向我们求救说:"中国建材怎么还不来解放我们呢?"我们通过迅速组建西南水泥,促使当地水泥市场健康发展,并不像别人想象的那样强买强卖,而是完全市场化运作,也进一步促进了中国建材多元化的产权结构改革。如果我们也跟着新建水泥厂,和当地民营企业打仗,最后只会两败俱伤,而我们现在采用的这套办法是国民共进,互相融合,成为股权高度分散的公众化公司,这可能是我们这类充分竞争的央企的最后归宿。

学员: 刚才您讲到了五个统一,尤其是强调了文化的重要性。我们集团也收购了很多民营企业,我个人感受,第一是国有企业本身有一些体制、机制方面的问题,民营企业对这些问题看得很清楚,也不能接受;反之民营企业的一些做法或者理念,我们也是无法接受的。在收购过程中,中国建材和我们集团一样,首先一定要主导这个企业,尤其在文化方面,因为大家的理念和价值观还是有很大区别的,这个意义上讲并没有平等的概念。

第二是国有企业本身也要承认我们自身在体制机制方面的一些问题。将来随着股权的多元化,这个文化能否永远保持下去,或者之间的矛盾永远不会爆发?我认为在实际运营中,央企和民企在互相参股的企业管理上矛盾是很多的。平衡可能在一段时间能做得到,到一定时间矛盾可能还会爆发,这是我个人的感受,不知宋总对这个问题如何看?

陈伟鸿: 看上去是一池春水,可底下有很多波澜。您"解放"了那么多企业,有没有发现这种现象,有人表面服从大方向,但心里却有自己的算盘,大家担心的可能是这点。

宋志平: 您的担心是有理由的,过去确实是两种不同的机制,好像两种人生活在两个不同的星球上,大家的思想、管理都不一样,习惯也不同。但是我认为融合是个大趋势,尤其是我们讲融合的标准是实现市场化和共同利益。当然矛盾和冲突肯定是存在的,即使国企的单位之间也有矛盾和冲突,我觉得这些会随着企业的发展和一体化逐渐解决。刚才讲到"五化"里最后一条是文化一体化,您担忧的问题不是克服不了的,企业要发展、规模要做大,就要和别人联合,不可能只靠自己。西方的企业做介绍时会放一张图,一家两百年历史的企业，有可能有着一两百年不断合并和收购的历史，公司的名字也在不停改变，我认为中国的企业也会是这样。因此我们国有企业也要放下身段，接受市场的概念，而民营企业应该改变过去的家族化作风，接受规范化的管理。

不了解情况的人可能会想，中国建材重组这么多民营企业，是不是一大堆人"长袍马褂"，乱七八糟就被整合进来？其实不然，过去做水泥做到几十亿的老板，基本都经过市场的冲刷了。现在中国建材集团的四家水泥公司开工作会时几百人齐坐会场不是一些人想象的是一帮"散兵游勇"，反而倒是我们接收的一些地方国企，往往优秀的人走光了，"老弱病残"多一些，整合起来问题相对更多一些。

至于说中国建材集团并购过程是不是一帆顺风，肯定不是的。重组中各种问题是客观的，矛盾的冲突恰恰是我们工作时要面对的，是我们必须肩负起的责任，管理学讲小型涨落其实是进化过程，对待融合之后的一些矛盾，不能消极看待，而是要积极应对。

有一次，一家被重组企业的小股东跟我反映企业里的浪费现象。我想这就是机制的作用，因为真正的所有者看到企业不合理的浪费会心疼，如果只是简单的上下级关系，他会认为那是领导定的，我管这个干什么？所有者和机制的到位对央企尤其是充分竞争的企业不是坏事。另外关于收购的企业会不会脱离中国建材，这不太可能，因为我们占70%股权，绝对控盘，在股权比例上我不搞51%：49%，我要绝对控制，这是原则立场。讲到国企和民企的融合，这多年的演变像钱钟书的《围城》一样，城外的人想进来，城里的人想出去，国企的员工想自己出去干，而民企的老板希望加进来，也希望有组织，也希望能开会听领导讲话，这就是互相融合，不同所有制的企业的融合是发展的大趋势。当然中国建材这套东西也不是什么都行，我也有挑战，也走过麦城，但我知道迎接挑战是我的工作。

学员：在市场化运作、重组和管理整合方面，中国建材是很好的典范，总结了成功的经验，主要有一点是把行业的危机和风险转化为机遇。但管理的思路、想法和方法如果真要去实施，需要管理层有共同的利益或思维和行动要高度一致。我认为企业做大容易，但要真正做强是很难的，中国建材采取了什么方法让管理层有共同的想法或原动力，我想向您请教这个问题。

陈伟鸿："人心齐泰山移"，想让泰山移，那这个"齐"字如何达到最佳状态呢？您有什么秘诀吗？

宋志平：您讲企业做大容易做强难，其实我想说做大不容易，做强更不容易，因为做到世界 500 强收入在 1400 亿元以上，需要做多少业务才能完成呢？我不太同意大家讲的企业"做大容易做强难"的观点。世界 500 强确实指的是"500 大"，但做大规模并不容易。中国建材集团十年间收入从 20 亿元上升到 2200 亿元，国药集团几年间收入达到 1650 亿元，其间付出了很多艰辛。我讲这个并不是说我是个"好大狂"，做大的目的归根结底是要有效益，最终还是要做强做优取得利润，而不是"囫囵吞枣"式地只做到世界 500 强就可以。

重组成功的诀窍就是管理整合，整合过程中要有方法，不只是开个现场会、领导讲次话的简单形式，而是要有一整套方法。中国建材的管理整合是根据水泥行业和水泥厂的特点，总结完善的一整套工法，包括五集中、KPI①、辅导员制等。以前我在北新建材做过十年厂长，在日本 AOTS（海外研修者协会）也学习过，我比较倾向于日式管理。中国建材进入水泥行业能挣点钱不容易，过去几年公司是在整合和管理上下了些功夫才取得了一些效益。集团现有水泥 3.5 亿吨②，今后如果水泥做得好，不要说价格恢复到国际水平，即使有 30% ~ 35% 的毛利，那利润也能有 300 亿元，我们也是在朝这个目标方向前进。中国建材发展的目标不只是简单的进入世界 500 强，而是要获得效益，同时我认为做大做强和做强做优之间是递进关系，不能分割，就像要增产 1000 斤粮食，1 万亩地就比 1000 亩地要容易得多。做大规模效益是现代市场经济和现代工业最基本的规律，有了规模才可能有效益，当然有规模取得效益也不那么容易，还得在管理提升方面下大功夫。我希望企业把做大做强做优结合起来谈发展。

陈伟鸿：谢谢宋总和大家的分享，其实我特别佩服宋总，在强调规模效益的背景下，他总有着坚定的创造利润和追求利润的信心和勇气。

---

① Key Performance Indicater，即关键绩效指标。
② 截至 2018 年 6 月，中国建材水泥产能达 5.3 亿吨。下同。

学员：听了宋总的发言我很受启发，中国建材这几年的重组整合都很成功，但中国建材是在国际国内经济上行的背景下完成这一系列重组的。现在我想提一个问题，在整个全球经济下行，要素价格有的上升、有的下降的情况下，您对产能以及未来效益有何预期？

中国建材现在好几个全球第一了，成绩非常显著。我想了解到目前为止中国建材的国外销售收入、国外利润占比多少，未来有什么打算？

陈伟鸿：谢谢您的提问，又是一个尖锐的问题，我们是否还应该继续走规模效益的道路？另外在国内和国外市场的发展方面您的考量是什么？

宋志平：中国建材过去十年的快速发展主要得益于两点，一是中国经济的高速增长，二是中国建材行业的产业结构调整。今后我国经济的增长不可能再是高速了，但因为我国的城镇化建设，人们对水泥的偏好，未来对水泥的需求仍然是刚性的，我认为水泥不可能再往上升，但可能会在一个大平台有平稳的需求，可以维持七八年的时间。但过剩也是现实的，去产能化将逐渐摆到我们面前。

关于去产能化和价格要素等问题，我觉得在这种情况下其实更需要重组解决。如果不进行重组，企业对价格就没有一点儿控制力。在整个去产能化过程中，只有通过增加集中度，大企业之间通过互相"间苗"，把多余的苗拔掉，通过兼并重组，实现有序减产。比如日本出现泡沫经济时，当时水泥1.2亿吨，日本三家水泥公司进行限产，水泥的量减少了，但效益非常好，现在东京水泥价格也有每吨100美元，这也说明只有大企业在市场有一定的影响力才能实现良性经营，确保市场向健康方向发展。全世界的大的重组潮都是发生在过剩去产能化阶段，总量往下走的时候，企业会很难受，往往量价齐减，当然这时收购的价格也会比较低。整个过程中边重组边减量，目的只有一个就是要维护市场价格，取得合理利润来平抑和抵消收购企业的溢价成本。中央经济工作会议讲到，要解决产业过剩问题，就要增加集中度，加大重组力度。中国建材在水泥方面大的区域重组基本完成了，下一步的重组方式是夯实核心利润区，有一定的市场话语权，但也不意味着我们会漫天要价。我们争取企业有30%的毛利，如果量多了我们就自己率先停产。

关于中国建材集团国际化的情况，过去集团做了些进出口贸易，后来开始做水泥、玻璃的 EPC，现在试着在埃及及中东地区做一些玻璃纤维、石膏板的生产企业。我的看法是，现在国内建材行业尤其水泥行业有一个大市场，国外很多公司也都看好中国的市场，我们应该先把国内市场做好，有了实力再去国际竞争，如果国内的市场都做不好，即便走出去也是很难开展工作的。记得金融危机时，我们用 20 亿美元就可以收购一家国际上的大水泥公司，当时投行拿来厚厚一摞资料，我一晚上没睡觉就在看这些材料，如果用 20 亿美元收购这家企业，在市场上确实能引起轰动效应，集团一夜之间会成为水泥全球第一。但是仔细思考后觉得我们还是做不了，因为收购了这家企业我们成了大股东，但控制不了董事会，即使控制了董事会，他们在全球有 400 家企业，以当时中国建材的实力还消化不了这些。经过深思熟虑，最后时刻还是决定放弃这个项目。像我们这样基础薄，实力不是很强的公司，在国外如果一个项目投资失误了，可能带来的后果是"全军覆没"，我们没有多少资本金，投资决策过程必须非常小心谨慎。现在在尝试着做一些规模小的项目，就是稳抓稳打，步步为营，逐步积累经验。

前两天和三菱公司会谈时，他们讲日本在海外做了不少项目，大家只看到成功的，但当年在海外开拓时失败得太多了，提醒我们"走出去"也是要非常小心的。对于我来讲，企业最终还是要"走出去"，我们可以先把国内市场做得固若金汤，有一定实力后再"走出去"，尤其像企业资产负债率高，又贷款投资很多项目，更要重点关注风险。国资委领导讲过支持央企"走出去"，但"走出去"时谁出了事谁负责，也是强调企业"走出去"时还是要慎重。中国建材这几年主要集中精力在国内搞市场整合，每年外贸和 EPC 大概做 70 亿美元的收入，在"走出去"方面与在座的大家还有很大差距。

陈伟鸿："走出去"基本没有保护神，最后冲锋陷阵的还是我们。下面是最后一个问题。

学员：中国建材集团从收入 20 多亿元到 2000 多亿元、利润从两三千万元做到 100 多亿元确实很不容易，也很不简单。我的问题是中国建材集团发展到目前在效率、沟通、协调方面有没有大企业病？如果没有是怎么做到的，如果有是怎么解决的?

宋志平:实际上大企业病也是我最近常讲的话题,上次在年度经济人物颁奖会上郭鹤年老先生说过"失败是成功之母,成功也是失败之母",中国建材集团从过去极度困难的处境发展到现在的规模也取得一点点成功,但是成功时刻也是我们容易失败的时候。

大企业病的特点是什么呢?就是过去常讲的机构臃肿、人浮于事、士气低沉、效率低下、投资混乱、管理失控。中国建材集团针对大企业病做了很多工作。比如说精干队伍,集团总部的人数严格控制在 100 人左右,总部以下采取"五三三"定员,即业务平台公司定编 50 人,区域运营中心定编 30 人,日产5000 吨水泥熟料全能生产线定编 300 人,都不能超过这个范围。我们不能忘记国有企业从过去困难中走出来的历史,今天再也不能走回头路。

陈伟鸿:其实从大家的提问中我感受到重组和整合是大文章,今天很多中国人面对这个文章正在思考。可以看到很多人开始了他们的布局,有些人正在奋笔疾书,还有一些人像宋总一样刚刚停下了笔,但是并没有画上句号,而是未完待续。这之后还有很多的风险和精彩在等待着他。希望所有希望做好文章的人交出漂亮的答卷,写出漂亮的文章。

19

化解过剩困局要打组合拳[①]

中央经济工作会议强调着力加强供给侧结构性改革，让供给侧结构性改革成为我国宏观调控和经济改革领域的热点话题。新常态下，我国经济运行面临着经济增速放缓、需求不足、产能过剩、产业结构亟待调整、环境压力加大等问题。供给侧结构性改革是针对以上问题提出来的，从供给生产端入手，通过提高供给体系质量和效率，解放生产力，提升竞争力，来增强中国经济增长动力。

供给侧结构性改革强调生产要素的供给和有效利用。十八届五中全会提出创新、协调、绿色、开放、共享五大理念，体现的也是供给侧结构性改革问题。水泥行业是资源能源消耗型产业，长期以来产能严重过剩，目前已经进入平台过渡期，2015 年，水泥产量 25 年来首次下降、价格持续下滑，供给侧问题更加凸显。

李克强总理在钢铁煤炭行业化解过剩产能实现脱困发展工作座谈会上强调，综合施策，标本兼治，以结构性改革促进困难行业脱困发展。[②] 那么，同样面对严重过剩问题的水泥行业，如何在新的五年规划中抓住供给侧结构性改革的历史机遇，对行业的未来进行理性的分析，特别是对化解过剩产能提出更有效的办法路径，让行业能够克服当下的困难，实现良性发展？带着这些问题，记者专门采访了中国建材集团董事长宋志平。

---

① 本文原载于《中国建材报》2016 年 1 月 18 日。
② 新华社：《李克强：以结构性改革促进困难行业脱困发展》，新华网 2016 年 1 月 7 日，www. xinhua-net. com/politics/2016 – 01/07/c_1117706028. htm。

水泥行业发展现状和面临的问题

孟宪江：多年来，中国建材集团在水泥行业供需平衡、化解产能过剩等方面做了很多工作，包括推进联合重组，积极倡导水泥"四化"发展、市场竞合、以销定产等。2014 年，中国建材提出水泥行业要做好有效供给，2016 年在水泥峰会上又提出，新常态下水泥行业正从需求端增长的故事演变为供给端的故事，水泥企业要讲好供给端的故事。

当下，业内许多企业家也都认为供给侧结构性改革将给水泥行业发展带来重大机遇，请结合水泥行业的形势和中国建材集团的发展实践，谈谈您的看法。

宋志平：水泥行业的供给侧改革大有可为，建材企业必须抓住时机。"十二五"期间，很多政策以缓解需求不足为出发点，重点在需求侧发力，通过投资、消费、出口"三驾马车"拉动经济，对稳增长发挥了一定作用，但也存在隐忧。当前一些传统产业出现的产能严重过剩局面，很多和前期盲目投资有关。现在我们将重视需求侧管理的目光转向供给侧问题，发现传统产业普遍产能过剩，同时存在结构性的有效供给不足的问题。

水泥行业的问题在供给侧改革中很有代表性。和钢铁、煤炭等行业一样，水泥行业完全处在供给结构性过剩的状态，而且问题还有日益加重的趋势。在当前的形势下，我们必须积极响应党中央的号召，凝聚搞好供给侧改革的共识，着力在破解产能过剩方面下功夫。

孟宪江：其实，从业内的情况来看，产能过剩以及如何化解已经是老话题了，这个话题为什么会持续好几年，而且问题越来越严重？水泥行业这次没有纳入国家供给侧改革困难行业脱困的首批重点，您怎么看？

宋志平：水泥行业这次没有纳入国家供给侧改革困难行业脱困首批重点，因为钢铁、煤炭行业的问题的确更大。本来水泥行业应该纳入进去，因为 2015 年行业真实的情况并不一定赚钱，2016 年则是压力更大的一年。我们也希望政府和社会能够了解真实的情况。2015 年水泥产能是 35 亿吨，水泥产量约为

23.5亿吨，同比下降6%，是25年来第一次下降，各区域价格效益全面下滑，水泥行业进入平台过渡期，企业经营压力巨大。我们的看法是，2016年和2015年相比，需求量可能还会下降，但供给量却还在增加，新建、在建熟料产能还有2亿多吨，这些都释放出来以后，水泥产能将达到40亿吨，产能利用率只有50%多一点，这是水泥行业面临的严峻形势。

水泥与煤炭、钢铁等行业相比，有其特殊性。受"腿短"制约，过剩问题处理不好，后果会更严重。前几年每年全行业还有七八百亿元的利润，2015年下滑到只有200亿元，2016年如果做不好，可能会面临全行业的亏损。因此，我们必须正视行业所面临的挑战。

孟宪江：面对挑战，您认为应对的关键是什么？

宋志平：对于水泥行业面临的形势和遇到的困难其实大家都已经比较清楚，认识问题已经解决了。现在的关键是怎么做的问题。我认为主要有两个方面，一个是生产结构调整的问题，另一个是市场行为如何引导的问题。

就行业本身来讲，提高行业集中度和限产是其中最核心的工作。在过去的几年中，中国建材集团做了两件大事，一件是重组了4亿多吨的水泥，使水泥行业的集中度大幅提高。这两年，中国建材的重组放慢了步伐，水泥产能集中度也没有再增加。中国建材推动重组的好处就是让之前并不赚钱的水泥行业，在2010年到2014年赚了钱，尤其是2011年，行业利润超过1000亿元。这是全国通过结构调整推进供给侧改革最好的案例。

另一件事就是自律限产，其核心是产销平衡。2014年前后，企业压力增大，有政府和行业协会提出，为减少冬季雾霾，在东北和新疆等地实施错峰生产的措施。其实现在的水泥行业因装备水平的提升，粉尘排放量都符合国家标准，所谓错峰生产，除了冬季取暖错峰排放外，另一核心是着眼于限产。企业冬季生产的熟料都压在库里，或很便宜地卖给小粉磨站，待春季到来后，小粉磨站再以较低的价格推向市场，使得春季水泥价格下滑，直到小粉磨站把冬天低价买到的熟料用完后，大概八九月份水泥市场才开始赚钱。由此可以看出，目前产能过剩阶段夏季生产的熟料都消化不了，根本不需要冬储，所以在北方地区推行冬季错峰生产很有必要。这是通过政府强制限产的供给侧改革的案例。

如何进行供给侧结构性调整

孟宪江：我们注意到，中央经济工作会议把"去产能"列为 2016 年五大结构性改革任务之首，明确了"多兼并重组，少破产清算"的思路，并提出"资本市场要配合企业兼并重组"，展开了打响化解过剩产能攻坚战的清晰的路线图。[①] 面对这个难得的政策机遇，您认为水泥行业应该如何做好生产供给方面的结构调整呢？

宋志平：现在中国的水泥产能是个天文数字，无论是人均水泥用量，还是人均累计用量，都是全球第一，超过工业发达国家的峰值很多。从当前我们的国情来看，大规模的基础建设不可能像以前那么多了，市场对水泥的需求量也不会再像以前那样快速增加，在"十三五"期间能维持住现有的水平就相当不错了。这也就是我们所说的平台期。水泥需求为 20 亿～25 亿吨，但我们的产能却有近 40 亿吨，过剩非常严重。

大家都意识到了去产能的重要性，供给侧结构性改革是个好政策，但究竟该怎么做？习近平总书记说，要集思广益，真抓实干。[②] 水泥行业应该切实讨论一下，到底怎么干。我有两个担心：一是由于中国建材发挥大企业作用，水泥行业前两年比钢铁行业好，然而 2015 年行业部分企业带头打价格战，导致我们市场竞合的"马其诺防线"彻底崩溃，行业利润下滑很快。现在国家出面做钢铁和煤炭行业的供给侧改革，力度很大，而水泥行业又没有强有力的措施，届时水泥行业可能会不如钢铁和煤炭行业。二是这么大的水泥产能，在"十三五"期间，不管怎么样，GDP 还有 6.5% 的增长，还能有一定的量做支撑。但"十三五"以后，水泥销量会掉头向下。为此，"十三五"期间，我们必须在有一定需求量的情况下，抓住机会，采取措施，把供给侧改革、去产能

[①] 新华社：《多兼并重组，少破产清算——中央明确去产能路线图，即将打响的化解过剩产能攻坚战》，《新华每日电讯》2015 年 12 月 23 日，第 4 版，http://www.xinhuanet.com/mrdx/2015 - 12/23/c_134943518.htm。

[②] 《集思广益真抓实干解决突出问题》，《人民日报》（海外版）2015 年 7 月 31 日，第 1 版。

工作做好，这样才能有一个长期的良好走势。人无远虑必有近忧，所以"十三五"期间，既为了企业的当期利益，也为了未来水泥进入减量期时不至于更困难，企业应该采取必要的措施，抓住供给侧改革去产能的宝贵时间，果断地去产能。

怎么做？其实就是我们现在的去产能和让企业有利润。习近平总书记讲，衡量发展的质量和效益，就是投资有回报、产品有市场、企业有利润、员工有收入、政府有税收、环境有改善。① 这中间，企业有利润是一切的前提，没有利润其余就都没有了。要让企业有利润，目前就得解决产能过剩问题。

经济学家围绕供给侧改革讲得挺多。无非就是两件事：去产能和产品升级换代。这两件事就叫结构调整，减少过剩的低端的量，增加急需的高端的量。而对水泥行业来讲，供给侧改革和结构调整就是去产能，40 亿吨水泥产能，只卖 20 亿吨，这种情况下，只有在去产能上真抓实干，才能真真正正地为供给侧改革做点事情。

孟宪江：您认为从哪些方面入手才能真正有效实现去产能？

宋志平：围绕供给侧结构调整，我认为有四招来解决问题。

第一招，继续鼓励联合重组、增加集中度。

从国际经验来看，解决过剩问题必须充分发挥大企业的作用。特别是在行业下行周期中，由大企业整合市场，增加行业集中度，从做工厂、做产量到做市场、做系统，兼顾各种资源和各方利益，做到退而有序。

在欧美、日本等发达国家，水泥、钢铁等基础原材料产业基本上到了一个高峰之后就开始兼并重组，关掉很多工厂，几十家水泥厂变成几家，高度集中，同时果断退出，果断产能出清。日本的水泥年产量从泡沫经济时代的 1.2 亿吨降到 4500 万吨，但价格一直不错，现在是 100 美元左右一吨，是我们的一倍，日本水泥企业效益也不错。法国水泥行业过去在困难时期，销量也下降了 30%，出现这个问题后，行业就开始整合。通过整合，法国水泥行业建立了良

---

① 摘自习近平 2015 年 12 月 18 日讲话《围绕贯彻党的十八届五中全会精神做好当前经济工作》，载中共中央文献研究室编《习近平关于社会主义经济建设论述摘编》，中央文献出版社，2017 年 6 月。

好的秩序，过剩产能也逐渐消失，企业开始赚钱，现金流变好，之后开始投资海外，因为"走出去"需要强大、雄厚的资金支持。意大利水泥行业在遇到过剩问题时，并没有成功实现整合，所以水泥企业效益一直没有法国企业那样好。

中国建材集团推动重组有十年了，无论从贷款的利息、税收的减免，还是从资本市场融资的便利上都没有得到政策支持。中国建材的重组在全国是有代表意义的，下一步对联合重组，包括对中国建材这类联合重组中立过功的企业，国家应该给予一些必要的支持，包括考虑给予一些贴息贷款支持，给予资本市场融资便利的支持。要鼓励联合重组就要给企业政策，给融资和税收方面的优惠。我国水泥行业有53%左右的产业集中度，相较于发达国家70%～80%的集中度，仍有差距。

爱尔兰CRH老城堡集团董事长跟我聊关于"到底哪儿的水泥业务赚钱"的问题时，他说不管在发达国家还是发展中国家，只要有3家水泥公司加起来市场占有率达到70%，那个地方就挣钱。市场集中度是价格稳定和企业获利的前提。

联合重组的目的是增加集中度。鼓励大企业按区域形成市场核心利润区，鼓励大企业之间产能互换，鼓励大企业托管中小企业，支持企业之间交叉持股，或者形成联合销售体进行联合销售，以上这些都是联合重组的方法。

世界水泥行业中排名前五的拉法基和豪瑞集团合并是水泥行业的重大事件。合并后的拉法基豪瑞集团董事长乐峰先生对我说，拉豪合并后水泥总产量达到4.2亿吨。合并主要的效果是节约成本，形成协同效应。拉法基和豪瑞各有所长，双方合并后能把各自的长处发挥得更好，新企业能形成更好的机制，架构也非常好。如果全球经济形势好，合并后的效果会更加明显。

重组中有两件事非常关键。一是重组一定是停止了新建的市场，不能边重组边新建，山前买一个厂子，他在山后再建一个，那样，谁重组谁倒霉。这次钢铁、煤炭行业调整中要求3年不能新建，把新建卡住了。水泥行业也不应该再新建了，所有的在建都应该停下来。二是重组了以后价格合理回归。重组之后，价格不能恢复，大家依旧打乱仗，重组者就会腹背受敌。2010—2014年，中国建材通过联合重组把水泥价格维护得不错，行业有利润，企业也有利润，但 2015 年一些企业大打价格战，没有维护住价格，大家都有损失。

第二招，严格禁止建新线。

2009 年春天在北京水泥国际峰会上，我说中国的水泥行业不能再新建了，提出了"休克疗法"。从那时到现在 7 年了，这 7 年里新增水泥产能 10 亿吨以上，差不多就是现在的过剩量。现在，水泥行业在全国各地都处于严重过剩状态，必须严禁建新线，更不能偷换概念把新建变成新增，搞等量淘汰、异地置换，这样又会增加很多产能。2015 年全国又新增熟料产能 4300 万吨。

水泥窑可以进行协同处理、垃圾处理，发展循环经济，但都要在现有生产线基础上进行工艺改造，而不能以这些名义再建新线，搞变相新建。目前我国的水泥厂大都是一流的装备，高于全世界平均水平，因为我们的厂大都是新建的，欧美的水泥厂都是二三十年前建设的。我们根本找不出任何理由再建更新的。这一点必须坚持。

中国的水泥无处不过剩，无时不过剩，已无淡旺季之分。所以中国的水泥行业千万不要再新建了，把新建改成新增，虽是一字之差，却失之千里。

第三招，坚决淘汰落后。

对低水平的落后产能加大出清力度是供给侧改革的一个重点。主要有以下几点。

一是彻底淘汰小立窑。这些年小立窑基本上被淘汰了，但是现在各地还有 4000 多万吨的立窑水泥没有被淘汰掉，这个尾必须扫掉。

二是淘汰日产 2500 吨以下的熟料生产线，淘汰小悬窑。

三是分区域淘汰日产 2500 吨的熟料生产线。比如在安徽，留存 2500 吨线就没什么意义了，因为 5000 吨线都过剩了。但在云南，2500 吨线是主力机型，没有必要淘汰它。

四是关闭日产 5000 吨熟料生产线过于密集地区的生产线。5000 吨线在技术、环保、效率上可能没问题，但过剩太多也不行。做大型水泥熟料基地的思路也需要重新考虑。以前各地缺少水泥，扎堆建了不少 5000 吨线。现在哪儿都有水泥，运费又高，每吨水泥百公里运费要几十元。过去做熟料基地的优势现在已经不存在了，在熟料基地的富余产能也要关闭。大型线虽然成本低，可算成本不是只算工厂运行成本，还要算水泥的运输成本。如果一个县做一条 5000 吨线，就可以供应周边地区，但如果做规模更大的线，运到很远的地方，不仅运费高，还冲击别人的市场。所以要根据情况关闭过剩的 5000 吨线，一切服从于市场。十几年前我到日本的大阪水泥考察，看到几条 3000 吨以上的生产线都关掉了。如果没有这种决心，去产能是去不掉的。不主动关一些工厂，最后就是所有工厂都过苦日子；关掉一些生产线，企业还能赚钱。

五是下决心全部淘汰 32.5 低标号水泥。现在刚淘汰 P. C32.5，我们正在推动淘汰 P. C32.5R，还有 32.5 粉煤灰水泥、32.5 矿渣水泥，都应全部淘汰掉。32.5 低标号水泥全世界都很少用了，中国还在大量使用，甚至占比达到 50% ~ 60%，而全世界的情况是 42.5 水泥占 50%、52.5 和 62.5 水泥占 50%。国外水泥是青色的，我们的水泥是灰白色的，里面加了很多混合材，本来是 70% 的熟料加 30% 的混合材，现在一些小企业用 30% 的熟料加 70% 的混合材。

六是废除直径 3.2 米以下的水泥粉磨，提高水泥粉磨质量，降低能耗。

七是要提高建筑混凝土的等级。建筑混凝土的等级分为 C15、C30、C40、C50，现在我国仍大量采用 C15，这个等级太低，很多房屋浇铸了混凝土，用不了 20 年、30 年就坏了。供给侧结构性改革中，我们要满足高端的需求，不只要淘汰掉落后的，还要推广高标号水泥、高等级的混凝土，包括特种水泥。

第四招，加强国际产能合作，开辟新的需求市场。

李克强总理在政府工作报告中提出要"促进冶金、建材等产业对外投资"，并多次指示加快水泥、玻璃成套装备"走出去"的步伐。[①] 中国水泥业的装备和技术水平是世界一流的，在"一带一路"国家倡议牵引下，中国水泥企业从过去只卖装备的时代，迈入全方位投资、进行国际产能合作的新时代，创造长期需求。

---

① 《李克强作的政府工作报告（摘登）》，人民网 2015 年 3 月 6 日，http：//politics. people. com. cn/n/2015/0306/c1024 - 26645424. html。

过去水泥出口是享受国家退税政策的，但后来因为水泥属于"双高"行业，就取消了这个政策。我们希望恢复水泥出口的退税政策，从而推动中国水泥出口。现在非洲等很多国家缺水泥，而我国水泥产能过剩，在当前这个过渡期，国家可以适当鼓励产能过剩的企业出口水泥。另外，对于那些在国外建新水泥厂，同时在国内又关掉一些水泥厂的企业，也应考虑给予一些政策支持，比如纳入国家专项建设资金贷款，以加大"走出去"与消减国内过剩产能之间的联系。

如何做好市场结构性优化

孟宪江：我们注意到，在解决过剩问题的部署中，李克强总理提出更多运用市场的办法。您对市场结构优化有什么看法和建议？

宋志平：在市场优化方面，我认为，全面开展错峰生产，发挥以协会为主导的行业自律，以及大企业的引领作用，是工作的重点。除了前面提到的四招，从市场结构调整方面看，还有三招。

第五招，大力开展错峰生产，扩大错峰区域。

供给侧限产是当前应对市场需求下滑的主要应急手段。工信部和环保部联合发文要求在北方采暖区全面试行冬季水泥错峰生产。对行业来讲，错峰生产的经验值得推广。

北方错峰生产非常有意义。错峰生产不仅应该常态化，还应该增加内涵，推而广之，实施减霾错峰、限碳错峰、春节淡季错峰、高温雨季错峰等；不仅在北方采暖区错峰生产，还应在南方和全国范围内推行，缓解供需矛盾、雾霾等问题。从实际操作上讲，水泥厂与玻璃厂和钢铁厂最大的区别是可以停产，一条日产 5000 吨的线停产一次，造成的损失是 35 万元，这在可以承受的范围内。

全世界水泥产能利用率是 70% ~ 80%，2015 年有的企业利用大家停窑限产时开足马力生产，达到 120% 的产能利用率，有点趁火打劫的味道。短缺经济的时候多生产，而现在富余了，这样生产会搅乱行业的价格。如果大家都这样做，最后谁也赚不到钱，因为需求没有弹性。

最近我去法国参加世界气候大会，会上讨论了水泥的碳交易问题。现在中国有 7 个地区、6 个行业在推行碳交易试点，其中也包含水泥行业。碳交易有项指标叫碳配额，2014 年 5000 吨的水泥线给 160 万吨二氧化碳的配额，我认为应缩减水泥厂的二氧化碳配额，缩减到只有 80% 的产能利用率。这样就像限电一样，企业想多生产也不行。

众所周知，二氧化碳的过量排放导致了地球温度的迅速上升，目前我国二氧化碳的排放量使我国对世界的低碳承诺面临很大压力。水泥生产是排放二氧化碳的大户，而且是单向排放，差不多每吨熟料排放 0.8 ~ 0.9 吨二氧化碳，中国每年排放的 120 亿吨二氧化碳中，水泥行业占了 10% 左右。

雾霾是看得到的，二氧化碳是看不到的，随着二氧化碳核查越来越严格，将来会用碳配额限制水泥企业的生产。2010 年第三季度，江浙一带为了完成环保达标对水泥行业进行了限电限产，水泥价格应声而起，并一直延续到 2011 年，那一年也是行业里最赚钱的一年。事实证明，真正的价格取决于供需关系，限电限产对行业是件好事。

在这个过剩的时代，我们真的要改变很多观念，包括给职工放假，能多放就多放，因为上班也没意义，生产的东西也没人要。为什么欧洲人实行 5 天工作制，每天上班 6 个小时，就是因为生产过多并不是件好事，所以就多放假。我们水泥厂也要放长假，让职工快乐生产。

第六招，以协会为主导的行业自律。

开展行业自律实际上要以行业协会主导、大企业引领，促进市场健康化，不进行恶意杀价、不搞倾销。国际上的反不正当竞争法里有两方面内容。一个是反垄断。滥用市场支配地位是垄断，一家企业即便覆盖 70% 的市场，如果没有滥用支配地位就不叫垄断。另一个是反倾销，在当前过剩情况下，倾销是主要矛盾。这里的倾销指的是低价销售，主要指产品价格低于在目标市场的平均成本。现在有人认为，竞争就是把价格压得越低越好，物美价廉，其实恶性竞争实际上是损害了企业，最后受苦的还是消费者。

目前国际上反不正当竞争的主要手段是反倾销，而维持市场健康的工作主要是由行业公会来做。国外的公会有很大权力，主要是协调市场上的销量和价格，代表行业共同利益，捍卫本国市场，对国外企业实施反倾销。我们要强化行业协会维护市场健康和公平的作用。行业协会是市场化的非营利组织，要发挥它在市场健康化中的主导作用，强化它对整个行业的管理力度，以及对市场化管理的力度，包括市场化约束和市场化自律。

第七招，支持大企业发挥行业引领作用。

在供给侧结构性改革的过程中，大企业要发挥应有作用。从全球水泥业调整产能过剩的历史来看，需要长则 40 年，短则 15 年的时间，而且龙头企业起到了至关重要的作用。大企业要发挥应有作用，从国家政策、行业发展和企业战略的高度，从消费者利益最大化的角度进行系统化、全局性思考，探讨企业间通过交叉持股、置换产能、委托管理等方式合作共赢。

大企业更要站在道德高地做企业。第一，在做企业时，不仅要考虑企业的经济效益，还要考虑以人为本；第二，当进行市场竞争时，要考虑到行业的利益，要有大局观；第三，企业发展要关注气候变化，承担社会责任；第四，"走出去"要给当地经济做贡献，与当地人民友好相处。

回顾一下历史，我们不难发现，中国建材上市十年来，实际上都是在行业的供给侧进行结构调整。中国建材战略中有两句话，第一句是"大力推进水泥、玻璃行业的结构调整、联合重组和节能减排"。这句话里没有讲建新厂、增量，讲的是结构调整、联合重组。在水泥的结构调整中，我们提出大力发展水泥的高标号化、特种化、商品化、制品化，讲的是不只要限制低端，还要迈向高端。第二句是"大力发展新型建材、新型房屋和新能源材料"，讲的是在供给侧做高端产品。目前，中国建材在新型建材、石膏板、玻璃纤维、风机叶片、新型房屋等领域都有不少盈利，这主要得益于在供给侧的结构调整。

这些年来，作为中国水泥业的领军企业，中国建材集团主动联合行业协会和业内企业，扎实落实政府产业政策，带头做了大量的维护市场供需平衡的工作。

在去产能方面，中国建材一直是行业的领军企业，一直致力于行业的结构调整工作，并取得了一定的成绩。最早我们带头炸了 9 条小立窑，中央电视台直播，带动全国淘汰了小立窑；现在我们又带头淘汰 32.5 低标号水泥。中国建材一路带头，受益的是整个行业。

我们相信在去产能的过程中，还有不少困难，但我们会坚定不移做下去，发挥中国建材的引领作用：带头淘汰 32.5 低标号水泥、带头关闭富余产能、带头不新建生产线、带头执行错峰限产、带头稳定市场价格，在水泥供给侧改革过程中做有担当的企业。我们也呼吁行业内的兄弟企业都从国家政策、行业发展的高度，共同推动供给侧改革，共克时艰，开创水泥行业美好的明天。

20

坚定不移推进水泥行业供给侧结构性改革[①]

推进供给侧结构性改革，是党中央和国务院适应和引领经济发展新常态作出的重大创新，是我国经济结构调整、转型发展的必然要求。

水泥行业响应政府号召进行供给侧结构性改革以来取得了哪些成绩？还存在什么问题？下一步应该怎么做？日前，中国建材集团董事长、党委书记宋志平接受采访时回答了这些问题。他表示，目前水泥市场价格的平稳来之不易，行业对此一定要坚守共识。

水泥行业供给侧结构性改革取得重要成果

没有行业效益，就没有企业效益。我们要坚定不移地加强区域市场竞合，维护好来之不易的市场，让水泥行业在有效益的前提下积极有序地推进供给侧结构性改革。

孟宪江：最新的统计数据表明，2017 年上半年全国水泥行业取得了很好的成绩，大家都很高兴，但也有一些企业喜中有忧，他们担心这样的好形势不能持续太久，也为持续平稳发展提出了一些建议。在这里，我们想听听您的意见和思考，以期为大家提供帮助，指明方向。

---

① 本文原载于《中国建材报》2017 年 7 月 20 日。

宋志平：2017 年水泥行业整体利润的预定目标是 800 亿元，我们要通过各种努力，使今后三到五年内都稳定在这个目标水平，让企业静下心来踏实做事。所以水泥行业应坚定不移地推进供给侧结构性改革。

近几年在经济转型中，水泥需求也经历了从高速增长到平台期的过程，产能出现过剩，但相对于钢铁、煤炭行业的大面积亏损，水泥行业利润水平在经历过山车后逐渐呈现趋稳态势，其中行业自律功不可没。

水泥行业虽然没有像钢铁、煤炭行业那样被纳入改革重点，但是政府也非常重视其可持续发展，专门出台了 34 号文①。中国水泥协会也在全力推动行业的供给侧改革，中国建材、海螺、金隅等行业大企业集团在中央部委和行业协会及地方行管办的带领下，积极推进结构调整，取得了很好的成绩。目前水泥价格趋于稳定，行业达成一定共识。但同时，我们也要看到水泥行业目前还存在一些发展隐忧：水泥市场价格还比较脆弱；对于淘汰 32.5 低标号水泥还没有形成共识；错峰限产虽为行业赢得了时间和利益，但仅是治标不治本的方法；行业自律方面，违规新建、批小建大、产能重复置换等时有出现，有些企业又盲目放量，成了区域水泥市场的不安定因素……

同时，业内企业感觉到，目前依靠自律限产的体系还相对脆弱，容易受到企业自身各种考虑因素的冲击。比如 2017 年上半年，水泥行业的错峰限产和市场竞合做得不错，行业整体效益很好，但有些企业又开始蠢蠢欲动，价格战有所抬头。我们要看到，如果没有行业效益，就没有企业效益，更难以推进供给侧结构性改革。所以我们要坚定不移地加强区域市场竞合，维护好来之不易的市场，让水泥行业在有效益的前提下积极有序地推进供给侧结构性改革。

六个"坚定不移"体现行业推进供给侧结构性改革的决心

在全面过剩的产业背景中，原已紧绷的供需关系对任何新增生产线投产的

---

① 即《国务院办公厅关于促进建材工业稳增长调结构增效益的指导意见》（国办发〔2016〕34 号）。下同。

敏感度变强，产生较大的市场价格波动。不控制住新增产能的源头，水泥供给侧改革就更无从谈起。

孟宪江："三去一降一补"是中央供给侧结构性改革的五大任务，具体到水泥行业就是淘汰落后、化解过剩产能。经过近两年的实践，水泥行业的供给侧结构性改革进展如何？取得了哪些成果？还存在哪些问题？您认为行业应该采取什么样的措施来保持住已经取得的改革成果？

宋志平：2015年习近平总书记提出"供给侧结构性改革"后，政府部门、行业协会和行业企业一道，凝心聚力、合力共为，推出了一系列建材工业供给侧改革的举措，取得了显著成效。从水泥行业整体效益来看，2015年水泥行业总利润为329.7亿元，2016年实现总利润518亿元，2017年上半年实现利润320亿元左右，全年有望实现800亿元的预定目标，行业利润实现了逐年提升。但是我们也看到，水泥行业内依然存在产能严重过剩、违规新建、淘汰32.5低标号水泥进展缓慢、恶性竞争抬头等问题，供给侧结构性改革任重道远。根据改革实践经验和理性思考与总结，我将如何进一步推进改革的具体举措归纳为六个"坚定不移"。

一是坚定不移地限制新增产能。

我国水泥行业的现状是全面过剩、绝对过剩，而且已经进入高位平台期。当前我国水泥产能高达35亿吨，产能利用率仅为68%，部分地区不足50%。2013—2016年，全国水泥产量在24亿吨左右窄幅震荡；2017年1至6月，全国累计水泥产量为11.1亿吨，同比增长0.4%。

即使在这种背景下，中国水泥的新增产能依然没能限制住。2008年的4万亿元投资带来了旺盛的水泥需求，也带来了迅猛建设的新型干法生产线。38号文对新建产能紧急喊停，但由于水泥企业对市场未来需求抱有较大期盼、政策监督不足等因素，此后各地还是以种种名义新增近9亿吨产能，特别是不少地方生产线还在"批小建大"。直至目前仍有部分生产线在继续建设。中国水泥协会预计2017年新增熟料产能约3000万吨。

34号文强调，2020年年底前严禁备案和新建扩大产能的水泥熟料建设项目，2017 年年底前暂停实际控制人不同的企业间的水泥熟料产能置换。监督也改变了以往"放羊"模式：自 2016 年年中开始，国务院共启动四批安全生产巡查组，首次完成全国省级政府"全覆盖"督查，其中对水泥产业的环保、安全、新线建设等也进行了严密的全方位督查；2017 年 5 月，在水泥大企业共同号召下，中国建材联合会成立了"去产能"办公室，先期重点对在建、新建和拟建项目进行梳理。

在当前已经全面过剩的产业背景中，原已紧绷的供需关系对任何新增生产线投产的敏感度变强，容易产生较大的市场价格波动。不控制住新增产能的源头，水泥供给侧改革就无从谈起。在政府、协会的共同推进下，各地区、各企业要坚决执行 34 号文精神，要坚定不移地限制新增产能，确保到 2020 年不再新建水泥生产线。

二是坚定不移地淘汰落后。

立窑等落后的生产工艺在水泥行业已所剩无几，现阶段的淘汰落后已不只是过往所理解的仅淘汰落后技术，而是也要淘汰落后的产品标准以及落后、低市场竞争力的产能。

淘汰落后产品标准。目前水泥产品结构严重不合理，32.5 低标号水泥占市场份额 60%。而在低标号水泥生产过程中，对混合材的掺加品种、比重都无法有效监督检测，鱼目混珠，质量堪忧。很多中小企业不规范地掺加混合材，并以低价倾销，搅乱市场竞争秩序。新疆自 2017 年 5 月 1 日起在全国率先全面取消 32.5 低标号水泥。据政府和行管办调研，企业积极响应，已停止生产、销售、使用 32.5 低标号水泥，政策执行非常到位，从而促使高标号水泥价格恢复上调约每吨 40 元。低标号水泥的取消，有利于提高产品标准、延长建筑寿命，也有利于水泥产品标准的统一、提高熟料需求，并促使竞争有序化。新疆经验已验证了全面取消 32.5 低标号水泥的可行性和有效性，下一步应该在全国继续推行实践。

淘汰落后、低市场竞争力的产能。2017 年 6 月，中国水泥协会发布《水泥工业"十三五"发展规划》，提到要压减淘汰过剩熟料产能 4 亿吨（占全部产能约 20%），水泥熟料产能利用率达到 80%，这意味着未来众多小规模生产线基本要被淘汰出局。中国建材集团在华东以及中部地区的联合重组后，已陆续淘汰了众多小规模生产线，这个工作还会继续。从长远的去产能进程看，还要进行"间苗"，部分在过去市场发展期建设起来的、技术水平达标、环境优美的大规模生产线，随着市场需求大环境的变化，或许也要关停，这也是日本等成熟市场走过的历程。

水泥行业去产能是实现供给侧改革的"治本"之策。在水泥供给侧改革中，要坚定不移地淘汰落后的产品标准、落后的产能，从而重新达到整个行业的产销平衡，促进企业产能配置的优化升级，提高产业生产力的发挥，构筑健康市场。

三是坚定不移地执行错峰生产。

2016年10月，工业和信息化部、环境保护部联合发布《关于进一步做好水泥错峰生产的通知》，决定在2015年北方地区全面试行错峰生产的基础上，进一步做好2016—2020年期间水泥错峰生产，对全国15个省市所有水泥生产线进行错峰生产。这一政策的出台，使得每年11月至次年3月的限产由企业自发行为转变为强制实施的政策要求。

从效果上看，2016年11月至2017年3月的政策性错峰生产执行较为到位，使得2017年价格基本延续了去年年底的高位，效益出现恢复性增长，2017年上半年水泥行业累计实现利润320亿元左右（2016年同期为95.47亿元），为全年奠定了良好的开端，中国水泥协会预计全年将实现800亿元，而历史上利润最好的时期是2011年的1020亿元。

水泥行业供给侧改革需要去产能和去产量共同推进。去产能是系统性工程，需要国家政策支持、大企业带头示范，是一个需要时间的过程。错峰生产是现阶段去产量最行之有效的办法，能在一定程度上缓解供需矛盾。虽然错峰生产在去产能问题上属于"治标"，但是能为去产能争取更多的时间，并积攒行业效益基础。因此，在供给侧改革中，要坚定不移地执行错峰生产，将其常态化，扩大错峰面。

四是坚定不移地推进市场竞合。

"覆巢之下，焉有完卵"，行业利益高于企业利益，企业利益孕于行业利益之中。在水泥行业中，重要的不是哪一个企业能做好，而是如何先把行业做好。供给侧结构性改革是事关水泥市场健康发展的大事，不只是个别企业的事，水泥企业都要参与其中，都要克己为人，顾全大局，共同培育一个健康的市场。回顾中国建材集团推进市场竞合的历程和中国水泥行业近年来的成功与教训，不难看出，从恶性竞争、过度竞争走向理性竞合，是水泥行业成长、成熟的正确方向，反之就会出现普遍亏损。

当前，产能过剩是水泥行业的首要矛盾。这个过剩有两种：一种是常态化的整体过剩，这个要通过彻底地去产能来达到最终的供需平衡；另一种是由于受天气等因素影响，水泥季节性需求不平衡，同时水泥产品可存储周期短，需求淡季时，常态化的过剩更加凸显，需要企业根据项目建设、市场需求的变化来调节生产量，达到季节性的供需平衡。2017年上半年总体情况还是不错的，水泥价格也好，但是随着6月、7月和8月雨季的到来，市场对水泥的需求量将会下降，有的企业就沉不住气了，又想打价格战。然而当前的水泥市场非常脆弱，我们最主要的任务是要保持价格平稳，这样第四季度才会有好的价格，今年才能完成800亿元的预定目标，整个行业才会有一个好的收成。

因此，除了政策性的错峰限产外，还要大力开展区域企业间的自律限产。水泥企业面对需求弹性减小、产能过剩的"囚徒困境"，能否主动进行市场协调，将直接影响价格、效益，从而达到行业的"帕累托最优"。行业效益向好的情况下，每家企业的效益也不会差。

五是坚定不移地推进联合重组。

从国际经验看，联合重组也是解决过剩问题的必要手段，企业从在需求上升期的追求规模，转变为在需求平台期的追求内在效益增长。日本在20世纪70年代至90年代中期，接连经历两次石油危机冲击，尽管政府出台积极的财政政策以及阪神大地震重建计划，但水泥需求仍旧进入了长达20年的平台期。在此期间，水泥产业进行了两轮联合重组。第一轮从1984年开始。政府通过了改善法等，强制淘汰了过剩的3100万吨产能，并将22家水泥企业重组为五大集团，每家各占20%市场份额。第二轮从1994年开始。五大集团再次整合成三大水泥集团（秩父小野田、住友大阪水泥、太平洋水泥）。大规模、高层级的联合重组为应对 1996 年至今的水泥需求大幅下降奠定了坚实基础：水泥需求为最高点的腰斩，下降至 4000 多万吨；而通过政府引导、企业自主，再次实行了大规模的产能削减，秩父小野田退出水泥行业，太平洋水泥等企业也关闭旗下工厂部分产能，熟料产能从巅峰时的 9800 万吨缩减到 2011 年的不到 5600 万吨，下降了 43%。

"十五""十一五"期间，以中国建材为引领的水泥集团通过联合重组，推动我国水泥行业集中度（CR10）从 2006 年的 12% 提升到 2016 年的 63%。然而随着需求平台期的来临，2013—2015 年产业集中度年均仅增 1 个百分点。2016 年中国水泥行业并购模式开始发生变化，从大企业并购小企业转变为强强联合，例如两材重组、金隅冀东联合、华新拉法基整合，推动集中度提高 3 个百分点，在今年行业限产以及利润表现中已初步看到了整合的效果。

但与发达国家相比，我国水泥产业集中度仍然存较大差距。美国、加拿大水泥产业 CR5 分别为 74% 和 81%，英国、法国 CR5 甚至都达到了 90% 以上，我国水泥 CR5 仅不到 40%，且第二阶层企业数目众多。因此，我国水泥行业已经到了大型企业间重组的新阶段，必须坚定不移地推进联合重组，政府、金融部门和大企业要担起责任。

六是坚定不移地进行国际产能合作。

建材行业参与"一带一路"建设有着天然的优势，因为"一带一路"沿线大部分都是发展中国家，进行城市化和工业化首先要做的是基础建设和房屋建设，而搞建设首先就需要建筑材料，如水泥、玻璃、新型建材等，这恰恰是过去三十多年中国经历过的，因此有很多成功经验。在过去这些年的积累发展中，中国建材的装备、技术形成了两大特点：一是中高端，处于世界先进水平；二是性价比好，同样的装备、同样的质量，比跨国公司便宜 30%。同时我国水泥产业严重过剩，我们比任何时候都更迫切地需要开辟新市场。现在水泥价格合理回升，企业会获得不错的效益。在国家"一带一路"倡议指引和带动下，海外市场机会众多，企业应把我们优质的产能转移到海外。虽然，中国建材集团、海螺集团等企业在海外市场做了一部分工作，但规模都不是很大，有能力、有物力、有财力的企业应该加大海外布局，积极主动实施"走出去"战略。

让更多人了解水泥，支持水泥行业的发展

水泥是一种仅有 180 多年历史的建材，但却改变了整个世界。我们应大力宣传水泥的好处，让行业内外的人都能对水泥的生产和应用有一个比较全面的认识。

孟宪江：中国建材集团较早地关注了供给侧问题，自 2009 年以来就呼吁并带头践行限制新增、淘汰落后、市场竞合、错峰生产等供给侧结构性改革。同时，在践行"一带一路"倡议、开拓国际市场方面，中国建材所取得的成绩，行业也是有目共睹的。对于集团今后国际市场的开拓、国际产能的合作，您有些什么样的打算？

宋志平："一带一路"倡议提出后，中国建材紧抓历史机遇，凭借自身优势，积极探索"EPC + 投资 + 管理 + 服务"走出去模式，取得了非常好的成绩。过去这些年，中国建材在"一带一路"沿线建了 312 条大型的水泥生产线、60 条玻璃生产线，这些生产线有力地支持了"一带一路"沿线国家的经济建设。中国建材加大海外投资力度，打造海外投资"升级版"。截至目前，中国建材境外投资总额近 200 亿元，比如在蒙古国投资水泥厂，在赞比亚、坦桑尼亚投资建设工业园。同时，中国建材也做一些新材料的投资，比如在美国、埃及投资了玻璃纤维大型生产线。此外，中国建材还创新了"走出去"模式，助力"一带一路"贸易互通，比如打造"互联网交易平台 + 海外仓"模式，在"一带一路"沿线建设 24 个"海外仓"；发展智慧工业，为中东、中亚和非洲近 30 家水泥厂提供外包管理服务；复制推广"建材 + 家居"连锁超市模式，目前该模式已在非洲成功落地；还以"绿色小镇"模式向全球推广"加能源 5.0"新型房屋。

　　两材合并后，中国建材集团实力大增，而且消除了内部竞争，在当前国内市场饱和过剩的情况下，我们将全力以赴做好"一带一路"建设，坚定不移地进行国际产能合作。我们在系统思考和总结现有成绩的基础上，研究了参与"一带一路"建设的整体战略，确定了从全球最大的建材制造商、单一的水泥总承包工程商迈向世界一流的综合性建材服务商的目标，并选择了重点区域市场，有侧重有重点地推进产能合作。目前，中国建材集团推出了"六个1"计划，即到2020年争取做10个迷你工业园、10个海外仓、10个海外区域认证中心、100个建材连锁分销中心、100个智慧工厂的管理、100个EPC项目。

　　孟宪江：在我国众多行业当中，水泥行业是非常特殊的。市场上，水泥价格多年来基本保持不变，相比其他基础原材料行业面临的发展困境，能够保有一定的行业利润。请您分析一下这里面的原因。

　　宋志平：现在社会对于水泥还没有一个全面的认识，还没有真正认识到水泥的重要性。在人们的意识中，水泥属于传统建材，其实相较于铁、铜等有着几千年历史的材料来说，水泥是一种仅有180多年历史的建材，但水泥却改变了整个世界。作为行业媒体，应大力宣传水泥的好处，让行业内外的人都能对水泥的生产和应用和有一个比较全面的认识。

　　多年来，我国水泥价格基本保持在一个平稳的水平，即便有变化，也是一些周期性的波动。究其原因，一是技术进步，降低了人工成本，减少了煤电等的消耗；二是生产水泥时，各种混合材的掺入，降低了原料成本。这些都是行业的自我消化，才保持了行业的持续发展。

　　对于水泥产业的技术创新，现在又有了更大的进步。中国建材泰安水泥生产线的智能化创新使生产每吨水泥所消耗的标煤达到了90千克，而目前行业平均水平还是120千克，整整下降了30千克，这是一个很大、很了不起的进步。西南水泥的嘉华公司还有一个创新就是微粒熟料。我们普通熟料如同黄豆般大小，而这个微粒熟料却可以做到小米粒大小，这样一来，每生产一吨水泥又可以减少15千克标煤的消耗。若将来做得好，这两项创新意味着每吨水泥的煤耗将降到70~75千克。所以说，水泥的节能降耗还有很大空间。

　　前一段时间，我在日本考察太阳能项目时，发现日本昭和太阳能的办公楼的墙面完全用的是清水混凝土，没用粉刷的涂料，非常漂亮。它使用的是完全用熟料磨的水泥，即波特兰水泥。但是现在我们很多企业为了降低原料成本，在生产水泥的过程中加入了大量的粉煤灰等混合材。这种水泥在应用后，墙面地板都是黑一块、白一块，显得脏兮兮的，有的还会出现粉碎、脱落现象。如果是真正的波特兰水泥，是一种非常漂亮的青色，根本不用再刷涂料。在荷兰、日本等国家，很多企业的建筑，以及室内用品，都是用的清水混凝土，漂亮极了，就如同艺术品一般。这也是我希望行业媒体大力宣传水泥的原因，我们要告诉大家，水泥真的是个好东西，要把隐形的水泥优点显性化，让更多的人在享受水泥带来的好处时，也能更多地了解水泥，支持水泥行业的发展。

21

整合优化：中国建材的成长密码①

新常态下的战略选择

黄麟明：您曾身为两家全球五百强企业的负责人，是引领行业结构调整的整合者，又是具有创建性经营思想的先行者，累积了非常丰富的成功经验。今天我想围绕新常态下的"整合优化"这一话题与您进行深入的探讨。

"新常态"下，宏观经济、行业和企业都面临着各种机遇和挑战。

宏观层面上，中国经济进入新常态，大家注意比较多的是 GDP 的下降，但常理上中国经济增速经历了多年的两位数增长后适当调整是正常的。而且新常态也并不仅仅表现为增速的变化，它描述了中国经济的一系列新表现。面对这些深刻变化，我们必须积极地进行经济结构以及发展方式的调整和优化。

中观层面上，社会主义市场经济借鉴了西方的市场化制度，好的方面是资源分配与市场接轨，更富有活力，但也带来了生产过剩等问题。特别是在完全竞争和资本密集的行业，如钢铁、水泥等，生产过剩问题更为严重，但是企业自身很难克服这个问题，因此就需要通过行业整合优化来建立新的良性产业结构调整及健康有序的发展。

微观层面上，企业自身也要管理提升。因为不论宏观还是中观都只是给我们创造一个更有利于健康发展的环境，但企业经营绩效好不好，核心依然在于

---

① 本文为 2015 年 3 月 4 日宋志平与台湾资深经营管理专家黄麟明的对话。

是否进行了自身的整合优化。

中国建材就是一个成功的整合者，不仅在行业中大力进行重组整合，也不断地探索并践行企业内部整合优化的机制、方法等。请您从这三个层面谈一谈您对整合优化的认识。

宋志平：先说一下宏观层面。新常态中的核心问题是中国在经历了高速发展后，需要一个调整期。在调整期内，经济增速下降，经济结构不断优化升级，成长动力从要素驱动转向创新驱动。但是新常态没有改变我国发展仍处于可以大有作为的重要战略机遇期的判断，没有改变我国经济发展总体向好的基本面。新常态意味着我国经济正在向形态更高级、分工更复杂、结构更合理的阶段演化，其影响总体是正面、积极的，有利于速度"下台阶"、效益"上台阶"，有利于加快转方式、调结构，有利于寻找新的增长动力。在这个关键阶段，企业加快整合资源，实现结构优化、产业升级尤为重要。

在中观层面，从行业的结构调整来看，首先要治理过剩，因为过剩是制约行业发展的主要矛盾，背着沉重的过剩产能是没法调整结构的。过去这些年，我们建了不少水泥厂和钢铁厂，前几年中国水泥行业的集中度只有百分之十几，西方发达国家大概是百分之七八十，差距很大。现在中国的钢铁、水泥等行业差不多过剩30%左右，恶性竞争非常严重。其实市场经济本身就是过剩经济，市场的发展一定会导致过剩，过剩是市场经济的必然过程。西方国家的水泥行业也经历过过剩，我们现在需要做的，就是要修正市场，化解过剩。

但是，在这个问题上，大家有不同的看法：一种是靠市场自己的力量，用"看不见的手"自行调节，即用"丛林法则"和达尔文的"自然选择理论"来实现优胜劣汰。还有一种是混合经济，也就是除了市场自行调节以外，政府要进行适当的干预，分阶段发挥部分作用甚至主导作用，凯恩斯主义就属于这种方式。过去发展计划经济也是为了避免市场经济的盲目性、不确定性等问题，当然这是一种很理想化的状态。而如今，在市场起决定性作用的基础上，国家对经济还是有一定的计划性，比如"十二五""十三五"规划等，因为必须要考虑到资源、供需和环境等的关系和平衡问题。

那么，到底市场应该建立什么秩序，应该采取什么样的竞争法则？市场竞争过程中，打乱仗、互相残杀是一种做法，市场有序、理性竞争又是一种做法。在市场经济初期，西方国家也曾经历过恶性竞争阶段，但事实证明，简单依靠市场自发的竞争方式解决不了当下的问题。尤其是恶性竞争是场没有时间表的战争，并且会造成债权人、投资者的重大损失，引发失业、税收损失、资源浪费等一系列经济和社会问题。在今天成熟的市场经济环境下，西方国家的市场竞争已经十分理智，在处理过剩产能时，一般由大企业承担起行业整合的重任，通过兼并重组走优化存量、减量发展、优化产业结构的可持续发展道路，增加行业集中度，从而鲜有大规模的企业倒闭潮，这是市场经济的一大进步。在欧洲钢铁业去产能化过程中，印度米塔尔钢铁公司就抓住了时机，把欧洲钢铁厂全部重组了。

所以，从西方的经验看，治理过剩还是要用经济的方法——由大企业牵头进行整合优化。

在微观层面，企业内部也需要整合优化。我做企业以来，国内外的企业看过不少，企业管理的书也读过不少，我一直在反复思考企业管理的问题，我觉得有管理才叫企业，否则根本谈不上真正意义上的企业。

尤其是中国建材这种通过联合重组成长起来的企业，各个企业的历史沿革不同、文化不同，要真正拧成一股绳，产生良好的效益，必须要从市场的控制力、企业的效益、发展的质量出发，做细致的整合优化工作，让重组后的各种资源发挥最大的效能。一些企业在联合重组中崩盘了，大多是因为没有解决好重组后的整合优化问题，被重组企业仍是各自为政、一盘散沙。而中国建材随着企业规模扩大，效益也在增加，是因为我们及时开始进行整合优化并找到了行之有效的方法。

我常讲，不进行整合优化的产业就相当于一大堆工厂，不会形成一个像样的产业；不进行整合优化的企业就相当于一大群人，不会形成一个像样的企业。所以我提出了整合优化的概念。整合，即以联合重组、资源整合的方式，解决行业集中度低和结构布局不合理的问题，形成减少增量、优化存量，重塑竞争有序、健康运行的行业生态；优化，即以机制、技术、管理、商业模式的创新，持续增强企业内生动力和竞争实力，实现从无机成长到有机成长的转变。整合优化实现了外部行业市场管理与内部企业运行管理的结合，对中国建材集团快速发展起到了至关重要的作用。

联合重组：解决行业过剩的必由之路

黄麟明： 新常态不仅仅是对目前经济形势和未来发展目标的概括，也是一次难得的转型机遇。我们要利用这段时间积蓄能量积极转型升级，如果只是针对新常态而不进行整合优化的因应变革，按照既有的方式只求做大，企业只会变得"虚胖"而欠缺"精实"。既然国家的大蓝图和未来可预见的各项政策都是建立在中高速发展的层面之上，那么企业的愿景、经营策略和资源分配、投资筹资等方面的运作思路，也应该建立在此基础上，聚焦在整合优化的目标上。

现在水泥行业的整合优化做得不错，关键就是中国建材的联合重组对于提升产业集中度、改善行业秩序起到了重要作用。但是，钢铁和造船业等还在苦苦挣扎中，其他行业今后也会面临生产过剩的问题。近年来，中国建材水泥行业的联合重组是怎么做的，其经验是否可以被其他行业借鉴？

宋志平： 联合重组首先是中国建材回归建材主流产品后，根据水泥行业的行业特征和企业自身的发展实际作出的战略选择。但是，正是这一战略选择，改变了我国建材行业生态，也改变了全球建材行业格局。

首先，上市以后，中国建材开始积极推进"大水泥、区域化"的战略，稳扎稳打步步为营，通过建立并发展四家平台公司，在短短几年内重组了 900 多家水泥企业，推动行业集中度从 2008 年的 16% 提高到 2014 年的 52%。联合重组后，众多企业加入进来，由过去打得不可开交到如今化干戈为玉帛。其次，中国建材还通过更加精准的市场细分，将战略区域从省一级划分到市县级，形成核心利润区，增强在区域市场的话语权，进而取得合理的利润。目前，中国建材的 45 个水泥核心利润区对水泥业务的利润贡献率已经超过了 80%。

或许大家有疑问，这样的整合是不是保护了落后？其实中国建材在整合之后还有更进一步的优化。因为整合不是简单相加的关系，而是一个优势互补、优化提高的过程。重组后，我们有序关停、淘汰了一些落后生产线，让落后产能退而有序；对一些生产线进行了全面改造，不断地提升技术水平和产品质量，极大地推进了节能减排和环境保护。同时，着力于带头进行行业市场竞合的"四化"工作，即发展理性化、竞争有序化、产销平衡化、市场健康化，积极探索节能限产、错峰生产、立体竞合、精细竞合、资本融合等多种竞合模式，引领行业走上了竞争有序、价格稳定、充满活力、健康运行的发展道路。2014年在经济下行的巨大压力下，钢铁等行业日子不好过，但在中国建材的推动下，水泥行业实现了780亿元的利润，居历史第二高位。

所以，在整合优化的过程中，我们实际上走的是一条通过联合重组取得规模优势、通过管理整合提升盈利水平、通过技术进步实现节能减排、通过行业竞合抑制恶性竞争的发展之路，推动建材行业实现从速度到质量、从规模到效益、从快速粗放式增长到集约精益化增长的转变。

"整合优化"既是中国建材应对过剩产能的思路，又对企业自身发展具有重大意义。中国建材用七八年时间一跃成为全球最大的水泥企业，成为世界水泥发展史上的奇迹，重组整合经验也成为哈佛大学商学院案例，所以这场整合是非常有意义的。我认为，中国建材的整合经验也可以复制到其他行业，像目前苦苦挣扎的钢铁和造船等行业，都可以借鉴中国建材的经验。过去五年我在国药集团做董事长，就把中国建材的整合模式带到了国药集团，也很成功。

黄麟明： 在过去的改革浪潮中，许多企业的成功大多是因机遇时势造英雄，但面临新常态大环境，时势造英雄的机遇变少了，已经是步入英雄才能造时势的阶段，因此在行业中需要能突破困局，并且能开疆辟地的领军人物站出来，通过远大的思想、令人折服的理念、领袖特质，带领经营团队引领产业整合、秩序建立、健康发展，使众多企业受益于领军企业。您作为水泥行业的领航者及整合者，相信很多企业经营管理者一定会想听听您成功联合重组的关键要素。

宋志平： 中国建材的联合重组之所以能成功，取决于三个方面。

一是思想的成功。做企业的核心是思想，是价值观。整合也是基于思想先行，中国建材的重组思想是建立在对国家、行业和企业共同利益的思考之上的，即国家希望经济可持续健康发展，兼顾发展与环境保护、社会责任等诸多层面；行业希望有规范的秩序和优良的效益；企业希望做大做强做优。中国建材的这场联合重组正是立足于多方利益的多赢共赢，让大家接受、上下满意。重组中，民营企业进入国有企业中来，大家一起合作、共同努力。一位原建材局老领导曾开玩笑说，水泥老板千万别见宋志平，见到他只要 20 分钟就跟他走了。这些水泥老板也都是成熟的民营企业家，为什么就愿意跟着中国建材干？重组南方水泥时我就为民营企业家们端上了"三盘牛肉"：第一盘，收购价格公平；第二盘，留部分股权给他们，大家共同赚取重组后的利润；第三盘，他们留在岗位上转变为职业经理人，继续当管理者。所以说，中国建材联合重组的成功首先体现在融合和共赢的思想和文化上。

二是战略和方法上的成功。哈佛大学商学院的约瑟夫·鲍沃曾说过，联合重组是企业经营的高潮，也是惊险的艺术。在多年的企业管理实践中，我深刻地体会到了这个道理。重组整合是一场高水平的经营活动，这提醒我们，重组整合不仅要有"道"，还要有"术"，也就是说既要有正确的战略，又要格外重视原则和方式，尽量确保各方利益的均衡。事实上，收购价格、人员安置、文化融合等问题，是被重组企业最关心的、也最应引起重视的问题。

中国建材的重组不是盲目进行的，不是见企业就收，而是围绕区域战略进行的。在重组区域的选择上，我们遵循三个原则：符合国家的产业政策及公司整体发展的战略目标；区域内均无领军企业，市场竞争激烈；区域恶性竞争的行业现状使区域内的企业有迫切的联合重组的愿望。在重组企业的选择上，有明确的指导原则：一是符合企业的区域战略，要在我们的核心利润区内；二是具有一定的规模、效益和潜在价值；三是能与现有企业产生协同效应；四是风险可控、可承担。同时，我们还有一套严格的操作原则和详尽的工作指引。此外，文化整合也至关重要。中国建材在重组过程中，将文化认同写进了每一个联合重组的协议里，并通过各种方式加以宣传。

三是整合优化方法上的成功。联合重组的最终目的是绩效，整合优化就是提升绩效的方法，中国建材对市场和新进企业有一整套整合优化的方法，其中最核心的就是管理整合。中国建材很早就认识到管理整合的重要性。2006 年 7

月，中国建材集团收购了徐州海螺万吨线，10月便在徐州召开了第一次管理整合会；随着水泥大规模联合重组的开展，2007年5月15日，我们召开了南方水泥的整合会，拉开了边重组边整合的序幕。面对行业产能过剩、恶性竞争和企业家数众多、管理难度大的实际，中国建材将企业内部工厂和外部市场结合起来，共同视为管理整合的对象，将管理整合落实到了企业管控、降低成本、增加协同效应、稳定价格、增加销量、提高市场占有率和话语权等方方面面，从最早的"三五管理""五集中"再到后来的"格子化"管控、"八大工法"和"六星企业"，一直践行着"大管理"的理念，实现了企业联合重组共赢多赢的目标。

正如联合收割机可以一边收割、一边脱粒，同时还能把秸秆直接埋进地下一样，中国建材这些年来也是一边联合重组，一边整合优化，系统地、有连续性地把整合优化做到了极致。

黄麟明：可以看得出，您在做联合重组时，进行了充分的考虑，包括战略上、方法上、文化上的等等，所以这一场重组是建立在双向选择上的运作规范且互利共赢的重组，也有非常良好的效果。但是，现在社会上仍然有一种说法，认为企业通过联合重组做大就是要垄断市场。面对这样的质疑，您怎么看？

宋志平：有人说大企业兼并重组就是垄断，就是瓜分市场，既窒息了竞争环境，又窒息了市场活力。我常讲，大家不要总是单一地、概念化地理解市场竞争，竞争并不是无组织的竞争，竞争可以有单打、双打，也可以有集体对抗。所以，我们要把市场竞争提升到一个新高度上，竞争可以在一个领袖带领的一个团队和另一个领袖带领的另一个团队之间进行。如果这两个团队效益好、技术好，那么他们之间的竞争也必然是高水平的。假如他们所进行的是无序、混乱和低效的竞争，还如何去改善效益、提高质量、推动创新？

所以我觉得对市场竞争的理解不能是教条的、死板的，更不能简单地按照一百年前的竞争理论去理解。但是现在不少人，包括一些官员仍然觉得市场竞争就是自由竞争、你死我活。但我认为即使我们要进行优胜劣汰的竞争，也要选一种先进方式来优胜劣汰，一对一的方式是竞争，集团式的竞争也是竞争，方式是可以改变的。如果不改变竞争思路，用中世纪的好勇斗狠的方式竞争，只能是杀得一片"红海"，不符合社会主义市场经济的基本原则。

"格子化"管控：企业稳健经营的保障

黄麟明：您讲到，整合优化的过程包括外部的和内部的，中国建材集团之所以能够成为典范，除了在行业整合优化上取得成功外，内部的整合优化也做得非常成功。当然，内部的整合优化是一个非常复杂的系统，涉及企业在管理、业务、文化、财务、资源、科技创新及发展模式各个方面。今天我们就以内部整合优化中的管理整合为重点，来谈一谈您提出的"格子化"管控、"八大工法"和"六星企业"。

在您的管理思想中，良好的管理首先在于"管控"，您也有一套自己的管控之道——"格子化"管控。但是从某种意义上说，有的人会认为管控是一种偏负面的手段，就是盯住不出事，一切都按规矩办事，按流程做事，强调的并不是创造力。而企业要想发展，必须要积极释放其创造价值的最大潜力，同时激发员工释放创造力。您是怎么理解"管控"在企业经营发展中的作用？它是否会抑制企业的创新力和员工的活力？

宋志平：做企业要靠创新、靠激励，要有核心的技术和产品，这些我都认同。但是，随着公司越来越大，市场情况越来越复杂，尤其是在整个结构调整的过程里，各个企业都相应出现了很多的风险和问题，随着新常态的持续，我们的企业可能还会面临更大的问题。所以管控是必须的，管控得好不会窒息创新精神，没有管控反而是十分危险的。我的想法有三方面。

第一，企业的快速成长需要管控。中国建材的"格子化"管控是在快速发展过程中提出来的。当时提出"格子化"管控主要是为了解决两乱：一是行权乱，二是投资乱。管住了这两点，企业就能实现行权通畅、步调一致、有序经营，否则就会宽严皆误。很多企业轰然倒下就是出了这两个问题。于是，我想到了"划格子"的办法，就像装巧克力的盒子，用塑料格子隔开了巧克力，巧克力就不会粘在一起了。管理也是这样，把集团里的众多企业划分到不同的格子里，每个企业只能在自己的格子里活动，给你多大的空间，你就干多大的事，这样大家就能各司其职、各适其位。同时，从经营管理的角度来讲，日常经营管理活动也需要有管控。除了创新、发展所创造的效益外，通过管控严防跑冒滴漏等方方面面的问题，也能间接地出效益。

第二，企业的稳定发展需要管控。多年以来，中国建材靠着明晰的战略和优秀的执行力取得了今天的成绩，但在管控方面也存在不足。这主要是因为中国建材遇到了两方面挑战：一方面正如你所讲的，许多人认为企业应该注重创新精神，管控会束缚创造力；另一方面来自管理层，大家不喜欢内控、内审等制度的建立，本能性反抗。但我们渐渐理解了管控是必须的，因为管控能让企业提高免疫力。自然界中的各种动物和植物都是有免疫力的，在受到第一次侵害后产生抗体，从而形成防御系统以免除今后的类似侵害。但企业天生缺乏免疫力，靠一次次失败形成免疫力太难，而且只要人一换，就可能重复错误，形成免疫力归根结底还是要靠管控制度的建立。我认为企业经营风险无处不在、无时不在，西方管理理论认为盈利是屏蔽风险的边际。要想回避风险甚至预防风险很难，但我们可以从管理风险入手，设定管控的措施和出现风险后的应对措施。面对大风险的时候，只有企业有强有力的管控，才有能力战胜危机。

第三，企业应对新的经营环境需要管控。今天我们重提管控，是因为"新常态"下企业经营环境压力更大了。市场经济是诚信经济或者说信用经济，但如果社会信用不高就会产生许多问题。中国搞市场经济其实存在隐忧，因为市场经济是建立在每一个个体的自制力上的，而中国缺少市场的诚信文化和法制精神，在经营过程中遇到问题时往往缺乏自制力，经常出现诚信缺失的现象。因此，企业若没有严格的管控，一切都容易失控，后果不堪设想。所以，我认为做企业管控非常重要。

我总结的这三方面，可以解释企业在不同发展阶段管控的必要性。所谓自行车理论，即当你具备骑快车条件的时候，骑快能够稳住，骑慢了就容易倒。但经济从高速发展转入"新常态"中、高速发展时，当企业不具备骑快车的条件时，就应该做到慢而不倒，稳中求进，这就需要管控来发挥作用。所谓管控，"管"就是用好制度，"控"就是抓住关键点，不出大纰漏、不失控。管控是一整套体系，降成本、增效益、控风险都包含其中。在经济下行时，能做到严控风险和远离危机就是一种成功，毕竟经济下行压力巨大，不用好制度、不处理好关键点，企业随时可能出问题。就像大家每次坐飞机的时候，起飞前空乘人员都会先讲安全常识。企业也是这样，一定要有风险意识，让所有的人都自觉接受管控。

黄麟明：您提出的"格子化"管控概念包括五个内容：治理规范化、职能层级化、平台专业化、管理精细化和文化一体化。这五点构成一个比较全面的企业管控体系，解决了企业的治理结构、职能分工、业务模式等问题，平衡了结构之间的关系，保持了均衡稳定，同时还对如何实施科学管理和集团式企业的文化融合提出了要求。现在想请您详细谈一谈这五个内容。

宋志平："治理规范化"指的是按照公司法建立规范的公司治理结构，包括董事会、监事会和管理层在内的一整套规范的治理体系。公司治理的核心是规范的董事会建设。2006 年，中国建材集团建立起外部董事占多数的董事会，初步构建起产权清晰、权责明确、政企分开、管理科学的现代企业制度。特别是外部董事的进入，使公司决策机构发生变化，内部控制或者过去的"一把手"制度得到根本改变。集团董事会成立的这八九年来，公司发展方向更加清晰，决策质量进一步提高，真正成为企业决胜市场的战略性力量，连续被国资委评为"运作良好"。

"职能层级化"是管理学中一个经典话题。简言之就是，实施分层次的目标管理，把决策中心、利润中心、成本中心分开，把各自的责任理清楚。集团公司总部是决策中心，不从事生产经营，只负责决策、把握战略方向、决定重要事项是否执行，这个层面需要的是"决策高手"。集团公司总部下面的板块公司是利润中心，最核心的任务是把握市场，及时掌握产品的变化，价格的走向，积极促进市场稳定，提高市场的话语权和控制力，推动产品更新换代，协调公共关系，实现利润最大化。这就是我们常讲的要有"市场能手"，"市场能手"要对价格的波动异常敏感，把握市场、管理市场的水平要高。板块公司下面的工厂是成本中心，其任务是研究在生产过程中如何把成本降到最低，而不是决定价格。在工厂层级上，企业需要"成本杀手"，要能最大限度地降低成本，做到"干毛巾还能拧出三滴水"。一个管理严格的工厂，要时时、处处透射着成本原则，强调各项 KPI，包括以前讲的"六西格玛"等等都属于成本管理的范畴。

"平台专业化"指的是集团的业务公司都应该是专业化的平台公司，控制业务幅度；而集团的整体业务可以适度多元化，形成对冲机制。打个比方，集团公司相当于体委，下面的子企业都是一个个专业球队，有打乒乓球的、打排球的、打篮球的，但乒乓球队只打乒乓球，排球队只打排球，篮球队只打篮球。所以大家可以看到，中国建材有南方水泥，却没有南方建材公司，也就是说，集团下属的都是专业化的平台公司，玻璃企业只做玻璃，水泥企业只做水泥，石膏板企业只做石膏板，每家企业都很专业。如今的市场竞争异常激烈，我们的人才、知识和能力都是有限的，只有专心做专业，才能形成更强的竞争力。

"管理精细化"的核心是数字化，是量化管理。过去谈企业改革，讲机制比较多，但机制到位不代表管理到位，如果管理者的数字化、定量化不过关，管理一样会不尽如人意。像中国建材重组的水泥厂、商品混凝土厂大都是民营企业，机制虽灵活，但管理没有到位，都是在重组后，中国建材通过推广一系列先进的管理方法，通过统一市场、降低成本、改善内控、稳定价格，从而实现效益最大化。所以说机制不能代替管理，机制有原动力，但并不是做好企业的充分必要条件。管理还要靠学习，靠实践，靠反复对标，靠数字化训练，靠经验的积累，靠制度的建立等等。

"文化一体化"是指一个企业要想快速发展，必须有上下一致的文化和统一的价值观。如果重组的近千家企业，各唱各的调、各吹各的号，那么随着企业的"盘子"越来越大，加盟的公司越来越多，企业就会越发危险。中国建材有个不成文的规定，不认同集团企业文化和思想的干部，即使再有才干也不会得到任用。

"八大工法"和"六星企业"：管理制胜的法宝

黄麟明：您说过优秀的管理方法应该是以简驭繁和朴实实用的，枯燥的管理应该变成一场场喜闻乐见的活动。像中国建材这种管理着近千家工厂的企业集团，拥有简单、操作性和复制性强的管理方法尤为重要。您是怎样让管理达到简单易行的效果的？

宋志平：管理其实并不复杂，往深了讲可以写好多本书，往浅了讲就是把基本的方法用好。如果一定要把中国建材集团的管理信条写在纸上可能不超过两页，但关键在于执行。

中国的企业在管理上不停地前进。最早我们采用的是苏式企业管理方式，后来订立了鞍钢宪法，推出了"两参一改三结合"，开展了工业学大庆，学习大庆"三老四严"的工作作风等。改革开放之后，中国企业又引进了西方，尤其是日本的管理经验，当时的国家经委推广"管理十八法"，其核心内容大都是从日本企业引进的。日本管理界将很多管理理论和管理方法归纳为"管理工法"，例如"5S 管理""TQC"（全面质量管理）等，便于记忆和推广。我们正是借鉴了日本的"工法"概念，结合企业的实际情况，总结归纳出了"八大工法"，这相当于一套外抓市场、内控成本的整合优化组合拳，具有较强的实用性、可操作性及可复制性，也让大家在管理活动中找到了乐趣和成就感，形成了一些典型案例和鲜活的管理故事，极大地提升了企业整体管理水平。

黄麟明：接下来和您讨论"八大工法"这一最核心的 Know - How（专业知识与实际操作方法）。在我看来它可以分成三个层面：一是策略面，二是运营面，三是财务面。

首先想与您探讨策略面的工法，即讲求考虑长期面、整体面及风险面创造的协同效益，并考虑到外界环境的工法。

一是市场竞合。一般而言，企业在产业内首先想到的是竞争，现在我们把"合"的观念带了进来，创造产业有序的、善性的结构调整，营造健康的、有利于不同企业关系的环境。所谓竞合，就是要通过竞争带来差异化，通过合作消除行业内不必要的混乱，这是一种很先进的理念。那么您认为，企业应该在哪些方面竞争？又应该在哪些方面合作？

二是价本利。这个理念看似简单，但十分管用。西方资本主义经济归纳了成本习性与价量关系，并将其称为"量本利"，通过增加产量、摊薄固定成本获取边际利润，但这是基于供不应求的市场环境，在过剩经济下行不通。产能过剩后，产品大量积压，再增加产量不但不能摊低固定费用，还将增加变动成本，流动资金也随之紧张。"价本利"强调了量、价、本的关系，即在以销定产的大思路下，首先确保一个合理的产品价格，加上降低成本，双管齐下，取得合理利润。因此，在联合重组的大机制下才有可能推行价本利经营理念。水泥行业价本利的运作机制及构思是产业结构及企业经营整合优化两个层次的成功典范，是西方学界及企业界所欠缺的，的确是非常独特实用可行的经营思路探索与成功的实践。那么您认为，价本利应如何实现？

宋志平：市场竞合是中国建材在整合过程中，处理和其他企业竞争关系的方法。大规模的重组在一定程度上解决了集中度的问题，集中度提高后，若干家企业间就能比较好地处理市场关系。市场竞合既有竞争也有合作，有时竞争更主要，有时合作更主要。在目前中国的经济环境下，中国建材更主张竞争者要有一定的合作，共同维持市场秩序。

正像我前面讲过的，现在仍有不少人认为市场经济就是一种单纯的竞争活动，让竞争者拼个你死我活，一决雌雄。但我觉得竞争应该是理性的。竞争，体现在生产效率、产品质量、创新能力、节能减排等方面，大家对标优化，学习先进，比学赶帮超，共同提高；合作，体现在共同遵守国家法律法规，共同遵循市场规则，互相尊重各自核心利益等方面。从竞争到竞合是人类在市场经济中的一大进步。中华民族是有辩证思维的民族，道家、儒家通过最朴素的自然原理抽象出了丰富的辩证思想。对应中国人的"辩证"，西方人更多的是"求证"，遵循理性科学思维，同时需要用哲学去指导科学思想，去看到事物的两方面。中国人的文化恰恰蕴含了这些哲学思想。在处理混合所有制问题上就是如此，中国人比西方人更为擅长。西方人往往非黑即白，证明国有化优于民营化就推行国有化，反之就推行民营化，中国人却可以巧妙地处理好个中关系。中国人在处理市场关系的时候也应该有一些自己的见解，看到对立，也要看到统一；看到一分为二，也要看到合二为一。竞合就是如此，合作中有竞争，竞争中有合作，这样才能推动市场经济的健康发展。

价本利与过剩经济的大环境有关。量本利是管理学教给我们最基本的企业经营观点，常规情况下，量增加，单位固定成本降低，边际利润增加，形成规模效益。然而过剩经济中大家都想放量，最终都形成库存积压，不但没有实现量本利，还占用了流动资金，给经营带来困难。价本利就是在这种形势下提出来的，着眼于价格的稳定，同时通过降低成本来增加效益，而不是简单地依靠放量来实现利润。价本利并不是对量本利的否定，而是针对价格这一当前主要矛盾提出的管理理论。价本利提升了管理企业的思想：过去管理企业讲求眼睛向内，往往不考虑市场的整体需求而过分主张用放量去降低成本；现在则要既管工厂又管市场，管工厂就是要降低成本，管市场就是以销定产、稳定价格。价本利追求的是稳定价格，不滥用市场支配地位，即让市场有序化，不漫天要价也不恶意杀价，在市场、客户、竞争者都能接受的情况下追求价格理性化。

黄麟明：接下来想与您探讨运营面的工法，即生产管理、行政管理、研发管理、信息管理等非财务面的运营活动方面的工法。

一是五集中。五集中是通过市场营销集中、采购集中、财务集中、技术集中、投资决策集中这五方面工作实现了协同效应的三个层面：收益上升、成本下降、风险降低，也提升内在经营效益、增加外在公司价值及股东报酬回收。

二是 KPI 管理。要实现五集中，必须有一个量化的过程，而量化指标就是 KPI 管理。企业的成长的三个层次——做大、做强、做优，分别对应收入成长、利润成长、价值成长。我在想，新常态下，我们要根据中高速增长的速度去做相应的发展规划，在行业进入平台期后，为了永续经营并整合优化，企业经营者将重点放在利润和价值双成长上。如果说 KPI 对应做大，那么我们还可以扩展出对应做强的 KEI[①] 和做优的 KVI[②]，并建立 KPI、KEI 与 KVI 三者间联结的整合优化关系，细化指导公司经营、衡量公司价值的指标。

三是对标优化。有了 KPI 还不够，企业不能孤芳自赏，而要通过对标来进行比较，不然无法知道自己与同业企业相比是否具有优势和核心竞争力。通过

---

① Key Earning Indicator，即关键盈利指标，可包括销售利润率、资产收益率、净资产收益率、每股收益及上述各项指标成长率等。

② Key Value Indicator，即关键价值指标，可包括市场增加值、经济增加值和股东总回报等。

对标管理，企业管理者做目标设定、资源重分配、绩效评估，能够提升企业经营管理水平。

四是辅导员制。目标和量化的指标需要有人去推动。企业管理中，原有的管理人员往往受困于"所知障"，坚持自认为是成功的经验，故步自封，难以进步。辅导员制解决了这个问题，通过派驻"管理高手、成本杀手、市场能手、效益把手、文化捕手"，将先进的技术方法、运作机制乃至于思想文化带到新进企业中去，推动企业进步。

我的问题是，这些工法的核心理念是什么？我特别感兴趣的辅导员制，具体又是怎样定位、怎样运作的，以期统一经营思想、整合有效管理机制及融合优质企业文化？

宋志平："八大工法"的核心理念在于团队学习，在于发掘内部动力，在于沟通互动和持续改善。无论市场竞合、对标优化或是辅导员制，都不是单一企业的管理工法，而是众多企业的管理互动或学习提高，解决的是如何发挥集团企业优势、获得效益的问题。

如对标优化，分为对标和优化两部分。对标在企业外部，同业企业做得好就去对标，看到自己的不足并努力赶超。中国建材的对标企业，国内有海螺，国外有拉法基。优化在企业内部，进入大集团后对各个单体企业最大的好处就是有了内部参照系统。过去企业单打独斗，现在大家都在一个集团里，有做得好的就作为样板学习，持续不断内部优化，自我提升。对应"八大工法"的核心理念来说，对标就是学习，优化就是对自身团队内部动力的激发。

KPI管理也十分有意思。为什么强调KPI？因为包括民营企业在内的许多企业都不知道哪些指标是重要的，毕竟管理并非是与生俱来的能力，要通过学习才能够更为全面地掌握。经营企业，要想知道具体该怎么做，最简单明了的就是抓好KPI。中国建材内部开办公会就是这样，每个单位都要报自己的KPI，做到"从原理出发、用数字说话"，而不是空话套话一大堆，只定性不定量。

关于辅导员制，我有一次在飞机上读《哈佛评论》，里面提到丰田汽车无论在哪个国家生产，都有完全统一的标准，而大多品牌公司并不一定能做到，其秘诀就在于丰田有辅导员制。丰田有大量辅导员，每建一个新厂，就会派辅导员进驻，直到新厂职工完全掌握了相关技术再逐渐撤离。中国建材把辅导员制延伸了，不只在技术工艺上进行辅导，还包括在管理、市场、文化上进行辅导，谁有专长谁就可以做辅导员。其实辅导员制之所以能够成功，并不是因为辅导员有多高的待遇，而是我们给了辅导员实现自我价值的平台。比如水泥厂，技术工人们能够到各地出差、像老师一样授业，受到大家的尊重，这本身就是一种价值的实现。所以在企业管理中，收入待遇固然重要，但能创造兴趣更重要。我常常在想如何把管理兴趣化，将枯燥的管理变成大家热衷的、自愿参加的活动，通过把管理方法花样翻新，让大家活学管理、乐在其中，而不是成为额外负担。过去我们总说交流经验，如今辅导员制就比交流经验更高一个层次，这种制度让辅导员更有责任感、荣誉感、成就感，这也是管理兴趣化的一种实践。

黄麟明：接下来与您探讨财务面的工法。

一是核心利润区。整合优化最终是为了效益。没有效益，企业就不能生存、不能成长、不能扩充、不能投资、不能改善员工生活、不能缴纳税金、不能践行社会责任。效益一般分内在效益和外在效益，内在效益是经营的短期效益即成本效益，长期效益是经济效益。上市公司最重要的是将内部经营效益合理反映到资本市场上，形成资本市场效益，并根据公司内在增加的经营效益、外在增加的资本市场效益，最终实现做大、做强、做优的目标。我认为，中国建材的核心利润区这一工法很好，做到在区域内聚焦有限人力资源、管理资源并实现利益最大化。以构建核心利润区为例，一方面，在盈利面，应有三个层面的整合优化：一是垂直重建，做核心利润区本身各项经营活动的改善优化，即运营面开源节流；二是水平重建，不同利润区之间、不同客户、不同生产基地之间进行资源重分配，即管理性开源节流；三是策略重建，实行限量、限建的协议，行业间错峰生产，成立管理区及产销分离的销售公司，自制外包等决策，即策略面开源节流。另一方面，在增效面，过去经营管理层重点关注盈利，忽略了资源的投入，而资本密集的产业更应聚焦投资面，是否过度投资造成资源浪费及周转率偏低，因此我也给核心利润区的经营目标与绩效衡量做个升级，提出核心投资效益区，即不仅仅关注利润，更关注投资回报率。在考虑投资决策时，需要三轨作业，同时兼顾总利润、人均利润及投资回报率，权衡三者，对不同区域进行更有效的及优先的资源配置。我们应该把这样的投资思维变成机制和文化。

二是零库存。所谓财务面，基本观念就是通过投资决策、筹资决策及股利决策在收益和风险间取得一个平衡点，以增加经营效益及公司价值。零库存的观念就非常好，要点在于优化决策、平衡收益和风险，不仅涵盖库存管理，也涵盖应收账款。应收账款高，正面效应是业务增加，反面效应是呆账增加，一得一失，需要权衡；存货多，正面效应是不会供不应求，反面效应是容易产生资金占用和资源浪费。

在这两方面，中国建材具体是怎么做的？

宋志平：核心利润区是指企业占有较大市场份额、拥有较大市场话语权的区域。中国建材在香港上市后选择了四大区域作为战略性区域，然后在四大区域中进一步构筑细分的核心区域，有重点地重组了区域内的一些关键企业。通过推进核心区域的联合重组和优化产业布局，中国建材实现了核心区域内资源与市场的合理有效配置，增强了企业对核心区域市场的影响力和控制力，一定程度获取定价权，从而提高企业的盈利能力。

关于零库存，目前中国建材不仅聚焦原燃材料和产成品，做到即时生产，也聚焦资金层面的应收账款，合理控制。这些目标的实质就是实现流动资产最小化。关于应收账款，中国建材一直以来非常重视，努力方向是零应收账款。另外，要减少财务费用，必须集中财务，集中结算。但企业的资金得不到合理利用，往往和现有金融体系有关，有些银行往往既要你存款，又要你贷款，导致企业负债很高的同时货币资金又很多。有些单位成立财务公司就是为了解决这个问题。这也是我们努力的方向。

黄麟明：非常有意思的是，您为企业设定了星级，叫作"六星企业"，其内容是好企业的六个标准。通常来说，过去大家觉得经营业绩好就是好企业，但是随着时代的发展和企业的进步，好企业的内涵已经大大延伸了。接下来我想与您探讨，您对好企业的标准是如何理解的？

宋志平：什么样的企业才是好企业？这些年来，在长期的企业管理实践中，我一直在思考这个问题。我认为，要像饭店、宾馆追求星级一样，企业也必须清楚地知道哪些是重要的目标，应该朝什么方向努力。所以，我提出了"六星企业"，即业绩良好、管理精细、环保一流、品牌知名、党建先进、安全稳定。

业绩是企业的根本。我常到企业去调研，有的企业领导人说得天花乱坠，却唯独不提业绩：一是因为业绩不好，难以启齿；二是企业的指导思想有问题，效益观念还比较淡薄。我刚到中国建材集团时，集团没有月度报表，下属企业的领导人也不清楚自己的年度经营目标值，对此，我颇感忧虑。在2002年的年度工作会上，我提出了企业价值、企业绩效和数字化管理的观点，并将创造绩效视为企业的核心文化。创造绩效是企业生存与发展的前提，任何企业都要以创造绩效为荣，以创造价值为荣。

精细管理，也叫精益管理，是从丰田的适时生产演化而来的，其核心内容包括全员管理、持续完善和零库存等。管理是企业永恒的主题。不论何种企业，不论历经何种技术创新，质量、成本、服务这三个要素都是企业管理的基础，这一点是永远也不会改变的。

环保是企业工作的重中之重，既是企业首要的社会责任，也是攸关企业生死的大事。因此，企业在投资选择、规划设计、装备选配、生产工艺、日常管理等各个方面，都要把环保放在第一位。环保不达标，宁可关闭工厂。

品牌的重要性更是大家熟知的。企业在市场中打拼，实际上是在打造一个品牌。北新建材的"龙牌"纸面石膏板因为品牌过硬，价格比普通品牌高出20%，是国内为数不多的价格高过跨国公司的产品之一。我在北新建材提倡"质量一贯的好，服务一贯的好"的品牌原则，几十年来，得到了很好的执行。要打造知名品牌并不那么容易，需要坚持不懈地把质量保证好，把成本控制住，把现场管理好，把服务水平提上去。

安全和稳定也是企业的大事。安全包括两个方面：生产安全和产品安全。生产安全的关键在于不能发生重大事故，这一点既反映出企业管理人员的水平，也反映出员工的工作水平和管理制度是否健全。产品安全越来越成为企业必须重视的安全问题。例如，建材要保证质量和无害化，医药要保证完成各种检测并把副作用降至最低。一个安全事故频发的单位，一把手肯定是不称职的。在稳定方面，企业作为社会单元，要积极主动地化解内部矛盾，避免积累大的矛盾，否则矛盾一旦爆发，往往不可收拾。发生问题时不能激化和扩大矛盾，企业领导要靠前指挥，不推诿，不回避，关键是要关心职工与弱势人群，处事温和，分配公平。

黄麟明：您是一个非常注重数字化管理的人，那么在对"六星"进行评定时，每个星级是否都有量化的标准？

宋志平：从表面上看，这六个标准是一个比较笼统的概念，但是我们为每一个标准都制订了相应的建设内容和自查绩效指标。比如说，在建设业绩良好型企业方面，我们主要关注的是提升盈利水平和加强资产运营，考察的指标是主营业务收入、净利润、毛利率、资产负债率和报酬率。所以，在我看来，"六星企业"不仅是一套评价标准，更是一套管理方法，激励大家通过逐项指标自查，不断提升管理水平。2014 年，通过对各项指标的考察，我们评出了集团第一批的 12 家"六星企业"，今后这项评选将会持续开展，希望我们能有更多的"六星企业"诞生。

观念与文化：整合优化成功的关键

黄麟明：展望未来，中国建材集团旗下有传统产业，也有"三新"产业，新旧产业分别有什么发展思路？应该如何进行整合优化？

宋志平：传统产业和"三新"产业之间是既有相同点也有区别的。相同点是都在建筑材料范畴之内，和建设密切相关；区别是传统产业是高度依赖原料和能源的产业，"三新"产业是立足于节约原料和能源的产业。中国建材集团当前要积极推进传统产业和"三新"产业的共同发展，但是根据不同的产业特点，我们制订了不同的发展思路：在传统产业领域，像水泥行业已进入平台期，玻璃行业也严重过剩，都不可能再一味按照传统模式去做，而是要运用高新技术，大力推进水泥、玻璃业务的联合重组、结构调整和节能减排，推动传统产业向中高端迈进；在"三新"产业领域，大力发展新型建材、新型房屋和新能源材料，扩大产业规模，做出亮点。

相比从零做起，中国建材更多的是通过整合资源进行发展。比如在水泥领域，我们进行了大规模联合重组，成为世界第一的水泥公司；在玻璃领域，我们重组了洛阳玻璃、华光玻璃等玻璃公司，并把这些传统玻璃业务过渡到电子玻璃、光伏玻璃等新业务上，成功转型；在"三新"领域，石膏板、玻璃纤维业务通过重组泰山石膏、巨石集团成长成为全球最大的石膏板公司、玻璃纤维公司；薄膜太阳能电池、风机叶片业务通过重组国外企业获得高端技术优势；新型房屋业务最早是与日本的公司合作，学习了一整套新型房屋的制造方式，通过不断创新发展，实现了对造房所需材料的全部国产化。所以，未来我们还是会按照"整合—优化—发展"的模式来推进各项业务的发展。

黄麟明：任何工作都离不开人，您曾经对领导干部提出过几点要求，我将其归纳为"五业"：产业（要了解产业、了解市场）、敬业（要有敬业态度）、专业（要有专业水准）、志业（要有志业精神，将事业作为一生的追求，才能乐在工作中）、创业（要有企业内部创业的动力和活力）。您还在一篇文章中引用了中国明代思想家吕新吾提出的人才所需具备的三项资质，第一等是深沉厚重，第二等是磊落豪情，第三等是聪明才辩。我认为，这三项资质分别对应了"仁、勇、智"三个字，深沉厚重是指要有利他的胸怀，即"心"及宽容；磊落豪情是指要能勇担责任，即"肩"及承担；聪明才辩是要有智慧，即"脑"及智慧。您认为在当前推进整合优化的关键阶段，企业管理层、职业经理人应该具备什么样的素养？

宋志平：整合优化是个系统工程，需要领导干部有更广阔的视野、整合资源的能力、全新的市场观念和包容的胸怀。

首先，过去我们的领导干部都是在做小企业、做单一的产品，所面对的市场是区域市场、国内市场。现在中国建材是一个大企业，有多个产业和产品，所面对的市场也变成了全球化市场。所以，领导干部一定不能只看眼前、只看脚下，要有全局观和把握全局的能力。

其次，领导干部的能力更多体现在整合资源上，中国建材的发展也印证了这一点。在进行整合优化的过程中，领导干部必须有相应的能力来承担整合者的重任。

再次，过去很多领导干部只是在经营自己的小企业，是一个单纯的市场竞争者，也多是以竞争者的立场思考问题。现在我们不仅是竞争的参与者，更是市场的整合者，要有全新的市场观念，要讲竞争，更要讲竞合。

最后，正如吕新吾所说，人才的第一等资质是深沉厚重，作为整合者，更应有包容的胸怀。我们所讲的全局观、竞合观等，都是建立在包容的基础之上的。对于企业来说，就是要有形成包容的文化。这些年中国建材有两点是别的企业很难超越的：一是融合力，我们重组了几百家企业，并且成功地将这些企业融合在一起，完成了看似不可能完成的任务；二是学习力，我们不是单纯地学习，而是不断地将学到的东西凝结成自己的战略、文化、技术等。但是，能做到这两点，正是因为我们有一套"包容的文化"，在其指引下，我们把包容性成长的理念融会贯通到经营管理和企业战略的方方面面，一边吸收优势资源，一边把它们融合为中国建材的一部分，把很多并非强项的业务做到了极致。在这样的企业文化下，我希望我们每一名领导干部的胸怀也是如此。

黄麟明：最近我读了您的新书《我的企业观》，觉得非常有意思，一个个小故事生动、朴实，但很深刻。这些年我读过很多您的文章，您的思想均来自长期的企业实践，具有极大的实践参考价值，不仅对企业提升经济效益有启发作用，"利他""宽容"的思想也产生了深远的影响。作为经营思想上的开拓者、产业调整上的领航者、公司管理上的实践者，又是一名善思的企业家，您被称为企业经营管理的导师实至名归。但我们知道，您并不是一个追求名闻利养的人，您不辞辛苦地去做"立言"的工作，包括写文章、出书、演讲等，请问您是如何考虑的？

宋志平：中国历史上称"立德""立功""立言"为"三不朽"。"立德"，即树立高尚的情操；"立功"，即为国为民建立功绩；"立言"，即提出具有真知灼见的思想言论。我认为，一个优秀的企业家，也必须具备这三方面的品质。立德，就是要为行业、社会乃至整个中国经济的发展做贡献；立功，就是要带动企业做大做强做优，创造良好的经济效益；立言，就是能够将自己做企业的经验体会、失败教训和个人感悟总结出来，为中国社会和企业界贡献思想，给年轻一代以启发和帮助。

在多年的企业生涯中，我亲历了中国改革开放的巨变和企业的发展变迁，见证了中国建材集团从一家经营极度困难的传统国企走出泥潭，走进世界500强之列。十年间，中国建材集团营业收入和利润十年间双双上升100倍，成为世界上最大的水泥公司、玻璃公司、石膏板公司等。我们还探索出了一条过剩行业整合优化的新路，以联合重组方式展开行业整合，推动了行业可持续发展。这些成绩背后，也有许多大家看不到的困难和失败。岁月沧桑，这些经历和经验会随着时间的推移而被大家忘记。企业改革前辈陈清泰曾经对我说过，如果企业家不把这些东西总结出来，我们过去一段一段的经验就都没有了，后人只能再从零开始。所以对岁月的记录和总结是非常有必要的，以便温故而知新。

作为一名央企干部，写文章、出书可能会让人有沽名钓誉、好大喜功的感觉，但这对我个人来说没有实际意义，我没有成名成家的想法，也没有著书立说的愿望，更不需要通过这些方式证明自己。我只是认为我有责任把这些东西归纳出来，留给后来者。

我的这些书和文章都是我的真实感想和体会，均来源于实践，真心讲话，讲真心的话，没有任何大话、套话。我崇尚"大道至简"的观念，喜欢把复杂的问题简单化，所以我的书和文章都不是长篇的推理或论证，非常简单易懂，有很多鲜活的案例，初入道的人都完全能看明白。如果这些东西大家都能看懂，对实践者有一定启发，在经济学家、管理学家眼里也没有大错误，这样就足够了。

我也多次讲到，企业家的境界和思想很重要，优秀企业家首先应该是有思想的企业家，创造代表精神和灵魂的企业思想。我身为董事长，不是管得越多、越琐碎就越好，而是应该有正确的判断和最新的思想。所以，"立言"也在促进我不断总结和思考，在反复的思辨中，我会产生一些思想的火花，积淀和归纳一些新东西，这些又会促进我带领团队进步和企业发展。

当然，一家企业、一个人都有其局限性，我的观点并不一定正确，毕竟这只是一家之言，不可能非常全面、精准。也许随着时间的推移和实践的发展，有些观点未来还会有颠覆性的变化，这是客观规律，我们没有办法控制。但是，只要能引发大家的思考，让大家知道我的思维过程和管理思想的产生、演进、成熟，我做这件事就很有意义。其实，这些书或文章更像我自己做的习题集，我愿意交给大家，请大家去评判，也希望后来人不断升华和完善。

22

国药大整合①

在 2013 年的《财富》世界 500 强榜单上，有两家中国企业的董事长是同一个人：中国建材集团和中国医药集团的"双料董事长"宋志平。

其中，中国建材集团以 344.6 亿美元营收第三次上榜，列第 319 位、全球建材企业第 2 位；中国医药集团以 261.9 亿美元营收第一次入围榜单，位列 446 位、全球医药企业第 10 位。这也是国内医药行业第一家跻身世界 500 强的企业。

4 年前，宋志平以一个"外行人"的身份出任营收规模 650 亿元的国药集团董事长。彼时，宋志平在接受《英才》采访时给自己定下目标：十年后，全世界如果只剩下 5 个医药公司，其中应有 1 个是国药。

2013 年 9 月，宋志平再次接受《英才》记者采访时乐观地预计："今年国药集团的销售可能要超过 2000 亿元。"

过去 10 年中，国药集团的营业收入年均增幅 32%，利润总额年均增幅 45%，总资产年均增幅 32%。毫无疑问，从收入规模及增长速度来看，国药集团表现耀眼。

然而，在医药行业，大多数观点仍然认为只有研发才是王道。事实上，医药研发和制造业务的利润率也确实比流通业务高出许多。而在国药集团 2012 年 1650 亿元的营收中，主要来自国药集团传统强项"医药流通配送"，医药工

---

① 本文原载于《英才》杂志 2013 年第 12 期。

业的收入仅为 130 亿元，位居 2012 年中国医药工业十强榜中第 8 位。

　　作为一家以流通为主、利润率微薄的企业，国药集团如何与那些利润丰厚的跨国制药巨头竞争？

　　在医药流通领域，国药集团已经是国内市场上遥遥领先的老大；但在研发和制造方面，国药集团的优势并不突出，未来它将如何弥补"短板"？

　　疫苗、化药、现代中药、医疗器械、医院与大健康产业……哪一个将成为国药集团的下一个发力点？

　　宋志平笑言他对国药集团最大的贡献就是在国药主业"医药产业"中加了"健康"两个字。虽然他和他的国药团队未来要走的路或许并不那么平坦，但令人期待。

重新讲故事

　　在 2013 年的《财富》世界 500 强榜单中，共有 10 家医药类企业。除国药集团外，其余 9 家都是以研发见长的跨国制药公司，其中辉瑞制药的利润率达 24%，利润率最低的默沙东也有 13%。相比之下，国药集团不到 2% 的利润率，倒是更接近零售行业巨头沃尔玛（利润率 3.6%）。

　　对于"靠卖药发家"、低利润率的质疑，宋志平有自己的看法。在他看来，"用终端拉动实业"也是一种不错的打法，国药集团以流通商而非大药厂的身份跻身世界 500 强，并没有什么不好。"如果没有配套的物流和服务来支撑，制造业其实是苍白无力的。过去很多人崇拜制造业，觉得工厂冒着烟才是在'干正事'，这种想法已经过时了。我们做的是无烟工业，没有污染、没有排放，也能做到世界 500 强，我觉得这是一种很好的转型升级。"

　　4 年前，宋志平出任国药集团董事长的同时，国药控股已敲定上市。"国药控股本身是以医药流通配送为主的，上市后，我们的首要任务就是建全覆盖全国的商业配送网络。"两年前，宋志平曾对《英才》记者这样说。

　　在国药控股上市前，中国医药商业协会的数据显示：国内共有 1.3 万家医药批发企业，其中八成以上企业的经营规模不到 1 亿元，前三家的总市场份额约20%。而在美国，三大医药批发企业麦克森药物批发（MCK）、卡迪纳医药（CAH）、美源伯根（ABC），占据了超过九成的市场份额。

中国的医药商业网络急需整合。国药控股在关键时刻上了市、融了资。迅速建立起覆盖全国的分销配送及零售网络，正如宋志平所说，"先把网络搭好，剩下的事情都来得及。"

2011年，商务部发布了《全国药品流通行业发展规划纲要（2011—2015年)》，明确提出，到2015年，通过鼓励支持企业兼并重组和充分市场竞争，培育1~3家年销售额过千亿、跨地区、全国性的大型医药商业集团，20家年销售额过百亿的区域性药品流通企业；药品批发百强企业年销售额占药品批发总额85%以上。2011年，国药控股成为国内第一家销售额超千亿的医药流通配送企业。

如今，通过大规模的整合，国药集团的医药物流分销配送网络已经覆盖了全国176个地级以上城市，14万家行业客户，三级医院覆盖率达95%；拥有与国际水平接轨的30个配送中心和近300家分销中心。

曾经与国药集团规模相当、被业界并称为"三驾马车"的另外两家央企——上药集团、华润医药集团，2012年的营业收入分别为680亿元和981亿港元（约合789亿元），与国药集团差距明显。

"国药的体系确实非常成熟，在国内没有人能超越它。"在接受《英才》记者采访时，生物谷董事长张发宝认为，国药集团的整个体系基本已经搭全了，这让它相比其他同行更有竞争力。

事实上，中国医药行业的"三驾马车"都在全国配送网络的铺设上下了很大功夫。业内人士认为，这与中国的特殊国情有关：在中国，医药流通有很多政策壁垒，每个省、每个区域的政策可能都不一样，而且上游的制药企业很少有特别强势的，不少制药企业必须借助有资质的流通商才能完成药品的配送和销售，这种背景造就了国药、九州通这样的商业巨头；而在美国，像辉瑞这样的上游大药厂，非常强势、议价能力很强，而且其全国的流通体系基本是统一的。因此，药厂只需要找经销商代为销售，药品的价格和售后还是由药厂自己掌控。

不过，大多数研究者认为，虽然国药集团的体量已经堪称"巨无霸"，但目前来看，并未对整个医药流通市场造成不利影响，反而提高了行业集中度，促进行业发展趋向规范。

除了传统的医院、零售药店等渠道，在电子商务领域，国药集团也开始发力。

2013 年 7 月，国药集团旗下的产业基金——国药集团资本管理有限公司，向浙江珍诚医药在线股份有限公司投资近亿元，成为其第二大股东。

在医药商业领域，面向医院的第一终端基本已被占领，市场集中度很高；而以药店、诊所为主的第二、第三终端市场，被 1 万多家小型医药批发企业瓜分，市场集中度非常低，想象空间较大。这个市场的特点是客户数量多、地区分散、单位规模小，服务成本、服务难度都远远超出第一终端。

作为国内第一家 B2B 医药电子商务企业，珍诚医药在线已在这一市场上深耕 10 年之久，其"药联 5 万家""云联千商"的模式，正是针对这一市场"多、小、散、乱"的特点创造的。在此之前，其已经获得包括华睿投资、通联资本在内的多家机构投资。

据统计，2011 年，中国医药电子商务规模仅为 4 亿元，到 2012 年已经超过 15 亿元，增长幅度高达 300%。

"相比其他行业电商的持续烧钱、大起大落，网上药店相对更稳定，一般实现盈利也更快。"业内人士认为，这是因为药品比较特殊，相关部门对于网上药店的交易资质有着严格的管控，网络售药的主体，必须是依法设立的药品零售连锁企业，这就避免了"一窝蜂"式的恶性竞争。

"老大"的短板

2013 年上半年财报显示，国药集团旗下主营医药商业的上市公司国药股份、国药一致的净利润率分别为 4.1% 和 2.6%；而专注生物制药和诊断试剂的天坛生物，净利润率高达 24.9%。

但在国药集团 1650 亿元的营业收入中，制药工业板块的销售规模仅 130 亿元，天坛生物今年上半年的营收仅 9 亿元。

谈及国药集团的发展前景，张发宝认为，"要成为真正的行业支柱，不仅要控制终端，还要有自己的核心产品"。

"商业零售网络可以通过并购在短时间里迅速做大，但医药研发和制造的技术门槛比较高，靠并购快速做大的路不一定能走得通。"正略咨询合伙人陈庚在接受《英才》记者采访时表示了这样的担忧。

宋志平也坦言，国药集团虽然在国内已是公认的"老大"，但要成为全球"大佬"，最大的门槛是技术，研发和制药是未来必须要补上的"短板"："我们这几年主要把精力花在搭建商业网络上了，现在调过头来就要开始整合医药工业，这个进展也应该会很快。"

他对医药工业板块的期望是：在 2015 年之前做到 500 亿元营收，其中化学药在 300 亿元左右，生物制药和中药各 100 亿元左右的规模。

对此，中投顾问高级研究员郭凡礼对《英才》记者表示："国药集团在意识到自己的研发能力弱后，也着重在此方面施力，拉高短板，能够容纳的财富就会更多。"

国药集团拥有 2 名中国工程院院士和几千名科学家，每年的研发投入占制造板块收入的 5% ~ 6%。作为集团研发方面的核心平台，中国医药工业研究总院为中国整个化学药行业贡献了 50% 的技术来源。

当初刚宣布国药集团与上海医药工业研究院（以下简称"医工院"）重组时，医工院里很多人都想不通，我们搞研发的为什么要"嫁"给一个卖药的呢？

为此，宋志平反复去跟这些"高级知识分子"沟通，用协同效应去说服他们："一旦大家联合起来，此国药就非彼国药，我们能做成中国最大的医药健康产业平台。对大企业集团来讲，最重要的就是协同效应。"

重组后，医工院的发展速度加快。2010 年 11 月，在上海医工院的基础上，建立了中国医药工业研究总院。宋志平告诉《英才》记者，医工总院成立后，国资委拨付了 5 亿元资本金来支持它的发展："这是这么多年来国家为医药集团拨付的最大一笔资本金。"

过去两年，国药医工总院向跨国公司出售了两项技术，作价分别为1000万美元和600万美元，在宋志平看来，这是一个重要的突破："过去都是我们从发达国家买技术，现在也有人来买我们的技术了。"

2013年10月，由国药中生成都公司生产的乙型脑炎减毒活疫苗，通过了世界卫生组织的预认证，这是我国自主研发的疫苗，成为国内第一个得到全球市场"通行证"的疫苗产品。

国药中生是中国最大、全球第四大疫苗生产商，在国家计划内免疫疫苗市场，占有80%的份额；在全球市场，相关研究机构的数据显示，国药中生近3年的出口疫苗达到1500万美元左右。

陈庚认为，在医药工业方面，国药集团的实力虽然并不算最强，但它在疫苗、制剂、现代中药、器械等领域有一定的优势，如果选中一两个重点发力，有可能很快做到"老大"。

对于医药工业板块，除了自主投入外，宋志平还打算将"并购重组"这把牛刀也拿来小试一番。

近几年来，国药集团先后收购了国内医用中间体7-ACA的主要生产商山西威奇达药业、印度仿制药生产商Aurobindo Pharma Ltd的中国子公司——阿拉宾度（大同）生物制药公司等。

2012年11月，宋志平还公开表示，国药集团正在全球范围内寻找机会，希望能收购海外科技企业。

在研发上，中国跟海外的差距确实很大，因此，最快的办法就是通过并购，把好技术拿过来。为了与强势的跨国制药公司合作，宋志平认为参股的方式也是可行的。

大健康平台

"大健康平台"是宋志平为国药集团规划的一个发展方向。

2013年6月，国药中原医院管理有限公司成立，国药集团以现金出资，占70%的股权，对新乡市中心医院、新乡市第二人民医院、新乡市第三人民医院、新乡市妇幼保健院和新乡市中医院 5 家医院进行集团化管理。

"一方面，医院是最后的一块资源，或者说是我们能分配的最后一杯羹，所以一定要把握住机会；另一方面，对国药集团来讲，如果有自己投资的医院，在药品和医疗器械的销售上，就又有了一块稳定的市场。"

在中国的药品市场上，医院占据了八成的市场销售，药店等零售渠道仅仅占两成左右的份额。因此，医院对于医药企业的意义不言而喻。

至于要把医院办成什么样，王永庆创办的台湾长庚医院是宋志平心目中的一个样本，他希望国药集团投资的医院也能在即将到来的公立医院改革中起到鲇鱼效应，"世界上最好的组织是企业。对于医院来说，企业化运作能使它效益更大化"。

"国药集团投资的医院，目前是不分配利润的。"按照宋志平的想法，要把利润先留在医院，用作再生产、再扩大。但从长远来讲，最终还是要用市场化的机制来运作，"甚至会培养它上市"。

宋志平的布局是先在大中城市做 10 个左右的医院进行试点，然后建立模型，再推广开。"如果有 10 个左右的医院在手上，一是可以总结经验，二是可以完成原始资本的积累，再去吸引投资，形成更大的资本。"

其实，早在 2004 年前后，卫生部就曾出台过关于鼓励社会资本办医院的政策，当时，也有不少医药商业和生产企业以托管、收购的形式投资医院，但由于那时的市场开放程度有限，真正经营好的医院并不多。

现在，医院市场开放的信号渐趋明朗。2013 年 10 月 14 日，中国第一个健康服务业指导性文件《国务院关于促进健康服务业发展的若干意见》发布，文件中明确指出，今后中国将进一步放宽中外合资、合作办医条件，逐步扩大具备条件的境外资本设立独资医疗机构试点。

因此，资本市场对于医院的盈利能力十分看好。张发宝在接受《英才》记者采访时就表示，现在是投资医院的黄金时间。

除了医院，国药集团在 2012 年底先后投资控股了"1 健康网"、现代阳光体检公司，杀入体检行业，宋志平希望国药集团还能涉足养老产业。

根据《国务院关于促进健康服务业发展的若干意见》的规划，到 2020 年，中国健康服务业总规模将达到 8 万亿元以上。

业内人士普遍认为，中国的健康产业发展空间巨大：美国健康服务支出约占其 GDP 的 17%，经济合作与发展组织国家健康服务支出一般也在 10% 左右，而中国当前的比例只有 5%。

"我总是讲央企要深根于大行业。整个医疗健康行业的确是个大行业，但不局限于医药。美国的整个医疗健康产业大概有 3.5 万亿美元的规模，其中医药这一块只有 3000 亿美元。因此，不是说医药不重要，但作为国药集团这样的大型央企，不能仅仅做医药，还应该拓展相关的领域。当然，不能搞简单的多元化和多角化，而应该从自身出发，做那些和原来的产业有关联的事情。"

轻资产并购

成立于 1998 年的国药集团，一向有并购重组的传统，至今已经合并了 13 个"中字头"的企业。

尤其是在 2009—2010 年，国药集团一口气与中国生物技术集团公司、上海医药工业研究院、中国出国人员服务总公司 3 家重量级央企进行了重组。

在并购重组中，最难的是文化的整合。而宋志平自豪地告诉《英才》记者，国资委领导曾经评价过，国药集团旗下 4 家央企的整合是所有整合里最成功的，文化融合得非常好，迅速达到了合心合力。

而新国药集团的快速增长，将竞争对手远远甩在身后，也在很大程度上得益于不间断地收购、兼并重组。

也有人曾质疑，为什么老要收购人家，自己建不行吗？

关于收购的好处，宋志平在前些年中国建材的发展过程中就深有体会。过去 10 年来，中国建材集团并购过数百家企业。在宋志平看来，有时候自己从零开始新建，对时间和资源都是一种浪费。

"海螺水泥用 40 年时间做成了全国最好的水泥企业，中国建材也想要做到最好，难道也要花 40 年吗？而且当时水泥产业已经处于过剩状态。那么我们就去整合现有资源，用了 7 年时间，做成了一个超过海螺的水泥企业。做医药也是一样。现有的药店已经在最好的位置上了，难道我们非得在它旁边再开一家吗？其实，把那些分散的药店和网络整合起来，形成统一的模式和集团效应，也是一种价值创造。"

至于风险，宋志平认为并购要比自建的风险小，"比如说，并购一家水泥厂，你能够清楚地知道它有多少销售额、多少利润、市场在哪儿。要是自己建一个工厂，从设计到建厂、生产，再到把产品卖出去，可能需要三五年的时间，你有多大把握能预测三五年后的市场呢？"

对于中国建材和国药，宋志平认为二者的并购思路是一样的，都是以整合资源来实现快速成长，但具体操作方式则区别很大："建材大多是'短腿'产品，它的并购着重要考虑的是区域战略；而医药的并购几乎不需要考虑区域，其资产主要体现在技术上，并购时能否准确估值是最关键的问题。"

由于医药行业的技术门槛较高，其并购并不像建材行业那样有具体的量化指标，因此风险更大。

不过，宋志平并不惧怕风险，"高风险、高收益是通行的道理。风险和利润本来就是双刃剑。全世界做企业的，没有谁能在获得高收益的同时还能规避风险。"

外行董事长

2009 年 6 月的一天，宋志平正在前往首都机场的路上，突然接到国资委的通知，要他回去开会。

折回到国资委，宋志平听到了一个出乎意料的消息：国资委决定任命他担任中国医药集团董事长。宋志平的第一反应是：难道要把我从中国建材调出去？

宋志平在中国建材集团干了 30 多年，带领这家当初年收入只有 20 亿元的公司上市，一路过关斩将、合纵连横，成为年收入 2170 亿元的行业巨无霸。

毫无疑问，他对中国建材有着深厚的感情。但对于医药领域，他从未涉猎。

因此，在接到任命通知后，宋志平答复的第一句话是"医药我不懂"；第二句话是"要是让我当国药集团董事长，建材这边大家肯定会认为这是个开头，以后要逐步把我调走"，国资委领导答应派人去中国建材，把这件事情讲清楚，绝不把宋志平调走，只是让他当个"双料董事长"；第三句话是"如果组织上认为这种方式好，那我就去做，我服从安排"。

15 分钟的会开完，宋志平赶到机场，还赶上了原班飞机。飞到伦敦落了地，他立刻打开电脑，看看国药集团都有哪些业务，经营情况如何。

后来，宋志平在国药集团的内部报告会上讲："来国药当董事长，其实我有很大的压力。社会上有一些看法，说怎么做建材的去做药。我只知道国资委在让我过来的时候，有一条选择标准就是要找一个学习能力强的人。既然来国药做董事长，就应该学些东西，至少要做到外行中的内行。"

正式走马上任后，宋志平很快把基层跑了个遍。有时候在药厂参观，他会详细询问关于各种萃取工艺等流程细节。大家觉得很好奇，董事长不是外行吗？怎么懂这个？

这时候，宋志平会笑着说："我在大学里学的专业就是有机化学啊。说起来，建材是无机化学，制药是有机化学，制药才是我的本专业呢。"

当然，这只是一句玩笑话，没有人能靠 30 多年前在学校里学的那点知识去掌管一家企业。事实上，宋志平接任国药集团董事长后，几乎把原先还仅有的一点休息时间全部用来学习和思考了。

"我不吸烟，也不喝酒，不去娱乐场所，也不打高尔夫球。很多人说那你干嘛啊？我说想问题，想累了就去看书，看累了就去想问题。"

几年下来，国药集团上上下下慢慢地忘记了宋志平原来是个"外行"。

"因为我太融入了，甚至在开董事会商量事情的时候，他们也经常忘了我其实是个外行"，宋志平笑道，"但是我必须提醒自己，我还是个外行，我有自知之明，虽然很多事情我想了很多遍，但我最大的担心就是自己想错了。"

怕自己想错了的解决方法就是尽量多听各方面的意见。

国药集团的董事会一般都是从早上 9 点开到晚上 9 点，中午吃盒饭，大家边吃边讨论，晚饭就要到晚上 9 点之后再吃。这样可以保证 9 个董事人人都能充分发表自己的意见。

在中国建材，宋志平身兼董事长和 CEO，从战略决策到具体事务都得管，"在建材，你不让我做我也得做，大家也得要我做，我要是想当'甩手掌柜'，他们会跑到我家里来找我。"

相比之下，他在国药集团做的是"纯粹"的董事长，在董事会里也就是"九分之一"，只管大方向和战略，不干预、不参加执行层面的事情。宋志平觉得这样的制度也不错，"这个世界上从来没有绝对好的、放之四海而皆准的制度，所有的制度都要和实际相结合。"

独家高端领袖对话

靠销售做大不丢人

药价虚高：错不在流通商

记者：有人说，当前药价虚高的很大一部分原因在于流通环节加价太多。国药集团是中国最大的药品流通商，实际情况是这样吗？

宋志平：道理很简单，如果真的是流通环节加价太多，我们不是应该挣很多钱吗？事实上，你看到流通业务的利润率是很低的。不过，因为这个行业比较混乱——美国 90% 以上的药品流通只有 3 家企业在做，而中国有 1 万多家——这的确造成了一部分资源的浪费。

此外，药价高的最重要原因还在于"以药养医"。现在中国的医院里，药价实际包含了供养整个医疗体系的费用。

记者：在国药集团的销售体系中，基本药物配送占的份额大吗？

宋志平：占了一大块。做流通零售行业的，关键看规模，哪怕利润率很低，一旦规模大了，都能赚钱。所以我们一直在做基药配送。

记者：今年国药集团首次进入世界 500 强。不过对比看，国药集团的利润率比 500 强中其他几家医药企业低不少。

宋志平：确实，总有人问我，怎么国药集团主要靠卖药啊？工业做得这么少，如何跟人家竞争啊？第一，我们也做工业，今后会加快速度；第二，靠销售做大不丢人。国药集团走的是终端带动上游的道路。

在中国来讲，这条道路是正确的，如果你手上没有市场，你的药厂怎么做？所以国药集团这几年发展迅速，是因为在市场上占领了先机，很多药厂要通过我们的网络进行销售，这样密切的关系也为选择性并购提供了一个前提，很多药厂愿意被并入国药集团，因为国药集团除了投资，还可以帮他卖药。终端网络是一个基础，现在国药集团的基础已经打好了。

投资医院：做更大的事

记者： 今年 6 月，国药集团在河南收购了几家医院，今后会在这方面加大投资力度吗？

宋志平： 会。我认为医院是最后的一块资源，或者说是我们能分配到的最后一杯羹，所以一定要抓住这个机会，在一两个试点成功的基础上加大投资力度。

记者： 其实，除了国药集团，还有不少别的医药企业也在做这件事。您觉得国药有什么优势？

宋志平： 国药集团会比他们都快，一定会做在别人之前。我是一个非常市场化、想好了就做的人，不会拖泥带水。

记者： 对于投资医院，您心中有没有一个时间表？

宋志平： 因为最近才刚刚进入，其实还没有一个明确的时间表，我大致的想法是先在大中城市做 10 个左右的试点。一方面我们可以总结经验，另一方面能够完成原始资本的积累，去吸引一些投资人，比如基金、私募，形成更大的资本，再去做更大的事。

生物制药：先赶上再说

记者： 在研发和制药领域，中国整个行业都相对落后，国药集团要在医药工业上发力，有哪些好方法？

宋志平： 国外的跨国公司确实走在我们前面，不论从研发还是技术、产品方面，我们和他们的差距都是很大的。首先必须要承认这个差距，事实上，我觉得整个中国经济都是赶超型的，只有赶上了，才能谈得上超越。

至于追赶的方法，我们的想法还是要和跨国公司进行全方位的合作。比如过去我们和跨国公司合作时要求自己控股，现在就放弃了，可以采取我们参股，别人控股的方式。

记者：合作的具体形式呢？国药集团负责哪些工作？

宋志平：跨国公司有好产品、完整的工艺，我们不参与太多研发。合作建厂，国药集团主要负责制造和流通。

记者：那国药集团能拿到核心技术吗？

宋志平：中国制造汽车、手机也都是从引进开始的。如果当年不跟人家合作，今天自己能会做吗？这其实就是一个技术扩散的过程。

记者：您之前提到直接去海外收购生物制药公司。

宋志平：对，这也是一条路。主要是在研发领域，国药集团希望收购一些科研中心、高技术公司，毕竟在技术上国外比我们要先进很多，通过并购，充分利用国际上的优势，也是一种集成创新。

记者：去国外并购，最大的挑战在哪里？

宋志平：首先，挑选到一个好项目很不容易。找到项目后，怎么能够准确地估值？尤其是在生物科技领域，很多项目是正在培养发育过程中的，怎么判断它是否能够做出来，这里面是有很大风险的，但是高风险意味着高收益。一个项目看起来越好，隐藏的风险往往就越大。

记者：有没有您觉得很好的项目，但因为估值太高而放弃的？

宋志平：很多。其实国药集团的底子并不厚，要想进行大的收购，我们的实力还有欠缺，所以我们必须精挑细选，提高命中率，减少失误。

真正的董事长：决策执行分开

记者：作为国药集团的外部董事长，您提出的提案有没有被否决的？

宋志平：当然有。在国药集团，不管是谁提的提案，都要首先经过经理层，再到董事会。在董事会上大家一人一票，董事会有九个人，我的意见只是九分之一。

记者： 对您来说，在国药集团做董事长难吗？

宋志平： 当时国资委说，我这个外部董事长不需要坐班。我一开始给自己定的是每周去两天，后来我发现我去了之后，总经理得不时地来我办公室汇报。我在国药是不管执行层面的事情，如果我讲了很多话，人家反而不知道该怎么做了，后来我觉得还是不去为好，听国资委的，不坐班。结果一不坐班，我这个董事长就做得非常好，跟总经理关系也很好。他只要定期跟我汇报，我就管决策、制定战略思想，定期给大家上上课、分析分析问题。

记者： 作为央企的第一位"双料董事长"，您觉得这种制度以后适合大范围推广吗？

宋志平： 其实我每次跟央企干部们一起交流的时候，他们也会问我，应该在这个公司做外部董事长还是内部董事长，董事长该不该兼任总经理。我的回答是，制度这个东西，有先进和落后之分，但是再先进的制度也要和实际相结合。

我在国药集团是做了一个真正的董事长，决策跟执行分开，但在中国建材集团就完全不同，我是董事长兼法人，还兼着书记，但这两家公司都发展得很好。制度应该是根据客观情况来考虑的，我并不觉得有哪个上好的制度，谁都可以用，只要能让制度里面的精髓得到发挥，就是好制度。

23

新国药新跨越^①

中国网：各位网友大家好！这里是中国网十八大代表访谈节目。中央企业这几年得到了快速发展，在充分竞争领域有两家央企的表现非常令人注目，他们分别是中国医药集团和中国建材集团，这两家央企有一个非常显著的共同点，就是他们的董事长是同一个人，而且这位董事长所从事的联合重组事例也被收录到了哈佛大学商学院案例库中，今天我们演播室非常荣幸请到了这位"双料董事长"，也是今年十八大代表宋志平先生。宋总，欢迎您做客我们的节目。

宋志平：非常感谢，各位网友好！

谈跨越：国药优势在于"四大"

中国网：节目一开始，我们先来聊一下国药集团发展的情况。我这里有一个数据，在过去三年国药集团的发展完成了一个"质的飞跃"，销售额从360多亿元提高到了1600亿元，可以说是一个飞跃式的发展，您是如何看待国药集团这三年的飞跃发展期呢？

宋志平：这三年国药集团的发展得益于两个方面。

一方面得益于我国经济的快速发展，国家医疗改革和基本药物制度等这些

---

① 本文为中国网"十八大看变革 企业家面对面"系列访谈之一，2012 年 11 月播出。

产业政策，大的环境有利于国药的发展。另一方面得益于国药集团自身的发展。

国药集团制定了一个非常清晰的战略。国药集团的目标是什么？是成为具有国际竞争力的世界一流企业。我做企业总是先定目标，缺什么找什么，而不是走到哪儿算哪儿。我觉得在国药集团这几年中，我作为董事长率领董事会制定了一个非常清晰的发展战略。

在国资委的支持下，我们完成了央企"四合一"重组。过去国药集团基本上是以物流分销为主的，现在把中国医药工业研究院、中国生物技术集团公司、中国出国人员服务总公司都放了进来，使得企业实力大大增加了。国药集团通过资本运营、联合重组、管理整合和集成创新的步骤，使得集团下面的国控公司在香港上市，通过资本市场融资，同时打造了遍布全国 174 个地级市的国药网。这些都对国药集团今天发展成这么大规模的企业起到了非常关键的作用。

从国药集团来讲，现在我们讲"四大"。

一是树立医药健康的"大医药"概念。也就是说，不只做医药，还要从事整个健康事业。因为从中国的未来看，医药健康产业是一个非常大的产业。所以，我们从做医药发展到做健康。

二是构筑医药科研"大平台"。医药最大的投入是研发。一种好药和新药，差不多要用十年左右的研发时间，投资十亿美元左右。医药是重研发投入，在装备上是轻资产的行业，它的研发平台非常重要。现在中国医药集团以中国医药工业研究总院（上海）为主体，进行产学研结合，整合引领中国医药行业的科技发展。在这里我们有三个院士，也有几千名科学家。中国目前的化学药差不多 50% 的技术来源于这个院。

三是建设生物制药、现代医药"大基地"。医药产业是高附加值产业，不需要搞一大堆工厂，要通过大基地来实现，这样可以降低管理成本。

四是建设物流分销配送的"大物流"。消费者买药都是去药店或者医院，不可能到工厂直接买药，但是从药厂到医院、到药店要经过一个非常复杂的物流和仓储过程。和水泥、钢铁不同，医药的仓储一定要恒温恒湿，甚至像生物制药需要冷链的运输和存储。要确保医药的质量，仓储和物流就非常重要。另外在配送过程中保证产品的质量，同时也让物流的成本降到最低，让老百姓吃到放心的药和便宜的药，这是我们的关键。

所以，从国药集团这几年的发展来看，从过去单一中小规模的物流分销企业，一下发展成为集科研、制造、物流为一体的大的综合性医药集团，今年能够做到1650亿元的收入，估计也就在今年会进入世界500强，这是中国制药行业中目前唯一一家能够进入世界500强的企业。应该说，国药集团这几年走过了不平凡的路程，也验证了中国的大企业、央企和市场结合，快速成长的过程。

中国网：刚才您提到了物流环节，说得更加贴近老百姓的生活一点，特别像我们的菜价一样，物流过程如果越便捷，环节越少，到老百姓面前的价格就会越低，和药的价位在一定程度上是相通的，这也是在一定程度上考虑了老百姓的需要。所以，这是一个非常产业链化和贴近老百姓需要的发展目标。

宋志平：其实我们做药的，要保证到老百姓和病人那里的一定是高质量的药。如果我们只做制造，不做物流，不控制终端，就无法保证。

中国医药行业其实有一个特点，用我的话说就是"多、散、乱、差"。

第一，"多"，部分产品产能过剩。就拿维生素原料药来说，全球一年只用12万吨维生素原料药，但仅我国的制造能力就超过20万吨，这就是多。

第二，"散"，企业很多，集中度不够，过于分散。

第三，"乱"，恶性竞争，压价竞争。价格是双刃剑，我们知道质优价廉，可是质量有成本。如果过于压价，就会诱发假冒伪劣现象。

第四，"差"，就像我刚才讲的假冒伪劣。食品的安全是针对正常人的，药是对病人的，医药的东西有假冒伪劣的话，它的影响是很严重的。

作为一个医药集团尤其是国家的医药集团，让老百姓吃到放心药，这是我们的职责。刚才我们讲到了规模和效益，这些也重要，但最重要的是国药要让老百姓吃上放心药，要有利于民生，要对我国保障基本药物制度起到中坚作用。所以国资委在考核国药集团的时候，我们除了像一般的企业一样要把效益做好之外，最最重要的就是要保证我国医药产业的健康发展。

谈定位：医药健康产业方兴未艾

中国网：刚才您提到"健康"两个字，您曾经在接受其他媒体采访的时候说过，您对国药集团的最大贡献是在原有产业链基础上增加了"健康"两个字。"健康"两个字在您那里到底是怎样的解释和理解？

宋志平：过去我们定位于做中国医药平台，我来做董事长以后改为医药健康平台。因为医药是一个大产业。过去这些年和其他的产业相比并不是一个很大的产业，去年的GDP才1.4万亿元，像我从事的建材，去年的GDP是3.4万亿元，但是医药的发展方兴未艾，每年以20%以上的速度在增加。建材达不到这样的速度，基本已经到了一个峰值。

但同时，健康产业市场远远大于医药产业，而且和医药相关，包括美容、养老院等，产业空间非常大。所以，医药健康产业，将来可能是十万亿或者是几十万亿的产业。

中国网：我估计这也是一个较保守的预估。

宋志平：因为要定一个企业的战略目标，我们希望生根于一个大产业，希望在这个产业里面能够有一个开拓的空间，或者说无限的空间。我到国药集团以后和大家商量，虽然叫医药很好，但还是单薄，应该把"健康"加上，同时医药本身也是为了健康。这样让它的意义更饱满一些，同时又扩展了它的领域。我来国药集团做董事长，最重要的贡献是两个字——在过去企业定位里加了"健康"。

中国网：其实"健康"这两个字放到国药集团发展的产业链上，其实是给国药的发展指明了方向。在您的期待中，未来国药发展是一个怎样的规模？尤其是要把国药打造成全球巨无霸企业，您觉得国药还应该具备怎样的元素？

宋志平：对于国药来讲，第一，要有创新能力。因为医药最核心的是技术和研发，在这方面，国药集团一定要大规模投入研发。最近我们在和国外的跨国公司合作，想解决技术瓶颈，生产大量的新药和好药，这样对国药来说就会增加收入和利润。是不是一家医药公司能做很多药呢？最近我去了法国的世界 500 强企业赛诺菲，其实它有几个主要产品，一种药的销售收入能够做到 80 亿~100 亿欧元，遍及全球，比如说有治疗血糖、治疗血压的，可能是家家户户都有病人的。

中国网： 常见病了。

宋志平： 对。所以，我们也要围绕这些大病研发出来一些新药、特效药。这是非常重要的。

第二，作为我们公司来说，我觉得比较重要的是做到稳健经营。在这方面，一是要有良好的公司治理结构。国药集团现在有 600 多家企业，将来可能会更多，把这 600 多家企业放在一个集团中，而且还要赚钱，这一层层间是什么关系？这点必须明确。所以，我们要有非常清晰有效的管控模式。我常讲一个理论——"格子化"理论。像我们买来的巧克力，都放在一个个格子里，原因是什么呢？怕粘在一起。做企业也是一样，我们要打格子，把每一个企业放在格子里，这个非常重要。

第三，我们要增强国际竞争力。因为作为中国的企业，我们国际化的经验还不够。要想成为一个世界巨无霸公司，不仅要有大规模和高盈利，关键是要有跨国经营的能力，把产品和服务卖到国外去，或者在国外设立公司。从国药集团来讲，现在我们也开始一步步"走出去"。"走出去"肯定有风险，那我们怎么做呢？我的想法是，先收购一些高科技公司，收购一些中小型公司包括非专利药企业，逐渐再去收购更大的企业。同时我们比较关注网络的收购、药店的收购。总之，"走出去"这一关我们要过，但是我们要稳扎稳打，步步为营。

中国网： 也是照顾到了这个产业链上的很多点。

宋志平： 从中国医药集团来说，我们的目标就是要成为世界一流的公司。到 2015 年，我们的目标是要做到 3000 亿元的销售收入，3000 亿元按照现在的汇率来说，就是 500 亿~600 亿美元，那个规模就相当于在当时全球的前三名，应该说规模是够了。但是，我们必须要进入海外，尤其在中等发达国家我们要入手。

谈中药：发展传统医药是重要战略

中国网：刚才您说到要增加产品的国际竞争力，涉及产品的研发和创新问题。其实在中国提到国药发展，有很多人会想到中国传统中药的发展，尤其是中药的研发和创新。在中药的研发创新上，国药有没有一个相对的侧重或者规划呢？

宋志平：中药确实是我国的一个瑰宝，是一个宝库。现代医学其实是建立在西药基础上的。西药过去是单靶点，我要治什么病就治什么病。现在西医的理论也在发展，就回归到了多靶点，综合治疗。这就又回到了中药的理论里来。

现在大家越来越重视中药，国药集团也是把中药放在了非常突出的发展战略地位上。国资委领导多次讲，应该把中药做好，应走在日本、韩国等国家的前面。所以，最近国药集团也在向中药倾斜，我们有一个中国药材公司，最近也做了大规模的收购和兼并，打造中药的平台。

我的看法是，中药非常好，我是学化学的，我年轻的时候不信中药，但是后来我还是很相信，为什么呢？因为中药起作用。

中国网：其实不仅仅是您，现在很多人对中药也存在一定程度的不相信，包括现在很多医生开药的时候，都希望中西药结合治疗，但是很多人都觉得西药的疗效更快一些。现在我们大部分的时候把中药放在辅助性治疗的安排上，但是我们发现很多病，尤其是在慢性病的治疗上，中药有着不可忽视的地位。

宋志平：对，说到中药我们可以举两个例子，一个是青蒿素，治疟疾的，还有一个是砒霜。有人问这个能入药吗？三氧化二砷一直是入药的，以毒攻毒，现在美国也把三氧化二砷作为治疗癌症、白血病的一种特效药，香港大学把这种药又做成了口服剂。现在国药集团和香港大学签署了协议，在国内全方位代理这个药。

我举这些例子，是为了说明中药是过去我们用人做临床实验过来的，所以中药的疗效确实很好，我们应通过现代科学进行筛选，使中药达到一个更高的水平，这是国药集团现在的一个方针。

我们都在研发西药、生物制药，在追赶西方。但是在中药上，我们应远远走在他们前头。

中国网： 更多的是原创。

宋志平： 国药集团现在在中药这方面还是比较下功夫的，国家也给了很多支持。

中国网： 国药现在生产出来的很多中药都是用很简单的形式，病人就可以去服用，不像以前，还要拿一个锅煮半天，然后才能喝到苦涩的中药。

宋志平： 现在都是颗粒、胶囊，方便多了。

谈整合：超越所有制的发展模式

中国网： 在央企和民企的合作中，您有一个非常受关注的模式，就是超越企业所有制的发展模式。这也使得中国医药集团较早地走上了一条国有资产资本化和股权多元化的道路，关于这个道路您有什么经验分享给大家？

宋志平： 我讲得比较多的是"央企市营"。央企是我们的特点，是我们的属性。"市营"就是我们必须要市场化经营。其实讲到国有企业的改革，我们的企业改革取向就是市场化，中国是社会主义市场经济，作为一家企业来讲，既然是在我们市场里面，就应该市场化。关于"央企市营"的含义，我归纳了五条：股权多元化制、规范的公司制和法人治理结构、职业经理人制度、内部机制市场化和按照市场规则开展企业经营。

"央企市营"中有一个含义，就是不搞所有制歧视。大家一视同仁，我们和民营企业进行广泛的合作。在充分竞争领域，如果不和民营企业合作，那找谁合作呢？所以国药集团这些年大概并购了三四百家企业，绝大多数都是民营企业。这些民营企业为什么会加入呢？比如说过去我在一个城市里，我是一家医药公司，它希望加入一个大的托拉斯公司，这样构成一个大型的产业链。这有点像《围城》里讲的，里边的想出去，外边的想进来。作为企业来讲，形成规模化、集团化是一个趋势。我们在和民营企业合作的时候，充分照顾到民营企业的利益和感受，给这些民营企业留一点股权，同时他们转变为职业经理人。国药集团和中国建材集团在发展中，把"央企市营"这个思想运用得很好，也符合中国的国情，我觉得上升到理论，也符合科斯理论。

中国网：您提出的"市营"理论，很好地增加了国企和央企的活力，并且央企和民企的结合，其实是一种双赢的模式，带动了一个大的产业链的共同发展。

宋志平：所以这也是中国特色，我们搞中国特色的市场经济，面临以前所没有遇到的情况，包括西方搞市场经济所没有遇到的情况。在这种情况下，我觉得实践永远先于理论，路是人走出来的，我们必须向前走，在走的过程中，摸索、归纳和提高，这就是我们常常讲的实践出真知。

中国网：在节目开始的时候，我也提到了您的联合重组的事例被收录到了哈佛的案例中，您觉得这个联合重组之所以这么成功，原因在哪里？

宋志平：从字面上来说，我们用了联合重组，没有用传统的西方理论里的兼并收购，原因在什么地方呢？中国特色的兼并收购，实际上就是中国的联合重组。中国是一个人情社会，是一个关系社会，是一个比较注重情感的社会，不能采取西方的那种我收购你走人，而是要采取大家共同来做，就是我常常讲的共生多赢，一加一大于二。在中国医药集团的重组，包括中国建材的重组过程中，就充分体现了这一点。

中国医药集团今年以来销售收入增长了40%多，利润增长了30%多，在经济形势下行的大背景下，国药集团算是"双增"比较高的企业。其实这就得益于重组以后的内在活力，得益于它的有机增长，所以联合重组的过程越来越多地被大家了解，大家希望能够进入国药集团。

同时，在这个过程中我们也打造了全国的医药网络。怎么能够短时间培养出这么多人来呢？通过重组把大家都连在一起，这不就解决了吗？那么对一个地方企业来说，可能得到一个药的来源都有困难，现在有国药集团这样一个强大的渠道保证他们的药源，建立大型的现代化物流中心来保证供应，等于是产业链和规模的优势都得到了发挥，而且大家共享了这些规模优势。应该说整个联合重组的核心实际上是共生多赢，所有的人都为它创造了价值，我觉得不能创造价值的事情是不能存在的。

中国网：像您提到的"市营"也好，联合重组也好，都是国药发展中所诞生出来的一种创新，但是每一次创新其实都是一次勇敢的突破，是需要勇气的。当时是什么让您产生了这种去创新的勇气呢？

宋志平：其实我有时候想改革是被迫的。无论是国药集团，还是建材集团，我们都是一度困难的企业。很多人觉得央企今天做得很好，有一些话要说。但是如果我们回溯到十年或者十五年以前国企解困的时候，大家知道那个时候我们很难过。今天的很多央企和国企都是当时的幸存者，我们等于在绝路上杀出一条路来，通过改革获得了新生。但是我们每走一步都会有压力和风浪，包括我们和民企合作，大家也有不同的看法。为什么和民企合作？其中是有风险的。但最后还是要看结果，改革促进生产力发展了吗？促进社会繁荣了吗？为国家保值增值了吗？这些指标放在那里，我们要用事实来说话。像国药集团也好，建材集团也好，我们在开始推动改革的时候，包括我们在"央企市营"、和民营企业合作的过程中，都有不同的声音，但是我觉得我们用不着去辩解，我觉得就一直去做，把它做成功。

谈变革：前进的动力源于责任

中国网：有很多人对央企、国企的带头人和董事长比较好奇，尤其是他们既有压力，又承担着风险，还要在这种环境下去制定企业未来的发展方向。我想在这里问一下，您作为央企的董事长，是什么在支撑或者说推动着您，带领央企一步步往前走呢？

宋志平：责任。这些年来作为我个人来讲，其实在每一个重大选择里面，我选择了责任。大家知道国企脱困的时候，很多企业倒闭了，很多职工下岗了，我是从那时候过来的人。所以我就感觉到，作为一个国企的领导人，我们不光承担了振兴国家经济、为国家保值增值、为社会提供优质产品和服务的责任，我们也在为员工的生活，或者再说小点，也为自己的家庭在做这个贡献。我感觉到我们是从责任出发，一定要把它做好，我们不能再让大家下岗回家了，所以，我们一定要改变自我，把国有企业的竞争力提高，成为社会企业的佼佼者，别人能做到的，我们也能做，我觉得这就是我经常要想的问题。

我常想到我们企业的员工，中国建材和国药集团的员工加起来有 20 万之众，企业有上千家之多，这些企业遍布全国甚至全球各地。作为一个董事长来讲，我的责任是重大的。你说企业家的压力是什么呢？其实每时每刻这个责任都伴随着他。

中国网：单拿国药集团的发展来看看宋总的压力和责任。因为在过去一段时间内，国药集团已经实现了四家央企的整合，形成了一个包括医药贸易、医药科研和医药制造的综合性集团，可以说打造了中国医药行业领军者的定位，您目前对于中国医药的发展有着怎样的预期和预判？

宋志平：中国医药行业是非常好的行业，未来十年是"黄金十年"，所以从环境和市场来看，应该是不用担心，是非常好的。

国药集团现在也是全国的医药行业的领军企业，所谓的领军企业，就是我们要有带动力和影响力，这当然也是国资委给央企的一个责任。作为中国医药集团来讲，刚才我讲到"十二五"末我们要做到 3000 亿元的收入，同时，我们要有相当强的研发能力，突破一些医药行业的科技上的瓶颈，推出大量的新药、特效药来，让中国医药集团成为一个具有全球竞争力或者是全球一流的企业。

国资委对央企的要求起初比较重视规模，觉得央企必须是前三名，我觉得那是对的，因为当时大家的规模都很小，国药集团和建材集团都是几十亿的规模，作为一家央企怎么能称为国家队呢？但是现在这些央企都是几千亿的规模了，现在国资委提出要"做强做优，世界一流"，我觉得这符合企业发展的逻辑，因为大了以后，还必须要强、要优，同时要做世界一流。作为国药集团来讲，怎么能够做到又强又优、世界一流呢？我们就提出要以贸做大，就是建立遍布全国的国药网，这是国家给我们的任务，营业额会很高；以科做强，所谓强就是要有核心竞争力，能拿出几个尖端产品；以工做优，就是加快生物制药、化学制药、现代中药以及医疗器械、试剂等工业方面的发展速度。国药集团是通过这样一种发展思路，来实现成为具有国际竞争力的世界一流企业这样一个目标。

中国网：这是您对中国医药行业未来发展的一个预估，其实也是对国药集团全体员工未来职业发展的信心和鼓励，尤其还对于一部分人，那就是股民，他们也许会企盼着股票价格不断增加。

其实说到股民，还要问您一个问题，董事长这个身份对股民来说意味重大，董事长除了肩负市场压力，还要不断关注国家和政府对医药行业和建材行业的政策，还要接受股民的监督，您又是担任两家央企的董事长，您觉得如何去运作这两个央企？或者如何去体会董事长这个职位呢？

宋志平：董事长是一个非常重要的人物，虽然在董事会章程中，董事长在董事会里只有一票，但在实际操作的过程中，董事长是一个领袖，是一个旗帜性的人物。但董事长并不是作威作福的人，我常常举例说，董事长是西方航海中被绑在桅杆上的人，因为他要遥望远方，看看天气，看看有没有冰山和礁石，也就是指挥着航船能够顺利航行的一个人。

作为董事长，我常常问自己的一个问题：我是不是想错了？因为别人没有办法代替你。董事长是一个决策者，是一个看远方的人，所以他的工作性质和他的压力不是一般人都能够理解的。

有时候下了班，我看到有的人开车出去，买点菜回来了，我就很羡慕，我很少有这样的时间。因为看起来董事长不是执行层面的，可是他要大量调研，要见物见人，要不断地学习，学习新东西来供决策用；他要去寻找资源，建立关系等。做两家公司的董事长，其实我也很累，也很辛苦。这三四年时间里，礼拜天几乎没有休息过。只有两次，一次是我母亲病了去看望，一次是我感冒发烧了，也就是说平时的时间基本都用在工作上。所以，我觉得董事长也不是一个轻松的角色，最最担心的就是不要定错了战略。可是这个东西谁来回答呢？有时候你也觉得比较孤独，因为最后你要决定做还是不做，是还是不是，向哪里去，必须定下来。虽然建材集团和国药集团有那么多人，但不可能拎出哪个人来帮你定夺，一定是你自己的内心来把握方向，所以我也深感责任和压力之重大。

但是我也觉得有成就感，因为这两家企业，在三年多时间里，国药集团的营收是从 360 多亿元上升到 1600 多亿元，建材集团十年前我去的时候是 20 多亿元，今年能够突破 2000 亿元，给国家做的利润、税收也很高，在国资委里一直排在 A 级，还是非常靠前的 A 级企业。所以，即便自己辛苦一些，但能够把两家企业做好，心里也觉得有些宽慰。

谈未来：不能躺在功劳簿上

中国网：刚才我们体会了您"双料"董事长的一个感受，接下来我们聊聊您的另一个身份——十八大代表。您作为十八大代表，对即将召开的十八大有着怎样的期望呢？

宋志平：党的十八大是在我国发展的关键时刻召开的一次非常重要的会议，是一次继往开来的会议，过去的十年我国经济得到了快速的发展，经济体量排在全球第二名。像国药集团和中国建材集团也是这样，都是营收从几十亿变成了一两千亿元的公司，应该说十六大、十七大以来我们确实取得了辉煌的、非同一般的成绩，这是我们的基础。

但是往前看，我们还是要继续发展，因为我们还有差距，人均 GDP 还不高，社会上还积累了很多问题。我们希望通过进一步的改革，通过进一步的发展，通过科学发展来解决这些问题，而不是躺在功劳簿上停滞不前。

十八大是我党一个承上启下的会议，是一个开拓进取的会议，会议将明确我国从高速发展步入稳定发展的阶段中，如何能够稳健和科学发展，如何解决我们所面临的各种不平衡的问题，让我们这个国家在未来的五年、十年能实现我们的战略目标。

总的来讲，现在我国仍然处在发展的战略机遇期里，我觉得十八大是一个科学发展的重要契机，作为央企，我们要抓住这个发展的机遇。

作为十八大代表，我觉得自己肩负着非常光荣的使命，也一定会尽职尽责，做好代表，庄严地表达自己的意见。

中国网：据我们了解，在您的两家央企中有很多的党员，无论是在生产的第一线还是在管理层都有很多优秀的党员在起着很好的带头作用，您是如何看待党员在央企中所发挥的作用呢？

宋志平：党组织在中国建材集团和国药集团中发挥了非常重要的作用。我总是跟大家讲，我们的企业和其他企业的区别在什么地方，优势在什么地方。我们有别人没有的政治优势，这就是党的领导。所以，在企业里，我们能够让党组织在决策参与、在政治思想的指导方面，都有非常明确的定位，发挥了巨大作用。

党员是职工的优秀代表，这些年来通过多次党性教育，先进性和科学发展观的教育，总的来说我们的党员素质空前提高了，党的队伍越来越健康，党组织的活力越来越强。我觉得在央企里我们发展这么快，除了我刚才讲的那些因素之外，最根本的就是党组织的政治优势，这是非常重要的一个基础。

中国网：再次感谢您做客我们的节目，感谢各位网友的收看。

24

走进高质量发展新时代^①

全国两会期间，围绕建材行业如何实现高质量发展、如何深化供给侧结构性改革、如何化解产能过剩矛盾、如何改革创新和培育世界一流企业等关键问题，部分代表委员积极建言献策。两会会场外，行业企业家们也格外关注如何适应新时代的要求，实现建材行业长远、高质量发展的目标。

近日，中国建材集团董事长、党委书记宋志平接受《中国建材报》采访，细说我国建材行业可持续发展的大逻辑，讲述行业过去和现在的故事，展望行业美好的未来。

高质量发展：从"有没有"到"好不好"

我国已进入"后工业化时代"，各行业普遍存在过剩问题，加上资源、环境等瓶颈约束，不允许我们再像以前那样高速增长了。现在需要解决的是"好不好"的问题，这是基本的大逻辑。

孟宪江：党的十九大作出了我国经济已由高速增长阶段转向高质量发展阶段的重要论断，并明确提出坚持质量第一、效益优先，以供给侧结构性改革为主线，建设现代化经济体系。2017 年 12 月召开的中央经济工作会议全面论述

---

① 本文原载于《中国建材报》2018 年 3 月 12 日。

了高质量发展阶段的内涵，并围绕推动高质量发展部署了深化供给侧结构性改革等重点工作。这些重要思想和论述为我国经济和建材行业未来发展指明了方向。面对这样的新时代，建材行业企业应该怎么看、怎么做，对此您有何思考和建议？

宋志平：党的十九大作出了我国经济已由高速增长阶段转向高质量发展阶段的重要论断。在过去 40 年的改革开放中，我国经历了高速增长阶段，解决了"有没有"的问题。改革开放初期，我国工业水平比较落后，建材行业也是一样。那时，水泥行业还以湿法窑、立窑等落后产能为主，连一条日产 1000 吨以上的预分解窑生产线都没有，北新建材 2000 万平方米的石膏板线也是从德国引进全套装备，而且还玩不转，需要德国工程师的指导和帮助。那时我国根本谈不上现代工业体系，后来开始实行改革开放，引入技术、激活企业，国家经济得以快速增长。

我总是给大家讲 2002 年到 2017 年这 15 年的高速增长历程。2002 年我国 GDP 第一次突破 10 万亿元，而在 2017 年我国 GDP 已达到 82.7 万亿元，这是历史性的跨越。2002 年我国水泥产量为 7.3 亿吨，2017 年水泥产量为 23.4 亿吨，这也是巨大的变化。从企业来看，2002 年"两材"加起来只有 36 亿元的销售收入，"两材合并"后的中国建材集团在 2017 年销售收入达到 3042 亿元。高速增长阶段为我国经济整体发展立下了汗马功劳。

在高速增长阶段，我们解决了"有没有"的问题。现在整个环境背景发生了大变化，一方面我国已经进入"后工业时代"，各行业普遍存在过剩问题，近几年 GDP 增速也放缓了，进入了一位数的增长时代；另一方面，资源、能源和环境等瓶颈，也不允许我们再像以前那样高速增长了。现在需要解决的是"好不好"的问题。这是基本的大逻辑。

从世界范围来讲，一个国家的经济如果能够在高速增长到一定程度时，迅速转化到高质量发展阶段，那么这个国家就可以越过所谓的中等收入陷阱，顺利转型发展。如果还是一味地追求增长，最后就会落入陷阱，出现各类问题。行业和企业也一样，经历了高速增长以后，也要进行向高质量发展的转化。

孟宪江：国际上也是这样的，前一段的高速增长是为了解决短缺问题，但解决短缺问题的高速增长是不可持续的。

宋志平：是的。这种转化是必然的。关于高质量发展，熊彼特在 1912 年写的《经济发展理论》这本书中专门讲了，增长主要解决量的问题，发展解决的是质的问题。一万辆马车还是马车，只有出了蒸汽机车才能算质的发展和变化，由此他提出了创新理论、企业家精神。我国已经解决了从一辆马车到一万辆马车的问题，目前需要解决的是怎么创造出机车头来，需要的是质的变化。这一点非常重要。

我国水泥工业在由量到质的转化过程中，要特别注意三点：一是要朝着"高标号化、特种化、商混化和制品化"方向发展。我国水泥工业的发展不仅仅是规模的问题，还需要一个质的变化。二是要淘汰落后。我们在高速增长阶段淘汰了小立窑、湿法窑等落后工艺，建设了大量的新型干法水泥线。既然新型干法已经发展到现在的高水平，对比其他国家的做法，我们更应该淘汰落后的通用 32.5 低标号水泥品种，这符合 2017 年底中央经济工作会议上提出的要提高水泥和钢材标准。同时也要淘汰部分不符合集约化发展的日产 2500 吨以下的小规模窑。三是要用技改的方式推动技术进步，提升现有水泥线的节能环保指标和质量技术水平，而不是建新线。

从高速度向高质量发展，要重点关注三个关口：发展方式、经济结构、增长动力。关于发展方式，从过去的讲速度、讲规模向现在的讲质量、讲效益转变。过去的发展重视速度，建了很多很大规模的生产线，是为了解决"有没有"的问题，但现在"有没有"的问题解决后，再发展就要强调质量和效益。就好像过去总是拿着望远镜看，现在要拿着显微镜看，聚焦高质量发展。

关于经济结构，实际上就是从中低端向中高端转化。过去，32.5 低标号水泥占全部水泥用量的 70%，高标号水泥、特种水泥、专用水泥应用很少。而在日本，通用水泥全是高标号的，特种水泥也有 300 多个品种。中低端产品大量过剩，部分中高端产品却还依靠进口，这就要进行结构调整。

从增长动力看，过去主要是要素投入型，比较低的劳动成本和土地矿山资源适合高速增长，现在要素成本升高了，就要依靠创新驱动，依靠智力和技术。

孟宪江：行业和企业的发展跟国民经济紧密相关。在高速增长阶段，中国建材集团从一个小企业发展为现在的行业引领者，在思想理念、技术创新、机制变革、管理效益等方面，对行业有着巨大的贡献，这是有目共睹的，也是建材行业的光荣。

宋志平：中国建材集团和建材行业的发展跟我国整个经济的发展是非常契合的，中国建材集团就是我国改革开放和创新发展历程的一个非常典型的缩影。可以说，今天的中国建材集团就是我国改革开放 40 年高速增长的成果。在这期间，中国建材集团始终有一个清晰的战略，就是成为世界 500 强企业，打造具有全球竞争力的世界一流企业。中国建材集团走了一条资本运营、联合重组的路径，这是一条资本资源整合的路径，事实证明，这条路径是成功的。中国建材集团进行了央企市营和混合所有制的探索，还开展了管理整合、效益提升、机制创新等。这些工作使得中国建材集团不同于一般的企业，快速发展成为我国乃至全球建材行业的引领者，在行业发展中始终传递着正能量。现在我国经济发展已进入新时代，企业和行业跟国家共命运，建材行业和中国建材集团确实需要迈向高质量发展阶段。

化解矛盾：从减产能到调结构

供给侧结构性改革的核心就是去产能、去库存、去杠杆、降成本、补短板，目标是企业有利润、政府有税收、员工有收入、环境有改善。

孟宪江：近几年，上至国家层面，下至行业企业，我们最重要的工作就是供给侧结构性改革，现在中央又提出了深化供给侧结构性改革。通过这几年的实践，您对供给侧结构性改革的理解有着怎样的变化？在行业的供给侧结构性改革中，我们的着力点主要在哪几个方面？

宋志平：关于供给侧结构性改革，首先要明白它要解决的两个问题。第一个需要解决的问题是产能过剩。大家知道市场经济的属性就是过剩经济，然而却一直没有找到解决过剩的好办法。后来凯恩斯提出用充分就业、政府投资和公共开支拉动经济来解决过剩，形成了凯恩斯主义。资本主义市场经济是过剩经济，社会主义市场经济也会产生过剩问题。我国是社会主义市场经济，经过高速增长后出现严重的产能过剩。过剩之后，政府依靠"三驾马车"拉动经济，启动了大规模投资，但多年后，发现用投资拉动经济的方法成本高、效率低，还带来了更为严重的产能过剩。

孟宪江：投资拉动经济是否真的能解决问题，这几年的实践已经给出了答案。那到底该从需求端解决问题还是从供给端解决问题？主要矛盾到底又在哪儿呢？

宋志平：这个问题其实看看我国水泥工业就明白了。2017 年，我国水泥产量为 23.4 亿吨，占全世界产量的一半以上。在这样的情况下，政府投资如果能维持当前这种状况，对行业来说是非常好的，但政府不可能去修更多的高铁和高速、建更多的机场，没有必要，也不应该。同时，中低端产品充斥于市，部分中高端产品还要依赖进口，就像前两年消费者买个马桶盖还要跑到日本去。这些都说明主要的问题在供给端，企业必须进行调整、削减、去产能。供给侧结构性改革第二个需要解决的问题是供给结构问题。

最初我们提出的是供给侧改革，着重解决过剩问题。后来发现，不光要解决过剩，还要积极地调整结构，因为过剩并不是都过剩，是中低端过剩，而中高端还欠缺。后来加上了"结构性"，就是现在的供给侧结构性改革。供给侧结构性改革的核心就是去产能、去库存、去杠杆、降成本、补短板，目标就是企业有利润、政府有税收、员工有收入、环境有改善。

我国建材行业这几年一直在围绕着供给侧结构性改革这条主线开展工作，取得了巨大的成绩。2017 年我国建材行业增加值同比增长 3.6%，全年建材产品均价同比上涨 8.2%，扭转连续两年下降趋势；经济效益明显好转，完成主营业务收入 7.5 万亿元，同比增长 8%，实现利润 5173 亿元，同比增长 17%，销售利润率 6.9%，高于整个工业 0.4 个百分点。

特别是居建材行业龙头地位的水泥行业，在新常态下历经过山车后再稳健发展，整体运行呈"量稳价升"态势，表现优异：2017 年水泥总产量为 23.4 亿吨，小幅下降；水泥价格自 8 月下旬开始强势回归，至年末的价格与上涨幅度均是近年来最高水平，整体效益水平也大幅度提升，营收攀上高位达 9150 亿元，同比增长 18%，利润 877 亿元，同比增长 94%，居历史利润第二高位，仅次于 2011 年历史最高点。实践和成绩证明，在产能严重过剩的情况下，是供给侧结构性改革让企业健康发展，让行业取得可观经济效益。

孟宪江：回想一下这几年的供给侧结构性改革，首当其冲的是钢铁、煤炭、水泥、电解铝、玻璃行业。中央出台了钢铁和煤炭等行业去产能的改革政策，而主要依靠行业、靠大企业解决问题的是水泥行业。水泥行业是怎么解决产能过剩的呢？整个建材行业的供给侧结构性改革任务又是怎么完成的呢？

宋志平：和钢铁、煤炭行业由国家直接安排并配以资金的政策不同，水泥行业的去产能主要采取了国家指导、协会引导、大企业带头、行业配合的做法。国家出台了 34 号文，相关部门出台了错峰生产政策，创造了良好的大环境。在行业协会的促进下，在大企业的引领下，在众多企业的共同努力下，遏制住盲目新增，实施大规模错峰生产，进行严格的市场自律，使得整个行业市场环境大大好转，价格实现恢复性上涨，企业的效益合理回归。但和钢铁、煤炭行业相比，水泥行业的去产能工作还没有实质性进展，甚至连全面淘汰 32.5 低标号水泥的工作也没有形成一致的认识。去产能是绕不过的沟坎，我们必须壮士断腕、痛下决心。

整个建材行业对供给侧结构性改革是非常支持和认可的，大家做了不少艰辛的努力，这几年实践下来，有很多好的做法还需要坚持。

第一，坚持错峰生产。错峰生产是在供给侧结构性改革中，在去产能没有实质性进展的情况下，采取的去产量的办法。现在还有人讨论错峰生产要不要长期化？我认为，只要过剩产能没有得到实质性解决，错峰生产就必须坚持。这就如同汽车限号一样，只要现有车辆的数量没有减到合理范围，就得限号。如果有一天规定什么类型的车不能上路了，车辆实际数量减少了，就可以不限号了。水泥生产也是一样，只要过剩工厂没关掉，窑没拆掉，就要一直坚持错峰生产。水泥线产能规模巨大且运输半径小，极易过剩。这几年，越南、俄罗斯、土耳其、埃及等不少国家水泥产能也严重过剩，不少地区价格低至每吨 30 美元，低于生产成本，企业很艰难，很羡慕我国实行的错峰生产。

第二，限制新增产能。因为错峰生产，产销达到了适度平衡，使得价格恢复，企业有了效益。但正因为有了效益，有利可图，新增产能就会有所抬头，殊不知水泥行业是在低产能利用率的情况下掌握了市场平衡，获得了效益，并不是在开足马力的情况下获得的，一旦新增产能加入，就会前功尽弃，所以必须坚决限制新增产能。全球水泥价格最稳定的是欧美及日本等发达国家，一直在每吨 100 美元左右，这是因为这些国家当年进行去产能调整后一直限制和没有新增产能，我们应该从中吸取有益的经验和做法。

第三，坚持淘汰落后。要加快全面淘汰通用 32.5 低标号水泥。我们已经淘汰了一些，但并没有全面淘汰，所以希望行业媒体也在舆论层面做这方面工作，积极宣传和推广新疆经验，在水泥行业真正落实中央提高标准的要求。要把淘汰日产 2500 吨以下水泥生产线排上日程，也要逐步淘汰没有矿山资源的生产线。

第四，坚持市场自律。我们过去取得的这点成绩也是源于行业自律，在这方面关键是大企业要带头，中小企业要跟上，千万不要做价格的破坏者。行业的健康要靠大家维护，无数的事实证明，打价格战没有最后的胜利者，大家应该珍惜行业今天来之不易的市场环境，要像爱护眼睛一样爱护市场环境。

以上四点主要是解决供给侧结构性改革中产能过剩问题的措施和经验。

孟宪江：可以说，淘汰 32.5 低标号水泥也是行业高质量发展的一项重要任务。那么，解决供给结构的问题有哪些要重点关注的事情？

宋志平：结构调整方面，也要盯住几件事。一是技术结构调整。我国水泥产业的技术装备在国际上总体处在一流水平，随着新技术、新工艺和新装备的开发，水泥产业的技术水平也要不断提高，但这种提高应立足于在现有生产线的技术改造上，不宜再以新增产能的方式进行。

这里还有一个产能置换的概念。前不久，工业和信息化部发布《关于印发钢铁水泥玻璃行业产能置换实施办法的通知》，动因和办法都是好的，关键是要把好置换关，不要成为一些地方新增产能的借口。水泥的产能置换总是跟钢铁连在一起，但钢铁和水泥有很大不同，钢铁 95% 的铁矿砂依赖进口，因此有些在内陆的产能要进行区域调整和置换，而水泥都是用当地的石灰石原料，又是短腿产品，日产 5000 吨的大型生产线也过剩，目前行业的主要矛盾是去产能。在这种情况下，任何可能导致新增产能的口子都应该堵住。

以云南为例，云南省现有人口约为 4800 万，水泥产能达 1.6 亿吨，2017 年云南由于基础建设规模大，水泥销量达到 1.1 亿吨，应该是云南水泥的峰值，即使如此，仍有 5000 万吨过剩产能。这次置换，云南也热情最高，大概要新建约 900 万吨熟料产能，这将会使产能过剩雪上加霜。前些年，新疆、内蒙古、辽宁等地水泥处于严重过剩时，行业曾多次劝阻这些地方不要再新增产能，但收效甚微，现在这几个地区产能利用率不到 50%，既害了原有企业，也害了新进入者，对政府来说也成了包袱。这些教训，我们不应该忘记。

技术结构调整还包括前面讨论的淘汰落后。32.5 低标号水泥、日产 2500 吨以下的水泥线，可以优先进行调整。

孟宪江：您说得非常对。在技术结构调整中，不论是技术改造，抑或是产能置换，都要在不新增产能的前提下进行。我们的结构调整一定要紧盯产能，决不能出现一调整新增产能又开始冒头的现象。

宋志平：二是产品结构调整。水泥向高标号化、特种化、商混化和制品化方向发展。我们要加强对骨料和商混市场的整合。因为卖给客户的是商混，而不是水泥，现在骨料、商混市场比较散乱，最终还是会影响整个水泥市场。为了确保质量，要延伸产业链，继续加大骨料、商混重组力度，进一步增加水泥产业集中度。中国建材集团前些年的重组做得很好，但这几年行业没有这方面的大动作，重组仍是未来的一个方向，这件事情还得继续做下去。水泥的制品化也是一件大事，下一步我们要进军国家倡导的装配式建筑市场，实际上就是水泥制品，即构件。许多日本水泥企业都做构件，世界 500 强企业 CRH 老城堡集团的水泥并不多，才几千万吨，但构件占一大块，另外还做道路的石子和沥青。拉豪也是如此，有水泥、商混、骨料，骨料收入占据公司整体收入的比例很大。他们都不是单纯的水泥公司。

同时，整个建材行业过去做得比较多的是基础材料，下一步应该向着装配式建筑，向着制品化、集成化、绿色、新能源等方向调整，这就如同不要只做面粉，也要做包子、馒头、花卷等。不能一天到晚就盯着水泥窑，动不动就再建一条，而是要想办法把水泥做出花样来，增加附加值，引导企业从单纯关注水泥的量上走出来，做出一些质的改变。现在有的地方，卖水泥还不如卖石子赚钱，这是供需关系造成的，大家都生产水泥，水泥太多了，竞争激烈，价格上不去，石子却没人供应，市场欠缺，价格自然上来了。

春节后，我建议中国建材集团上下读赫尔曼·西蒙的《定价制胜》这本书。做企业的过程里，很多企业家、厂长、经理有一个误区，认为价格是客观的，是市场给的，所以我们老讲"眼睛向内，苦练内功"，第一是盯着成本，恨不得干毛巾也要拧出三滴水；第二是盯着市场占有率，你敢抢占我一点市场份额，立马就急了，反而对价格不敏感，认为价格是销售员的事。《定价制胜》这本书解决的恰恰是这个问题，书中专门讲到在过剩情况下，或者经济下行情况下价格的处理方式。赫尔曼·西蒙用实例算了笔账，对比研究了丢份额保价格、保份额降价格两种做法的后果，结果显示保份额降价格、走价格竞争的企业大部分都倒闭了。原因很简单，你降价，别人也降价，最终份额谁也保不住。所以在面对金融危机时，西方大企业采取的应对措施都是缩量，比如航空公司会很理智地停掉一些航班，而不是杀价、送票，当然西方公司也有采取杀价、送票这种做法的，但这样做的公司最终都倒闭了。书中还提到，日本人比较重视市场占有率，比较重视销量和市场份额，认为这是因为日本国土面积小。中国就不应该这样做，中国有非常大的市场，不应该有跟日本一样的销售文化。统计显示，世界500强企业中，利润率最低的就是日本公司，即便日本产品的质量很好。

孟宪江：您从技术结构和产品结构两个方面的调整分析了解决供给结构问题的措施，特别值得我们思考。您刚才也提到，错峰生产、行业自律限产等都是去产量，那么在实质性的去产能方面，您有什么政策建议呢？

宋志平：钢铁、煤炭行业是实质去了产能的，虽然今天看建材行业和钢铁行业的效益不相上下，但是建材行业是存在隐忧的，就是没有实质性地去产能。

关于去产能有三点：第一，联合重组，重组形成的大企业之间均衡地去产能，这样做比较公平，日本和欧洲都是这么做的；第二，加大环保力度，淘汰低水平的生产线，一般来讲日产2500吨以下的线能耗、污染都很大，应该用环保标准、技术指标把它先淘汰掉；第三，利用标准淘汰落后品种，比如说淘汰 32.5 低标号水泥。这些前面也提到了，都是我们可以有所作为的。

改革创新：发展活力和动力之源

中国建材集团与国内其他大企业最大的不同，就在于改革意识极强、创新能力极强、学习能力极强。

孟宪江：2018 年是一个重要的时间节点——改革开放 40 周年。现在回过头来看，我国建材工业今天这种翻天覆地的变化，就是得益于改革开放。在我们刚才的讨论中，您也说中国建材集团，包括原来的北新建材，能走到今天，其实都是改革开放的重要成果。那么，面对新时代，下一步我们的改革到底该改些什么？改革过程中又将面对什么样的问题？民营企业需不需要改革？关于创新，今天我们创新的主要任务是什么？又该怎么去做？下面想请您来谈谈改革创新这个常谈常新的话题。

宋志平：从 1978 年到 2018 年，我国改革开放已经整整 40 年。没有改革开放就没有今天我国建材行业空前的发展，就没有今天这样高的行业技术水平。无论在水泥装备制造，还是浮法玻璃和新材料领域，我们的技术装备都可以算得上世界一流。中国建材，包括我原来工作的北新建材，都曾是非常困难的企业，而现在成了行业标杆企业，靠的就是改革、上市、股权多元化，一跃成为全球最大、具有影响力的企业，这些都得益于国家的改革开放。

过去我们讲改革，主要讲的是国企改革。国企改革的方向是市场化，解决不适应市场的体制和机制问题。这些年来，改革使得国企大体上适应了市场，所以才能有今天的成就。很多人认为国企是不是有垄断？国企是不是有"吃偏饭"？从中国建材集团这家企业来讲，这些都没有。

中国建材集团的干部要坚持两个"牢记"：牢记我们是"草根央企"，底子薄，基础差，要时常想想我们 15 年前是什么样子，那时做梦也想不到中国建材集团能有今天这样的成就；牢记我们处于充分市场竞争的建材行业，这个行业基本上是民营企业的天下，我们没有什么国家特别的政策，完全像是沙漠里的一棵树，顽强地生存，靠的是改革，是改革带来了活力。这也是中国建材集团对改革有特别深厚感情的原因。

党的十九大报告再次强调深化国有企业改革。这场改革究竟要解决什么问题？我觉得还是要解决进一步市场化的问题，完善过去的改革。一是继续完善市场化改革。体制上要进一步加大和完善股份制改革和混合所有制改革的力度，制度上要落实董事会授权，落实董事会公司法相应的权利，大力推行职业经理人制度，让董事会成为真正的董事会。二是着重解决企业的机制改革。怎么让干部员工的利益和企业的效益之间构建正相关的关系，怎么让企业成为所有者、社会和员工共享的平台，怎么能够为员工创富，使员工尽快进入中产阶层，打造中国橄榄型的收入结构，实现共建共享。今天，资本形态发生了重大变化，人力资本越来越重要，过去主要是厂房机器等固定资本，现在是靠大家的知识、技能、经验、能力，是人的资本。在这个时代，如果你不让人力资本共享财富，是很难做下去的。

孟宪江：那中国建材集团在深化改革方面正在做哪些工作，今后，又有什么样的谋划？

宋志平：中国建材集团在做三件事情：第一，积极探索集团层面的投资公司和股权多元化改革；第二，两材重组后，整合优化上市公司，每一家上市公司都要成为核心业务突出、有规模实力、有良好经济效益的绩优上市公司；第三，探索管理层持股、员工分红的激励机制，也叫机制革命。我们坚信，机制革命能够开展起来，也能够解决企业长远发展和高质量发展的问题，因为高质量发展与技术创新都和机制有关系。

五年前很多人都不知道的华为，现在家喻户晓。华为因为有激励机制而获得了快速发展。华为员工分为25个等级，从8到25级，每年都有晋级和提升，15、16级的员工，也就是在华为工作10年的员工，一年就能分到100万元。因为有这个机制，大家都为华为拼命努力，人力资本自然就留在了华为。这就是共享机制的好处，华为的发展，靠的就是人力资本。

未来水泥行业无论在制造，还是在销售环节，都会实现新科技，所用的员工也不再是现有意义上的产业工人，而是科技工作者。如果没有激励机制，现有的产业工人就成不了科技工作者，就会被淘汰出局，但是如果有激励机制，现有的产业工人就会主动学习进步。做企业也是这样，改革做得好，企业就发展，改革不好，企业就得倒闭，必须要有紧迫感。我在中联水泥和南方水泥的年会上讲到，下一步就是用手机卖水泥，手机结账，价格透明。目前有的企业已经开始用手机 App 卖水泥了，只要有一个开始，很快就会推广开。

孟宪江：这就要求企业和员工的信息化必须跟上节奏，再用传统的方法就会出问题了。如果你有好的机制，鼓励大家去创新，好的人员就会留下，企业也就有了稳定的人力资本，否则这些人走了，企业留不住人力资本，也就只能关门了。可以说，没有好的机制，企业就没有好的未来。

宋志平：对，信息化要跟上。和改革相提并论的就是创新，建材行业企业的发展都是依赖于创新。研究创新就要研究大环境的变化，中国经济进入新时代，大环境有三个变化：一是经济进入新常态，"后工业时代"到来。前面提到了，从短缺经济发展到过剩经济，中央提出供给侧结构性改革，在淘汰落后、淘汰低端产能的同时，企业还要向中高端迈进，满足中高端需求。二是科技进步加速，AI 智能化时代到来。我们实际上历经了四次产业革命，第一次是蒸汽机时代的机械化革命，第二次是电动机时代的电气化革命，第三次是计算机时代的信息化革命，第四次是机器人时代的智能化革命。智能化革命与每个企业息息相关，将深刻改变我们的生产方式和商业模式，对制造业影响尤为巨大。三是气候变化和环境问题突出，绿色发展的时代已经到来。现在对制造业的环保要求比任何时候都要严格，制造企业的环保成本越来越高，这也在改变着传统的制造业。这些变化也就引发了新一轮的创新和技术革命。

作为我国建材行业技术创新的引领者和技术服务的支撑者，中国建材集团也在很认真地研究这些事情，我们提出向高端化、智能化、绿色化、国际化"四化"方向发展。从我国建材行业的实际看，所有的关键技术都是出自中国建材集团的 26 家院所。中国建材集团有 3.8 万名科技工作者、上万项技术专利，一直在为全行业服务。我国的水泥生产线基本都是中国建材集团建设的，玻璃领域也是这样。中国建材集团的技术不仅仅支撑了中国，也支撑了全球建材工业，"一带一路"沿线国家中65%使用了我们的技术和装备。

技术创新方面，中国建材集团是很有基础的。中国建材集团是一个创新型企业，其创新一直专注于两点：一是技术创新主要是走一条集成创新的道路，把各个创新要素集成起来，这是一种开放式的、平台式的创新，也是现在所提倡的；二是创新紧紧结合产业和企业的实际，解决企业和行业生产工艺、环保等各种各样的问题，带有鲜明的产业特点。

孟宪江：从开始做北新建材时没有专利，到现在上万项专利，可以说中国建材集团是创新的痴迷者。正如您所说，改革给企业带来了活力，创新给企业带来了动力，我们感觉到，中国建材集团跟国内其他大企业相比，最大的不同就在于其改革意识极强、创新能力极强、学习能力极强，这一点非常难得。

做世界一流：制定三阶段目标实现伟大跨越

中国建材集团今后的目标，是要按照中央和国资委的要求，打造"百年老店"，走高质量发展道路，技术一流、效益一流、管理一流、竞争力一流，确保实现近期和中长期发展目标，实现从大到伟大、从优秀到卓越的跨越。

孟宪江：十九大报告提出，要做强做优做大国有资本，深化国有企业改革，发展混合所有制，培育一批具有全球竞争力的世界一流企业。同时国资委也提出要做世界一流企业。那么这个世界一流企业包含什么样的内容？通过什么样的方式才能成为世界一流企业？对于做世界一流企业，中国建材集团又有着怎样的思考？

宋志平：我们先来看看中央提出世界一流企业的出发点是什么。十九大报告提出的先是做强做优做大国有资本，后面说要深化国企改革，接着又说要发展混合所有制，接着再说培育具有全球竞争力的世界一流企业，坦率来讲，主要指的是央企。最新的世界500强企业名单中，中国115家入榜企业中有48家中央企业、18家地方国有企业。世界500强是按照销售收入来算的，中央提出的培育世界一流企业的要求，不是简单的进入世界500强企业的数量，而是质量的问题。

中国建材集团提出从大到伟大、从优秀到卓越，就是要打造具有全球竞争力的世界一流企业。那么到底什么是世界一流呢？我想应该包含四个一流：一是技术一流。企业不光有规模，有销售收入，关键是要有一流的技术，这就是创新能力，是企业的"金刚钻"。二是效益一流。创造良好利润是企业的出发点，也是企业的重要目标。三是管理一流。企业要提升管控和管理水平，确保健康持续经营。四是品牌一流。企业要在全球市场中提升品牌知名度，打造良好的美誉度，增强核心竞争力。做到四个世界一流，就是企业要高质量发展。

中国建材集团按照这样的思路制定了自己的战略规划，包括近期、中期、长期目标：到2020年，实现营业收入3500亿元、利润总额200亿元，基本建成具有全球竞争力的世界一流企业；到2035年，营业收入翻一番、利润总额500亿元左右，创新能力、盈利能力、管控和治理能力、市场竞争力均达到世界一流水平，全面建成具有全球竞争力的世界一流企业；到2050年，营业收入超万亿元，利润总额上千亿元，成为超世界一流、受世界尊敬的伟大企业。三阶段目标的确立，一方面，是考虑与国家战略、十九大报告发展阶段相吻合；另一方面，是考虑打造百年老店，按照既定目标来配置资源。

我认为，企业要实现世界一流、高质量发展的目标，需要三大法宝：管理、机制、企业家精神。管理是企业的看家本领，要持之以恒，一刻也不能放松。机制是调动大家积极性和创造热情的，要靠深化改革取得。而企业家精神就是说企业得有一个好的企业家带头人，企业家要有英雄情结和牺牲精神，能够经得住各种考验。

中国建材集团为了迈向世界一流、走高质量发展道路，确保实现近期和中长期发展目标，提出了重点抓好做强主业、瘦身健体、强化管理、创新转型、机制革命五大措施。通过这些措施，中国建材集团继续调整优化结构，确保资源最大利用，培育能够实现量产的高端产品，培育企业经营的痴迷者，进一步提升核心竞争力、盈利能力和抗风险能力。

中国建材集团已经形成水泥、新材料、工程服务三足鼎立的良好发展态势，一方面，始终坚持推动传统业务领域的供给侧结构性改革；另一方面，培育了一批发展潜力和空间巨大的产品和业务。可以说，现在中国建材集团不仅是全球最大的建材制造商、全球最大的建材综合服务商，也是全球先进的新材料开发商，有工业规模、有创新能力、有核心竞争力，正迈入世界一流、高质量发展的全新阶段。在新的阶段，我们要按照确定的目标，继续抓住三大法宝和五大措施，不断增加发展活力与动力，相信一定能够创造新的辉煌。

2018 年是贯彻党的十九大精神的开局之年，是改革开放 40 周年，全国两会明确了今年和今后经济工作目标任务，我们要把思想和行动统一到党的十九大精神上来，统一到党中央对经济工作的部署上来，把争创世界一流企业的各项工作落到实处，为推动我国经济实现高质量发展贡献建材行业的智慧和力量。

25

高质量阶段企业的发展战略[①]

非常高兴在这个春暖花开、玉兰绽放的时节来到朗润园和大家进行交流。今天我国经济已由高速增长阶段转向高质量发展阶段，围绕"中国企业的质量革命"这一主题，结合中国建材集团的实践，我想谈几个问题。

如何看待高质量发展

改革开放 40 年来，我国经历了较长的高速增长阶段，在这个阶段中我们解决的是"有没有"的问题。早期我国建材行业里没有大的工业，企业规模都很小，像水泥生产线的装备和技术都从德国、日本等地购买。今天我国建材工业处在全球领先水平，我们有世界上最好的装备和技术，真是"三十年河东，三十年河西"。

改革开放初期，中国的水泥大概只有 1 亿吨的产量，2002 年也只有 7 亿吨，但去年的产量是 23.4 亿吨，占全球 60% 左右的份额。高速增长阶段是我国经济发展必经的一个阶段，如果没有过去的高速增长，就没有我们今天庞大的经济体量，就没有北京、上海、深圳这样的超大型城市。在解决"有没有"的问题上，我们的企业界和经济界是做了重大贡献的。2002 年我国 GDP 第一

① 本文节选自 2018 年 3 月 25 日北京大学国家发展研究院"朗润企业家高端对话"第五期。活动分个人演讲和嘉宾对话两部分。对话嘉宾陈春花是我国著名管理学家、北京大学国家发展研究院 BiMBA 商学院院长，主持人是北京大学国家发展研究院金融管理博士项目主任张宇伟。

次突破 10 万亿元，而去年我国 GDP 达到 82.7 万亿元，这真是一个天文数字。以前我国的 GDP 是以 9% 左右的速度增长，现在则是以 6.5% 左右的速度增长，虽然增速有所下降，但相比其他国家而言，仍保持在较高的增长平台上。

现在我们的社会已经从追求速度转变到追求质量的发展方向上了。放眼全世界，高速发展阶段过后，能迅速进入高质量发展的国家，大多转型都比较成功，没有掉入所谓的"中等收入陷阱"。一味追求以前高速发展、没有迅速转型的国家，几乎都出了问题。

现在大家已形成共识：一是继续保持高速增长不现实，合理利用资源、保护环境气候等给我们提出了新的发展要求；二是我国的经济总量已经很大，需要从重视速度和数量转向重视质量和效益，这样一个自然转化过程是每个国家都必须经历的。

企业也是如此。2002 年原中建材和原中材两家企业营业收入合计 36 亿元，两材重组后，2017 年中国建材营业收入达到 3042 亿元，在世界 500 强位列第 259 位。经过十几年的时间，我们从一个小公司发展成为世界 500 强企业。有人觉得把企业做大很容易，实则不然。去年中国建材销售水泥 4 亿吨，改革开放之初全国的用量也只有 4 亿吨，这 4 亿吨能占到全球水泥用量的 10%。取得这样的成绩实属不易。

近年来，在中国建材的引领下，我国水泥行业取得了不错的效益，然而这样的局面能否持续，中国建材下一步该如何发展，这是我们必须认真思考的问题。大企业的问题往往和国家的经济形势息息相关。过去在解决"有没有"的问题时，大企业"一马当先"，同时自身也在国家高速增长的过程中受益。现在国家进入了高质量发展阶段，大企业也要快速转型。

高质量发展阶段面临的挑战

一是产能过剩。市场经济是过剩经济，凯恩斯主张政府采取扩大公共工程等方面的开支，增加货币供应量，以增加国民收入，实现充分就业。过去我们用投资、消费和出口"三驾马车"拉动经济增长，在解决问题时，通常是"水多加面、面多加水"。现在几乎每个行业都有过剩，需要把"面"和"水"都舀出一些。去年我国水泥产能35亿吨，销量24.3亿吨，企业要通过供给侧结构性改革，推进"三去一降一补"，积极从供给端去产能。

二是技术革命。智能化时代来得特别快，超乎人们想象。很多人对建材企业的印象可能还停留于过去的"砖瓦灰沙石"。其实中国建材的工厂已发生日新月异的变化，被称为"花园中的工厂""草原上的工厂"。过去一个日产5000吨的水泥工厂需要2000人，现在仅需50人左右。中国建材有很多智能化工厂，有些新材料工厂全部使用机器人。看到智能化带来的变化，我时常被这些企业所感动。

三是绿色环保。"我们既要经济发展，也要坚持环境保护"。气候变化引发人们越来越多的关注，雾霾严重影响了人们的生活，我们应该从根源上解决，绝不能为经济发展而破坏环境。中国建材在密云建设的绿色小镇是很好的示范，北京周边地区如果都改用北新的加能源5.0房屋，工厂安装脱硫脱硝和双收尘系统，雾霾问题就会迎刃而解。

高质量发展的内涵

企业要转向高质量发展，那么如何才能称得上高质量？我总结了四点。一是企业的结构高质量，组织结构、财务结构等质量要高。在高速增长的时候，大家靠贷款快速扩大规模，怎么做扎实？就是要把质量做好，夯实自己。二是技术素质、创新能力高质量。企业要提升技术和内在创新能力，推动产品向供应链高端发展，而不是再简单地求速度求规模。像中国建材先做水泥，后来做商品混凝土，现在做装配式建筑的构建，一层层往前推进，这都是靠技术，靠创新能力。三是产品和服务高质量。产品和服务高质量是做企业的根本态度，我们要把最好的东西提供给客户、分享给社会。四是组织团队高质量。企业通过培训学习，加大人才培养力度，提升人才质量。

党的十九大提出要培育具有全球竞争力的世界一流企业，这是适应新时代高质量发展的必然要求。什么是世界一流，我认为至少要具备四点。

一是技术一流。衡量一个企业最核心的就是它的技术。看一个企业，表面看仅能看到一个工厂，向内看会看到很多装备，再深看会看到它的技术，技术是核心竞争力。现在全世界跨国公司都来用中国建材的技术和装备，全球65%的大型水泥和玻璃装备都是中国建材做的 EPC 工程项目。这是我们骄傲的地方，我们的技术现在做到了一流。

二是效益一流。会经营是企业的看家本领。赚了钱的企业不见得都是好企业，但是不赚钱的一定不是好企业。如果一家企业管理得很好，技术也很棒，但就是没效益，那它就不是一个好企业。中国建材旗下北新建材的石膏板规模位居世界第一，产品价格高于跨国公司，效益非常好，去年税后利润是23.4亿元。

三是管理一流。陈春花老师的书《管理的常识》大家肯定很熟悉。管理，其实并不神秘，把《管理的常识》读明白，把经常挂在嘴边上的事情做好就可以。都说顾客是上帝，是不是真把顾客当上帝对待了呢？都说质量要上上，是不是真的把质量看得那么重要呢？都说安全重于泰山，是不是在工作中都是这么做的呢？管理是企业永恒的主题，企业要扎实做好各项基础工作，把顾客利益和产品质量永远摆在首位。

四是品牌一流。企业要提升品牌知名度，增强核心竞争力。我在北新做过10年一把手，临走时留给年轻的高管团队8个字，"质量上上，价格中上"，今天的"龙牌"已成为行业知名品牌。在全球石膏板行业里，"龙牌"的商标价值是最贵的，现在大概值570亿元。做品牌不容易，要久久为功。这些年来，我常讲一句话：做一个好企业大概需要40年的时间，很多人问我是怎么算出来的，我说不是算出来的，是实践出来的。北新做到今天正好40年。

实现高质量发展的目标与措施

做企业要有目标，要有效配置资源，打造百年老店。中国建材按照世界一流、高质量发展的思路，制定了短期、中期、长期三阶段的发展目标①，并确

---

① 目标内容详见《走进高质量发展新时代》一文。

定了高质量发展的五项措施。

一是做强主业。立足主业，夯实基础。关于多元化和专业化，一直以来人们都有不同的看法。我认为，大多数企业可能还是适合专业化。中国建材主张"业务归核化"，水泥、新材料、国际工程形成了"三足鼎立"。《再造卓越》这本书里讲到帕卡德三定律：第一，如果人才的成长速度跟不上企业的成长速度，企业很快就会衰败。第二，机遇太多也会衰败，什么都想干，往往什么都干不成。就像小猫钓鱼一样，蜻蜓来了就去抓蜻蜓，蝴蝶来了就去抓蝴蝶，最后一条鱼也钓不到，而老猫不受外界任何影响，安心钓鱼，很快就能钓到。第三，很多企业失败的原因并不是不创新，而是战线拉得过长。业务需要归核化，业务不好，可以再选择，但是不能选太多。这山望着那山高、耐不住寂寞的人是做不好事情的。这就好比一个运动员，既拿百米冠军又拿马拉松冠军是很难的，如果同时设定两个目标，可能哪个冠军也得不到。

二是瘦身健体。日本企业叫精健化，就是减少企业的管理层级，调整优化业务结构、组织结构和人员结构。现中国建材加大减机构、减层级力度，过去三年压减20%的企业，未来三年还要调整优化业务结构、组织结构和人员结构，继续压减20%，确保企业提质增效。

三是强化管理。高质量发展的企业，要靠管理出效益，靠管理降成本，这是管理者必须具备的基本功。做企业最要紧的"三大法宝"是管理、机制和企业家精神。管理要持之以恒，一刻也不能放松。机制能够调动大家的积极性和创造热情，要靠深化改革取得。企业家精神是说企业要有一个好的企业家带头人。企业里有很多要做的事，抓住这三件事就找到了重点。

四是创新转型。中国建材有四大创新转型。

其一是高端化。我国现在拥有海量的产品，但我们是中低端产品过剩，高端产品缺乏，像前些年国人一窝蜂跑到日本买马桶盖，说明我们的产品质量还有待提高。在建材领域，整个产业链都要从中低端、中端向中高端发展。

其二是智能化。智能化有助于提高劳动生产率、提高精准度。现在中国建材的水泥工厂已经完全智能化了，过去我们靠计算机操作，每吨水泥耗煤125公斤，现在每吨耗煤只有105公斤，最近又降至95公斤，大大减少了人为操纵的误差。如果生产一吨水泥能够节约 10 公斤标准煤，那生产 4 亿吨水泥就会节约 40 亿公斤标准煤，既提高了质量，又降低了成本。智能化是我们非常重视的一项工作。

其三是绿色化。企业在创新之初就要从社会责任出发，追求绿色环保，确保产品绿色低碳、安全舒适，生产过程中尽量采用循环利用的工业和城市固体废弃物，力争做到近零排放。比如用高标号的水泥，能减少大约40%的二氧化碳排放。生产23亿吨水泥，大概要用 18 亿吨熟料，这 18 亿吨熟料大约释放 12 亿吨二氧化碳。全世界一年约排放 120 亿吨二氧化碳，水泥占到10%，我们需要解决好二氧化碳减量的问题。再比如生产石膏板，用的都是工业脱硫石膏或者磷石膏，吃掉的都是工业下脚料，石膏板一年销售 20 亿平方米就意味着减少大概 2000 亿块砖的使用，从而减少约 2000 万吨标准煤，减少排放 3500 万吨二氧化碳。如果做企业都能把这些数据和理念放在心里、落实在行动上，那就是社会友好型企业。山东的领导说，在山东境内，中国建材的企业，环保全都过关，我听了非常高兴。

其四是国际化。中国建材在全球做基础服务的同时，也做建材连锁店和工厂，是一个非常国际化的企业。今天上午中央电视台记者问了我两个问题。第一个问题是，怎样看待中美贸易摩擦，中国建材是否受到影响。我回答说，中国建材和美国有合资企业，美国在中国有投资，我们在美国也有很多投资，我们的产品出口美国，也向美国购买一些高端产品。中美经济互相依存，贸易摩擦对大家都不好。希望美国政府能改变做法，和中国坐下来认真沟通，解决眼前的分歧和问题。第二个问题是，改革开放 40 年来印象最深的是什么。我说印象最深的就是"改革开放"这四个字。因为改革，唤起了中国人民的热情和活力；因为开放，我们和国际社会相通。技术上是互通有无，贸易往来使得彼此有更广大的市场。然后我话锋一转，我说我是做工业的，我印象深的就是中国的企业变化。改革开放初期我们没有大企业，现在有115家世界500强企业，其中央企48家，中国建材和我曾任董事长的国药集团都在其列。

五是机制革命。国有企业经过近 40 年的改革，基本上和市场融合了，但是还需要进一步市场化。国有企业最难的就是内部机制。当初改革的出发点是要解决"大锅饭",也就是"干多干少一个样、干与不干一个样"的问题。40年后,我们还在围绕这个问题打转。现在国家推出了新一轮改革,着重解决体制、制度和机制问题。企业里现在试点的内容有管理层持股、员工持股、超额利润分红权等,目的就是通过进一步改革把机制真正建立起来。

机制非常重要,企业必须有好的机制。今年春节期间,有一天我夜里三点多醒来看到一条信息:华为去年营业收入超过 6000 亿元,我四点就起来写了一篇文章,叫《机制革命与企业家精神》。我认为华为的成功,离不开两个方面的原因:一是有好的机制;二是有任正非这样的企业家。我在想,我们到底该学习华为什么?到底我们欠缺的又是什么?就是机制。后来,国资委主管的《国资报告》把这篇文章作为封面文章刊登出来。机制对于企业来讲,是生死攸关的事情。没有好的机制,就留不住好的人才,人员就得不到好的培养。机制改革,不是把多少产权分给大家,而是从分配机制上入手,让大家多劳多得,共同享受企业创造的财富。华为的核心就是因为有好的机制,让干部员工都能够共享财富。我们要进行机制革命,就是要建立有效的机制,让干部员工更多地分享企业发展的红利,增强企业的凝聚力,焕发企业活力。

对话实录

世界一流无关企业规模

张宇伟:欢迎两位嘉宾。宋总是一手打造出两家世界 500 强的传奇企业家,被称为中国的稻盛和夫。记得前年北大国发院举办第一届国家发展论坛的时候,宋总被安排在下午发言,但他上午就到了,恭恭敬敬、认认真真地听完了每一位嘉宾发言,从始至终没有离场,他的这种学习精神对我触动非常大。陈春花老师是一位集教育家、企业家、作家三位一体的传奇女性,出过 30 多本专著,能跑全程马拉松,还是一位"哈佛妈妈",培养出了一位就读于哈佛大学的优秀女儿。我先来问一个关于世界一流的问题,现在有些观点认为世界一流只是大企业的事情,请问两位,你们觉得中小企业可以成为世界一流企业吗？

宋志平：十九大报告提到了"世界一流"的概念，里面有几段话，前面一段是讲推动国有资本做强做优做大，后面是"深化国有企业改革，发展混合所有制经济，培育具有全球竞争力的世界一流企业"。① 从这段话里感觉到，它主要是指那些大型企业。但世界一流不只是大型企业要追求的目标，同时也应该是很多企业追求的目标。

我曾在电视台《总裁读书会》讲过一本书《隐形冠军》。什么是隐形冠军？书的作者赫尔曼·西蒙给出三个标准：市场份额排名全球前三、销售额低于 50 亿欧元、没有很高的知名度。他认为，德国制造崛起的秘密就在于这些成为隐形冠军的中小企业。书里举了很多例子，比如有一家做狗链子的公司，居然做到全球市场占有率 70%，这是很了不起的。还有一家做铅笔的公司，也是在全世界排名第一。可见，世界一流不只是大企业的目标，也是中等企业和小企业的目标，如果能把一件商品做到极致，也是世界一流。

中国建材今天虽然很大，但我不认为它现在做到了世界一流，可是我们有两家企业已经接近世界一流。一个是北新建材，一个是中国巨石，这两家企业效益非常好，市值也非常高。世界一流企业不一定非得是大企业，当然大企业也要制定一流的目标，比如中国建材到 2020 年要基本建成世界一流；到 2025 年要成为世界一流。现在中国建材不再在规模、数量、速度上下功夫了，而是围绕着质量和效益下功夫。一旦你锁定了这个目标，形成了这种价值观，你每天想的也不一样了。过去我们每天早晨醒来想的就是我的营业额是多少，在行业内排在第几，在全球排在第几，离世界 500 强还有多远等。现在我们想的是我们距离世界一流还有哪些差距，哪些方面还要加强等。

世界一流是个苛刻的目标，是很不容易做到的。现在中央提出来了，一是去找现实中谁做得最好，就从他那里总结学习；二是深入去想，终极想象，做到什么样才算世界一流。世界一流这个命题，企业界和学术界都要深入地思

---

① 新华社：《培育世界一流企业——代表谈国企改革》，人民网 – 中国共产党新闻网 2017 年 10 月 23 日，http://cpc.people.com.cn/19th/n1/2017/1023/c414305 – 29603636.html。

考，它不是大企业自己的事情。

陈春花：我同意宋总的意见，其实我们谈世界一流跟企业规模的大小没有关系。它主要是提出一个新的标准。首先我们可能先解决生存的问题，然后再来解决在行业或者在市场中的竞争力问题。但是走到今天，我们把这个标准提高了，这个标准就是世界一流。所以第一，它跟企业的规模没关系，大企业也好，小企业也好，现在的标准就是你得站在世界一流的高度看企业。第二，现在所做的事情都应该按照一流的角度往回看，以未来决定现在。第三，这个标准要求，无论企业大还是小，全球性的企业还是区域性的企业，都要站在世界的角度来看。

张宇伟：请问国有企业家和民营企业家有什么区别？

宋志平：去年9月，党中央和国务院《关于营造企业家健康成长环境　弘扬优秀企业家精神　更好发挥企业家作用的意见》里提出了国有企业家。在这之前，大家也讨论过，企业家泛指那些致力于创新创业，为世界创造巨大财富的企业领导人。有人认为，国有企业的领导者不是白手起家，创造的财富也不是自己的，而且还是国字头任命的，所以不能算是企业家。但是去年9月，中央的文件非常明确地提出了国有企业家。如果再往前追溯，2016年10月召开的全国国有企业党的建设工作会议上，习近平总书记指出："要大力宣传优秀国有企业领导人员的先进事迹和突出贡献，营造尊重企业家价值、鼓励企业家创新、发挥企业家作用的浓厚社会氛围。"[①]

德鲁克讲到，在公营部门里面有创新精神的人也是企业家。在国有企业里有一大批企业家，他们往往是从基层起步，一路历练过来的，他们既创新也创业，还创造了财富。企业从股本结构看，有的是民营，有的是国有，但是如果把资本放一边，单看经营者做的事情，我觉得是有共性的，企业家共同的特质就是创新创业、坚守责任。

如果说他们的不同，我觉得民营企业家的市场创新能力和拼搏能力更强一

---

① 人民日报：《习近平：坚持党对国有企业的领导不动摇》，人民网－中国共产党新闻网2016年10月12日，http://cpc.people.con.cn/n1/2016/1012/c64094-28770427.html。

些，国有企业家的奉献精神更多一些。国有企业家不是为了自己创造财富，而是为国家创造了巨大的财富，和民营企业家比，他自己得到的应该是很少的。但是这么多国有企业家还在坚守、还在拼搏，甚至作为国家队到国际市场上去竞争。为什么？是内在的责任和精神使然。

有记者问我，现在国企总想把民企吃掉，"国进民退"。我认为国企和民企都是我们国家重要的经济力量，而且两者之间是互补共赢的，在市场上是好朋友，如果说有竞争，也是市场里的正当竞争，而不是所有制下的歧视性的竞争，而且在国际市场上，实际是国家队带着民企队共同竞争，已经不分国企民企了，就是中国军团。

所以说，国有企业家和民营企业家，在大方向、大的特点上是一致的，如果一定要讲不同，我觉得可能就是在拼搏上民营企业家更大胆一些，在奉献上国有企业家付出更多一些。

陈春花：中央文件提出国有企业家这个词的时候，我还跟宋总电话聊了一下。如果按德鲁克的定义，什么叫企业家，那些总是能够对变化比较敏感，又能把变化变成机会的人基本上可以称作企业家。改革开放 40 年，非常多的国企领导人，实际上就是把这个变化变成了机会，而且带领着国企，走到世界上去。这是企业家的定义。企业家精神应该有这几种，比如学习、冒险、担当、合作、韧性等。从定义本身和精神本身上来讲，民营企业家所有权很明确，但是国企领导人，反而是有很强的主人翁意识，要把这个企业做好，我觉得这是很独特的地方。

张宇伟：知识经济到来以后，人的管理越来越重要，企业家如何面对新时代的员工？如何理解新时代的人口资源？

宋志平：知识时代来临，我们首先要根本地改变过去对资本的看法。过去我们比较多地关注厂房、机器等固定资产。而在知识时代，人成了重要的资本，人的知识、人的能力、人的经验、人的创造力是推动企业进步的源泉。可是现在公司的财务报表，没有反映人的资本，反映的是现金、存货，是一些固定资产。那么在企业中我们怎么去看人力资本，这就成了一个很大的问题。

我感觉，民营企业比较早地认识到人力资本、人才知识等的重要性，现在的创新创业公司，尤其是独角兽公司，很多都是这样产生的。而且关键是他们把人力资本作为企业重要的资本参与了分配。对于国有企业来讲，我们也在想这个问题，就是让人力资本参与到企业分配。只有这样，才能留住人才。举个简单的例子，一名研究院的技术人员发明了一项专利，如果按照过去的想法，研究院是国有资本，研究院投的资，所以这项专利应该归研究院所有，和技术人员个人没关系，因为你是拿着工资做研发的。可大家再想，他不做不也可以吗？有的人做出来了，有的人没做出来，他们之间有没有差别？我认为应该承认这个差别，应该承认他们在技术上、在知识上的不同，应该把获得的财富分给他们一部分。

现在如果我们只看到厂房、设备、土地、货币资金，而看不到人力资本，看不到人的价值，那么我们在新一轮经济大潮中肯定会失败，也不可能锤炼出高科技的市场化公司，获得高的市场估值。

陈春花：这一轮我们可以称之为知识革命，最重要的价值产生来源于创造力。如果我们要以创造力作为驱动力量来获取新的发展，很重要的是对于人的价值的肯定。今天有非常多独角兽公司的平均年龄非常低。我不太在意年龄，我比较在意的是两件事情，第一件事情是组织管理当中怎么能够让你的员工持续拥有创造力，如果让一个企业持续拥有创造力，我们要保证员工的持续创造力，就是要保证这个组织能够真正让员工贡献他的价值。第二件事情是我们每一代人的责任感、使命感、创造力都是很强的，否则不会有这么大的进步。如何管理他们，不要只看他们跟我们有什么不同，而要去看他们和我们共性的东西，可能唯一不同的就是沟通、交流的方式不一样。

听众：我的问题提给陈老师，我们现在都说"中国的质量革命"，我想知道中国完成质量革命大概需要多长时间？

陈春花：一方面，我们现在更多的努力是在供给侧结构性的调整上。如果要完成这个质量革命，实际上要把很多落后的产能调整出来。另一方面就是按照未来的竞争来讲，新兴部分的质量革命的速度会实现得比较快，因为我们实际上是在更高的起点上来做的，开场是快的。

听众：刚才宋总讲到，在国有体制之下，激励的因素还是比较欠缺的，是不是可以认为国有企业与高度市场化的企业相比，它对人的动力机制是不是完全不同？是不是有两套动力系统？比如说国有企业靠主人翁意识，而高度市场化的企业就可以用比较多的激励手段。

宋志平：我觉得无论是国企，还是民企，激励机制是共同的。其实国有企业改革从最初开始，就是想把市场机制引入企业，让国有企业也能够有激励机制。也就是说，国有企业的股本里有国有出资，但是从运行上讲，应该是市场化的。市场化的这些共同的东西，都是国有企业在改革中能够引入的。

现在国有企业在搞混合所有制，也就是和民营企业去混合。其实混合的一个重要想法，是通过混合来改变国有企业的内部机制，让机制进一步市场化。当然，国有企业也有一些独特的优势，比如党的领导，主人翁精神，这些是源于国有企业的特殊背景，与它多年来的成长路径和历史沿革都是有关系的。所以对于国有企业，一方面，我们要发挥国有企业自身原有的长处；另一方面，我们也必须要解决它在机制上的一些弊端。也就是说，把市场的这些激励机制一定要引入国企，这样国企才能做得更好。

听众：陈春花老师曾在一本书里写到，需求不是用来满足的，而是创造出来的。我特别想要了解，在现在中国企业的质量革命中，我们的企业该如何去寻求这种市场机会，去创造更好的需求？

陈春花：今天因为技术的出现，发生了一个比较大的变化。在之前大部分的企业都是要去满足需求的，但是今天很多顾客，其实是在学习和被推动的过程当中。之前我们并不知道手机可以作为智能终端，也不知道出行用滴滴和共享单车，这些都是由企业通过技术创造出来并呈现给我们的。在大部分领域当中，有一个很大的变化，就是要学会创造需求。这个变化导致了非常多的新兴企业的成长是几何量级的。为什么以这么快的速度释放出来？原因就在于他们创造了一个需求给你，你一定要接受，如果不接受就感觉好像要被淘汰了。今天我们谈的是整个企业的综合维度，创造把需求的部分放在创新里边，就没有单独列出来。我们从更多的维度上来讲，可能要求有更多的维度完成质量的成长，其中一个维度放在创新里面，创新里面就涵盖需求的创新。

张宇伟：由于时间关系，我们最后请两位主嘉宾每人用三分钟来做今天的小结。

宋志平：今天特别高兴和大家一起讨论质量革命，实际上这里的质量并不是简单的产品质量，而是指企业的整体质量。今天我给大家分享了中国建材集团的一些想法和做法，陈老师也进行了非常好的解析，同学们也提出了一些很好的问题和建议。我特别欣赏明茨伯格的一句话，他说大学是反思的地方。其实我每一次来学校，多数是让我来讲课交流，我真正的想法是在这里得到一些思想，进而去联想、去反思。今天虽然让同学们提的问题不多，但是你们的问题都是由衷的，是大家心里想的。而且关键是陈老师把我当成了案例，从理论角度、教学角度、案例分析角度给大家进行了高度概括和归纳，所以我特别珍惜今天的这一场对话。我期待着下一次和陈老师就新的话题再来对话。谢谢大家。

陈春花：我有两点感受，第一个就是在这个时代，在这个时间点上，我们真的要静下心来学习，因为确实太多变化了。有四个词很重要：数据、信息、知识、智慧。数据就是没有加工过的事实，大家今天在任何地方都会拿到非常多的数据，它没有加工过，可以随意获取，但是它是一个事实。什么叫信息？信息就是你加工过的数据。从这个意义上讲，信息是有用的，但它还没能帮助到你。知识是什么？就是被你判断过的信息。如果没有被判断过和个人化，它就还是信息，能不能够真正地去分析和进行个人判断，这个过程是要学习的。什么叫智慧？就是运用知识并取得成功。你运用了知识，并取得成果的时候，你就拥有了智慧。这四个词是非常关键的。我们要把整个行业的数据、管理学的信息，经过团队的知识积累，最后运用到企业当中，让这个企业拥有一种开放成长的智慧，所以我非常希望大家能够回到学校来学习，完成数据、信息、知识、智慧的升华。第二个就是学习需要更多交流。回到学习的场景当中，我们彼此智慧的交流，会让你提升得更快，升华得更好。

张宇伟：好课总有结束的时候。我希望用原国家经济体制改革委员会主任高尚全同志说的话结束今天的话题，"不管你对当下的环境也好，处境也好，如何得不满意，但是这里毕竟是你的家园和归宿，值得用你的智慧使它变得更美好"。感谢两位嘉宾，感谢所有听众。

26

企业家精神与中国新商道^①

非常高兴能在北大国发院的讲台上和大家进行交流。今天讨论的主题是"企业家精神与中国新商道",这两者之间既有联系又有区别,下面分别说说我的一些看法。

关于企业家精神

提到企业家精神,首先要明确一个问题,谁是企业家?

这个问题听起来很简单,但其实不然。是不是很富有的人就是企业家呢?是不是企业的大领导人就是企业家呢?我觉得,那些真正有创新意识和创新精神的、为社会创造价值的企业领导人才是企业家。企业家和所有制没有什么关系,不管是来自民营企业、国有企业还是外资企业,只要你有创新意识,你就是企业家。不少人说,国有企业没有企业家,这个推论的理由很简单,因为他们认为只有那些白手起家创造出来一个企业帝国的人才是企业家,国有企业是国家出资的,不是个人创造的,国有企业的领导人是一纸任命的,凭什么说他是企业家呢?其实我也经常想这个问题,我觉得一纸任命的企业领导人,也有不少是企业家。

① 本文节选自 2017 年 3 月 5 日"北大国发院博士论坛"现场实录。论坛分个人演讲和嘉宾对话两部分。对话嘉宾陈春花是我国著名管理学家、北京大学国家发展研究院 BiMBA 商学院院长,主持人宫玉振是北京大学国家发展研究院管理学教授、BiMBA 商学院副院长、东方战略与领导力研究中心主任。

　　拿我本人来讲，38 年前，我大学毕业后被分配到北新建材工厂做技术员，从技术员一步一步做到厂长，做了 10 年厂长后被任命为中国建材一把手，到现在已经 15 年。2009 年到 2014 年的这 5 年，我还同时做了中国建材集团和国药集团的董事长。我在北新建材做厂长的时候，工厂揭不开锅，工人的工资都发不出，我做厂长 10 年间，北新建材盖了 12 栋宿舍楼，人均工资在西三旗是最高的，还上了市，现在是全球最大的新型建材企业。15 年前，中国建材集团营业收入只有 20 多亿元，现在收入超过 2700 亿元。我刚到国药集团时，国药集团收入是 360 亿元，我离开时已有 2500 亿元，并且和中国建材集团先后进入世界 500 强企业的行列。

　　为什么跟大家回忆这些历史？其实，不是要说我多么优秀，在国有企业里，像我这样的人、比我做得更好的人比比皆是。作为国企领导人，他们创造的财富不归他们个人所有，但他们为国家创造了巨大的财富，他们也是企业家。但是，也不是说有一纸任命的人就都是企业家，即使你的企业再大，即使你被任命了，如果你没有创新意识，没有为企业创造价值，而是行政长官型的，那就不是企业家。同时，即便你拥有很多财富，但是没有创新，也不能算作企业家，大富翁不见得都是企业家。所以，企业家不分所有制，在企业里勇于创新的、为社会创造巨大价值的人就是企业家。

　　第二个问题，什么是企业家精神？

　　关于这一点，不同的书里有不同的说法。熊彼特认为企业家精神包括创新精神和冒险精神。但德鲁克认为，企业家最大的特点是创新和把握机遇，他认为冒险不应该是企业家的选项，企业家应该本能地去规避风险。这是他的看法。

　　最近我读了赫尔曼·西蒙写的《隐形冠军》。西蒙认为企业家应该有五个特点：第一点是命运共同体，就是企业家把自己和企业作为命运共同体，两者是一致的，是不可分离的；第二点是专心致志，做事能够一心一意；第三点是勇敢无畏，企业家不是冒险家，但要有强烈的进取心，有敢打敢拼的勇气，认准的事情会一往无前；第四点是持之以恒，无论年轻还是年老，一直都生龙活虎，而且非常有毅力；第五点是激励员工，企业家要能够点燃别人，因为企业家不可能一个人做事，要靠一个团队，要能调动大家的积极性。这五点我很赞成。

我认为企业家精神包括三点。

第一点是创新，就是能够在企业里做一些改变，我觉得这个是共同的。

第二点是坚守，要能够持之以恒地在企业做事。做企业不是件容易的事情，要想深入了解一个企业以及企业的业务、产品、技术等，没有10年不行；要想做到彻底掌握，运用自如，那可能要20年时间；要做到极致，做到全球第一，可能要30年时间。可见，做企业是个苦差事，是个很漫长的过程，你能不能坚守下来非常重要。所以我常说，不能把企业当作跳板，应该把做企业、做企业家作为自己终生的职业，坚持做下去。即使这样做，你能不能做得好还不知道，但如果三心二意就一定做不好。稻盛和夫讲，他当年做京瓷的时候，很多聪明人、头脑很灵活的人都走了，留下了一些很木讷的人把企业做到世界500强。就是说，企业家需要坚持和坚守，需要专心致志，心无旁骛。前几年日本有部热播电视剧《阿正》，讲的是三得利公司做威士忌的故事，三得利通过三代人的努力才做出全球第一的威士忌品牌。像中国建材旗下的北新建材，做"龙牌"石膏板40年了，现在成为同行业全球规模最大的企业，质量、品牌都过硬，产品价格也比跨国公司同类产品高20%，这在中国的企业中是很少见的。中国建材还有一家公司中国巨石，是做玻璃纤维的，玻璃纤维是做游艇、汽车玻璃钢的材料，中国巨石也是经过了40年的发展才成为全球第一、效益最好的公司。中国巨石的企业家叫张毓强，很有性格，他每天早上6点起床，晚上12点才睡觉，睁开眼睛就想玻璃纤维这点事，几十年如一日，所以我称他为"痴迷者"。

做企业有两件事非常重要，第一件事是选业务，一些企业之所以失败就是因为没选对业务，更没有坚持下来。第二件事是选对人，选对人甚至比选对业务更重要，这个人就是"痴迷者"。如果能选中一个痴迷者，这事十有八九就成功了。什么叫痴迷者？就是早晨6点钟起来就想这件事，晚上12点还在想，半夜2点钟醒了依然在想。没有这种精神，怎么能把事情做到最好呢？所以做企业家真的是苦差事。

第三点是责任，企业家要有社会责任、家国情怀，要有兼济天下的精神。近代中国的企业家一直是前赴后继，围绕实业报国、振兴中华这个核心主题不懈奋斗。晚清时期，国家积贫积弱，饱受帝国主义欺凌，一批仁人志士学习西方，掀起洋务运动；到了民国时代，民族资产阶级开展实业救国；新中国成立后的社会主义建设时期，一大群企业家以牺牲精神振兴民族工业；改革开放以来，中国企业和企业家队伍都取得了长足发展。早期的步鑫生、马胜利、褚时健等一批企业家，他们的特点是敢于改革传统国有体制，引领了那个时代的发展；到了20世纪90年代，一批精英下海创业，很多民营企业创业者成为企业家；现在到了互联网时代、双创时代又有大批年轻人创新创业，从做小微企业开始，形成了一个企业家的洪流。可以说，我国已经形成了浩浩荡荡的企业家队伍，这是国家强盛之所在，国民经济基础之所在，企业家强则经济强，企业家强则国家强。

习近平总书记指出，市场的活力来自于人，特别是来自于企业家，来自于企业家精神。① 我觉得这是一个高度的概括，今天我们国家经济发展真正的动力和源泉，实际上是我们日益强大的企业家队伍。

怎么理解企业家的家国情怀，兼济天下的精神呢？我认为企业家不是一般的财富拥有者，他应该是关心社会、给予社会最大回馈的人。2012年我被选为中央电视台年度经济人物，获得终身成就奖的是郭鹤年老先生，郭老当时89岁，他给了年轻人几点忠告：一是专注，要聚焦、要专心致志地做事；二是有耐心；三是有了成绩后要格外当心，成功也是失败之母；四是有了财富要回馈社会，而且越多越好。什么是越多越好呢？我理解，企业家不光要拥有财富，更要从穷到富，再从富到贵。有人说，中国的企业家有财富，但是缺少贵族精神。贵族精神是什么？一方面，贵族确实拥有财富；另一方面，贵族还要有牺牲精神。英国和阿根廷为马尔维纳斯群岛作战时，英国的查尔斯王子还亲自上舰打仗，有一炮还打到他的舰上去了。天下兴亡，匹夫有责。我觉得，企业家应该兼济天下，不是自己富了就行了，而是要考虑怎么照顾到更多的人。

---

① 习近平：《谋求持久发展　共筑亚太梦想——在亚太经合组织工商领导人峰会开幕式上的演讲》，新华网2014年11月9日，http://www.xinhuanet.com//politics/2014-11/09/c_1113174791.htm。

中国建材集团 2016 年的销售收入为 2700 亿元，社会贡献值却有近 600 亿元，其中上缴税款 154 亿元，支付银行利息 160 亿元，为 25 万名员工提供就业并支付薪酬 201 亿元，此外还为国家创造了 81 亿元的利润。我们很看重对社会的贡献。作为国企来讲，为国家赚钱，实现保值增值是必须做到的；同时，我们还要去想能够养活多少个家庭，因为中国建材集团的存在，多少家庭能幸福生活、安居乐业，多少个屋檐下有孩子的欢笑，这也是我们应该考虑的。我们把多交多少税作为我们的荣耀，多提供多少就业岗位作为我们的荣耀，我觉得这也是企业家精神。

我们今天这个时代特别需要企业家精神。国家正在转型，我们已进入后工业时代，几乎所有的产业都过剩，亟须调整。同时在国际上，美国强力回归实业，特朗普呼吁"美国优先""美国制造""美国人用美国货"，欧洲在加快实施"再工业化"。这跟过去 30 年是完全不同的环境，我们遇到的问题和压力很大。过去我们有低成本优势，但今天这种优势已经渐行渐远，不能再用过去那种传统的增长方式了，我们必须创新，必须变化。创新变化靠谁来做？要靠企业家带着大家做。创新变化是什么？就是企业家精神的实质。为什么中央这个时候要反复提倡企业家精神？因为这是我们时代的需求。

关于中国新商道

关于"中国新商道"这个命题，我想到几个问题。

新商道的"新"从何而来呢？"新"是一种中国自信。随着中国经济的发展，中国人应该建立自己的商道、管理理论、经营模式。

改革开放以来，我们基本是向西方人学习的，学习西方的企业家，像美国的哈默、艾柯卡，日本的松下幸之助、稻盛和夫等，我们是读他们的书过来的。美国当年为什么出了那么多英雄，后来为什么日本出现一大批企业家，都是因为国家经济的繁荣。我觉得现在应该是中国企业家总结自己的商道的时候了，不是说不再学艾柯卡、松下幸之助等国外企业家，而是我们要有自己的艾柯卡，自己的松下幸之助，我们应该把自己的发展经验概括出来。怎么概括呢？我觉得有三个来源：一是中国五千年古老而灿烂的文化，我们应该从孔子、老子等先贤那里继承智慧，用于今天的企业经营；二是结合中国实际，向发达国家的企业家学习；三是从今天中国鲜活的市场经济、企业实践中高度概括成功经验，我们有世界一流的企业和一流的企业家，不输给外国企业家。现在国家在讲制造业迈向中高端，而在建材领域，我们是从中高端迈向高端，像水泥制造、玻璃制造、新型建材制造行业，无论从技术到装备，我们都是世界一流的。30年前，我们从国外进口设备，30年后的今天，全世界包括跨国公司都在买中国的设备。可以说，我们从过去的跟跑者变为并跑者，现在逐渐到了领跑的阶段，我们的企业家已经创造出了可歌可泣的成绩。

前几天我接待了一位美国的大企业家，陪他参观我的工厂，从进门到出门，他的面部表情在急剧变化，因为他想不到中国有这么好的工厂，我们的很多工厂已经智能化了。虽然今天我们还要向德国工业4.0学习，但是我们应该肯定自己的成绩，我们在很多方面已经走在前面了，就像华为总裁任正非讲的"前面空无一人"了。跟跑的时候没面子，但是至少前面有人带着跑；并跑的时候有点难受，旁边总有人跟你一起竞赛；领跑的时候很孤独，当然压力也更大。我们应该很好地总结我们自己的企业家，总结他们的创业生涯、内心感受和成就经验。我觉得最为年轻一代所受用的、最好用的东西也是这些内容。所以说，中国有自己的商道，我们要很好地去总结。

新商道，"新"在哪里？"新"在变化上。对于企业来说，当前发生的最大变化是什么？我觉得主要有四点。

第一个变化是新常态。我们的经济不再是高速增长，而是中高速增长，速度慢了下来，所以我们要改变经营方式，适应新常态。第二个变化是互联网。现在互联网包括5G、大数据，带来的变化超出想象。虽然我是做制造业的，但我很关注互联网经济，因为任何企业如果不和互联网对接，就会轰然倒下，当然互联网也要和实体连接，没有实体支撑的互联网经济一定是泡沫。第三个变化是气候变化。按照《巴黎协定》，2050年化石能源要取消70%，那会从根本上改变我们的能源供给和生产方式，我觉得这是大事。第四个变化是国际化。今天的中国已不是 30 年前的中国了，我们不光要在发展中国家做项目，还要去发达国家收购企业、投资工厂。例如，在美国"再工业化"、回归实业的过程中，我们可以把我们一流的技术、一流的工厂建到美国，真正做到你中有我，我中有你。

上面这四大变化会带来新的商业变化，面对这种新变化，我们不应再用过去 30 年的成长模式，而是要用全新的成长模式。记得马云刚从美国上市回来时，参加了一个央企领导人的沙龙，马云当时讲，他并不太懂计算机，只是一个平台建设者，最大的财富是数据，最大的核心竞争力是数据处理能力。我们问马云，对央企来讲未来的挑战是什么。马云说，过去你们是沿着 B2C 去做的，你们做什么客户就用什么，今后要改变为 C2B，根据客户的需求，改变工厂的结构和流程。他说当年家乐福崛起的时候就改变了很多企业的工业流程，现在互联网的发展，会使央企很多大的制造业改变流程。他这几句话我回家以后思考了两个小时，考虑到底我们该怎么做。

环境的这些变化确实会给企业带来深刻的变化。有一年我去法国的中法工商峰会演讲，和空客的 CEO 一起谈大数据和环境变化对企业的影响。中国的企业家其实不大习惯讲这些大主题，因为我们往往习惯于讲我的企业生产了多少东西，有多少收入等，而对于大数据、环境变化这类话题往往讲不好。但那天我还讲得不错，我说大数据和互联网主要影响企业三件事：个性化、智能化、服务化，另外还讲了气候变化对企业的影响。做企业必须了解变化，必须用新模式来经营变化、适应变化，这是我们真正要研究的事情。

最后再回到我自己的企业，先说一下国药集团。有一天我在想，国药集团今后还该怎么做？大家可能会说，你不是离开国药集团两年了吗，怎么还想这样的问题。这就是企业家的偏好，我不做国药集团董事长了，还在想国药集团的事。其实我离开国药集团的时候留下了三条"锦囊妙计"：第一条是嫁接互联网；第二条是搞大研发，做大的研发平台，因为医药是个高科技行业，一个新药一般需要 10 年时间，10 亿美金投入才能做得出来，如果没有技术，光靠搞仿创药，那永远也做不到一流；第三条是进入医疗领域，做医院。美国整个健康产业是 3 万亿美元的 GDP，医药只有 3000 亿美元，仅占 10%，所以健康是个大产业。中国的医院，有政府医院、军队医院、私人医院，我希望中国能建立央企的医院，先建 100 家，再建 1000 家，这是个大事业。现在看病难，如果央企的医院能遍布全国，大家看病就容易了，同时企业也有了一个很大的市场。所以我在国药集团时说，我给你们最大的贡献还不是进入世界 500 强，而是在战略定位中加上"健康"两个字。国药集团过去的目标是打造全国最大的医药产业集团，后来我说要打造全国最大的医药健康产业集团，加上了"健康"两个字。这个很重要，意味着市场的扩张。我在国药集团工作的那五年，董事会制定的战略可以支撑其发展到 2020 年，做到 5000 亿元的收入。但是如果我们把互联网和国药网结合起来，如果我们能把大研发做起来，如果我们把医疗产业做起来，那收入就不只是 5000 亿元，2020 年以后会有更大的发展。这是我对国药集团发展的思考。

那么中国建材集团该怎么做呢？我们未来要打造一批隐形冠军、单打冠军，在建筑材料的大领域里日积月累地深耕，不会过于多元化。另外，中国建材更多企业今后会走向国际，哪里有市场，哪里就有中国建材。以前我们的逻辑是"中国是世界的工厂"，今后我们的逻辑是"世界是中国的工厂"。我们要对全球市场进行认真筛查，到底我们每一个产品要去什么地方建工厂，要建多大的工厂，到底什么地方可以收购工厂，国际区域总部怎么建设，这些都要考虑清楚。这都是当年美国和日本做过的事情，现在是中国企业做这些事情的时候了。我们以前是讲 GDP，国内生产总值，今后我们是讲 GNP，国民生产总值，也就是说，要考虑中国人在全世界赚了多少钱，而不是在中国国内赚多少钱；要考虑中国企业在全球的产值，而不是仅限于国内的产值。

今天，新的商道已经在我们眼前展开了，它们并不遥远。一方面我们还存在着不少困难和问题，另一方面我们也面临巨大的机会，在这个时刻我们还是要弘扬企业家精神，那种一往无前的精神、创新的精神、坚守的精神、兼济天下的精神，中国的产业一定能够更上一层楼。

对话实录

中国已到了总结新商道的时代

宫玉振：宋总被称为是中国的稻盛和夫，陈春花老师被称为中国的德鲁克。宋总是学者型的优秀企业家，陈春花老师是具有非常丰富的实践管理经验的优秀学者。我想首先抛出一个问题。宋总在演讲中提到，中国已经到了总结自己新商道的时代，这是今天中国能够给世界提供的最大价值，也是中国走向世界的一个重要的入门券。一个企业走向国际，如果没有商道的支撑，可能只是肤浅的物质层面的"走出去"，所以我们要从商道的精神层面作出总结，为企业实践提供指导。我的问题是，中国新商道哪些内容有独特的内涵，可以提供给世界并能为世界所接受？

宋志平：我在企业"走出去"的过程中思考过一些问题。大家知道，中国企业最初"走出去"时，产品质量不是特别好，有的时候也没有很好地遵守规则，所以在有些市场上留下了一些不好的印象。经过了这么多年，中国经济在提升，我们的商道也在提升，今天我们在"走出去"的时候，就要特别注意这些事情。我们要研究全世界的人，怎么使他们喜欢中国的企业、喜欢中国的企业家，这是个大问题。

中国建材集团在土耳其做过一个水泥项目，在动工仪式上我讲了一段话，我说中国建材集团遵循三个原则。第一，为当地经济做贡献；第二，与当地企业合作，给当地企业创造机会；第三，和当地人民和睦相处。中国驻土耳其经济参赞对我说，如果中国的企业都像您这么想、这么做，我们的"走出去"就成功了。这段话是什么意思呢？可能我们今天"走出去"时，既不缺技术也不缺设备，我们要研究的问题恰恰就是商道。我们有什么样的办法让全世界接受中国人？如果大家能接受我们，我们就能国际化；如果不能接受，我们就会被打回来。所以我常说，要站在道德的高地做企业，我们的境界要高。习总书记讲"亲诚惠容"的商道文化①，我们"走出去"也要有这样的文化，亲密合作，诚信待人，对人家有恩惠，让人家有好处，能够以包容的心态推动共赢和多赢。这些都是我们未来建立新商道的一些要素。

我觉得新商道，很难用几个字和几句话去概括。我们的新商道不仅要满足国内经济的发展，还要满足我们在全球的发展需要，在"一带一路""走出去"的路上，我们要为全球所接受，我们最终也要在美国、英国等国家的市场上站得住脚，也要能够获得对方的信任和支持。比如美国现在很看重就业，中国建材在美国建的工厂其实只安排了 400 个就业岗位，但美国南卡州的州长为这事来了中国好几次。作为我们来讲，要有利他主义，要理解对方的需要是什么，难处是什么，我们要建立起包容的文化，这样才能被别人所接纳。中国的儒家文化是讲包容的，儒家的核心讲的是"恕"，即己所不欲，勿施于人，说的就是要理解别人。过去我们是靠低成本、大规模占领全球市场，今后我们要靠包容的文化，靠最好的技术、产品和服务去赢得全世界的市场。

陈春花：中国的新商道到底是什么？我们可以从三个维度去讨论。第一个维度是思维，就是你的思维习惯是什么。刚才宋总讲的去土耳其的例子我也经历过，我去的是印度尼西亚，也遇到了同样的问题。我们提供更多的就业机会，先解决当地员工的困难，我们进入后相关合作伙伴可以发展得更好，这时候会发现，我们得到非常多的支持。所以谈到新商道，从思维的层面上来讲，我们不能固守自己的思维习惯，必须置身于全球思维系统当中。全球思维系统当中的核心就是要系统地思考。华为早期的文化是狼性文化。但在今天基本上不提"狼性"这两个字了，他们要进入国际市场，必须真正融入这个世界当中，因此做了文化调整。所以，从商道的角度，首先是思维层面要调整，必须基于全球系统来思考。

第二个维度是要从文化习惯上进行调整。我很认同宋总刚刚说的，如果中国商道对世界有所贡献，这个层面贡献的机会是最大的。因为我们的价值观体系最具有天人合一的属性，最具有生态逻辑，也是最具有利他的精神内涵。这

---

① 2013 年 10 月 24 日，习近平总书记在周边外交工作座谈会上提出。

样的文化底蕴，是有机会为世界贡献价值的，我们具备这个基础。

第三个维度是贡献商业逻辑，提供一套语境和标准。在管理的商业逻辑中很大一块是由美国贡献的，后来日本基于工业与效率基础也有所贡献，但是中国今天的商业非常的多元化，我们有很多新的商业形态是领先的。这种新的商业形态就让我们有机会总结出新的商业逻辑。

宫玉振： 陈春花教授从思维方式、文化习惯、商业逻辑三个层面指出中国新商道的建构方向。宋总以一种天下的情怀成就天下的事业，这是中国新商道非常重要的文化底蕴。宋总在《我的企业观》中有一段话，让我非常感动，他说企业家应该把自己和企业融为一体，把企业和社会融为一体，把有限的生命融入企业的成长，把企业的成长融入社会的发展。我想宋总自我价值的实现，不是个人财富的创造，而是企业的成长和社会的发展，这就是他的家国情怀。企业家有责任感和使命感，而中国企业家精神的核心是"士大夫"情怀，这是中国企业家独特的一种气质、一种追求、一种灵魂。相比宋总这一代企业家，今天我们很多的创业者都是80后、90后。他们这一代人是在消费主义时代成长起来的，很多人更关注的是自我个性的张扬，自我的表达，很多人把财富英雄当作崇拜的对象。您怎么看这代企业家？从企业家精神的角度，您想跟他们讲什么？

宋志平： 年轻的一代有他们自己的特点，这些特点总的来看是积极正面的。发展的规律总是一代人比一代人更好，我觉得无论80后还是90后，每一代人都有新的进步，我并不太替他们担忧。我觉得他们未来的道路和我们过去一样，会遇到很多坎坷、很多问题，但是他们也会在坎坷和问题中不断成长和成熟。可能我们教他们再多，也比不上他们自己在实践中去摸爬滚打。我的女儿是80后，我有时候常想，要不要替她担心什么，其实担心也没用，还是要靠她自己奋斗。当年我大学毕业刚来北京时，背个军挎包，举目无亲，经过了这些年也做出些成绩，为国家做了些贡献，成为一个对社会有用的人，我想80后、90后也都会经历这个过程，只是方式上会有不同。

如果说一定要说点什么，我觉得可能是文化的传承。我们这个民族有灿烂的文化，我们的先贤给我们创造了很多思想精髓。虽然今天有互联网，我们一天创造的信息可能比古代一年的都多，我们的的确确有一些可以值得为这个时代所骄傲的东西，但是我们应该记得我们是谁，我们从哪里来，我们应该花一定的时间学习一下我们传统灿烂的文化，在这些方面绝不要断层。

我们这一代人对于传统文化的理解并不完整，说到对年轻人的希望，我觉得我们的下一代、下下一代，应多学习一些优秀的中国文化，和其他民族比，文化恰恰是我们最大的优势。以中美为例，我们有五千年灿烂的文化，美国只有三百多年的历史，先进的东西我们可以一块学，但是文化、历史无法创造。所以我们应该提醒年轻的80后、90后，不管你是创业者还是科学家，都应把我们灿烂的文化延续下去。不丹总理曾写过一本名为《幸福是什么》的书，书中提到了幸福指数（GNH）的四大支柱，其一就是文化的传承。就是说，无论有多么现代化，有多少财富，没有文化的传承也不会幸福。

20世纪80年代，我去新加坡出差时，有个新加坡人说，最近他刚到大陆旅游，说大陆脏，洗手间也不能去，等他走了以后，旁边两个朋友对我说，新加坡虽然今天富了一点，但新加坡有历史吗？新加坡有《三国演义》《西游记》《红楼梦》吗？我在回国的飞机上一直在想，我们国家确实有一些问题需要解决，但我们博大的历史和文化，应该继承和发扬好。所以我认为，我们走向前方没有问题，我们年轻的一代可以创造出更加辉煌的成就，但是希望大家背负起我们的历史和文化，这是我对年轻一代的忠告，也是给年轻一代的嘱托。

陈春花： 其实每一代人都有每一代人的特点，我也跟宋总的观点一样，没办法给太多的意见。你会发现代沟是存在的，因为每代人的生活经历、拥有的知识、所面对的困难都不一样，所以要有学习的心态。我遇到一个60多岁的企业家，他打扮成25岁的样子，他说公司的产品是面对20岁左右的人，就必须跟他们一样。后来我就提醒他，说你没有25岁的经历，建议你请个25岁左右的总经理，你的企业会走得更好。你退回来跟我穿得差不多的时候，我估计你的企业就翻番了。他接受这个建议，真的退回去，换了个28岁的总经理，半年后企业就翻番了。

像宋总说的，创造未来和拥有未来的一定是年轻人。

如果要跟80后说点什么，我个人要说的话就是"不要太急"。所有的成功、进步和变化其实都是跟时间成正比的。当然今天的技术和各种机会使财富增长速度加快。互联网有很多的优点，但也有缺点，缺点是让财富聚集速度太快，整个社会变得很浮躁。为什么说不要太急？是因为评价幸福是多个维度的。如果你急于用财富做评价的时候，你的维度太少，就没有办法去创造一些更有价值的东西。所以只要有人跟我说他要跳槽，我就问他能不能先不跳槽；说他要创业，我就问他能不能先不创业。这其实是在说，在做任何事情的时候一定是多个维度来看的，不能是单一维度的。如果你能够努力，愿意沉下来，创造的价值一定会比今天更大。这就是我想说的话。

宫玉振：感谢宋总和陈老师的语重心长，我相信大家都听进去了。陈春花老师其实是讲了刚才宋总总结的企业家精神的第二条——专注。我们这个时代是充满不确定性的时代，有好的一面，也有不好的一面，有的企业家只看到了问题，例如在实体济遇到困难时，他们放弃了国内的机会，出走移民；也有的企业家会看到好的方面，依然创新坚守。从企业家精神的角度，怎么理解今天中国的经济形势以及未来的机会？

陈春花：这里面有三个可能需要跟大家探讨的话题。第一，对于企业家或者企业经营者，最重要的是寻求机会。假设整个经济环境不确定，或者不可预测，或者不够好，我们首先做的就是接受，不能再去想它什么时候能变好，或者希望有什么政策帮忙，这时最重要的就是判断属于自己的机会在哪儿。我非常同意德鲁克关于企业家的定义：企业家并不引起变化，他是把变化变成机会的人。所以一定要不断去寻找机会。行情好的时候可以说今年的行情非常好；行情不好的时候，我们不能把问题都归结为行情，因为变化中蕴含着增长机会，这是我们一定要训练出来的思维方式。

第二，机会来源于创新，只有创新才可以让我们在经济环境的不确定性，或者不可预测的背景下脱颖而出。我们可能想不到美国总统在某种意义上是反全球化的，但作为企业家或者企业的经营者，应该去思考创新点在哪里，怎么能够进入国际市场。按宋总的方法，就是直接让企业本地化，如果其他人被拦在国门外，可能这个机会就属于本地化的企业，而且这个机会比以前更大。也就是说，在不确定和各种变化当中一定要很清楚地知道我们能做什么，创新点在哪里。创新可以带来新的增长。

第三，我认为现在比以前的机会要多。有三点可以支撑我的观点。一是淘汰旧东西的速度非常快，所有的淘汰都是新格局的出现，这是以前没有的。以前一个行业重组基本上要十到二十年，现在两三年就洗一次牌。比如摩托罗拉、诺基亚的手机，早已退出市场。也就是说调整的速度很快，淘汰落后的速度更快，我个人认为这个机会是比之前多了。二是人的能力、人的知识基础以及人拥有知识和创造力的条件比以前大很多，我们的机会很大程度上是来源于人的创造，这是更厉害的。三是所有的边界都打开了，包括行业的边界、企业的边界、市场的边界等。当所有的边界都打开的时候，可能是全球经济出现问题、进入不确定的状态的时候，但是一旦边界打开，机会就会显露出来。总的看，今天比以往有更多的机会，但是机会是否属于你，要靠你自己去努力。

我属于相对乐观的人。以前有人向巴菲特请教在美国买哪只股票好，他说最好的股票都在中国，他说未来的机会一定在中国。我也相信这一点，最好的人才在这里，未来最大的机会还是在这里。

宋志平： 我与陈老师的想法很一致。前不久，一位美国企业家跟我说，中国现在有不少问题，一是债务问题，杠杆率太高；二是汇率问题，风险很大。我说，哪个国家都有问题，如果我们回顾一下历史，这些年来，美国隔几年就会宣扬中国崩溃论，但是我想说的是，这些说法把问题夸大了。我们不仅没崩溃，反而每次都前进了一大步；我们没被哪个问题绊倒，而是继续往前走了一程。我认为有三个方面支撑中国的发展，一是中国有强大的政府，能够快速统一认识。美国、英国、法国等国虽然号称民主国家，意见却很难迅速统一。在遇到问题时，最重要的是迅速形成统一认识才能渡过难关。二是我们有13多亿人的庞大市场，发展潜力大、韧性强，而且我们是梯级发展，所以中国经济的回旋余地很大，我们的工具箱里还有好多工具没拿出来，我们确实有一个别人无可比拟的市场。三是我们正在加快新旧动能的转换，包括双创、转型升级、结构调整等，就是用变化去适应环境、用改变创造可能，而不是以不变应万变，所以我们有信心解决问题。

刚才主持人讲到，因为遇到了困难，有的人放弃了国内的机会，出走移民，其实没有必要，对待困难我们应该客观看待。我给大家提供一个看待困难的方法或者说角度。第一，我们要以平常心去面对困难，任何困难都是客观的，每个时期都会有困难。改革开放以来，我们曾遇到过不少困难。遇到困难时我们要有平常心，你困难，我困难，大家都困难，不是只有中国困难，这些困难大家都有。所以困难是客观存在的，我们首先要有正确的心态，能客观面对困难。第二，最困难的时候就是困难快过去的时候。古人讲，物极必反、否极泰来，这些古老的智慧蕴含着辩证法。我们应该全面、辩证地去看问题，而不是在最困难的时候出国逃避，这样解决不了问题。第三，所有的困难都需要我们努力解决。虽然前进很艰难，可一旦后退就永远失去了机会。如果大家共同把问题解决了，就正好抓住这个机遇获得了发展。大家可以看政府工作报告，那么多条怎么解决困难，里面蕴藏着大智慧。我们做事也应该建立起一套系统，有解决问题的一套思考。我觉得，没有什么解决不了的困难，难题一个一个都会被解决，大家要有自信心。

宫玉振：这种乐观、自信、进取，其实背后是一种韧性，我想这也是企业家精神非常重要的组成部分。陈春花老师有一句话叫"未来已来"，这是一种心态，当你看到过去死亡的时候，有人看到未来已经来了。今天两位的分享在人生观、价值观上确实可以帮我们更好地看清未来的机会。最后引用宋总书里的一句话作为结尾，"一个成功的国家，一定是一个企业家辈出的国家、尊崇企业家的国家和弘扬企业家精神的国家"。当我们把企业家精神用在社会各个层面的时候，我们这个社会就会充满活力，我们的企业经营就会提升到更高境界，我们的人生观就会达到新的层次。

27

变革时代的创业与创新[①]

新常态下的企业挑战

刘持金：去年底，中央经济工作会议对新常态的内涵做出了系统完整的阐释，提出了新常态的九大趋势。现在大家都在探讨新常态，我也在解读新常态是什么。包括对中央提出的九大趋势，大家也都有各自的看法。我认为，新常态是一个复杂的、系统的概念，不能简单地理解为经济放缓了、走下坡路了。您是如何理解新常态的？

宋志平：新常态最早是美国人提出来的，但他们的新常态是指后危机时代的缓慢复苏状态。2014 年 5 月，习近平总书记在河南考察工作时第一次提及新常态，他指出："我国发展仍处于重要战略机遇期，我们要增强信心，从当前我国经济发展的阶段性特征出发，适应新常态，保持战略上的平常心态。"[②] 提出新常态的时候，我国经济发展速度已经慢下来了，经济面临着很多困难。习近平总书记提出新常态，一是告诉大家不能再指望经济像过去那样超高速发展了，不管是速度下降也好，结构调整也好，总之中国经济发展现在进入了一个不同于以往的新阶段，所以称之为"新"；二是告诉大家这个阶段不会一下

[①] 本文为 2015 年 3 月 12 日宋志平与刘持金的对话。刘持金，泛太平洋管理研究中心董事长、中国著名企业管理咨询和管理教育专家，《财富》（中文版）专栏作家。

[②] 人民日报：《习近平在河南考察时强调：深化改革发挥优势创新思路统筹兼顾　确保经济持续健康发展社会和谐稳定》，人民网 – 中国共产党新闻网 2014 年 5 月 11 日，http：//cpc. people. com. cn/n/2014/0511/c64094 – 25001070. html。

子就过去，而是长期的，所以称之为"常态"。我觉得，习近平总书记提出新常态这个概念，是希望大家接受我国经济结构调整的现实，用平常心来看待，不要像过去一样，一看经济速度放缓就慌了神，或者怨天尤人。

在2014年北京APEC会议上，习近平总书记明确概括了新常态的几个特征。2014年年底的中央经济工作会议又对新常态做了一个全新的系统阐释，建立了新常态的体系和理论构架。新常态是对当前中国经济状况的描述，告诉大家要客观看待、高度重视、妥善应对。从APEC会议到中央经济工作会议，我们对新常态的理解越来越深。美国人提出的新常态带有一定的消极心态，但我们的新常态是对经济发展的客观描述，赋予其积极正面的含义。而且，中央强调，"中国进入经济发展新常态，经济韧性好、潜力足、回旋空间大"，就是在告诉我们要积极地看待中国经济的新变化。

新常态的出现是源于中国经济正处于"三期叠加"的特殊阶段：一是增长速度换挡期；二是结构调整阵痛期；三是前期刺激政策消化期。我觉得这个解释也很有说服力，这说明从客观来看，新常态在所难免。我对新常态的理解分为三点，具体如下。

第一点，速度——从高速增长转为中高速增长，GDP增长将保持在7%左右。中高速的提法实际上也是建立在保证充分就业和完成十八大"两个翻番"战略目标的基础之上的，这两点决定了我国经济会在相当长一段时间内保持一定的增长速度，而且政府和社会各界都希望我国经济能维持中高速发展，所以中国经济不可能失速发展。恰恰也是因为有了这样的增速，我们对未来经济的看法总体是好的，一方面，我们面临战略发展的机遇期没有变；另一方面，中国经济向好的基本面没有变。今年"两会"前的一些研讨会上，一些经济学家对经济增速有两种极端的看法：一种看法是认为7%的增速太低了；还有一种是认为不必再提GDP了，政府不应该人为规定经济增速。但是我个人认为，GDP还是应该提，因为这是一个非常重要的社会经济指标。中国是社会主义市场经济国家，一方面，市场在资源配置中起决定性作用；另一方面，政府也要发挥重要的调控作用。现在中国经济从高速增长转为中高速增长，既有市场的内在规律，也有政府的积极调控，目的就是让经济健康运行。

第二点，结构——经济结构不断优化升级。具体指宏观、中观、微观三个层面。宏观主要是指投资、消费和出口这"三驾马车"的比重将有所变化，投资比重减弱，鼓励消费，稳定出口。从中观来讲，过去我们是从短缺经济中快速成长起来的，现在无论基础原材料还是制造业都出现过剩，都需要调整。当然，市场经济本身就是过剩经济，关键是我们以前习惯了高速增长。回想一下，中国建材从 2006 年到现在的每一次业绩路演，回答投资者问题的时候，我们都会说中国下一步又要修多少铁路、盖多少楼房，我们的市场空间非常巨大。过几天我们又要去路演了，但这一次我们不能再讲需求增长的故事了，而是要讲供给的故事、整合优化的故事和创新的故事。比如，在现有的需求下，我们要通过淘汰落后、限制新增、联合重组、以销定产、错峰生产等方式，保持供与求、销量与价格的动态平衡，从而确保利润的实现。实际上，结构调整就是不再看重数量，而是看重如何提高质量。从微观层面讲，在转型升级过程中，我们的企业要调整自身结构，向管理要效益，向创新要效益。

第三点，动力——从要素驱动、投资驱动转向创新驱动。以前全球金融危机的时候，政府出台了四万亿元的刺激政策，现在不能再来四万亿元。这种做法就像水多加面、面多加水，无论是从资源还是环境层面来说都是不可持续的，因而要改变这样的成长方式。现在投资减少了，土地、人工成本逐渐增高，中国迅速进入老龄社会，劳动力很紧张，在这种情况下单纯靠投资、靠要素去搞低成本竞争是不行的。所以现在讲的是创新驱动，即通过改革创新，实现追求质量效益的集约化内生增长。我常说，转型不是转行，实体经济就只有这么大的量，在过剩经济阶段，我们只能在品种、质量等方面下功夫，加快创新。

刘持金：在我看来，新常态还有两个核心。第一是新技术，主要指以移动互联网为代表的新技术。互联网技术从最底层改变了全世界企业的竞争模式和管理模式，并且将会冲击各行各业；第二是全球市场一体化，主要指必须要把全球市场当成一个市场来看，把全球资源当成一个资源来统一分配，尤其是大企业或者跨国企业，一定要这样看问题。我觉得这两个核心应该是一个长期的状态。中国建材从事的是传统制造业，您觉得移动互联网技术将会怎样改变这个行业的竞争乃至管理模式？

宋志平："创新"有着非常丰富的内涵。首先，从技术层面上来说，主要是突出"三化"。一是智能化，现在提倡的"两化融合"，是指工业化与信息化融合，也就是说，要利用网络化、数字化、智能化等技术，推进产业升级，德国将其称作"工业4.0"，我们也规划了"中国制造2025"；二是高端化，要优化产品结构，延伸产业链和价值链；三是绿色化，发展循环经济，推进节能减排。其次，从商业模式创新层面上来说，如果说互联网技术对传统制造业有哪些影响，我认为互联网技术除了促进我们生产上的智能化，还在很大意义上改变了我们的商业模式。过去我们总讲B2C，思考的是怎样让客户买我们的产品，现在讲的是C2B、O2O等，更尊重客户的个性化需求，为客户提供定制服务，还可以从客户那里汲取创新思想。要把个性化的需求和大批量生产结合起来，就必须要通过互联网，实现线上线下联动，而过去是做不到这一点的。所以说，互联网和制造业是互相促进的，互联网推动着制造业的发展，并且在其中发挥着越来越重要的作用，同时互联网的发展也离不开制造业。十五年前，我们总讲"水泥加鼠标"，水泥象征着传统产业，鼠标象征着新经济。但是当时提出这个概念的时候，仅仅是有这样一个愿望，因为那时的互联网技术还不成熟，尤其是移动终端和线上支付没有今天这么方便。如今，互联网技术已经非常成熟了，创新进入了全新的时代，其手段也更加现代化了。

刘持金：我讲的第二个观点是全球市场一体化，作为中国最大的建材企业也是世界500强企业的领导者，您是如何看待全球市场和当前形势下企业的国际化的？

宋志平：从制造业来说，现在中国的低端制造业成本越来越高，相比东南亚、中亚和南亚地区，已经完全没有成本优势了。过去到国外商店去看，衣服上的标牌写的大都是"中国制造"，现在很多是"孟加拉制造""菲律宾制造"，这说明低端产品的制造已经开始大规模迁移。当然，高端技术和产品基本上还都在美国和欧洲等发达国家手里。所以中国的优势仍是在中高端产业，比如建材装备和技术，中国做得非常不错，现在欧美基本都是从中国进口大型建材成套装备。

中国的工业"走出去"主要涉及两个层面：一是技术和装备的出口，当年日本和德国就是大规模出口技术和装备，现在中国也可以大规模出口技术和装备了，包括我们的水泥、玻璃成套装备以及高铁、核电站等；二是海外直接投资，现在三峡集团在海外投资建水电站，控股了葡萄牙的国家电力公司，中国建材也有一些海外投资项目，比如在埃及投资了玻璃纤维工厂，在蒙古国投资了水泥生产线，现在又准备在哈萨克斯坦投资玻璃生产线。

但是，不管是哪个层面的"走出去"，都要在国际分工里充分考虑我们的比较优势。这是一整盘棋，必须认真布局。我觉得我们的比较优势就在于中高端制造业。一是因为我们已经有比较成熟的技术和经验，中国建材在埃及投资玻璃纤维工厂，就是因为我们看到了市场前景，并且在国内已经做得非常成熟了；海螺水泥在东南亚投资建设水泥厂，也是基于这个原因。二是可以加大海外投资进行产能合作，国内市场已经严重过剩了，但是我们又很难转行，所以就可以到海外去做。很多人认为转移产能就是把设备搬出去，这个理解是不对的。抗日战争爆发的时候，国民政府确实把上海很多工厂的装备装上了船，沿着长江运到重庆，但是那时候搬运的无非是纺纱厂、机械加工厂等，设备的组装和搬运都相对容易。如果要拆水泥厂、钢铁厂，那真正能拆的部分大概也就30%左右，之后也没有几个能用了。有些国家对这些二手设备也不接受。所以现在讲的国际产能合作，就是指到国外投资新建工厂。

刘持金：实际可以理解为转移能力。

宋志平：其实也不是简单转移，现在"一带一路"沿线国家要搞基础设施建设，要工业化、城市化，首先需要的就是建筑材料，而我们既有资金，又有技术和装备，还有管理和经验，应该积极去做，这比大家憋在国内搞重复建设或有劲无处使要好多了。

创新提升竞争力

刘持金：在目前的经济形势下，大家都倍感经济下行压力，而且这种风险和压力将是长期的。2015年政府工作报告也指出，"我国经济下行压力还在加大、发展中深层次矛盾凸显，今年面临的困难可能比去年还要大"。但我们也认为，压力也给企业带来新的业务成长机会。您认为，这些新的成长机会对企业提出了哪些新要求？

宋志平： 总体来说，在新形势和新挑战下，企业的首要任务就是创新和转型。

习近平总书记多次强调，要坚定不移把国企做强做优做大，不断增强国有经济活力、控制力、影响力、抗风险能力。① 其中，"强"指的是企业的核心竞争力、创新能力；"优"指的是业绩、利润、数据；"大"指的是实力。大家也注意到，在"做强做优做大"中，做"强"，即技术水平和创新能力被摆在了首位。

过去，我们是以大小论英雄，拿着望远镜，寻求速度和规模；新常态下，我们要以素质论英雄，拿起放大镜审视自己，寻求质量和效益，向创新要动力、要质量、要效益。尤其是在今天这样一个大众创业、万众创新的时代，我们更要牢牢把握历史机遇、政策机遇，大力实施创新驱动战略，掌握新常态下的生存和发展之道，走一条提质增效、创新发展的新路，从而化"危"为"机"。具体来说，一方面，企业应着力提高自身创新能力，推动转型升级；另一方面，企业应着力整合各种创新资源，把企业创新与大众创业、草根创业有机结合起来，全面提升企业竞争优势。

刘持金： 您提到要把企业创新与大众创业、草根创业结合起来，李克强总理在今年的政府工作报告中也专门强调了大众创业、万众创新的概念。现在社会上的创业创新热情迸发，对于这种现象，您怎么看待？

宋志平： 创业创新热情的迸发在于现在中国的很多年轻人都希望有更好的生活、拥有更多的财富。特别是互联网快速发展的今天，不少年轻人都在做创业梦，希望成为第二个、第三个马云。坦率来讲，在创业中，也有不少失败者，只有少数人是成功的。

---

① 《新华时评：理直气壮做强做优做大国有企业》，新华网 2015 年 9 月 15 日，http://www.xinhuanet.com//comments/2015 – 09/15/c_1116570748.htm。

　　我是做实体经济的，我觉得互联网是一个工具，而且是一个很重要的工具，这个工具确确实实能够改变我们的商业形态、生活方式，极大地提高效率。但是，如果人人都去跟风做互联网，都去做同样的业务，会形成新泡沫经济。为什么我说转型不转行？其实在每个行业里都可以运用互联网和其他新技术，而不是大家都必须离开原来的行业，跳到这些新兴行业里去。我们在创新、创业的同时，还要考虑到中国的国情和自己的实际情况，不要哪个行业热就一窝蜂涌向那里，否则又会形成像 2000 年那样的全球网络泡沫。

　　这一段时间，一方面互联网和资本市场空前繁荣，另一方面制造业和原材料业在进行艰难调整，好像冰火两重天。我想讲的是，互联网和资本市场不能脱离实体经济的根，我们要大力推进"互联网 +"，但不要神话它，毕竟互联网只是让我们的衣食住行更方便，但是它本身取代不了衣服、食物、房子和汽车。或者说，即使互联网让一些企业家发了大财，但是财富的意义在于实现美好的生活。同时，实体经济也要主动地拥抱互联网、新技术和资本市场，用创新推动转型升级，除此别无选择。我觉得经济好像一架飞机，机身是实体经济，而资本市场和技术创新是两个翅膀，互联网应是高高竖起的尾翼，这些都应完美地结合起来。

　　刘持金：实际上这里有一个核心问题，到底什么是创业精神和创新精神？其实创业和创新都是件艰苦而漫长的事。日本有一家酒厂，创建于 1923 年，一直没什么名气。就在 2014 年，这家酒厂出产的威士忌获得了世界威士忌评比的第一名，这才名声大噪。这时这家酒厂已经传承到第三代手里，也就是说，是三代人的艰苦创业和坚守才让这家企业有了今天的成绩。不仅是创业，创新也一样，尤其是一些比较重大的科学发明。就好像爱迪生发明电灯一样，他失败了 99999 次才成功了 1 次，多少年他一直在做同一件小事，很乏味、很单调，创新不像大家想象得那么奇妙和刺激。

　　宋志平：创业和创新不是这山望着那山高，而是认认真真做好一件事。一个企业最重要的是寻找到一个产品，并且一直坚持把这个产品做下去，把它做好。中国建材集团旗下的北新建材 1979 年建厂，到现在已经 36 年了，这 36 年一直在做的就是石膏板，现在在玻璃纤维领域已经做到了世界第一；中国巨石用了三四十年做到了全球最大。这两件事都很有力地说明坚守和专注的重要性，创业和创新需要痴迷者。大家要问，创业和创新有没有偶然成功的？确实有，但绝大多数的创业和创新的过程是漫长的，耐不住寂寞是不可能成功的。你刚才讲的日本酒厂的例子，他们历经三代人，总算是闯出了一片天，但很多人根本不可能坚持三代，甚至连一代人都熬不过去。

所以对于创业和创新热潮，我想提示年轻的一代，创业和创新不是一件碰运气的事，或者说成功不是一种大概率事件，也不是人人都有创业和创新的灵感，或者有这种性格、这种耐力。创业和创新需要热情，但无论创业还是创新都是要历经十分艰辛的过程，并不像成功者故事中讲的那么浪漫，必须要扎实工作，埋头苦干，任何成功都是市场严酷筛选的结果。

刘持金： 对于大众创业、万众创新，我们应该给予指导，到底怎样去创业和创新？

宋志平： 怎么去实施？用什么组织方式去实施？是分散地做，还是组织起来做？此外，谁又是创业和创新的主体？这都是值得思考的问题。

去年，我在清华大学和诺贝尔经济学奖得主埃德蒙·费尔普斯有场对话。他有两个观点，一是创新和制度无关，跟文化有关；二是创新主要靠草根创新。他有本书叫《大繁荣》，也提出草根创新对经济繁荣至关重要。但对于我们来说，创新既需要万众创新，也需要大企业创新，关键看是在哪个领域里。过去企业是创新主体，现在提倡万众创新，两者其实是相辅相成的，企业创新里也有员工、科学家的万众创新，必须要融合起来看。

所以，我对创新的一个基本观点是"融合创新"，也就是说，大众创业、万众创新与企业创新应融合起来。企业创新归根结底是企业科研技术人员及广大员工共同参与的全员创新，离不开科技知识的社会积累与传播，离不开大众创业汇集的创新。在医药领域，像美国辉瑞这些大药厂的很多新药一开始都是由一些中小企业或者夫妻店研制出来的，然后这些大药厂再去下订单、做临床。前两年我经常对国药集团的干部员工说，我们做新药不能只在我们的研究院进行，而是要突破创新主体间的壁垒，和全球网络联合起来，充分融合全球的资源。

　　自从深圳创业板启动以来，中关村不少人都想创立一家小公司，然后到创业板上市，可是现在在创业板上市的一些公司做得并不成功，原因就是大家错了位。我做企业这么多年，深深体会到做企业的不易，如果科学家有一项创新成果，也不一定要自己去做企业，完全可以把成果转让给企业，然后再去进行新的研究。中小技术企业也可以接受大企业的外包订单，帮着大企业完成某一个局部的创新，没必要自己非去做工厂，因为一旦把工厂做起来了，就会涉及贷款、生产、销售等各种问题，等于说科学家代替了企业家，但企业家又是一个行当。有的领域可能创新相对容易一些，比如 IT 领域，靠的主要是脑力，对场所、设备、资金等要求较低，就像数学家推导题目，有一支笔、一张纸就行了。但是在其他领域，比如做产品、做装备，必须要有一定的资本投入，甚至有的还要有巨大的投入。中小企业或者个人可能缺乏这种实力，所以首先中小企业应该和大企业联合，找好自己的定位。

　　其次是大企业要打造开放性创新平台。大企业创新也不能单打独斗，而要充分发挥平台优势，整合各种创新资源和要素，形成合力。马云有句话讲得很精彩，他说自己不太懂计算机，只是一个平台的建设者，最大的财富是数据，最大的核心竞争力是数据处理能力。

　　我在给中国建筑材料科学研究总院开会时说，总院的创新应该是开放的，要建立一个公共创新的平台，全国建材行业的创新成果都可以上你的平台。你也可以发包，比如现在玻璃工业面临什么问题，水泥工业面临什么问题，把这些问题提出来，借助互联网技术放到开放性平台上去，让大家在互联网上打擂台。大家的创新成果上到你的平台，还可以由你来鉴定真伪。同时，也要防止盲目创新，有一些人对业务、对市场不了解，盲目投入，殊不知有一些成果别人早就做出来了。这种耗费金钱、耗费时间又毫无意义的重复创新，也是得不偿失的。所以创新是需要有人指引的，现在需要什么技术、亟待攻克什么技术、什么是伪科学，都需要有一个导向。同时，一项创新成果到底有什么价值，这是需要鉴定的，所以我提倡的开放性创新平台，也是为了解决创新真伪和价值鉴定的问题。

　　此外，创新还应该打组合拳，推进协同创新。一是要推进产学研协同创新。企业创新的关键在于建立起一套创新体系。在这一点上，不同国家有不同特色。欧美等国家创新体系主要源于大学；日本、韩国则多是由企业的中央研究院和技术中心在做；而中国则是靠产学研结合或产研结合。所谓产学研，要以企业为主体，核心是"产"，"学"要保，"研"要好，最后都要作用于"产"。术业有专攻，学校可发挥基础科学研究能力，研究院所主要解决应用科学的问题，而工厂就是解决好制造技术的问题，三者结合形成资源与优势的互补。产学研的目的是促进产业的升级，而不是让"学"和"研"统统都去搞企业。二是要推进企业间协同创新。对于重大创新项目，企业不应单枪匹马，可以采取联合攻关的方式创新。比如现在发展电动汽车，可能我们国家的每一个汽车厂都在研究电动汽车，我们能不能把所有汽车厂研究电动汽车的技术、财力汇聚起来，不要"背靠背"投资，低质重复建设，而是大家组合创新，尽快做出中国最好的电动汽车？过去我们搞创新，国家发挥了很大的作用，为攻克一个问题，举全国之力，实施大协作。现在市场化了，市场里有竞争、有独立性，但市场里也应该有组织，采用资源整合的方式，将人才、资本、信息、技术等各类创新要素汇集在一起，联合攻关，迅速形成创新成果。

最后还要加强集成创新力度。所谓集成创新就是把各种创新要素集成起来达到新的创新。相对于投资多、周期长的原始创新和容易引起专利纠纷的引进消化吸收再创新，这是一条捷径。如果能把"做面包的技术用在蒸馒头上"，这就是大本事。当今世界，没有任何一种技术和产品能靠"独门绝活"完成，恰恰相反，企业的新技术和新产品都是采用集成创新的方式。如果一切都是闷头自搞一套，两耳不闻窗外事，结果费时费力、吃苦头不说，还可能会得不偿失。这些年来，中国建材集团水泥和玻璃等制造业的技术水平和整体装备能力达到世界一流水平，玻璃纤维、风机叶片、碳纤维、薄膜太阳能、TFT 基板玻璃技术等获得研发成果与产业化发展，靠的都是集成创新。

刘持金： 我觉得，创新不仅与制度有关、与文化有关，与方方面面的环境因素都有关。首先，我们是不是从价值观上尊重创新、崇尚创新。其次，有没有对创新的制度支撑。这些都非常重要。从国际上看，美国历来被称为高新技术的发源地，但美国真正的创新产业集群地只有硅谷这一小块，另外就是东海岸这条线上的生物科技创业集群，并不是全国性的。除此之外，在很多州，比如亚利桑那州、田纳西州、俄亥俄州，都找不到创业公司。在这些地区，随便找一家企业问问他们什么是 VC①，几乎没人知道。从历史上看，人类历史上最伟大的创新是蒸汽机，这个发明把人类一下子从马背上推到了驾座上。蒸汽机是瓦特在英国发明的，最早的科技创新者牛顿、瓦特等都在英国，纺织技术也是英国的。但是从一百年前开始，创新再也不是英国成长的发动机，整个英国经济的发展并不是靠创新驱动。所以我们现在看到的尖端的通信、IT，或者医疗技术都在美国。现在英国跟美国的创新氛围截然不同，在美国有加州那样的新兴产业集群，形成了非常好的创业文化，很多风险资本都聚集到那里，但英国是没有的。如果中国现在搞大众创业、万众创新，也不是一件简单的事，这是一条漫长的道路。您觉得我们应该怎样建立一个良好的创新氛围和文化？

宋志平：良禽择木而栖。企业既要择天下英才而用之，又要有良好的创新环境，这一点至关重要。比如互联网领域，为什么阿里、腾讯等知名企业都是民营企业？为什么其中没有一家拔尖的国企？因为机制、文化、环境满足不了。我们现在做"千人计划"，从国外引回来优秀的人才、科学家，如果环境不好也难以做成事，难以充分发挥其聪明才智。这就好像挖来一棵树种在你的地里，但你这里缺水少肥，它也会枯死。所以，只有创造出有利于人才发挥才能的良好环境，建立有利于人才成长的良性机制，人才才会源源不断地加入。

企业要积极倡导敢为人先、宽容失败的创新文化，大力培育企业家精神和创客文化，培养造就高素质的创新领军人才和创新团队。如海尔就提出"员工创客化"战略，从"制造产品"转型为"制造创客"，鼓励员工由被动执行者变为平台上自主创新创业的创客，并且辅以孵化体系和激励机制，极大地提升了企业活力和创造力。此外，创业创新的过程伴随着巨大的风险和压力，即使有些过失和失败，也应给予一定的宽容，不能成者为王，败者为寇。希望全社会给创新创业者一块沃土，让更多的创新型人才茁壮成长。

---

① Venture Capital，即风险投资。

中国建材的创新实践

刘持金：中国建材集团这些年之所以能取得如此快速的发展，关键就在于不断进行改革创新，包括体制机制创新、发展模式创新、管理创新、技术创新等。作为国有企业和传统制造业中的一面大胆改革创新的旗帜，您能否与我们分享一下这方面的经验？

宋志平：创新往往是困难倒逼的结果。对于中国建材集团这家曾经经营极度困难的国有企业来说，要想生存发展，就必须寻求改变。首先，我们提出了战略创新，即大力推进水泥、玻璃行业的联合重组、结构调整和节能减排，大力发展新型建材、新型房屋和新能源材料的"三新"产业。在正确的战略指引下，中国建材集团这些年的快速成长，还得益于企业的四大创新，即通过机制创新解决活力和持续发展动力问题，通过技术创新解决竞争力问题，通过商业模式创新解决发展规模问题，通过管理创新解决效益和成本问题。

第一是机制创新。有的人认为，中国建材集团只是一家通过联合重组快速做大的企业。但实际上，包括联合重组在内，我们的创新无处不在。为了解决与重组企业共同发展的问题，我提出了一套"央企市营"的改革思路，并逐渐探索出一条以"国民共进"方式进行市场化改革和行业结构调整的"混合"新路。

机制上的创新为中国建材集团的发展注入强大动力，不但建立了适应市场经济的体制机制，活力和竞争力极大增强，而且实现了与多种所有制企业的共同发展。过去十多年，中国建材集团销售收入和利润总额双双增长 100 倍，从一家"草根央企"迅速跃居世界 500 强，稳居全球第二大建材企业，被誉为"充分竞争领域快速成长的企业典范"，同时带动我国水泥产业发展质量和效率不断提高。目前，集团所属企业中混合所有制企业超过 85%，被列为发展混合所有制经济的试点企业。

第二是技术创新。在重组中，我们还加大了技术革新的力度，成为行业技术创新的重要主体。如在收购的徐州海螺万吨线旁边，我们又自主研发设计了一条新的万吨线，这个工厂无论是技术装备，还是各项运转指标在全世界同类工厂中都居于领先地位。

这些年来，在传统产业领域，我们不断优化产品结构，延伸产业链，水泥业务坚持"高标号化、特种化、商混化和制品化"方向，拥有4个特种水泥基地和1个特种水泥国家级企业技术中心，每年提供2000多万吨特种水泥；玻璃业务退出传统的普通浮法玻璃，转向发展"电子玻璃、光伏玻璃、智能玻璃、节能高效玻璃"。通过实施新型建材、新型房屋和新能源材料"三新"战略形成新的增长点，我们依靠自身力量建造年产5000万平方米的石膏板线、年产10万吨的玻纤池窑拉丝生产线、年产千吨级的碳纤维T700生产线和6兆瓦的大型风力发电叶片生产线，这些都是行业里的世界顶级技术。在发展循环经济和节能减排方面，我们斥资150亿元为全部水泥生产线配套余热发电系统，在四川广安、北京密云、山东枣庄等地成功推广新型房屋"绿色小镇"项目，并推出"责任蓝天行动"，把工业化和改善环境紧密结合，把节能减排列为转型升级的重要任务。

第三是商业模式创新。一是探索"互联网＋"模式。近年来我们在应用互联网技术、进行商业模式创新方面做了一些积极探索。水泥业务大力推进"两化融合"，实现"水泥＋鼠标"智能生产模式，即"互联网＋水泥制造"，目前最新的水泥厂已实现远程监控和智能化控制；"跨境电商＋海外仓"的外贸模式是"互联网＋建材产品制造＋金融＋物流＋……"；集团旗下"易单网"应用IBM云计算服务，为海内外企业提供一站式全流程的综合性服务。

二是向制造服务业转型。例如我们的新型房屋业务积极响应国家政策，推进个性化服务，并采取外包、集成等多种方式向研发设计和销售服务延伸，目前已经有1000多种户型可供客户个性化选择。同时我们还在现有业务中积极探索产融结合模式、C2B模式、外包模式、罗尔斯·罗伊斯公司模式（不是卖产品而是卖服务）、"驰加"模式（打通上下游产业链），不断拓展服务面、增加附加值。

三是走新型国际化道路。我们通过产业转移的方式在海外开展实业投资，自己"上战场"，在海外建厂，例如前面提到的在海外投资玻璃纤维工厂、水泥生产线、玻璃生产线等。同时，加强海外兼并重组力度，通过收购欧洲企业，成功引进兆瓦级风机叶片和光伏玻璃的先进技术，并与德国AGN集团合作，引进"加能源"房屋技术，这样，我们通过借力发达国家的品牌和技术优势，一举挺进了高端产业。

第四是管理创新。管理是企业强基固本的稳定器。在企业发展的长期实践中，我们探索出一套独特的管理方法，确保了企业稳定发展。在企业管控上，我们采用"格子化"管控模式，将近千家企业的职能分工、经营模式和发展方向固定在相应的格子里，解决了集团"行权乱、投资乱"的大企业病，使企业实现行权顺畅、步调一致、有序经营，避免"宽严皆误"。这也是我一直强调的"企业要靠规范的制度约束行为，靠先进的文化指引心灵"。在管理方法上，我们推行"八大工法"和"六星企业"。"八大工法"是我们在重组整合中创造出的一系列行之有效的管理整合经验，包括五集中、KPI、零库存、辅导员制、对标优化、价本利、核心利润区和市场竞合，这套工法实现了外抓市场与内控成本的结合，是一套以简驭繁、朴素实用的管理方法"组合拳"，使中国建材集团在新常态下稳扎稳打，始终保持良好效益。"六星企业"是我们为好企业制定的六个标准，即业绩良好，管理精细，环保一流，品牌知名，党建先进，安全稳定。在这六个标准的指引下，我们的企业有了目标和方法，持之以恒，现已涌现出一批鲜活的好企业案例。

刘持金：中国建材创新实践为我们提供了一个非常开阔的思路，创新不仅是技术层面的，更是商业模式、管理模式乃至机制层面的。但是这种全方位的创新并非一朝一夕的事，所以有一种说法是，创新需要的周期比较长，指望在一年、两年内成功可能不太现实。可是在复杂的形势下，如果再过三五年，可能我们又会面临着另一个全新的"新常态"。形势的不可预知性给企业管理者做规划时带来了非常大的考验，作为董事长，您怎么看待中国建材接下来三年、五年的规划？

宋志平：中国建材一路走过来靠的是不断创新，这之中，既有从0到1、从无到有的垂直性创新，也有从1到N的水平的工业规模化创新，还有从N到1的产业整合化创新。在这么多年经济快速发展的过程中，我们习惯了做大产业规模，但这个规模被过剩限制住了，这就给我们出了一个题目，不能再做大了该怎么办？企业就像一棵果树，我们要在它疯长的时候把尖打掉，让树不再往高长，而是让它多分叉，多挂果。

比如中国建材，我的想法是不再扩大规模了，而是在现有的规模下研究怎么做更多的品种、怎么提高附加值。在水泥领域，现在日本的一家水泥企业有上百个品种的特种水泥，这种细分化的产品结构给企业带来巨大的利润空间，但是我们国家在特种水泥的研发、生产和应用上远远落后于日本。其实我国的特种水泥用量正在逐渐增加，如桥梁、核电站、高铁、大坝等，不同的施工环境需要用不同品种的水泥，我们应该研发各种特种水泥，增加产品附加值。中国建材在四川有一家企业叫嘉华水泥，那个工厂的区位优势不太好，规模也不大，但每年能赚 1 亿多元的净利润，原因就是他们大搞技术创新，做特种水泥。这一转型使他们成为创新驱动发展的高新技术企业的样本，并且获批"国家企业技术中心"，他们的实验室比很多研究院的实验室还要好。这个例子给中国建材很大的启发，未来我们会在现有的基础上，加大力度发展特种水泥。在玻璃领域，我们也会继续向新品种延伸，提高附加值。

归根结底，未来中国建材还是一定要立足于这个行业，从科技创新和产品细分中找发展空间。现在我们不从宏观上看发展空间了，而是要用显微镜看到一个微观的发展空间。用望远镜看规模和用显微镜看质量、效益，看到的世界是不一样的。所以我的规划就是要把企业和产品做精，提升附加值，产生更多的效益，我们的创新也是以此为出发点的。

刘持金：创新是一件耗成本、耗时间的事，如果按照这种思路发展，有几项指标，比如毛利、运营利润或者税后净利润等，会不会在未来两到三年内逐渐提升？还是说因为成本和时间的消耗，短期之内显现不出效益？

宋志平：过去企业提升的是规模，也就是量本利的方式。现在我们实际上得用两种方法，一种是价本利，也就是说通过维护市场价格的平稳，再加上内部降低成本来取得效益，而不是大家疯狂杀价、恶性竞争；另一种就是创新，用创新来降低成本，改变产品结构，增加附加值。

这里我想举两个企业创新降本的例子，一是中国建材旗下的中国巨石——

全球最大的玻璃纤维制造商。在2008年全球金融危机时，中国巨石开发了E6原料配方，成本降低了10%，使企业顺利度过那场危机。最近，他们进行窑炉改造，使每吨玻纤的耗电量降低了300度。由于常年的技术创新，在人工、能源和原料成本均有大幅提高的情况下，每吨玻纤的成本却大幅下降，使企业取得了良好的利润。另一个例子就是中国建材旗下的泰山石膏，发明了一种新的发泡技术，减少了10%的石膏用量，为企业大幅度节约了成本。

关于品种结构创新，有个速度的快与慢的问题，如果创新速度太慢，再加上竞争非常激烈，很可能短期之内效益就显现不出来，甚至下降；如果创新速度快，短期之内就会有效益。比如中国建材现在正带头做一件事，推动淘汰低标号水泥。如果低标号水泥能淘汰得比较快，那水泥工业就能迅速进入高标号时代，这又是一个盈利的时代。像电视机从黑白到彩色，从显像管电视到等离子电视再到液晶电视、平板电视，经历了多轮淘汰，但电视还是电视，只是在更新换代，寻求新的发展空间。同样，水泥也有创新的空间，只是我们一定要抓住机遇，加快创新的步伐，让效益尽快显现。

企业领导者的"四个选择"

刘持金：新常态下企业如何创新是当前每家企业、每位企业家都在积极思考的问题。企业家是创新的引擎，其战略眼光、思维理念对于企业未来发展有着深远影响，甚至攸关企业生命。从您的个人实践经历来看，对于大企业来说，在创新或者说转型的过程中，企业领导面临哪些重要选择？

宋志平：企业领导者是企业的远望者、舵手，同时也是企业创新的领军者、原动力，其创新不是指去钻研某项高精尖技术、如何提高产品质量等具体操作层面的问题，而是定战略、管大事、把方向，营造有利于企业创业创新的氛围和文化。我认为，企业转型时，企业领导面临"四个选择"。

一是选择合适的业务。企业找到一个合适的业务很不容易，一旦选错了，会犯颠覆性的错误，所以必须慎之又慎。在水泥、玻璃等传统产业之外，这些年来中国建材的一些新业务已经有良好的发展基础。太阳能薄膜电池是玻璃的衍生品，我们有优势、有条件做；新型房屋是轻钢龙骨和石膏板的组合，是我们主营产品的延伸；BNBM HOME 是轻资产业务，本身很赚钱，还可以缓解国内建材的过剩问题；"互联网＋"方面，我们有"易单网""大宗网"和"优备网"三张"网"，今后会逐渐向网络公司方向发展。除此之外，按照适度多元化原则，我们也在考虑增加两项新业务，薄膜太阳能光伏、现代绿色农业和健康养老等产业都在考虑范围，近期我们也在密集考察调研。

二是选择合适的人。《三国演义》中有个诸葛亮挥泪斩马谡的故事，说的是诸葛亮关键时刻用人不当，派刚愎自用的马谡去守街亭，导致街亭失守，蜀军损兵折将。做企业也是一样，关键时刻要选择合适的人，用人失误会造成全军覆没的结局。人是创新最关键的因素，企业应始终把发挥人的创造力放在推动科技创新的中心位置，让更多独当一面的创新型人才成为企业的顶梁柱。这么多年来，我总在寻找创新"痴迷者"担任企业领导。所谓"痴迷者"，指的是能一心一意做企业、做事情，干一行、爱一行、精一行的人。尤其是工厂的领导，需要踏实肯干、业务过硬，能钻研生产技术，懂得生产管理。好高骛远的人是做不好企业的。这些年来，中国建材在玻纤、风机叶片、石膏板等领域，涌现出一批创新"痴迷者"，由此也产生了一批行业顶尖企业。

三是选择合适的机制。市场化机制是激发企业活力和创造力的关键所在，是企业成长和发展的源头活水。在当前的改革攻坚期，我们要积极投身改革的洪流，把顶层设计和企业的改革原动力、首创精神结合起来，以机制创新推动企业创新。例如，科技企业可以积极探索股票期权、骨干持股、岗位分红权或项目收益分红等激励措施，调动科研人员积极性，推动科技创新和科研成果产业化。

四是选择合适的管理。管理是积淀，是持之以恒的坚持，是对规律和经验的总结。管理就像一枚定海神针，有了这个稳定器，企业才能强基固本，持续健康发展。我本人是做工厂管理出身的，我深知靠管理出效益这个道理。越是经济形势趋紧、市场竞争激烈的时候，企业越是要眼睛向内、苦练内功，加快推进管理方式向集约化、绩效化转变，靠管理出效率、出效益、出人才。

刘持金：您的这些实践经验和创新理念，具有非常重要的参考价值。这些年来，您不仅打造了两家世界 500 强企业，更是在不断地向社会、企业界贡献企业经营管理和改革发展的新思路、新观点，为中国企业的提升提供了有益借鉴，这非常了不起。最近我读了您的新著《我的企业观》，感觉这是一本很内敛朴实的书，没有什么深奥的大理论，但对企业人员来说很实用，读起来也很轻松，像汪庄会谈、三盘牛肉、做企业需要包容等，这些内容很有意思，也很深刻。

宋志平：过去的 35 年，我一直在企业工作，经历了企业迈入市场经济的全过程，作为"过来人"，我希望把自己的经历和所思所想好好总结归纳出来，为企业里的年轻一代留下些参考和启示。今天，我收到一位读者的来信，他把《我的企业观》读了三遍，认为书写得挺好，简单明了，适合大家理解。其实对比松下幸之助、稻盛和夫等企业家的书，可以发现这些书大多有一个共同点，就是简单直白，没有特别高深的理论。记得我小时候读《十万个为什么》时感觉很亲切，它用一种简单的方式解释了彩虹为什么有七种颜色，雪花为什么是六角形。《我的企业观》每节不超过 2000 字，只讲一个主要观点，以小故事或生动的话题开头，中间有些讨论，后面有个结论，将主要观点简单直白地讲清楚，读者 5 到 10 分钟就读完了。

对于中国建材的干部员工，这本书是一本经营观念的读本。在《我的企业观》之前，出版社还推出了四本介绍管理体会的书。《包容的力量》讲企业文化，《央企市营》讲国企改革，《国民共进》讲混合所有制，《经营方略》讲企业管理实战。另外，集团也印制了《八大工法》《六星企业》《增节降工作法》等几本介绍集团内部先进管理经验的小册子，《格子化管控》也即将印制。这些书共同的目的就是让干部员工进一步了解中国建材集团的经营理念和管理思想，了解集团这些年来所走过的发展道路，温故而知新，这其实也是一种管理手段。今天我们详细探讨了新常态下企业如何更好地进行创新，希望能给大家带来启发。但是，我的观点不一定全部正确，毕竟我和我所处的企业都有局限性，大家可以见仁见智，只要能引起大家的思考，我觉得就有意义了。

刘持金：能够把复杂的管理问题用这样的方式讲清楚，深入人心，也是一种特殊的能力。我们希望您能有更多的闪光的思想与我们分享，期待下次与您交流。

28

"一带一路"是我国企业的重大机遇[①]

当前，"一带一路"成为社会关注的焦点，为我国经济发展注入强大动力，为加深中国与相关国家在基础设施互联互通、能源资源合作、园区和产业投资合作、贸易及成套设备出口、自贸区建设等领域的建设和合作开辟了广阔前景。该战略也为我国建材行业化解产能过剩、装备走出去、海外并购、投资建厂等带来了新的机遇。日前，记者就"一带一路"发展战略，与中国建材集团董事长宋志平进行了一番深入的对话。他对"一带一路"的理解和诠释，对建材行业的应对措施，对中国建材集团的落实步骤，有着成熟的见解和分析，让人听后眼前一亮，心中豁然。

"一带一路"，中国企业走出去的重大机遇

恰逢其时的战略

"一带一路"的提出是对全球国际合作以及全球治理新模式的全新探索，恰逢其时，具有划时代的重大意义。

秦春雨：2013 年习近平总书记在出访中亚和东南亚国家期间，先后提出共建"丝绸之路经济带"和"21 世纪海上丝绸之路"的重大倡议，得到国际社

---

① 本文原载于《中国建材》杂志 2015 年第 5 期。秦春雨，《中国建材》杂志社社长。

会高度关注和有关国家积极响应。推进"一带一路"建设，是党中央、国务院根据全球形势变化，统筹国际国内两个大局做出的重大战略决策，您是如何理解的？

宋志平：党中央、国务院提出的"一带一路"，是对全球国际合作以及全球治理新模式的全新探索，恰逢其时，具有划时代的重大意义。

第一，它符合中国经济发展的内在需要。经过多年的改革开放，今天我们已经到了一个新的发展时期，其特点就是新常态。一方面经济发展非常繁荣，外汇储备丰厚；另一方面经济增速从高速到了中高速，一些产业开始过剩，我们比任何时候都更迫切地需要"走出去"。

第二，它符合由经济大国向经济强国迈进的规律。历史经验证明，一个国家发展到了一定程度，由经济大国向经济强国迈进的过程中，一个共有的特征就是大规模"走出去"。比如美国"二战"后推出了马歇尔计划，该计划有两个前提，一是美国经济高速繁荣，出现了过剩；二是布雷顿森林体系确立了美元的全球地位，全世界70%的黄金流到了美国，金融资金非常雄厚。马歇尔计划和布雷顿森林体系是战后欧洲经济发展繁荣的基础和关键，也为美国开拓了新的市场。再比如德国和日本，作为"二战"的战败国，经过了20多年的发展，自20世纪七八十年代开始大规模"走出去"，日本是向"亚洲四小龙"和中国大陆投资建厂，德国是向全世界转移技术和装备。那时候，中国建材行业的设备和技术主要来自这两个国家。现在，中国也正好发展到这样一个关头。

第三，世界各国看好中国多年来改革开放的成功经济模式。中国经济模式主要有三点，一是大量引进外资，通过引进外资购买技术和装备；二是抓基础建设，要想富先修路，铁路、公路、机场等基础设施建设，带动基础原材料产业和大型装备制造业的发展；三是大规模地推动工业化、城镇化和制造业发展，带动中国经济繁荣。从外部需求来讲，"一带一路"沿线国家不仅需要中国的资金支持，很多发展中国家非常向往复制中国经济发展模式。

"以史为镜"的稳健走法

西方国家的成功经验告诉我们，"一带一路""走出去"要与金融相结合；

要有组织、有重点地走，绝不能单枪匹马、漫无目的地乱走。

秦春雨：刚才您谈到美国实施马歇尔计划，建立了布雷顿森林体系，建立了世界银行和国际货币基金组织，这就是将振兴欧洲的马歇尔计划与金融结合起来，这与我们的"一带一路"是否有相似之处？

宋志平：历史上"丝绸之路"曾把中华文明带给了世界，那是一个把中国的丝绸、陶瓷和茶叶作为主要商品和世界通商的时代。这次提出"一带一路""走出去"战略，既弘扬了历史上我国丝绸之路的灿烂文化，参考了近代西方发达国家全球化的成功经验，尤其是20世纪中叶美国的"马歇尔计划"，又根据我国和世界的现状做了大胆的创新。既有"以史为镜"的继承，又有"与时俱进"的开拓。比如，我们实施"一带一路"也是与金融相结合，设立了亚洲基础设施投资银行，这两者有相关性，"一带一路"需要金融体系支撑，这有点像美国的马歇尔计划和世界银行、日本走出去和亚洲开发银行的关系。但是，我们今天的"一带一路"不同于马歇尔计划，马歇尔计划是控制欧洲的计划，我们是友好合作、共同发展的计划。社会上有质疑"一带一路"的声音，将其称为"中国版马歇尔计划"，我认为没必要批评过度，两者确有一些相似的地方，形式相似，但内容不同，出发点不同。"一带一路"的战略方向就是陆上丝绸经济带和海上丝绸之路上的沿线国家，这就把"走出去"具体化了。过去我们把东亚到欧洲中间的这一大片陆地称作"腹地"，在这一片区域，中国古代的"丝绸之路"开辟了很多条通道，向西、向北、向南都有"丝绸之路"。中国古代的"海上丝绸之路"也不是只有一条路，郑和七下西洋走的路径也不相同。所以"走出去"要有组织、有重点地走，绝不能单枪匹马、漫无目的地乱走。

企业"走出去"的大国时代

"一带一路"是国家全方位地为企业"走出去"鸣锣开道，为企业提供了千载难逢的发展机遇。

秦春雨：现在大家一致认为，"一带一路"是国家的重大发展战略，对中国经济发展是一个重大机遇，对企业发展也是一个重大机遇，对这个问题您是如何理解的？

宋志平：中国经济的发展会带动"一带一路"沿线国家共同发展，这些国家的发展反过来也为中国经济发展提供了巨大空间。"一带一路"经济带建设包括与相关国家进行基础设施互联互通、能源资源合作、园区和产业投资合作，贸易及成套设备出口、自贸区建设等也可以带动我国中西部地区加快改革开放，促进东部地区和沿海城市的转型升级与对外投资，加快东北老工业基地的振兴步伐。从国际和国内两个市场看，以基础设施建设为例，一方面，国内一些省份将启动"一带一路"相关重大基础设施项目；另一方面，行业将加快国内水泥等产业"走出去"步伐，帮助周边欠发达经济体开展基础设施建设。这样，由基础设施的完善进而带动相关省份和相关国家和地区的经济繁荣，带来房地产、工商业的经济繁荣，这对建材行业来说是重大机遇。

从企业来讲，我们特别重视国家"一带一路"相关政策，这一战略确实给企业开辟了一个更加广阔的空间，开辟了一个奇大无比的市场。大家常问，新常态下我们应该怎么办？抓好国内市场、创新、转型、升级是眼前的办法，能迈向更大的国际市场，能有更大的转型平台，既能为我们的转型升级赢得更多的时间，也会为我们的转型升级提供更大的发展空间，是长远之计。过去，国家支持企业"走出去"，往往是对单个地区或单个项目的支持，而这次"一带一路"是国家全方位地为企业"走出去"鸣锣开道，对企业来讲真的是千载难逢的好机会，对于中国建材集团这样以基础原材料为主营业务的企业，意义重大。李克强总理最近几次出访我也跟随参加了，在哈萨克斯坦、泰国等"一带一路"的重要国家，我近距离感受到当地政府和民众对发展"一带一路"经济的热情。

从 GDP 到 GNP 的转换

中国已经到了实现从 GDP 到 GNP 跨越的时机。

秦春雨：现在，我们已经习惯了把 GDP 作为衡量国家经济是否快速发展的指标，但是往往忽视了另外一个指标——GNP，记得您曾经在一些场合谈到过这个观点。

宋志平：是的。一个国家发展到一定程度的时候，就要实现从 GDP 到 GNP 的跨越。GDP 是国内生产总值，GNP 是国民生产总值。根据西方经济学界定义，GNP＝GDP＋国外净要素收入，也就是在国外投资的收入要算作国民的收益。比如日本，由于大量海外投资和收益，日本国民生产总值长期超过国内生产总值，目前有近 2000 亿美元的差额。这些年来日本 GDP 虽然每年只增长 1%到 2%，但由于在全世界开工厂，以日本为总部的财团在赚全世界的钱，其 GNP 非常大，因而日本还是很富有的，日本国民日子过得也很舒服。中国现在也到了这样一个时机，既要有 GDP，也要重视 GNP。过去我们总讲重视两个市场，讲的就是这个道理。

"一带一路"，中国装备"走出去"的绝好机会

中国装备已是世界一流

我国的建材装备世界一流，性价比好，"走出去"过程中，要事先谋划一套布局、一套打法和一套规则，各企业间要有分工、有协作。

秦春雨：业内人士都知道，在实施"一带一路"过程中，首要任务就是基础设施建设，搞基础建设就必然需要建筑材料。李克强总理最近的几次出访，都在国外大力推广中国的钢铁、水泥、玻璃等基础原材料的成套装备。您认为中国企业在装备"走出去"方面有什么优势？

宋志平：钢铁、水泥、玻璃这些行业在国内基本上都过剩了，这些材料都是"短腿"产品，受销售半径影响，不太可能运到国外去，只可能在当地生产。"一带一路"给我们的成套装备带来了机会，我们的成套装备本身也具备了"走出去"的实力。

第一，经过改革开放多年的发展，我国在水泥、玻璃、陶瓷、新型建材等基础原材料领域的成套技术和大型装备都是世界一流的，不输给发达国家。在陪同李克强总理出访德国时，在总理午餐会上，我讲到中国的水泥、玻璃装备都是世界一流的，全球许多跨国集团都用我们的装备，过去我们很羡慕的德国企业也在用我们的装备。

第二，中国装备的性价比好。国外很多水泥厂、玻璃厂都让中国企业去建，原因就是我们的装备性价比好，价格和成本都很低。中国造的设备，技术是一流的，质量是精良的，价格是非常有竞争力的。

这些年，中国成套装备"走出去"已经走了很长的路。在水泥和玻璃领域，中国企业做了很多 EPC 和 EP① 工程，中国建材集团已经在国外做了超过 70 条的水泥生产线、30 多条玻璃生产线。我们以前的"走出去"也有很多值得思考和总结的问题：一是没有统一的组织，都是一家一户地干，属于"打一枪换一个地方"，是"游击队"的打法；二是走出去的企业没有强大的金融支持，后劲乏力；三是没有系统地考虑市场划分，缺少周密的布局规划，也没有建立很好的运营模式，不是考虑整体怎么赚钱，而是为建工厂而建工厂，拿到项目就干，干完就走人，没有很好地延伸服务，导致国外工程承包市场越做越窄。我们做的多是日本、德国等公司不愿意做的项目，都是在又脏又苦又累的地方，加上竞争中盲目杀价，经济效益也不好。企业应该很好地总结和反思这些现象和问题。这一次我们的装备"走出去"，就要事先谋划一套布局、一套打法和一套规则，各企业间要有分工、有协作。

"走出去"要向中高端迈进

中国装备"走出去"要突出质量要素，要和金融合作，管理、服务要跟上，还有很重要的一点，就是中国标准要走出去。

秦春雨：有人说，中国现在的外贸已经从生活用品的出口转向生产用品的

---

① EP – Engineering、Procurement，即设计、采购承包。

出口,这是"走出去"向中高端水平迈进的标志。对此您怎么看?

宋志平:过去这些年,中国出口了大量的鞋子、服装等生活用品。随着国内生产要素成本的提高,一些劳动密集型的生活制品类产业,大部分已经迁移到东南亚、南亚等国家。比如一些服装、皮包等,过去都是中国制造,现在则是孟加拉国、菲律宾制造。现在我们开始出口设备和装备等生产用品。从生活用品的出口跨越到生产用品的出口,从单纯地卖产品过渡到海外资本投资,到国外建工厂、管理工厂,这是一次历史性的迈进、一个历史性的转换,这充分说明中国企业走出去已经从中低端迈向中高端。这次"一带一路""走出去"的技术、装备更会是中高端的,像我们生产的建材装备在国际上绝对都是一流的。

在走出去向中高端迈进的过程中,我认为也有一些需要注意的地方:

第一,要突出质量要素。我们不能让一些被淘汰的技术,或者被淘汰的装备"走出去",要把质量和品牌放在第一位,要突出中国品牌、中国技术,要突出一流品质、一流信誉,要真正努力打造"国家名片",这是"走出去"成功的前提。

第二,"走出去"要和金融合作,不能只靠企业单打独斗。实践证明,单打独斗只能是"拉长工",赚不到大钱。只有我们与金融相结合,采用和主权基金合作、买方信贷、融资租赁等方式,互相配合"走出去",才能让技术装备有比较好的价位,让过去"走出去"干活不赚钱、瞎忙活的窘境不复重演,这也是需要我们认真研究的。

第三,管理、服务要跟上,全方位、系统地做项目,提供"一站式""一条龙"服务。我们过去"走出去"做EPC就像"狗熊掰玉米",帮人家建完了、教会了就走人,没有在当地扎下根来。这些年我们也做了调整和尝试,向对方提供管理工厂的"一站式"服务,下一步我们要突出这一做法,凡是"走出去"的项目,需要我们投资就投资,需要我们管理就管理,包括后续服务、零配件供应等,都做起来。

此外,还有一个非常重要的就是中国标准的"走出去",实现从中国制造到中国创造的转变。记得改革开放初期,我们购买的设备都是德国标准、日本标准,现在我们海外承包工程时业主要求的是欧洲标准、美国标准,国外对于中国标准还不大信服。近几年，我们也在说服客户采用中国标准，也有些 EPC 项目采用了中国标准，这就极大方便了"走出去"的工作。中国标准"走出去"，要求我们提高和完善现有标准，也要加入国际的一些标准化组织，还要在海外大力推广中国标准。在国际竞争中，中国建材集团高度重视标准的制定，目前拥有 15 个国家及行业标准化委员会，"十二五"以来累计制定、修订国家、行业标准 200 多项，其中主导发布国际标准 3 项，在编国际标准 9 项。下一步，我们一方面要提高中国标准，向国际化迈进；另一方面，要让国际上接受中国标准。还要提到的是，各个国家的法律法规很多，"走出去"的企业必须了解这些法律法规，单靠一家家企业很难进行系统研究，还会做许多重复性工作，国家应统一组织，专门针对重点国家进行政策研究、法律研究，给企业在"一带一路"走出去中提供法律指导和支持。

发挥中国建材集团的综合优势

中国建材集团在装备"走出去"方面积累了一定的实力，取得了一定的成果，未来将与国内兄弟企业合作，共同开创中国建材装备"走出去"的新时代。

秦春雨：作为我国建材行业的龙头企业，中国建材集团在"一带一路"中有哪些优势，将发挥怎样的作用？

宋志平：经过这些年的发展，中国建材集团依托中国建材总院和中国建材国际工程公司雄厚的科研技术和成套装备的实力，在"走出去"的过程中已经建立起了一个世界一流的成套装备、成套技术的集群。

中国建材集团拥有 13 家甲级资质的国家级科研设计院所，在上海、淮南、合肥、南京、涿州等地拥有十多个装备制造基地，如上海新建机、凯盛重工、合肥院装备基地、蚌埠院装备基地、合肥神马、南京轻机、北新机械等，集团拥有有效专利 4200 多项，荣获国家科技进步一等奖 1 项、二等奖 3 项。历史上我国建材行业的技术，包括浮法玻璃技术、新型干法水泥技术等，大都出自以中国建材总院为主的科研院所。

在水泥方面，集团有南京凯盛、合肥院、北京凯盛等大型的国际化工程公司，可承接 2500 吨到 1.2 万吨的生产线。我们最新研制的国际领先水平的智能化日产 5000 吨水泥熟料生产线已经在山东试运行。工业 4.0 智能化管理可以实现控制室无人值守，整条生产线所需员工不到 100 人，而且各项生产指标、排放指标均为世界领先。这家水泥厂可以说是国内标杆式工厂，也是我们的王牌，展示了中国建材集团的技术和装备实力。

此外，在节能环保、脱硫脱硝、湿法改造等方面，中国建材集团的技术和装备也是一流的。其实在"一带一路"的沿线国家中，中国建材集团已经在俄罗斯、哈萨克斯坦、埃塞俄比亚、伊拉克、印度尼西亚、沙特阿拉伯、孟加拉国等国建设了几十条水泥生产线。最近，中建材国际装备成功中标 3.2 亿美元的沙特阿拉伯万吨线项目。

在玻璃方面，集团有蚌埠院、中国建材工程、秦皇岛院、中国新材院等国际化的工程公司，从 300 吨到 1200 吨的生产线，中国建材集团都可以做，而且是做到极致。集团拥有 0.2～1.3mm 系列 STN 级超薄玻璃生产线设计能力，掌握了超大型浮法玻璃生产线关键技术装备，拥有太阳能超白玻璃成套技术及装备。现在美国、欧洲的一些大型跨国公司都来订货，玻璃生产线成套装备基本由我们提供。

在新材料方面，一是石膏板生产线，现在中国建材集团的石膏板生产线是公认的全世界水平最高的。法国圣戈班专门找我们购买，因为性价比高，而且采用了自主研发的脱硫石膏生产技术，实现了变废为宝，降低了生产成本。最近我们专门开发了纸面石膏板新的发泡技术，可节约 10% 的石膏用量，大大降低了成本。二是玻璃纤维，集团旗下的中国巨石公司自主研发了全球最大最好的 10 万吨级池窑拉丝生产线，吨电耗、吨能耗都是世界最低。中国巨石自主研发的 E6、E7 等玻纤配方，大幅降低了生产成本，获得美国、日本等国际专利授权。在当前经济增长放缓的形势下，中国巨石各项经济指标表现突出。三是碳纤维，中国建材成功攻克碳纤维干喷湿纺技术，实现千吨级 T700 碳纤维装备的完全国产化[①]。

---

① 2017 年中国建材集团实现千吨级 T800 碳纤维产业化，2018 年百吨级 T1000 碳纤维生产线实现投产。

在房建材料方面，西安院具有新型环保砖瓦生产线装备，咸阳院具有建筑陶瓷和卫生洁具成套装备的设计、制造和工程总承包能力，非常适用于非洲、东南亚国家和地区。

我们还有成熟的电子商务平台以互联网技术支持装备"走出去"。中国建材拥有国内最好的建材产品跨境现货交易平台易单网和大宗网，并设立海外仓，成功地将部分国内过剩产品销售到国外。2015 年 3 月，中国建材集团上线了优备网，以电子商务的模式实现备件供应、维修和生产管理服务业务的经营。

总之，中国建材集团在装备"走出去"方面积累了一定的实力，也取得了一定的成果。我们下一步的想法是，与国内兄弟企业合作，结合金融租赁等各种金融工具，运用互联网、信息化、智能化等技术，集合投资、管理、后续服务等全产业链，开创中国建材装备走出去的新时代。

"一带一路"，实现国际产能合作的大舞台

从卖装备到国际产能合作

我们已经从过去只卖装备的时代，迈入全方位投资、进行产能合作的新时代。

秦春雨：国家提出了"国际产能合作"，不再用"产能转移"这个词，这是一种理念上的创新，也是一种境界的升华。现在坊间盛传中国建材集团将把在国内重组整合的成功模式复制到海外的说法，这是否将改变我国建材行业过去"走出去"打法比较单一的现状，为"一带一路"开辟新的模式？

宋志平：产能转移是指公司为求得产能上、效益上的平衡，在国外建设新的生产线，同时陆续关掉国内的生产线。"产能转移"一词容易给人带来误解，认为我们是把工厂搬出去，外国则会误认为是把落后的产能转移过去。"产能合作"这种说法就不存在这方面的误解，合作是双方的，你需要什么，我就来

做什么，既照顾到对方的需求，又结合了自己的能力。"国际产能合作"的提法具有划时代的意义。

在国际产能合作中，企业既可以卖设备，又可以卖技术，还可以合作投资，共同经营。国际产能合作很重要的一方面就是投资，产能合作不是简单的EPC，也不是简单地卖设备，而是要投资建厂，就是在"一带一路"涉及的国家加大投资，或全资，或控股，或参股，或租赁，各种方式都可以。现在我们已经从过去只卖装备的时代，迈入全方位投资、进行国际产能合作的一个新时代。

中国建材集团按照这一模式，在埃及全资建设了一条年产8万吨的玻纤池窑拉丝生产线，这条线是中国在海外投资建设的第一条大型玻纤生产线，填补了中东、北非地区玻纤制造业的空白，效益很好。在蒙古国投资建设的日产2500吨新型干法水泥生产线，是蒙古国最大的水泥生产线，2015年上半年投产。李克强总理访问哈萨克斯坦期间，我们与哈萨克斯坦协商投资建设一条玻璃生产线，这将是哈萨克斯坦首条玻璃生产线，我们的计划是将其建成样板工程。

中国建材集团是一家善于整合重组的企业，我们在国际产能合作中，不仅重视直接投资，也非常重视并购重组。我们也希望能并购一些企业，利用现有企业的基础再扩大海外市场规模，这也是中国建材集团一个成熟的打法。在海外从零开始投资建厂比较费劲，如果有一个基础、有一班人马，再去扩展会好一些。目前，中国建材集团正在俄罗斯、印度谋划并购项目。在并购重组的基础上，我们也会重视技术改造，提升所在国建材行业、企业的整体技术水平和经营管理能力。

探求新的融资模式与组织模式

开展国际产能合作要改变过去单纯依赖贷款的做法，要结合国家政策，尤其是金融政策，探求新的融资商业模式和组织模式，最终形成产业链纵向联合、企业间横向协作、政府引导推动的格局。

秦春雨：我注意到，您刚才的讲话中不断提到"走出去"要和金融相结合，这是否意味着携手金融将是"一带一路""走出去"成功的重要节点？

宋志平：开展国际产能合作一定要结合"一带一路"的国家政策，尤其是国家的金融政策。我们过去是简单的投资，贷款投资，那样做不大规模。最近我拜访了丝绸之路基金，了解到他们的资金属于种子式资金，占比不能超过20%。我希望采用类似中国国新控股那样的模式，企业出资10%，国家外汇出资90%。国家想投资找不到好项目，企业没钱但是有好项目，而且会经营管理。我国建材、水泥、玻璃企业要"走出去"，但是目前，国内这些行业想要实现"走出去"很困难，企业并没有多少资金，怎样才能"走出去"？我们要改变过去单纯依赖贷款的做法，转而探求新的融资商业模式和组织模式。我认为应该充分发挥国家目前强大的金融优势，筹措成立建材投资基金，调动更多的资本参与到投资中，支持建材企业"走出去"。

建材行业的大企业和装备制造业的大企业应当加强沟通交流，总结过去"走出去"的经验和教训，探讨下一步"走出去"的途径和方式，统一思想，达成共识。在"走出去"的过程中，我们要认真研究布局，不能一窝蜂扎堆，不能跑到海外"打乱仗"，不能把中国的"过剩文化"搬到国外去。下一步，我们要打造大型的装备集团，把工程公司、设计院、大型装备企业等产业链上下游纵向联合起来。企业之间，比如中国建材、中材、中信重工等国内大型集团，要加强横向协作，也建议政府要起指导协调作用。发改委、商务部、外交部等部委制定规矩，安排布局，并利用亚投行、丝路基金等金融手段对企业加以指引，最终形成产业链纵向联合、企业间横向协作、政府引导推动的格局。

国际产能合作要互利共赢

国际产能合作是高质量的产能合作，是高效益的产能合作，是合作共赢的产能合作。

秦春雨：让别人赢才能共赢，这一直是中国建材集团的营销文化。在中国建材集团这些年重组整合快速发展，特别是发展混合所有制经济的实践过程中，这种包容文化一直起着支撑、影响作用。在今后的国际产能合作中，这种包容文化是否也将十分重要？

宋志平：我一直这样认为，国际产能合作要突出三点：第一是高质量的产能合作，不是把低水平的产能搬出去；第二是高效益的产能合作，不赚钱的合作不做，因为做企业一定要有效益；第三是要有合作共赢的思想。

过去，中国建材集团"走出去"过程中的合作共赢表现在三个方面。一是能为当地发展做贡献。二是要和当地企业合作，有利益共享的思想。比如我们在土耳其做项目时，把 EPC 中的厂房建设分包给当地的企业，同时一些关键部件进行全球采购，最终建成土耳其最好的一条生产线，还获得了当地政府的奖励。三是和当地居民友好相处，热心公益事业。比如我们在巴布亚新几内亚的公司，每年都要做一些捐助，当地居民非常欢迎，他们的总理也非常支持。我认为这很重要。要搞产能合作，要投资建厂，必须要融入当地文化，要有扎根下来精耕细作的思想，否则很难长久地发展下去。在参与"一带一路"建设的过程中，我们一定要解决好这个问题。

作为一家央企，我们要培养一大批走得出去、留得下来的企业人才；我们要创造条件，让大家能够在国外艰苦的环境中待得住、待得稳；我们要想成为一家名副其实的跨国公司，就一定要用跨国的文化来思考问题，这样才能在"一带一路"的机遇中抓住机会，才能有所建树。

29

从大到伟大的新征程[①]

2016 年 8 月 26 日，"两材重组"一时成为行业内外，乃至国内外热议并高度关注的重大新闻，从这一天起，新成立的中国建材集团应运而生。一年后的今天，特别是在喜迎党的十九大召开之际，在供给侧结构性改革深入推进的历史背景下，重组后的中国建材集团取得了哪些成绩，有哪些喜人的变化，又给建材行业推进供给侧改革和持续发展带来哪些可供借鉴的经验呢？作为行业领袖企业，面向未来，中国建材集团又有什么样的规划？带着这些问题，记者在两材重组一周年之际，对中国建材集团董事长宋志平进行了专访。

重组带来新变化

记者：两材重组是建材行业的一件里程碑式事件，受到社会各界的广泛关注。在两材重组一周年之际，想请您谈谈，这一年来，中国建材集团都发生了哪些新变化，最大的亮点特色是什么？

宋志平：两材重组既是贯彻党中央国务院决策部署、落实服务国家战略的要求，也是深化国有企业改革、优化国有资本布局结构的重要举措，在中国乃至世界建材发展史上具有重大而深远的里程碑意义。这一重组是在党中央、国务院、国资委的领导关心下进行的，得到了中国建材联合会的大力支持，也得

---

① 本文原载于《中国建材报》2017 年 8 月 24 日。

到了行业内外的广泛关切。国资委主任肖亚庆出席了新集团成立大会，他强调了这一重组的重大意义，要求我们实现一加一大于二的效果。新集团迅速确立发展战略和目标，全面推进总部、二级公司、组织板块各层面的整合工作，取得了十分显著的成绩，发展得非常好。可以说，这一年我们用更好的成绩和更大的发展证明了两材重组是成功的。

过去一年的变化，从企业自身来看，重组后的中国建材集团规模更大、实力更强，资产总额达 5600 多亿元，员工总数 25 万人，年营业收入近 3000 亿元，在水泥熟料、商品混凝土、石膏板、玻璃纤维、风电叶片以及国际水泥工程和余热发电工程市场 6 个领域居世界第一；在超薄电子浮法玻璃、碳纤维、熔铸耐火材料、超特高压电瓷 4 个领域居全国第一。集团内广大干部员工热情拥护重组决策，展现出高度的政治责任感和大局观，大家心往一处想、劲往一处使，全身心投入集团重组整合和改革发展中，不仅创造了非常优异的成绩，而且在推进供给侧结构性改革、创新转型、深化国企改革、参与"一带一路"建设、加强国企党建等各方面也做出了更大贡献，起到了更加积极的促进作用。整体来说，重组协同效应日益凸显，重组工作实现一加一大于二的预期效果，受到国务委员、国资委领导的肯定和表扬。

从企业外部来看，重组后的中国建材集团影响力不断增强，受到国内外社会各界的期许和支持。集团拥有 90 多家遍布全球的海外机构，同时集团的技术和装备支持了全球建材工业的发展，重组进一步提高了集团在国际市场的话语权，提高了集团的全球竞争力。建材行业跨国巨头拉法基豪瑞、CRH 老城堡、圣戈班、欧文斯科宁等企业纷纷访问新集团，了解重组情况和新集团国际化战略与思路。我们也受邀参加世界水泥可持续发展 CEO 年会等国际性会议，在全球建材领域发出中国声音。重组后，多个地方政府、企业集团、金融机构看好两材重组，与集团签订了战略合作协议，获银行授信等近 4000 亿元。

记者：请您谈谈重组后新集团取得了哪些新成绩，您印象最深刻的是什么？

宋志平：重组整合使集团站在了新的起点，迎来了全新的发展，各方面工作都有了新气象，也取得了新的成绩。我主要从四个方面来说。

一是经营业绩斐然，国内外业务均实现新突破。规模优势和综合实力的增强使重组后的新集团迎来更好的业绩。重组当年的 2016 年便实现了开门红，全年营业收入为 2612 亿元，社会贡献总额近 600 亿元，包括上税 154 亿元、支付银行利息 160 亿元、为 25 万员工支付薪酬 201 亿元、创造利润 80 亿元，在国资委中央企业业绩考核中获评 A 级，在《财富》世界 500 强排行榜中跃居第 259 位。2017 年前 7 个月，重组效应进一步凸显，实现营业收入同比增长 16%，利润同比增长 89%。总体看来，集团经营运行趋稳趋好，各项业务齐头并进。水泥等产业深入推进供给侧结构性改革，坚定不移推进市场竞合，引领并带动了行业价值的快速回归。新型建材、新型房屋、新材料等新兴产业快速成长，多家企业跻身世界级"隐形冠军"，还涌现出 T800 碳纤维、超薄电子玻璃、锂电池膜、加能源 5.0 房屋、CIGS 太阳能薄膜电池等世界一流的技术。特别是在国际化方面，集团紧抓"一带一路"机遇，将建材装备技术打造成为中国实业走出去的新名片，通过"跨境电商 + 海外仓"、智慧工业、建材家居连锁超市等多个模式加速海外布局，效益大幅提升。

二是两材迅速无缝对接，重组效应凸显。国务院和国资委批文一下来，我们就召开了成立大会，一个月内迅速完成领导班子配备、职能部室设置和人员调整安排，两个月内完成了二级平台搭建，实现了集团层面和二级公司层面的无缝对接。两集团进行了深度的业务整合，协同效应凸显，综合竞争力和企业效益不断提升。我们特别注重文化融合，在 2016 年 9 月第一次领导干部大会上就提出新集团的核心价值观、行为准则，统一了企业标识，得到了集团上下的一致认同，为重组整合营造了良好的氛围。两材重组可以用润物细无声来形容，速度非常之快，也非常之平稳，堪称国资委央企合并的典范。

三是改革与重组同步推进，四项试点齐头并进。在 2017 年 7 月召开的全国国有企业改革经验交流会上，集团作为 8 家央企代表之一，以两材重组做法和成绩为切入点，作了交流发言，这也充分体现了国资委对集团重组和改革工作的充分肯定。原两材都是在充分竞争领域拼搏成长起来的，市场化机制是我们共同的基因。中国建材认真贯彻落实党中央、国务院以及 1 + N 系列文件的精神和国资委的要求，将重组与改革工作同步推进，四项改革试点实现齐头并进，兼并重组试点全面展开，混合所有制试点继续深化，职业经理人制度体系初步建立。我们积极探索市场化机制，努力在经营者、所有者和公司利益之间建立起正相关关系，中材电瓷开展员工持股试点，中材国际设置股票股权激励，非上市科技企业衢州金格兰开展分红权激励，均取得了重大进展。

四是发挥党在重组改革中的政治核心作用，党建工作扎实推进。两材重组后不久，2016年10月全国国有企业党的建设工作会议在京召开，习近平总书记在会上明确提出，坚持党的领导、加强党的建设，是我国国有企业的光荣传统，是国有企业的"根"和"魂"，是我国国有企业的独特优势。① 新集团高度重视加强党的领导和党的建设，始终坚持"两个一以贯之"，将党建工作总体要求纳入公司章程，明确了党组织在公司法人治理结构中的法定地位。党的领导和党的建设在集团重组整合中发挥了指明方向、保驾护航的政治核心作用。重组整合中，广大干部、党员以身作则，积极投身到整合重组、改革发展的各项工作中，发挥了带头表率和先锋模范作用。同时我们坚持党建工作服务生产经营不偏离，既算好党建账，又算好经济账，把两本账合成一本账。

从整合到融合，实现了一加一大于二

记者：通过您的分析解读，我们了解到重组后的中国建材集团取得了令人振奋的成绩和变化，请问，当初您是如何构思重组整合思路的？

宋志平：两材重组不是混合反应，而是化合反应，两家公司一定要深度融合。因此，更为关键的是重组后的整合，而整合是一件非常难的工作。中国建材集团之所以能够实现优势互补，达到一加一大于二的效果，是基于我们按照国务院国资委对重组工作的要求，有着非常清晰的思路，重点围绕三件事展开：一是资源优化，如何让两材企业这么多的资源更加优化，更好地推进供给侧结构性改革，提高企业自身整体的竞争力和经济效益，这是核心思想；二是

① 新华社：《习近平在全国国有企业党的建设工作会议上强调：坚持党对企业的领导不动摇》，新华网2016年10月11日，http：//www.xinhuanet.com//2016-10/11/c_1119697415.htm。

市场整合，如何让国内、国际建材市场更加规范化，避免无序恶性竞争，降低单位成本，提高运行效率，这是整合的应有之义；三是通过整合如何真正实现一加一大于二的效果，最终目标是提质升级参与国际竞争，为"一带一路"建设贡献力量。围绕这些思路，我们在整合过程中制订了清晰的目标和缜密的计划，迅速确定了"一个目标、三大战略、六大平台和三条曲线"，扎实开展了"四大优化、六大整合"，有条不紊推进重组整合工作。

记者：您刚才提到了重组后的"四大优化、六大整合"工作，能具体介绍一下"四大优化"吗？

宋志平："四大优化"主要是集团层面来推进的。

第一，优化战略思路。重组之初，我们就认识到集团已经站在了一个新的起点上，如果说过去规模的扩大是第一次长征，那么我们以两材重组为契机，迎来了从大到伟大的第二次长征。这就要求企业不光是有规模，必须有核心竞争力，同时还要可持续发展。围绕成为世界一流的综合性建材产业集团这个战略目标，我们提出了创新驱动、绿色发展、国际合作三大战略，明确了"行业整合的领军者、产业升级的创新者、国际产能合作的开拓者"的战略定位，提出了打造"基础建材、国际产能合作、三新产业发展、国家级材料科研、国家级矿山资源、金融投资运营"六大业务平台，确定了业务发展"精耕细作基础建材、大力发展新型材料、积极培育研发及技术服务等新业态"的"三条曲线"，努力实现"高端化、智能化、绿色化、国际化"的"四化"转型。据此，我们进一步细化了"十三五"的一些指标和规划，为集团发展提供指引。清晰明确的战略为新集团指明了前进的方向，增强了发展的动力。

第二，优化总部机构。集团总部机构由原两材的27个整合为12个，人员由269人调整为不到150人，保持了机构精简、人员精干的特点。这项工作涉及部门设置、人员安排、办公室布置等大量具体事项，而我们在一个月之内就全部完成，很快实现了集团领导、职能部门同楼集中办公，效率之高在央企重组中也是少见的。

第三，优化二级平台。两个月内，集团完成了二级平台搭建，由原两材的32家整合为13家。我们还按照国资委要求，进行了"瘦身健体"，压减了186

家企业，超额压减 45 家，这也是与重组整合同步进行的，为集团业务整合和打造大利润平台奠定了坚实的基础。

第四，优化制度体系。我们建立了协调良好、运作有效的董事会、党委会、经理办公会、职代会协调机制，建立起有效高效的会议制度和管理制度。我们全面梳理、补充和修订了管理制度和工作流程，形成了公司治理、安全生产、党建工作、员工手册四个部分的规章制度，使重组后的管理和工作流程有章可循。

记者："六大整合"又有哪些内容呢？

宋志平："六大整合"主要指业务层面。

第一，品牌文化整合。文化融合至关重要，重组后我们在两材文化基础上，确立了八字核心价值观——"创新、绩效、和谐、责任"，八字行为准则——"敬畏、感恩、谦恭、得体"。在品牌标识上倡导包容，新集团继续延用原中建材集团 CNBM 标识，同时保留原中材集团 SINAMA 标识，在国际工程领域进一步推广原中材集团 SINOMA 品牌。2017 年年初集团工作会上统一发布了新视觉识别系统手册，并在集团进行全级次宣贯，得到迅速推进。集团每个月都在北京召开经营分析会，也在南京、曲阜等地召开专项业务工作会议，这些既是我们的经营管理活动，也是将文化和理念融合的重要过程，内部也形成了"比学赶帮超"的良好氛围。现在国资委、监事会领导到集团所属企业调研时，都感受到集团上下一心，经营理念和文化高度融合。

第二，组织板块整合。中国建材集团控股的上市公司有 15 家，其中包括 2 家境外上市公司，参股的上市公司有 20 家，这 35 家上市公司是非常优质的资源。在这一方面，我们进行了深度思考，整合方案正在反复讨论和研究中。我们大的思路是，按照业务归核化思路，每个子公司都围绕核心业务形成一个大的产业，争取做到全球前三，打造专业化的中大型上市公司；同时，要遵循资本市场逻辑和规律，通过多种方式整合同质化业务，提高资本运营与重组整合能力，实现上市公司价值最大化。

第三，水泥业务整合。重组后集团共有 9 家水泥平台公司，水泥总产能达 5.3 亿吨，带动水泥行业集中度提升至 63%，也进一步巩固了全球最大水泥生产商和水泥技术综合服务商的地位。我们多次召开水泥业务整合专题工作会，积极发挥大企业作用，推进市场竞合、执行错峰限产的同时，推动水泥向高性能化、特种化、商混化、制品化"四化"方向发展，提高产业和产品的附加值，在湖南、江苏等业务重合区域成立管委会或以托管工厂的方式，整合市场资源，做维护行业健康发展的中流砥柱。

第四，国际工程业务整合。重组后集团共有 14 家涉及工程服务的公司，我们召开了工程业务专题工作会，明确了"精耕市场、精准服务、精化技术、精细管理"的要求，让各企业间相互借鉴、深入交流，发挥各自的优势，扎实有效地展开合作。通过整合双方的技术、品牌和渠道等资源，在国内、国际两个市场产生了良好的协同效应，提高了市场占有率。2017 年 6 月南京凯盛联合中建材国际装备成功中标并签署土耳其日产 7500 吨水泥工程项目合同，南京院与合肥院协同推进了巴基斯坦项目，成都院支持了新疆凯盛的内蒙古项目，智慧工业与南京院就埃塞俄比亚保产项目进行了深度合作。我们还对企业提出"精耕细作目标市场、业务适度多元化"的要求，鼓励企业探索"国际工程 +投资""交钥匙工程 + 管理"等模式，使集团努力从全球最大的建材制造商、单一的水泥玻璃总承包工程商向世界一流的综合性建材服务商迈进。

第五，产融整合。国家高度重视金融安全，不断加大监管力度，严防金融风险。两材重组后，我们召开了产融业务专题会，部署充分发挥自身财务公司的功能，提高企业资金归集度，降低资产负债率，保护资金链安全，提升抗击金融风险的能力。同时我们相继与 7 家银行合作，共获得 3450 亿元授信支持，与中国农业银行、交通银行签订 400 亿元市场化债转股协议，设立了 800 亿元产业发展基金，首期 160 亿元用于智慧工业、新型房屋、国际物产等业务重组整合，极大地支持了集团"三新"产业平台和新业务形态的培育和发展。

第六，产研整合。原先两材不仅有制造板块，也有雄厚的科研实力，重组后共有 26 家国家级科研设计院所和 3.8 万名科技研发人员，科技创新资源优势更加凸显。我们组织召开了产研整合专题会，在集团层面进行了统一部署，并安排进行了水泥商混公司与科研院所的交流对接。我们还以中国建材总院、南玻院、工陶院为平台，打造行业"中央研究院"，加大重点领域技术投入，组织和利用富余资源投入基础性研究、共性技术研究、前瞻性研究和多元化新兴产业研究，构建具有国际竞争力的技术创新体系，也为集团产业板块提供强有力的技术支持。

总的来看，我们的整合工作部署周密，覆盖全面，推进平稳，集团综合实力进一步增强，走上了持续优化升级的通道。各个板块公司也都找准了自己的定位和方向，取得了非常好的成绩。可以说我们这一年的实践，也为央企重组实现整合融合发展提供了可借鉴的经验和样本。

从大到伟大，需要企业有大格局

记者：一年来，中国建材集团在重组整合中思路是清晰的，措施是得力的，效果也是明显的。一路走来，您有什么心得体会，未来规划又是怎样的？

宋志平：做事情需要有格局，中国作为一个新崛起的大国，越来越多地在对外开放、经济合作、国际秩序等方面体现出大国的担当和格局。2017 年 5 月召开"一带一路"国际合作高峰论坛，习近平主席提出的"人类命运共同体"不只是个民族概念，中华民族要复兴，最后落脚点在人类命运共同体，格局大了就占领了制高点。做企业也一样，需要有格局，尤其是做大企业，要有大格局。中国建材过去在水泥行业推进联合重组，实际上就是大格局。中国建材能做到今天的成绩，顺利完成两材重组任务，也在于有大格局。

中国建材集团始终认为，企业要想实现长远可持续发展，成为受人尊敬、基业长青的"百年老店"，必须要有大格局。在这个伟大的时代，作为央企，中国建材集团要牢固树立创新、协调、绿色、开放、共享的发展理念，致力于建设世界一流企业。不仅要做全球最大的建材制造商，还要做全球最大的综合技术服务商；不仅要做行业里的整合者，还要做行业里的合作者、友好者，为全球水泥、玻璃等建材企业提供技术和装备，不断扩大在世界范围内的影响力。

中国建材集团还是一家有能力的企业，具体体现在两个方面：在遇到问题时，企业能够迎难而上，不退缩不畏惧，而且能想方设法成功解决问题、攻克难关；在相对稳定时期，企业能强化管理、提质增效，在巩固已有业务的同时，开拓新的利润增长点，具有可持续发展的能力。有的企业虽然实力强，但由于缺乏能力，遇到问题就会轰然倒下。既有实力又有能力，企业才能干大事。中国建材集团就是在不断提升实力、提高能力，以大格局规划和布局未来发展。

记者：中国建材集团一直是一家有责任、有担当的企业，作为行业老大，为整个行业的发展做出了突出贡献，有的时候甚至做出了牺牲，可以说格局已经很大了，未来还有怎样的打算？

宋志平：重组后的中国建材集团实力大增，升华了很多观点，也做出了一些根本性的变化，重新思考了定位。首先作为一家企业，中国建材集团要有良好的管理、良好的业绩和良好的市场价值。同时中国建材集团也是一家中央企业，是国家的企业、全民的企业、行业的企业，承担着重要的责任与历史使命。

第一要做推进行业供给侧结构性改革的排头兵。过去十年，中国建材集团开展了大规模的联合重组，不仅在短时间内一举成为世界水泥大王，也使水泥行业的集中度从 2006 年的 12% 提升到现在的 63%。作为建材行业领军企业，中国建材集团要继续擎起供给侧结构性改革的大旗，带头贯彻落实国办发〔2016〕34 号文件，在国家部委和行业协会及地方行管办的带领下，与海螺、金隅等行业大企业集团一道，积极推进错峰生产、淘汰 32.5 低标号水泥等工作，引领行业健康发展。2017 年前 7 个月，水泥市场量价齐升，全行业实现利润 400 亿元左右。但同时，我们也看到水泥行业还存在一些发展隐忧：水泥市场价格还比较脆弱；淘汰 32.5 低标号水泥还没有形成共识；错峰限产虽为行业赢得了时间和利益，但仅是治标不治本的办法；行业自律方面，违规新建、批小建大、产能重复置换等时有出现，有些企业又盲目放量，成了区域水泥市场的不安定因素。所以我们又提出了"六个坚定不移"，即坚定不移地限制新增产能、坚定不移地淘汰落后、坚定不移地执行错峰生产、坚定不移地推进市场竞合、坚定不移地推进联合重组、坚定不移地进行国际产能合作。

第二要做促进行业创新转型、优化升级的引领者。在创新方面，集团拥有 26 家国家级科研院所，拥有全国规模最大、技术水平最高、最具权威性的科技研发和检验认证机构，无论过去我国建材行业从无到有、从小到大，还是现在行业深度调整转型，我们都发挥着非常重要的支撑作用。今后，我们还要加大科技创新力度，构建、构筑开放性研发平台和服务平台，为行业提供强大的科技支撑。在转型升级方面，我们将充分发挥组合优势，加快布局"三条曲线"，以企业的可持续发展带动行业的优化升级。水泥方面，我们自主研发的核电、大坝、油井、港口等多系列特种水泥广泛应用在重大工程；利用集团内新玻璃、光伏工程的优势，打造新能源水泥厂和循环经济产业园。比如临沂中联与中建材浚鑫科技公司合作建设分布式光伏发电等项目，年发电量达1000万千瓦时；中材安徽水泥利用我们自主研发的第三代垃圾协同处置技术实现巢湖市生活垃圾的日产日清。玻璃方面，集团成功生产出超薄触控玻璃、TFT液晶玻璃基板、超白高透光伏玻璃等高端产品。新玻璃产业的"爆炸性发展"前不久在新闻联播头条播出，反响热烈。"三新"产业方面，石膏板业务推进30亿平方米全球产业规划，新型房屋业务积极在海内外推广"绿色小镇"模式。建材本身是一个资源型产业，我们赚两种钱，一种是资源的钱，一种是科技的钱。水泥、骨料等是资源的钱，未来我们要充分发挥25家地勘总队的优势，用好资源；我们的各种新材料就是赚高科技的钱。最近我们又添了石墨基碳材料和锂电池膜两个新材料，高碳石墨可做锂电池的负极材料，高碳石墨提纯项目已经开工；锂电池膜是所有动力电池所必需的，在滕州已经试产成功。我们要大力培育玻璃纤维、碳纤维、高分子膜材料、石墨基碳材料等新材料高科技，提升持续盈利能力。

第三要做参与国际竞争和"一带一路"建设的践行者。过去这些年，中国建材集团充分发挥自身技术、装备优势，在全球75个国家和地区承接了312个水泥项目、60多个玻璃项目，实施了33个投资项目，建设了5个海外仓，运营了14家海外建材连锁超市，管理了全球30多家工厂，打造了中国建材行业的世界名片，在"走出去"和国际化进程中积累了丰富的经验，有足够的条件和优势。当前"一带一路"的主要实现方式，就是中国企业到世界各地建设基础设施，建材企业不仅有为沿线国家基础建设提供建材产品的先行机遇，而且还有后续产业链延伸与价值链扩充的机会，进而推动中下游产业与关键产业更广更深的全球布局。下一步，中国建材集团将紧抓"一带一路"机遇，充分发挥内部协同优势，实施参与"一带一路"建设的整体战略。目前我们锁定了东南非、中东、中东亚、南亚、中东欧、东盟、南美 7 个重点区域，提出了到2020 年实现"六个一"的发展目标，即做 10 个迷你工业园、10 家海外仓、10个海外区域检认中心、100 家建材连锁分销中心、100 个智慧工厂管理、100 个EPC 项目。中国建材也非常愿意与海螺、金隅等同行企业联合，抱团出海，发挥各自优势，共同打造中国建材行业在世界的全新格局。

记者： 两材重组可以说是我国建材行业史无前例的重组整合，您作为参与主导者，还有更多思考和感受吗？

宋志平： 两材重组是建材行业的一件大事，意义深远。国务院国资委领导、中国建材联合会领导、原国家建材局的老领导、许多企业同人、社会各界朋友对我们寄予了厚望。这些期盼和嘱托鞭策着我们，以只争朝夕的精神，完成我们的使命。2016 年重组时，媒体采访我的文章题目叫"是巨龙就要腾飞"，一年后的今天，中国建材集团这条东方巨龙已经翱翔天空，必将在从大到伟大的新征程上创造更加辉煌的成就，必将为实现我国建材工业超越并引领世界建材工业、为推动中国迈向经济强国做出更大的贡献。

30

问渠哪得清如许①

秋风送爽，丹桂飘香。2016年的8月26日，我国建材行业迎来了两材重组的重要里程碑，随着新的中国建材集团的成立，一艘世界级航空母舰横空出世。两年里，这家行业巨擘以超强的整合能力和深厚的企业文化，让两材重组如春风化雨般实现无缝接轨，面貌为之一新；同时又以笃定的战略自信和精准的商业布局，使中国建材朝着世界一流的宏伟蓝图加速前行，焕发出勃勃生机。

中国建材快速重组的奥秘是什么？缘何实现一加一大于二？重组整合有哪些新进展？未来有什么新规划？在两材重组两周年之际，中国建材报专访中国建材集团有限公司董事长、党委书记宋志平，这位有着企业思想家之称的领军者，为我们逐一揭晓答案并深情寄语企业未来。

化合反应，再造中国建材

"两材重组不仅发生了物理反应，还发生了化学反应，实现了公司的再造，达到了一加一大于二的预期效果。"

记者：两材重组两年来，中国建材取得了很多成绩，发生了很多变化。从

---

① 本文原载于《中国建材报》2018年8月27日。

您的角度看，变化主要体现在哪些方面？

宋志平：两材重组以来，中国建材的确发生了巨大的变化。两年来，集团深入贯彻新的发展理念，认真落实国资委关于兼并重组的部署要求，广大干部员工心往一处想、劲往一处使，全身心投入重组整合和改革发展中，创造了令人瞩目的成绩。这些成绩的取得充分体现出两材重组不仅发生了物理反应，还发生了化学反应，实现了公司的再造，达到了一加一大于二的预期效果。

经营业绩成绩优异。两材重组后，中国建材经营业绩大幅提升。2016 年集团实现利润总额 81 亿元，营业收入 2695 亿元，社会贡献总额近 600 亿元，实现重组开门红。2017 年实现利润总额 151 亿元，营业收入 3021 亿元，社会贡献总额 668 亿元。在国资委对 2017 年度央企工作考核中，中国建材业绩考核再获 A 级，领导班子考核名列前茅，党建工作考评获评优秀。在《财富》世界 500 强排行榜中跃升至第 243 位，且连续 8 年进入榜单。今年上半年，集团经营业绩创历史同期最好水平，实现利润 85.9 亿元，营业收入达 1561 亿元，超额实现"时间过半、任务过半"。

创新转型成效斐然。两材重组后，中国建材有效整合内部资源，充分发挥协同优势，创新转型明显提速。集团累计有效专利突破 1 万项，新申请国际专利 92 项，发布国际标准 4 项，提升了行业影响力和国际话语权。新材料业务异军突起，亮点纷呈，高性能碳纤维、超薄电子玻璃、铜铟镓硒和碲化镉薄膜太阳能电池、锂电池隔膜、高精工业陶瓷等新项目实现量产化，高性能碳纤维研发及产业化成果荣获国家科技进步一等奖。2017 年新材料业务利润总额达 70 亿元，为集团利润贡献近半。今年上半年，铜铟镓硒薄膜电池组件转换率再创世界纪录，世界首条大面积发电玻璃生产线、首条轻薄高透光伏玻璃智能生产线成功投产，百吨级 T1000 碳纤维、世界最薄 0.12 毫米电子玻璃、高铝盖板玻璃等实现稳定量产。可以说，经过持续深入的结构调整和转型升级，中国建材已由一家以水泥业务为主的建材企业，发展为水泥、新材料、工程技术服务三足鼎立的综合性建材和新材料产业投资集团。在央企创新成果展上，中央领导同志肯定了中国建材集团在创新转型方面的努力，高兴地说"中国建材可以叫国家材料了"。①

"一带一路"建设深入开展。中国建材集团把握国际化机遇，秉持合作共赢理念，以先进技术、优势产能和优质建材支持"一带一路"建设，成为我国实业"走出去"的国家新名片。中央领导在两届澜湄合作成果展上对集团参与"一带一路"建设成绩给予充分肯定。集团的水泥工程在国际市场占有率达65%，连续10年稳居世界第一；承接了60多个玻璃项目；运营了14家海外建材连锁超市；外包管理了全球30多家工厂。中国建材赞比亚工业园、中国巨石埃及玻纤基地、中材国际埃及GOE项目、德国CIGS太阳薄膜电池项目、中建材迪拜物流园等国际项目受到中央领导、国资委领导及国内外同行的充分肯定、表扬和赞誉。今年上半年，集团继续稳妥推进海外投资布局，共签署境外工程服务合同34个，总金额达14.8亿美元。埃及GOE水泥项目全部如期完工，并一次性通过性能考核，六条生产线一字排开，蔚为壮观。经过长期积淀和不懈努力，中国建材正加快迈向国际产能合作新时代，不仅要做全球最大的建材制造商，还要做全球最大的综合技术服务商。我们的目标是，到2020年实现"六个1"的发展目标，即建设10个迷你工业园、10个海外仓、10个海外区域检测认证中心、100个建材连锁分销中心、100个智慧工厂、100个EPC项目。

企业面貌焕然一新。两材重组中，中国建材集团的干部员工展现了高度的责任感和大局观，大家同心同德，团结一心，两股绳拧成一股绳，两家人成为一家人。"上下同欲者胜"，全体员工倍加珍惜良好的企业氛围，大家紧密团结在一起，其乐融融，欢欣鼓舞，展示出昂扬的精神面貌。今年6月，集团和股份联合举办"在一起，再出发"的拓展活动，我也加入其中，亲身感受到重组后的团队朝气蓬勃，充满正能量，干部员工生龙活虎的状态让我很受感染。国资委、监事会领导到集团所属企业调研时，对集团上下一心、经营理念和文化高度融合都感触颇深。

---

① 2017年11月3日，国务院副总理马凯在国资委党委书记郝鹏、主任肖亚庆的陪同下，参观了"中央企业贯彻落实新发展理念、深入实施创新驱动发展战略、大力推动双创工作成就展"中国建材集团展台。

两材重组以来，在国务院及国资委的正确领导下，在建材联合会的大力支持下，在全体干部员工的共同努力下，中国建材重组效应不断凸显，呈现出欣欣向荣、蓬勃发展的生动局面，国企党建、改革试点、创新转型、行业整合、供给侧结构性改革等各项工作都取得了突出成绩，国务委员王勇、国资委党委书记郝鹏、主任肖亚庆对此给予高度评价。两材重组虽然力度很大，但非常平稳、非常迅速，进行得非常成功。在全国国有企业改革经验交流会上，中国建材集团作为8家央企代表之一进行现场交流，介绍重组改革经验，受到国务院领导同志的肯定。国资委领导同志在国务院常务办公会上汇报央企重组工作时，对中国建材集团的整合工作提出表扬。

记者： 2016年和2017年，《中国建材报》曾两次就两材重组采访过您，题目是《是巨龙就要腾飞》和《从大到伟大的新征程》，您觉得中国建材集团经过两年整合之后，离预想目标还有多远？

宋志平： 两材重组以来，中国建材站在了发展的新起点，翻开了历史性一页。作为全球最大的建材制造商，中国建材在水泥、商混、石膏板、玻璃纤维、风电叶片、国际水泥工程和余热发电市场六大领域居世界第一，成为名副其实的全球行业领袖。随着实力的不断扩大，中国建材的国内国际影响力进一步提高，对资本市场、金融机构、国际同行、上下游企业显现了强大的磁场效应。中国建材拥有一流的企业、一流的技术、一流的产品、一流的管理、一流的团队，社会各界给予中国建材高度期许和大力支持，这些厚实的积淀为我们继续深度整合，实现既定战略打下了坚实基础。

过去这些年，中国建材一路披荆斩棘，发展成为一个有规模的企业，以两材重组为契机，我们要实现腾飞，开始"从大到伟大"的第二次长征。不仅要有规模，也要业绩突出，还要可持续发展。中国建材这条巨龙已翱翔天空，要实现从大到伟大的目标，仍需持之以恒地努力。今年春节后上班第一天，我给大家开了个谈心会，定名为"光荣与梦想"，其实就是想告诉我们的干部员工，中国建材的未来掌握在自己手中，只有有理想有作为，企业才能有美好的未来。

深度整合，实现无缝对接

"我希望稳妥地、温和地推进两材重组，在做好经营工作、确保良好盈利的基础上，春风化雨地把合并做好。"

记者：两材重组任务繁重，千头万绪，但过程进行得有条不紊，获得的成绩更是令人瞩目。您认为，这些成绩的取得源于哪些因素？

宋志平：两材重组两年来，中国建材各项工作取得了优异成绩，获得了靓丽的成绩单，交出了完美答卷，真正实现了无缝对接。能达到这样的效果，主要得益于以下几点。

一是把握正确方向。我们认真学习贯彻习近平新时代中国特色社会主义思想和党的十九大精神，深刻领会、深入贯彻党中央国务院以及国资委、建材联合会等的决策部署，坚定正确方向，找准央企定位，履行国家责任，扎实推进各项工作。

二是有清晰的战略。中国建材的一大特点是做任何事之前，首先要想清楚做什么、怎么做、采用什么样的发展路径。重组伊始，集团就以"世界一流"为目标，提出了"创新驱动、绿色发展、国际合作"三大战略，明确了"行业整合的领军者、产业升级的创新者、国际产能合作的开拓者"的战略定位，着力打造"基础建材、国际产能合作、三新产业发展、国家级材料科研、国家级矿山资源、金融投资运营"六大业务平台，围绕"精耕细作基础建材、大力发展新型材料、积极培育研发及技术服务等新业态"的"三条曲线"，实现"高端化、智能化、绿色化、国际化"的"四化"转型，为集团迅速融合、快速发展指明了方向。

三是有优秀的团队和文化。优秀的企业要靠团队，而不能靠"光杆司令"、靠一两个人有"三头六臂"。重组后的中国建材群英荟萃，形成了一支具有牢固凝聚力、高效执行力、超强战斗力的优秀队伍。这支队伍能"打硬仗"、能"拼刺刀"，全身心投入实现高质量发展的新征程中。常言道，"人心齐，泰山移"。中国建材有融合的文化基因，我们用团结向上、包容和谐的企业文化振奋精神、凝聚力量，汇聚起改革创新的强大动能。中国建材有一支优秀的团队，有一套优秀的文化，这是我们决胜市场的力量源泉。

四是有坚强的党的领导。两材重组后的中国建材之所以能够稳健发展，党建工作起到了基础性的作用。集团有 3 万多名在职党员，2300 个基层党组织，广大党员干部以身作则，发挥了带头表率和先锋模范作用。通过持续不断地强党建，中国建材的政治气象焕然一新。集团多次受邀到中共中央组织部、国资委介绍党建经验，地方政府领导实地走访中国建材所属企业后，对我们的党建工作成效印象深刻、赞赏有加。

记者：两材重组迄今已开展了整整两年，目前重组进展到哪一步了？您是如何构思整个重组思路的？

宋志平：中国建材实施两材重组采取了集团层面（大两材）、港股公司（小两材）、业务板块（A 股公司）分层分段重组整合的"三步走"方略，三步之间既相互独立，又有所重叠，逐层深入、环环相扣，很好地解决了上市公司整合操作难度大、业务板块存在同业竞争等问题。

第一步是集团及二级板块层面战略定位，也就是我们常说的大两材合并。在明确战略定位的基础上，中国建材按照业务整合、瘦身健体、优化资产、业务归核化的工作思路，完成了集团战略、总部机构、二级企业平台、制度体系"四大优化"，实施和开展品牌文化、上市公司、水泥业务、国际工程、产融、产研"六大整合"，整个过程做得蹄疾步稳。

第二步是推进中国建材股份和中材股份两家 H 股公司的吸收合并，也就是小两材合并，我把这个合并命名为"复兴号"。两家公司分别是原中国建材和原中材的核心上市公司，经过再三研究，我们选择以换股方式实施合并，原中材股份的 1 股换原中国建材股份 0.85 股，合并完成后，两家上市公司整合成一家 H 股控股公司。2017 年 7 月，小两材合并启动，历经半年多时间成功实施换股吸收合并。2017 年 12 月，在大股东回避表决的情况下，两家公司股东大会小股东投票通过率均超过了 99%，创造了近年来资本市场重组案例的新纪录，也为央企重组整合贡献了新经验。今年 5 月，在圆满完成小两材换股合并后，新中国建材股份有限公司 H 股正式在香港联交所上市交易。新公司成立后，董事会、监事会和经营班子迅速到位，新班子年富力强，肩负重托，奋发图强，开启了股份公司发展的新篇章。

第三步是对同业竞争的业务板块进行优化重组。按照业务归核化原则，每个子公司都围绕核心业务形成一个大的产业、争取做到全球前三，打造专业化的中大型上市公司。同时遵循资本市场逻辑和规律，通过多种方式整合同质化业务，在 H 股上市公司形成水泥、新材料、工程服务三足鼎立格局，提高资本运营与重组整合能力，实现上市公司价值最大化。

两材重组以来，我们用了一年时间开展了两个母公司的合并，之后用了不到一年时间，实现了小两材重组。接下来，我们会再用一年时间，按既定计划完成 A 股公司及同质业务的全面整合。我希望稳妥地、温和地推进两材重组，在做好经营工作、确保良好盈利的基础上，春风化雨地把合并做好，让各方都满意，不能出现乱象。

记者：您把小两材合并命名为"复兴号"，这个名字很有寓意，能不能讲讲您的考虑？

宋志平：取这个名字的时候，我内心是有期待的。两材刚上市的时候，股价都很高，大家都心怀希望和憧憬，但是中间这些年，两家股价一度很低。我希望，合并后的新公司能努力降低管理成本，减少管理层级，实现集中管理，降本增效，有效协同，让三足鼎立的形象更加耀眼夺目。我觉得，新的中国建材股份公司会以小两材合并为契机迎来一场复兴，提高股价，提升融资功能，成为资本市场的绩优股，开启发展新纪元，为推动集团发展和行业健康做出更大贡献。

记者：去年接受采访时，您曾提到"四大优化""六大整合"，请问在这方面有哪些新进展？

宋志平：与小两材重组同步，我们不断深化同质业务的内部协同和市场整合。

在水泥业务整合方面，所属 9 家水泥平台公司积极发挥大企业作用，深入推进供给侧结构性改革，引领行业淘汰落后，推进市场竞合，执行错峰限产，推动水泥向高性能化、特种化、商混化、制品化"四化"方向发展，积极整合市场资源，在产销量基本持平的情况下，使价格稳定在合理范围。

国际工程业务方面，明确"精耕市场、精准服务、精化技术、精细管理"的要求，提出减少家数、划分市场、集中协调、适当补偿、加快转型的思路，多次组织 E14 会议，确定统一经营理念、统一竞合、统一对标体系、统一协调机构的"四统一"原则，让各企业间相互借鉴、深入交流，针对具体项目，发挥各自优势，扎实有效展开合作。

产融整合方面，今年中国银行保险监督管理委员会正式批复同意新集团承接原中材集团持有的财务公司 70% 股权；财务公司更名为中国建材集团财务有限公司，并在国家市场监督管理总局完成名称核准；集团制定全口径日均资金集中度目标，要求各企业加强与财务公司业务合作，北新建材、西南水泥等原中建材股份公司的子企业已经完成开户。

产研整合方面，中国建材集团打造行业"中央研究院"，加强基础性、共性、前瞻性技术研究和多元化新兴产业研究，构建具有国际竞争力的技术创新体系，为集团产业板块提供强有力的技术支持。在 2018 年 3 月，中华人民共和国国家发展和改革委员会发布的全国 1345 家国家企业技术中心评价结果中，中国建材技术中心名列第 35 位，被评为全国优秀企业技术中心。

文化融合，润物细无声

"过去我们常常为我们的创新而感动，常常为我们的生产业绩而感动，今天我们由衷地为我们党建工作取得的成绩而感动，为我们自己而感动。"

记者：刚才您讲到党的领导是两材重组成功推进的重要因素，能介绍一下中国建材集团党建工作的思路和做法吗？

宋志平：坚持党的领导、加强党的建设，是我国国有企业的光荣传统和独特优势。多年的工作表明，党建工作和企业经营水平息息相关，在企业里，党建工作做得好，企业经营发展就会做得好；党建工作做不好，企业经营发展往往也做不好，甚至乱象丛生。我觉得，国有企业党建工作优势巨大，关键是不能出现"两张皮"，不能把党的工作和企业工作相分离。2017年7月，我参加了新华网和国资委组织的"砥砺奋进新国企"系列访谈。我在节目中谈到，国有企业要把党建账和经济账合成一本账，不能弄成两本账。党建工作不是空头政治，要与企业经营发展同力同向，才有生命力、凝聚力。

中国建材集团牢固树立"四个意识"，自觉做到"两个坚决维护"，以习近平新时代中国特色社会主义思想为根本指引，坚决贯彻落实党中央重大决策部署，按照国资委党委树立的"迈向高质量、建设双一流"的工作导向，推进"四个结合"，弘扬"四种文化"，不断提高党建质量。"四个结合"即将党建工作与企业经营、规范治理、企业文化、廉洁从业相结合。"四种文化"即把党建文化、企业文化、安全环保文化、廉洁文化融合在一起。

一是坚持和加强党的全面领导。中国建材牢牢坚持"两个一以贯之"，把党的领导和完善公司治理结构统一起来，建设中国特色现代国有企业制度。中国建材股份股东大会高票通过党建进章程议案，真正将党的领导融入公司治理。集团党委研究讨论作为董事会、经理层决策重大问题的前置程序，集团加强党委班子学习和自身建设，着力提高党委前置决策的能力水平，为企业改革发展把方向、管大局、保落实。

二是充分发挥基层党组织作用。中国建材加强基本组织、基本队伍、基本制度"三基建设"，以混合所有制企业和海外党建为重点，以"五好党支部""党员先锋岗""党建工作品牌"为载体，以"不忘初心牢记使命"主题教育为抓手，抓实抓细基层工作。2018年6月，中国建材在泰安召开"五好党支部""党员先锋岗"授牌暨"党建工作品牌"发布会，泰安玻纤的员工们编排了一些节目穿插在活动中，其中不乏非常感人的员工事迹。我跟大家讲，过去我们常常为我们的创新而感动，常常为我们的生产业绩而感动，今天我们要由衷地为我们党建工作取得的成绩而感动，为我们自己而感动。

三是抓牢党建责任考核。中国建材把党建工作纳入企业考核，提出建设业绩良好、管理精细、环保一流、品牌知名、党建先进、安全稳定的"六星企业"标准。在各级党委成员中实行党建工作KPI，这其实是把经营工作的原理移植到党建工作里，目的是让大家知道自己的党建工作指标是什么。集团全面开展对成员企业党委年度工作考评，全面推行成员企业党委向集团党委报告年度党建工作、党委书记向集团党委作党建工作述职、基层党组织书记抓党建述职评议考核的模式，实现"三项制度"全覆盖。

四是抓好党建文化。我们在企业里广泛建立党员活动室、党建宣传阵地，营造了浓厚文化氛围，提振了员工精气神。我们的党员活动室很有特点，里面有很多党建类图书，还有党员写的读书笔记、学习体会。每次翻看那些记的密密麻麻的笔记，我都非常感慨，我们的基层党员干部确实很在状态，都在很用心地学习提高。我去非洲等海外项目调研时，项目负责人很动情地跟我讲，工地上苦脏累险的工作多，冲在最前面的大都是党员，大家把做这些事当作责任，没有一个人叫苦叫累，我听了很受感动。我们的广大党员确实在一线起到了模范带头作用，党组织和基层党支部确实起到了战斗堡垒作用。

五是抓严党风廉政工作。严格落实党风廉政建设"两个责任"，严格执行中央八项规定，强化党纪党规意识。同时，大力弘扬"亲清"文化，要求体制内外的干部坚守原则底线，工作上亲密合作，利益上清清白白，为企业改革发展营造风清气正的环境。

一流企业需要一流党建，一流党建引领一流企业。我们深深懂得，作为央企，特色就是要把坚持和加强党的领导的政治优势转化为市场竞争的优势。我们深深懂得，廉洁从业十分重要，遵纪守法是一个企业长期生存的基石。中国建材要求党建工作突出"细"字，要细致了再细致，纪检工作突出"严"字，要严格了再严格。

记者：中国建材旗下有很多混合所有制企业，而混合所有制企业党建工作是改革的一大难点，中国建材在这方面有哪些亮点？总结了什么经验？

宋志平：中国建材的企业大都是混合所有制企业，我们在加强党建工作上下了很大功夫。我们混合的民营企业以前的党建工作大都是无组织、无制度、无活动的"三无"状态。中国建材接手这些企业后，一家一家、手把手地指导、规范党组织设置，成立了 87 个党委、603 个党支部，把基层党组织都建立了起来。我们把央企的政治优势引入混合所有制企业，壮大了党组织的力量，巩固了党的基层阵地，实现了"国企政治优势 + 民企市场优势 = 企业竞争优势"。有的混合所有制企业的党建工作还受到了国资委党委的表彰。

中国建材集团在发展混合所有制的过程中，吸纳了一大批能征善战的优秀民营企业家，如张毓强、贾同春、张国良、任桂芳、欧木兰、孙杰、马铁民等。这些企业家能吃苦，肯钻研，敢担当，有作为，是当之无愧的企业英雄。党组织要把这些优秀企业家凝聚在党组织周围，给予关心和爱护，激发和保护企业家精神，严管与厚爱并重。对这些企业家，我们注重激励关怀，完善分配机制，使他们真正"以企为家"，促进国有资产保值增值；同时，集团倡导"和而不同"，尊重、理解、包容企业家的鲜明个性和脾气秉性，给予企业家政治关怀，营造安心、安身、安业的环境。中央提出"三个区分开来"，建立容错纠错机制，让吃苦者不吃亏、流汗者不流泪、担当作为者没有后顾之忧，这才是对干部最大的支持和鼓励。

总的来看，混合所有制企业党建工作有两件事最重要：一是把基层党组织建立起来，发挥党组织的领导作用，调动广大干部员工的积极性，二是把"亲清"关系建立起来，强化监督，防止国有资产流失，让企业干部队伍健康成长。如果这么做，混合所有制企业党建工作就能做好。中国建材在混合所有制企业党建工作方面的探索成效显著，多次在中组部、国资委会议上做经验交流。2017 年，集团承担了"马工程""加强国企党建与深化国企改革研究"的子课题"混合所有制国有企业党的建设"研究工作，我任课题组组长。这项课题任务繁重，我们进行了大量调研，同时结合自身实际，写出了一份高质量的研究报告并刊发在《党建》杂志上，为全国的混合所有制企业党建工作提供了鲜活经验和理论支持。

记者：文化融合也是重组整合的一大难点，世界上不少大企业重组失败的症结就是文化冲突。中国建材集团是如何进行文化融合的，效果怎么样？

宋志平：企业重组很大程度上是文化的融合，文化融合能不能做好关系到重组的成败。中国建材把品牌文化整合放在整合工作的第一位，在统一思想认识、塑造核心价值观、传播先进文化等方面做出一系列探索。广大员工自觉践行和谐包容的企业文化，大家相互尊重、相互学习、相互借鉴，实现了兼容并蓄、取长补短、融合再造。回顾两年来的整合工作，整个过程可以用春雨润无声形容，干部、员工都很满意，两材重组成为央企重组文化融合的典范。在实现文化融合方面，我们的做法主要有以下几点。

一是关爱员工，以人为本。企业是人、企业靠人、企业为人、企业爱人。中国建材始终把人视为最大财富，把实现人的幸福、人的价值作为根本追求，在重组中我们充分照顾员工的感受，积极调动员工的积极性和创造性，挖掘员工潜能，真正实现了让员工与企业共同成长。大家在共同的集体里不断增进价值认同、观念认同、行为认同，很快找到了获得感、归属感、幸福感。

二是统一文化，凝心聚力。企业要靠文化吸引人、鼓舞人、凝聚人。什么叫"文化"？文化就是集体记忆，是全体员工共同的信奉。中国建材集团的核心价值观是"创新、绩效、和谐、责任"，行为准则是"敬畏、感恩、谦恭、得体"，企业品格是"保护环境、热心公益、关爱员工、做世界公民"，干部要求是做有学习能力、有市场意识、有专业水准、有敬业精神、有思想境界的"五有干部"，以及精心做人、精心做事、精心用权、精心交友"四个精心"。这套文化是中国建材的宝贵精神财富。弘扬企业文化，要把个人价值融入企业价值，把积极性和创造性融入企业改革发展实践，使之成为员工的自觉追求。

三是团结协作，破除谷仓。中国建材在重组过程中，加大整合优化力度，强化信息共享和协同效应，所属企业合作项目不断增多。我们致力于打造学习型组织，通过建立共同愿景、团队学习、互动式交流、系统思考等修炼、提升组织学习动力，有效破除谷仓效应。中国建材的经营分析会、专项业务工作会是企业提高经营管理水平、实现文化理念融合的重要平台，形成了比学赶帮超的浓厚氛围。集团定期举办读书会、组织干部培训、在国家行政学院开设中青班，此外还组织开展了篮球赛、乒乓球赛、羽毛球赛等丰富多彩的活动，增进了干部员工的交流和感情。

四是做好宣贯，讲好故事。企业文化制定后不能束之高阁，要迅速宣贯到位，逐级渗透到企业各层面。中国建材充分发挥会议、官网、官微、内刊等多种渠道的桥梁作用，对内对外讲好企业故事，为集团推进深度融合、树立良好形象起到了重要作用。集团官微运营两年来连续发布 1500 多条信息，跻身央企品牌传播 20 强。

扬帆远航，迈向高质量发展

"中国建材从一家穷困潦倒、极度落魄的企业一路成长为世界 500 强，靠的就是改革创新的伟大精神，这种精神永远都不能丢。"

记者：党的十九大做出"中国经济从高速增长阶段转向高质量发展阶段"的重要论断。关于高质量发展，您有哪些最新思考？

宋志平：改革开放 40 年，我们经历了高速增长阶段，这一阶段解决了"有没有"的问题，物质生活的丰富极大地满足了社会需求，使中国成为世界第二大经济体，也造就了众多的大企业集团。在今年的世界 500 强排行榜中，中国企业有 120 家，仅次于美国的 126 家，远高于日本的 52 家。高速增长给国家建设和经济生活带来了繁荣，同时也积累了产能过剩、高端供给不足、资源耗费、环境负荷等诸多问题，加之智能化时代来临、国际竞争格局深刻变革等外部环境变化，我们过去那种速度和规模型经济模式已不可持续，当务之急就是解决"好不好"的问题。

企业的发展目标和发展思路是和经济环境密切相关的。面对外部环境的巨大变化，企业也应做出调整，从过去的高速增长目标导向转向高质量发展目标导向。在高速增长阶段，企业不得不"跑起来"，不跑就没有机会；而在高质量发展阶段，企业就不能再像以前那样只顾"快跑"了，而是要学会"正步走"，重视企业的质量效益和稳健可持续发展。

企业要转向高质量发展，那么如何才能称得上高质量呢？我认为，高质量发展的四个特征是：结构和运行高质量、技术素质和创新能力高质量、产品和服务高质量、组织和团队高质量。实现高质量发展要重点把握三件事：一是稳健中求进步。经历了 40 年改革开放，我国已不乏大企业，但我们的企业不能为大而大，而是要稳健经营，行稳致远，让"大象"也能"跳起舞"来。二是发展中求质量。我们不能满足于造出产品，而要把产品做到最好，不能只求速度、规模，还要求质量、效益。三是变革中求创新。当前全球正经历新一轮科技和产业革命，互联网、大数据、基因工程、新材料等领域的创新层出不穷，我们要抓住新一轮机遇，努力实现赶超。

记者：中国建材实现高质量发展的具体措施是什么？从高速增长到高质量发展的跨越，中国建材有哪些优势？

宋志平：中国建材是一家在高速增长阶段快速壮大起来的企业，进入高质量发展阶段，我们的目标是打造具有全球竞争力的世界一流企业，实现从大到伟大、从优秀到卓越的跨越。措施主要有五个：一是做强主业，按照业务归核化原则，非核心业务边边角角要逐渐去除，加强利润平台建设，提升核心竞争力和盈利能力；二是瘦身健体，中国建材过去三年压减20%的企业，未来三年还要继续压减20%，确保企业提质增效；三是强化管理，继续用好"格子化管控""八大工法""六星企业""增节降工作法"等特色管理方法，练好企业基本功；四是创新转型，中国建材一直把创新驱动放在战略之首，我们要通过持续创新，不断培育新的发展动能，增强企业核心竞争力，同时加快向高端化、智能化、绿色化、国际化转型；五是机制革命，通过建立有效机制，使企业成为社会、股东、员工的共享平台，构建企业干部员工利益和企业效益之间正相关的关系，使企业焕发新的活力。

中国建材有清晰的战略、独特的发展路径、优秀的管理团队、丰富的管理经验和团结向上的企业文化，更重要的是，我们有强烈的改革精神、突出的创新意识、出色的学习能力，在通往世界一流的进程中，一定能走出一条有特色的高质量发展之路。

记者：2018年是改革开放40周年，中国建材这家企业一直是改革先锋，对于未来，您有什么期许？

宋志平：改革开放40年来，中国发生了翻天覆地的变化，书写了世界发展史上的传奇故事，中国企业群体也在这场伟大的变革中强势起飞，快速崛起。中国建材从一家穷困潦倒、极度落魄的企业一路成长为世界500强，归根结底就是得益于改革开放。在充满机遇的变革时代里，我们在市场的倒逼下，坚持央企市营，实现了涅槃重生。对比今昔变化，我们对改革开放充满了感激之情。

对于国企这些年的发展和壮大，社会上有两种偏颇的认识，一种是认为国企的发展源于垄断，还有一种是认为国企不用改革照样可以搞好。而事实是，国企能有今天的成绩，恰恰是因为这些年进行的市场化改革。国企大多处在充分竞争领域，这些企业不是国家用钱堆起来的，不是国家用"偏饭"喂大的，它们都是从市场竞争的"弹坑"里爬出来的，在被打得遍体鳞伤之后果敢地迈向市场，才赢得了生机，中国建材就是个典型例子。我常告诫干部员工要时刻牢记我们是一家"草根央企"，基础差、底子薄，要时刻牢记我们面临着激烈竞争，没有人为我们托底。即便这样，我们还能够快速发展，靠的是什么？靠的就是改革创新的伟大精神，这种精神永远都不能丢。

中国建材是国资委系统国企改革的一面旗帜，肩负兼并重组、发展混合所有制经济、落实董事会职权、员工持股四项改革试点工作，最近我们又有三家企业入选国企改革"双百行动"。我们将按照国资委要求，在现代法人治理结构、完善市场化经营机制、推进股权多元化、健全激励约束机制等方面积极探索，打造改革尖兵和样板，在深化改革的进程中继续挺立潮头，走在前列。

"问渠哪得清如许？为有源头活水来。"回望过去，中国建材深深植根市场经济的沃土，一路攻坚克难，一路改革创新，结出累累硕果，长成参天大树；展望未来，我们要建设具有全球竞争力的世界一流企业、打造享誉世界的"百年老店"，仍要不忘初心，矢志不渝，坚定不移地改革创新。潮起海天阔，扬帆正当时。让我们坚定信念，同心同德，砥砺前行，在新时代的宏阔画卷上绘就更加辉煌的图景，共创美好明天！

31

做企业需要包容①

2012 年初，企业管理出版社出版了《包容的力量：宋志平的企业心路》一书，引起了社会广泛的关注，也引发了企业界对企业哲学、企业成长和企业竞争理念的深层次思考，记者近日对宋志平同志进行了独家采访，以深入了解他的企业包容哲学。

企业内部是个包容的系统

记者：《包容的力量》这本书出版后，引发了社会强烈反响，不少人想知道，这本书的出版过程和您当时的想法。

宋志平：其实这本书只能算个文集，包括了我从北新建材当厂长开始到现在的部分采访和文章。出这本文集最初是首都企业家俱乐部的主意，当时我还比较犹豫，因为作为一名央企负责人，平时虽然接受过不少采访，也为一些报纸杂志撰写过文章，可是从来也没想过出书。但当书样整理出来时，我对自己这二十年来的思想经历有不少的感慨。在国企脱困、改革、改制和市场化过程中，那些酸甜苦辣、那些汗水和泪水夹杂在一起的成功和失败，一幕幕浮现在我的眼前。我相信自己的经历应该和许多同时代的企业家大致相同。文集中介绍了我做企业的成功经验，但更多的是企业在发展中所遇到坎坷或者失败的一

---

① 本文原载于《企业管理》杂志 2012 年第 11 期。

些体会或者教训。我认为把这些和盘托出，不是著书立说，但却原汁原味，不加任何修饰，再现过去真实的感受，兴许对年轻一代的企业家理解过去国企的改革有用呢。

没想到的是，这本文集带来了不小的反响，不到一年时间，两次印刷的书全部发售一空。记得克拉玛依市一次要买三百本，我说送给他们，算是我对边疆的小小心意。也有集团领导来信，希望在整个公司下发学习，一次要上千本。这些均出乎我意料，为什么呢？大概来源于这本书"包容"的力量吧，我们这个社会太需要"包容"了。

记者："包容"，通常来说是一种个人化的品德和内在修养，您为什么主张要以包容的心态去做企业，这种理念又给企业带来了什么变化呢？

宋志平：从做企业的目标和目的性来看，做企业经历了几个阶段：一个是只考虑投资者利益的阶段，即一切都围绕企业利润最大化。但后来我们发现也应该考虑客户利益和员工利益，这是个整体，于是就迎来了第二阶段，即企业综合目标阶段，把投资者、客户和员工的利益都放在企业的目标中一起考虑。在《包容的力量》这本书中，有我在北新建材时提出的"没有比员工对企业有信心更重要的事，没有比客户对企业有信心更重要的事，没有比投资者对企业有信心更重要的事"，这个阶段，即企业公众化阶段。但现在做企业又进入一个新阶段，即企业社会化阶段，即不仅要注重投资者、客户和员工的利益，还要关注整个社会、自然和资源的可持续性，注重相关者利益关系。

从企业的创新发展来看，也需要包容性创新，即我们常讲的集成创新。当今世界上，没有任何一种技术和产品是靠独门技术完成。虽然说我们保护知识产权，但过分垄断和封锁技术的时代已经完结，现在几乎每项技术不同国家、不同企业之间都在相互追赶，而且最终的成果也往往互相借鉴。这些年通过并购海内外高科技企业，引入高层次人才，各种方式的集成创新，中国建材集团在建材和新材料等许多领域成为国内行业的领先者，都是源于这种包容性创新的思想。

讲到企业内部机制，其实企业真正的目标是"为人"，前几年我提出"企业是人、企业靠人、企业为人"，把以人为本的思想在企业中进一步具体化。"企业是人"是说企业和人一样是个有思想、有情感的经济组织，大家现在想到一些知名公司，就想到它的文化理念、价值取向和社会行为；"企业靠人"则是指企业的一切都由人来完成；而"企业为人"则是企业的目的所在，我们提倡引入市场内部机制，但作为企业最终的目的仍是为社会人和企业人创造财富。我在企业里提出"让员工与企业共同成长"，实际上是指企业在发展过程中，既要发挥员工的积极性和热情，又要在企业发展的同时提高员工的待遇，因为只有员工热爱企业，企业才能发展。西方人讲的"你怎样对待你的员工，你的员工就怎样对待你的客户"，也是这个道理，因此企业内部其实就是个包容的系统。想起我十几年前去英国进行企业人力资源管理培训，学习英国企业的 360 度考核的时候，英国人讲，他们的考核是为了促进工作，不和晋升、奖金挂钩，因而考核很健康，大家对考核的态度也是积极正面的。这也给了我很大启发，即企业管理的根本目的在于使企业人进步和升华，而不只是简单的功利。

记者：企业作为一个经济组织，是个市场竞争主体，市场竞争更多强调的是优胜劣汰，这与"包容"似乎有些冲突。您怎么看待包容和竞争的关系？

宋志平：人们一讲到竞争，好像就是要你死我活，一讲到包容好像就是一团和气。其实，包容中也有竞争，竞争中也需要包容。在今天西方成熟的市场经济体制中，市场竞争也十分理智，西方人经历了若干次大规模的兼并重组，可以说西方绝大多数产业集中度都极高，市场变成了大企业之间的一种良性竞争，既保证了竞争的理性化，也保证了投资者、员工和客户间的利益平衡。因此就有了竞合理论。现在我国经济逐渐进入中速发展阶段，我国工业也即将进入后工业时代，其特点是产能过剩。在这种情况下，更需要企业家们用一颗包容的心，进行限产和自律，顾全到行业，照顾到他人，建立一个新的供需平衡，以提高质量和品质为主，以提升技术为主，而不是再增加产能。不少企业和企业家以打败竞争者为目标进行自杀式压价竞争，甚至以次充好，各类安全事故层出不穷，把整个行业几近搞垮，每次看到这种事情我就十分痛心。

要点燃员工心中的火

记者：人们常说，企业家的个性决定着企业的文化，中国建材集团和国药集团的包容文化就来自您长期的倡导和身体力行。那么从个人角度来说，这种崇尚包容的性格和理念您是怎样养成的呢？

宋志平：崇尚包容，我觉得既有我个人性格中的特点，也有后来学习和思考的结果。讲到个性倾向，我出生在一个父母都是地方干部的家庭，小时候我一度在老家跟着祖母生活，新中国成立前，祖母是当地一个家庭中落的大户出身，她通情达理，为人善良，在街坊里备受尊敬。那时邻居间经常互相借米面，用升做标准，祖母每次要我们还别人时一定要满满的。跟着祖母一起生活了五年时间，我不记得她和谁红过脸，那时常有要饭的人来家门口，祖母总让我去拿些干粮给他们。她常讲，且给我印象深的话是"好心好报"，这对我性格的形成产生了很大影响。后来我也经历了知青插队生活，房东是一户十分淳朴而和善的农民，房东大娘对我像孩子一样看待，插队尽管很苦，但我一直都生活在一个人情温暖的小环境。我在那里当过生产队长，记得派活时，我也学着村里人的样子，对大家以"大伯、大叔"相称，很快便融入了农民的生活。

记者：这些经历对于您担任企业领导以后的领导风格和对事物的价值判断产生了哪些具体影响？

宋志平：我的企业生涯相当简单，可分为在北新建材当厂长和来中国建材集团当一把手两个阶段。在北新建材当厂长时，我才三十多岁，面对几千人的工厂、面对资金困难和传统国企的种种问题，从哪里下手呢？我觉得企业是由人组成的，人是关键，而当时国企的职工对企业都冷漠了，所以我提出"要点燃员工心中的火"，引入了"以厂为家"的文化，向员工承诺"工资年年涨，房子年年盖"。只有职工的热情被调动起来，企业才能迎来生机，现在北新建材是全球最大的新型建材企业了。记得当年国企脱困时代，北新建材当时至少有500名冗员，那时的口号叫"壮士断腕、关门走人"，看着拉出的长长的名单，我有好几晚上没睡着觉，后来向上级提出了一个不裁员的改革发展规划，用快速发展来创造饱满的工作岗位，同时，大力开展员工的技能培训，这一发展规划得到了上级的理解和支持。我提出"要为北新创造 2000 个饱满工作岗位"的口号，北新的员工也因此没有经历下岗之苦。北新建材所在的西三旗地区周围有不少国企，后来差不多都倒闭了。我的女儿在西三旗上小学时，回家后在饭桌上常说，某位同学父母都下岗了，家里日子苦。有一次，女儿兴高采烈地带回几个崭新的笔记本，说是一位同学母亲的工厂倒闭了，拿回来办公室里的本子给女儿和同学分一分用。这些往事一直刻在我的脑海里，至今我仍然对国企脱困时大规模裁减员工感到内心纠结。国企脱困本该是体制和像我们这些企业领导人的责任，但却让员工承受了后果。这些让我经常想到作为企业家真正的责任。

董事长是一个更需包容的角色

记者：有一段时间，企业的领导人普遍强调要有铁腕治理的作风，也就是推崇所谓"铁手腕、铁面孔、铁心肠"。而在您身上，我们更多感受到的是一种与之相反的、柔润平和的管理风格。

宋志平：现在我常和年轻的企业领导人讲，要善待员工，要更多地倾听他们的心声，要关心员工的生活。关于与人交流的重要性，还有个小插曲，就是在我女儿出生几个月时，我一抱她便哭，爱人抱过去就不哭了，爱人告诉我，孩子虽小，但她是个人呀，你得和她交流。按爱人的方法我再把女儿抱过来，全神贯注地看她，她竟然不哭了。这件事对我触动挺大的，人需要被关注和重视。我在北新建材做一把手十年，每天都和员工一起排队打饭，同住在职工宿舍，十年间没和大家红过脸，不论老幼见我都热情地打招呼，即便今天，我仍很怀念那段美好的时光。

从北新建材到中国建材，我做二十多年的一把手，每年春节上班后的第一天下午，我总是和班子成员开个例行的谈心会，主要是沟通人生理念、人生修养等方面的内容。中国建材集团的十年，其实是不断进行联合重组扩张的十年，联合重组有很大风险，关键在于重组后的管理整合和文化认同。在这十年中，我几乎每天都面对新加盟的陌生面孔，但很快大家就愉快地融合在一起了。中国建材集团更像个移民城市，"土著"很少，"居民"都是或早或晚加盟进来的，所以包容的文化至关重要。我提出"三宽三力"，即"待人宽厚、处事宽容、环境宽松"和"凝聚力、向心力、亲和力"，其实这些大都是那些年我在北新建材时学习和总结出来的，但又特别适合于中国建材集团进行联合重组的特点和要求。联合重组的单位不外乎是地方国企和民企，而民企又占多数，因而我们怎样处理好各种利益关系，怎样凝聚人心，怎样使新加盟者迅速地进行文化认同，就是我们的关键工作。

这几年，尤其是在我同时担任国药集团董事长三年多的时间里，不少人也问我怎样当董事长，国资委也让我去讲课。其实董事长是一个更需包容的角色，所谓董事会冲突，实际上是发生在董事长和强势董事、董事长和总经理之间，因而需要董事长有更大的包容心和协调能力。中国建材集团和国药集团都有强势董事，现任总经理也都很有能力，但这多年下来，大家合作十分愉快，其中既有积极的讨论，又有融合团结的局面，两个董事会都被国资委肯定为"和谐的、运作良好的董事会"。制衡不意味着一天到晚打仗，而是一个制度安排，最终达成一致才是董事会的真正目标。

包容既是一种智慧，也是一种胸怀，更是一种境界

记者：熟悉您的人都觉得您是一位温文尔雅的企业领导，大家知道您几乎没和部下红过脸，那么在倡导包容与原则性之间您是如何把握的？

宋志平：这些年，我虽然很少和部下红过脸，更没有"拍桌子、瞪眼睛"，但大家都知道我是个有原则立场的人，对一些不良作风和事情我也经常直率地批评，但对事不对人，事后大家也能理解。我更多是表扬和鼓励大家。其实做国企基层干部都很辛苦，常有各种委屈，压力也很大。不论批评也好，表扬也罢，其实都是在进行管理教育，因而，我提倡"善用表扬"。在企业里不比别处，我常和一些年轻企业干部讲，下属辛苦了一年，总不能连句表扬的话都没有。我反对企业干部官僚化，反对动辄训人，要求企业干部之间多交流，也要

和职工打成一片。回想这些年大家对我的称谓，刚毕业时大家叫我"小宋"，后来叫我"宋厂长""宋总"，现在叫我"宋董事长"，但更多人依然叫我"宋总"，我觉得挺亲切的。我对"宋总"的理解应该是总是想着大家，总能在困难时帮助大家。包容既是一种智慧，也是一种胸怀，更是一种境界，有容乃大！

我也有生气的时候，但大多是为一个问题，即"能做好为什么不呢？"，这也是我的部下十分清楚的。如果是能力问题，我并不责怪大家；但是如果是责任心问题，我会生气，甚至会比较严肃地批评部下。今天做企业环境十分复杂，要求部下每战必赢比较难，实战中常常是有赢有输，但概率应是赢大过输，同时不能赢了就喜笑颜开，输了就骂部下，推诿责任。做领导带队伍要赢得起，也要能比较淡定地面对困难甚至失败，但所有失败不应该出在没有责任心和事业心上，不能出在干部心不在焉和不在状态上。

记者：面对越来越多、越来越复杂的各种冲突和矛盾，包容作为一种传统美德越来越被人们所珍视和提倡，比如北京市还把它作为城市精神之一。您认为包容在当下社会的积极意义是什么呢？

宋志平：我国历经了较长时间的单一的计划经济和国有企业机制，那时社会差别不大。改革开放后的今天，我国已是一个十分开放的市场经济国家，企业所有制也多元化了，各种差别也十分突出，在这种情况下，我们需要互相包容、互相理解、互相帮助。我也常思考，这些年我们的社会发展了，企业发展了，人们的生活条件也提高了，但大家的幸福感似乎却降低了。究其原因，一方面，客观地讲，有一些社会原因，但另一方面，是人们的心态出了问题。市场经济带来了效率和财富，但如果不加强精神层面的引导，社会和企业也会出问题。以前穷困时，大家觉得富有了就是幸福，但如果心态不平衡，就算是富有了也会有更多的苦恼。所以我在企业里主张一定要多进行思想引导和文化教育，中国建材集团"敬畏、感恩、谦恭、得体"的行为规范也是在这个背景下提出的。我要求中国建材集团和国药集团的干部们一定要做到央企干部的样子，要谦恭得体，对社会常怀一颗感恩的心，奉行利他主义。

今天有不少人富起来了，富人应该承担更多的社会责任，应该更多地关注弱势群体和公益慈善事业。以前学习宏观经济时讲到公平的倒 U 形曲线，大意是随着经济发展，收入差距扩大，公平度降低，但越过拐点后，差距会逐渐缩小，公平度随之增加。我内心希望社会各方都能有包容的心态，互相照顾，使我们国家和谐平安地越过倒 U 形曲线的拐点。

忙碌的蜜蜂没有悲哀的时间

记者：人们其实都希望身边有更多的包容，可是在现实社会上和企业中，却很难真正实现，人们担心"老实人吃亏"。这些年来，您怎样处理自己的进退得失呢？

宋志平："包容"顾名思义，"包"是包罗的意思，"容"是容纳的意思。包容意味着兼容并蓄，但包容不仅是包容别人好的东西，也意味着接纳别人差的东西；不仅意味着获得，更可能意味着付出。说到进退，让我想起自己年轻时挤公共汽车的情形。那时，我和爱人周末带孩子从西三旗进城往往要倒几次公共汽车，常常是爱人抱着孩子挤上了，我没能上去还得再等下一趟才能上车，而她们在前边车站等我。其实那时我不到 30 岁，正是血气方刚的年龄，但我挤车时常望而却步，不愿意和那些等车的老人、妇女和儿童去挤，每每回忆起来，爱人还笑我年轻时笨，挤不上公共车，我也总是笑笑。

其实做企业领导人得学会照顾员工，学会吃亏。我在北新建材当厂长时，第一年组织上给了我 27 万元奖金，我觉得工作是大家做的，就把这些钱设了个奖励基金发给优秀员工。海淀高新技术开发区奖励我 10 万元，我也一次性给工厂托儿所买了书和玩具，而那时这些钱可以在北京郊区买一栋像样的别墅。后来北京市表彰有贡献的企业家，曾陆续用优惠价格的方式奖励我两套大户型住房，而我一次奖给了北新的常务副总，另一次则分奖给两名技术创新有功的干部。我的想法是，国有企业是从平均主义思想走过来的，工作也确实是大家一同做的，只有大家有积极性，我才能心安。做领导不能一心只想自己，有利益就上，有责任就推，那样的领导得不到大家的拥护。让我个人感到高兴的是，时至今日，我的家人从没有埋怨过我一句。

我信奉中庸之道，其核心之一是"过犹不及"。中庸之道讲求做什么事都要适度；讲求"己所不欲，勿施于人"，也就是将心比心。现在社会上不少人对国企领导人提出种种责难，企业内部干部或员工也有不少不切实际的要求，国企领导人还时常面临着来自各方的检查，应该说压力巨大，也常会心生委屈。以我这些年的体会和观察，我国绝大多数国企领导人是兢兢业业的，是甘于奉献的，我希望整个国家和社会也要理解和善待这些国有企业家；同时，作为国有企业的企业家也要用平常心来面对各种压力，能受得了委屈。

这些年，我也遇到不少风浪，但无论什么情况，我都保持一个平常和乐观的心境，对未来的态度始终是积极正面的，不去抱怨，更不懈怠，一直保持面向正前方的人生态度。我的人生座右铭是笛卡儿的一句名言——"忙碌的蜜蜂没有悲哀的时间"，我的这些作风也影响了中国建材年轻的一代。

如果大家不知为何而作，不知如何相处，只知干活吃饭，那注定会出问题

记者： 讲到包容和中庸，您对时下的"国学热"怎么看？大家都认为您是个儒商，您觉得传统儒家文化对现代企业管理真的很有帮助吗？

宋志平： 对"国学热"我个人的看法是积极和正面的。毛主席说过"洋为中用，古为今用，去粗取精，去伪存真"，我们应本着这样的一种学习态度来看待国学才客观。在漫长的岁月里，我国人民勤于实践和思考，创造出灿烂的文化，我们应该把它继承并发扬光大，鄙薄历史和使文化断层是不对的，也行不通。我们的任务是把国学和现代社会科学嫁接起来，相信这会使我们更胜一筹。尼克松等外国政要的传记中，也常用我国历史上思想家的名言做开场白。

在我们这代人的学习生涯中和知识范畴里，我们普遍对国学学习和理解得不够，甚至长期以来是把国学当作旧纸堆和封建糟粕来对待的，把它和现代社会、现代科学对立起来，在今天看来，国学这一课我们要好好地补。

关于儒家文化对企业管理是否有所帮助，我的回答是肯定的。企业文化是社会文化的重要组成部分，同样企业文化也深受社会文化的影响。管理者经常面对的问题是怎样让大家有共同的文化理念，而这点，往往比建设新工厂、安装新机器要难得多。我也常想，封建社会的"三纲五常"应是那时的核心价值观吧，虽然今天反观其中确有封建糟粕，但在一个偌大的民族里持续了上千年，是中国知识分子和普通百姓遵循的行为规范，对当时的社会稳定起到了重要的作用。

我在长期做企业的过程中认识到有两点很重要，即文化和制度，于是提出了要"用先进的文化指引心灵，用规范的制度约束行为"。如果在企业中，大家不知为何而作，不知如何相处，只知干活吃饭，那注定会出问题。

记者：2012 年，《包容的力量》和《央企市营》这两本文集相继出版，从文集中我们也可以看到您读了大量的书。作为两家大型央企的董事长，人们对您的印象应该总是忙忙碌碌，难得清净的。您是怎么做到不断读书、思考和写作的呢？

宋志平：我是央企负责人，我的原则是不宣传自己。虽说我也经常接受媒体采访，但总的来说，是有话要说时我才接受采访，而不做那种好人好事式的宣传。《包容的力量》是首都企业家俱乐部作为企业文化读本整理的，而《央企市营》则是 2011 年中宣部和国资委两次组织对中国建材集团进行重点宣传报道的文集。当时我也有一些犹豫，但两本文集出来效果还好，这次在香港路演时看到有的基金经理也在读，许多人都表示赞成我的观点，了解到两本文集对大家有些用处，我才相对安心了。另外，在中国建材集团和国药集团规模还不大的时候，我基本上是用会议讲话的方式来引导大家，而现在中国建材集团和国药集团的员工超过 20 万，怎么统一大家的思想十分重要，再靠我到处"布道"是不太现实了，而《包容的力量》和《央企市营》两本文集在两个集团的内部工作中也确实起到了积极的引导作用。

我一直主张一生只做一件事，我不觉得我个人有能力做成许多件事，我没有过高的人生定位和目标，也一直把自己定位为一个普通的人，所以这些年一直安心地在企业工作。确实如我爱人所说，这些年在做企业的过程中，我不像企业家，而是更像个企业里的老师，不停地给大家解题和讲解。我酷爱读书，无论到哪里出差，若有时间我总是去书店里转转，这么多年，出差时书包里都带几本书。我不近烟酒，不去娱乐场所，也不打球，工作外的时间大多是用于阅读和思考，我对自己的认知是"平生无过人之处，只好读书"，但我主张"学以致用"，也崇尚那种"学而不厌、诲人不倦"的境界。现在是知识大爆炸的时代，书是读不完的，我也只能读些和自己工作有用和相关的书。持续学习是企业家的重要品质，而关键在于要把自己的学习体会不断地传递给部下。我对企业的要求是建成学习型组织，对部下常讲的是"把时间用在学习上，把心思放在工作上"。其实对比那些世间的浮华和浮躁，我认为大家能静心学点东西会更好些。每年我也要挑选几本书发给中国建材集团和国药集团的干部们，大家一起阅读，这也成了我的一种管理偏好。

32

企业家精神是怎样炼成的^①

陈伟鸿：在人类发展的历史进程当中，至少最近这几个世纪，你会发现很多重大的变革最初并不是出现在国家层面，而是出现在企业当中。比如说，时间，最初是因为一家铁路公司他们希望有一张精确的列车时刻表，从此时间开始得到了统一。再比如说，灯泡，爱迪生并不是最早发明灯泡的人，但是爱迪生电灯公司却是最早大批量生产灯泡的公司。从此灯泡走进了千家万户，而他的那家企业也成为通用电气的前身。

我们还可以把目光投向更古老的丝绸之路，这条路上的商人因为他们的冒险、他们的热情、他们对于创造价值的那份愿望，才让世界版图开始得到了联通，也让商业贸易开始流动了起来。其实这样的例子不胜枚举，你会发现撬动这一切变化的重要的核心就是企业家。因为他们的热情、他们的探索成就了我们今天看到的许许多多。而今天的《对话》节目我们要和大家聊的就是企业家精神。

提到企业家，提到企业家精神，也许你首先会想到张謇、荣宗敬、荣毅仁、王光英等，他们创立了中国近代工业的体系，也把中国改革开放的信心告诉给世界。当然提到企业家精神，你可能还会想到鲁冠球、柳传志、马云、马化腾、任正非、李东生、张瑞敏、刘强东等，他们迎着改革开放的浪潮第一批下海，而他们也组成了中国企业的联合舰队，带动中国进入了世界经济的中

---

① 本文为中央电视台《对话》栏目企业家精神系列节目第一期，2017 年 11 月 12 日播出，主持人为陈伟鸿。

心。企业家是中国经济的核心和动能之所在。究竟什么样的精神代表着企业家精神，你欣赏的企业家又是谁？

今天我即将为大家请出的这位企业家，他身上似乎集合了很多企业家的要素，他把两家企业带进了世界500强，而且他本人在践行着做好一名企业家的责任和使命的同时，还在许多场合用各种不同的方式跟很多人一起来探讨，在这个伟大的时代如何当好一名企业家。有请本期《对话》的嘉宾中国建材集团董事长、党委书记宋志平。

国企掌门人是企业家吗？

陈伟鸿：宋总是我们《对话》的老朋友，今天我们的话题聚焦在企业家精神，所以我想请您给自己一个定位，您希望怎么向大家介绍自己？

宋志平：我觉得我是国有企业的一员老将了。

陈伟鸿：您觉得自己是一名企业家吗？

宋志平：我觉得是，而且一定是。

陈伟鸿：但是社会上有很多人会觉得，像宋总您这样的央企掌门人，那是领导干部，跟我们想象的企业家的那种角色和形象好像不太一样。

宋志平：其实这就是一个误会，企业家是我们经济活动的主体，是那些具有创新和为社会创造财富的企业带头人，所以不管是民营企业还是国有企业，只要具有这些特征的人，他们都应该是企业家。

陈伟鸿：今天我们不仅仅希望宋总告诉大家，什么是企业家，更希望您告诉大家，什么是企业家精神。

对于每一位企业家来说，可能2017年的9月25日是一个特别难忘的日子，因为中央首次以专门文件的方式①提出了企业家精神的地位和价值，当这样一个文件发布的时候，您是不是也听到了身旁很多喜悦的声音？

---

① 即《中共中央国务院关于营造企业家健康成长环境弘扬优秀企业家精神更好发挥企业家作用的意见》。

宋志平: 是的,大家都非常兴奋。从我个人来讲,我觉得这等于吃了一颗定心丸。

陈伟鸿: 所以这个通知一发布,我们看到企业家的朋友圈都沸腾了,你会感受到他们的那份喜悦。柳传志先生说喜出望外;马云先生说这是 2000 年来中国在思想领域的一大进步;刘永好先生说构建了"亲""清"新型政商关系,让企业家心里更踏实了……这么多企业家的欢呼雀跃,代表了一种什么样的心声?

宋志平: 其实企业家在这个社会上贡献很大,但是压力也很大,所以企业家们更需要社会的理解。这个文件为企业家营造了一个好的成长环境,包括法治环境、市场环境和社会氛围,让企业家能够安心做事,激发和保护他们的企业家精神,反映了大家的心声和期盼。

陈伟鸿: 选择在这样一个特殊节点出台这个决定,是有一些什么特殊的意义吗?

宋志平: 现在我们讲进入一个新时代,新时代不光有供给侧结构性改革,我们还要激发市场的活力,同时要借力"一带一路"参与国际竞争,要培育更多具有全球竞争力的世界一流企业,要解决我们发展不平衡不充分的问题,而企业家就是其中十分关键的一个主体。所以,习近平总书记说:"市场的活力来自于人,特别是来自于企业家,来自于企业家精神。"[1]

陈伟鸿: 当今社会上对于企业家还有一些不同的说法。有人说,企业家就是"赚钱家"、富豪,就是董事长、总经理;有人说,职业经理人不是企业家,还有人说,企业家精神只在企业家身上才有。这几种说法您怎么看?

宋志平: 如果你仅仅有财富,没有创新精神,你可能是一个大富翁,但不见得是企业家。

陈伟鸿: 企业一把手注定是企业家吗?

宋志平: 没有创新精神,你可能只是一个管理者,也不能算一个企业家。

---

[1] 习近平:《谋求持久发展 共筑亚太梦想——在亚太经合组织工商领导人峰会开幕式上的演讲》,新华网 2014 年 11 月 9 日,http://www.xinhuanet.com//politics/2014-11/09/c_1113174791.htm。

我觉得企业家的定义，就是你有没有创新，是不是在创新的同时又创造了财富。这是企业家的灵魂，是评判其是否为企业家的核心问题。所以全世界的大企业家，也有不少是职业经理人。

陈伟鸿：企业家精神只有在企业家身上有，这句话您同意吗？

宋志平：其实我们大家身上都可以有企业家精神，或者说我们都可以来学习和弘扬企业家精神，全社会都可以来创新、创造财富。

刘纪鹏[①]：企业家有没有好坏？企业家是否就是老板？这样的理解更多的是从一般意义上谈的。但是如果谈到企业家精神，那就一定要在众多从事商事行为的财富创造者中，把那些刚才归纳的创新、责任感、拼搏、爱心、牺牲精神集于一体。

第一个抉择：新型材料 VS 傻大黑粗

陈伟鸿：人们对企业家有很多的溢美之词，但对于企业家所承担的一些责任，尤其是在重大抉择面前内心的那份煎熬，其实是不太了解的。今天我特别希望宋总能够带着大家回望一些重要的抉择时刻，让大家一块儿来看看，企业家在这样的重要时间节点上，是如何承担自己的责任，如何实现突破和创新的。我们看看选择的第一个时间点是什么？一边是新型材料，一边是傻大黑粗，这个描述是什么样的背景？傻大黑粗指的是什么？

宋志平：我想傻大黑粗指的是水泥。

陈伟鸿：我们都觉得水泥是一个产能过剩的行业，中国现在是全球水泥产销第一大国，每年有 35 亿吨的产能，但是这当中至少有 30% 是过剩的。中国建材集团年营业收入超过 3000 亿元，坐拥 5 亿多吨的水泥。

宋志平：压力是很大的。把水泥做好的同时减少对环境的压力，是中国建材集团的一个责任。这么多年来，中国建材集团做水泥是把结构调整、节能减排放在第一位的。今天你去看中国建材集团的水泥，看到的都是"花园中的工

---

① 刘纪鹏，中国政法大学商学院院长。

厂""森林中的工厂""草原上的工厂"。所以我在这儿也想为水泥正名。因为大家一想到雾霾，一想到污染，首先就想到水泥。但是今天我们水泥的技术，我们整个工厂的安排，可以做到环保型的、绿色的。很多人认为水泥是一个污染行业，其实我心里觉得挺不舒服。

陈伟鸿：有点委屈啊。

宋志平：水泥看上去不好看，但却是好东西。有一种水泥是 3D 打印的水泥，将来可以用 3D 打印技术来做房子。

陈伟鸿：这个水泥看上去跟平常的水泥长得一样，科技含量比平常的水泥高吗？

宋志平：其实水泥的技术含量也是很高的。我们有大坝水泥，三峡大坝用的就是低热水泥；核电水泥，我们的核电站用核电水泥防辐射；高铁水泥，就是高铁底下用的水泥。这些水泥过去我们都是要从德国进口，现在都是我们来制造。水泥在中国整个经济建设中，也是一个基础材料，我们每一年的水泥用量是 24 亿吨，占全球用量的 60%。我们的建筑材料基本上是以水泥做基础的，没有水泥不可能有今天我们这么快的经济建设，所以我觉得水泥是立了大功的。

陈伟鸿：我也跟一些新型建材的从业者打过交道，他们在心底其实是有点瞧不上水泥的，觉得新型建材多么"高大上"啊。

宋志平：我最初在北新建材做董事长，一直做新型建材，我还写过文章，少用点水泥，多用点新型建材。但我到了中新集团之后，行业里很多专家认为中新集团如果要发展，要承揽起整个行业领军者的地位，要有更大的作为，就要进入水泥行业。

陈伟鸿：其实很多人在当初并不是很了解水泥，但是你们已经要进入这个行业了。

宋志平：在企业实践中，我有一个观点，就是做企业非常重要的是确立目标，确定目标以后缺什么找什么。虽然我不懂水泥，但不是说我不可以做水泥，我们缺企业找企业，缺技术找技术，缺人才找人才，我们就能够把这个水泥业务做起来。其实过去这十几年的历史就说明了这一点，中国建材从过去几乎没有水泥，到现在成为全球最大的水泥企业，本身这个过程就回答了刚才你说的那个问题。其实我经常凌晨4点多钟就会醒来，思考这些事情怎么做，要找到一个方案、一个路径。

陈伟鸿：这是一个秘诀，人们问篮球巨星科比，你是怎么成功的？他的回答是你见过凌晨4点半的洛杉矶吗？这个回答代表他早起都在练球。

宋志平：是的，一分耕耘，一分收获。

陈伟鸿：这个过程当中您觉得是您选择了市场，还是市场选择了您？哪一种力量更主动一点？

宋志平：我觉得两个都有。一个是我选择了做水泥，我选择了这个市场；另一个我觉得这个市场本身也呼吁谁来改变它，这两个就结合在一起。成功一定要符合逻辑和规律，总之，你跳不出规律的这个圈子，不可能你做了一个完全不符合规律的事情你成功了，成功一定是有潜在的逻辑在里面。

陈伟鸿：剑走偏锋其实不太可能成功。

宋志平：我觉得这两个东西恰恰在这个地方交汇了。

陈伟鸿：对于今天这个时代的人来说，我们更习惯用发朋友圈这样一种社交媒体方式来展露自己的心情，分享自己的感悟，所以如果让宋总回到当时那个时间节点，假设那时朋友圈这种社交媒体和方式已经存在，宋总会发一条什么样的朋友圈呢？有人想猜一下吗？

观众：我猜宋总写的是"担当"二字。

陈伟鸿：我们揭晓一下谜底。很抱歉您猜错了，我指的是字数猜错了，但是"担当"您没有猜错。宋总写的是"今天是新的一页"，代表着新的担当开始落在宋总的肩头。

宋志平：大家都知道，中新集团转变成为中国建材集团。因为刚才讲的，要做水泥了，所以我们的名字也得换。

陈伟鸿：名字改了。

宋志平：改成了中国建材集团。为什么说今天是新的一页呢，就是预示着我们建材行业发生一件重大的事情，而且这个事情将影响整个建材行业的格局，甚至影响全球建材的格局。这是2003年4月揭的牌，到现在只是14年的时间。可这14年里，中国建材集团就是由一个小的央企成为全球最大的一家建材企业。所以我觉得企业家首先是会做梦的人。

陈伟鸿：要有信心，有信念。

宋志平：要有一个目标，有一个信念。

陈伟鸿：这条朋友圈宋总您想特别提醒谁关注呢？

宋志平：我想特别提醒中国巨石股份有限公司的总裁张毓强。因为过去他经历了中国建材的沧桑变化。他四十年如一日做企业，将企业做成了一个国际一流的企业，虽然不是世界五百强，但是在全球市场占有率能达到30% ~ 40%，而且现在都是高端产品，同时经济效益非常好，管理也非常好。我想他看到以后，心里一定会有一些感受。

张毓强：今天来谈的是企业家和企业家精神，我在这里面体会还是非常深刻的。我们整个发展过程可以简单归纳为三个时期的不同创业：第一次创业实际上是打基础，第二次创业是上规模、上水平，第三次创业是国际化。在每一次创业过程中都需要企业家认真地去面对和付出。所以有时候企业家就觉得，我们为什么要这么辛苦？我觉得因为你想做企业、想做好企业，所以必然辛苦，这是你自己的选择，所以你碰到这些困难的时候应该无怨无悔，这就是作为一个企业家最基本的。企业家万变不离其宗的一点，就是要赚钱，我们不能把国家的钱、政府的钱、银行借的钱拿回来以后打水漂了。所以我们都要做到这一点，最后如果成功了，就是说企业家精神的一种成功，或者是一种文化的成功。所以企业家精神是需要保护，需要弘扬的，更重要的是，企业家精神是应该得到发展的。

陈伟鸿：刚才张总提到了一个企业家在心里常常问自己的问题：我们为什么要辛苦？我们为什么会辛苦？究竟是为了创造财富呢，还是为了改变世界？

宋志平：这两个都有。其实企业家也不光是为苦而苦，企业家是有梦想的人，对成功充满了渴望，他愿意创造财富，他想创造财富，同时他也希望改变世界。所以，他认为辛苦是值得的。

陈伟鸿：所以您发的第一条朋友圈，新的一页，是新旧的"新"，有的时候也可以理解为辛苦的"辛"。我估计现场很多企业家在听到这一刻的时候，会有很多共鸣，会唤起你什么样的一种回忆吗？

观众：我所经营的企业是一家做大数据智能的企业。看了宋总的朋友圈，我也想情不自禁地拿起手机点赞。我一直坚信，方向的选择比努力更重要。

第二个抉择：冒险尝鲜 VS 循序渐进

陈伟鸿：带着这样的安排或者说是战略，我们开始了新一轮的出发，当然这并不是说未来就一片坦途。在下一个选择面前，宋总所做的思考到底是什么？一个是冒险尝鲜，一个是循序渐进。

宋志平：我想这指的是我重组水泥，重组又是搞了一场混合所有制，也就是和民营企业进行高度混合，形成一个新的所有制的形态。

陈伟鸿：这是一条充满了艰辛的路，三年前我在对话节目现场采访宋总的时候，提到过当年这个选择。

宋志平：其实我当时压力很大。南方水泥这件事情，在社会上引起很大的震动，因为一家央企到江浙一带，市场经济最发达的地方，从事一场大规模的和民企的联合。今天有混合所有制了，大家都说真好，但在当时大家的想法并不是这样。

陈伟鸿：当时的确不是这样，不是每个人都认同混合所有制是未来让我们经济更有活力的一种方式，反而是无数的质疑、无数的不解，纷纷投向了您，但是您一直顶着压力做这件事情，是因为您比别人更早地看到了什么吗？

宋志平：我研究过全世界这个行业的变化。大家都知道，全世界经历了企业的发展阶段，然后再到产业整合的阶段。我觉得我们经历了 30 多年的发展，我们的企业是不少，但是比较散，大家进行一些恶性的竞争或者是过度的竞争，这时就应该有整合者出现。所以我们到江浙一带成立南方水泥，然后六省一市纷纷响应，都向着中国建材集中。一百五六十家家企业迅速形成了南方水泥，产能一下达到 1.5 亿吨。在很多人来看，这是一个冒险，但在我来看，我恰恰觉得这是一个规律。其实优秀的企业家他从来都是认真地评估风险，而不是盲目地去冒险。

陈伟鸿：当时评估过后，您觉得最大的一种风险会是什么？

宋志平：第一个风险，我如果重组完了，结果还在新建，那就组个没完了，那我就失败了，我也没有那么多的钱不停地组下去。第二个就是我重组其实是有一些融资，是负债经营的，那么我必须要盈利。如果这两个死穴任何一个被点到，必死无疑。人人都想当企业家，但是真正成功了的并不是多数，其实这又是企业家的另一面。其实很多企业家在成长过程中都曾经被打翻在地，但是他们又跟跟跄跄站了起来，最后又赢得了成功。我们常常也面临着怎么面对这些失败了的企业家的问题，所以也不要指望他们每一个决策都是赢了，他们有时候会输。给你举个我遇到的问题，而且是大问题，金融危机来了，中国建材的股票从 39 块钱降到 1 块 5 毛钱。

陈伟鸿：市值一夜之间就蒸发了。

宋志平：有些基金做空中国建材，甚至说明天如果到 5 毛钱，中国建材就破产了，报纸就这么登出来了。当时南方水泥重组了一大堆企业，这边要付钱了，那边股票却发不出去了，这就遇到大问题了。因为这么多企业，好不容易做通工作，大家都要加入你，可你一夜之间没有钱了。关键时刻是银行支持了我，让我把重组做成功了。今天听起来，好像这一幕很简单，但如果看看这个过程，就能想象我当时压力多么大。

陈伟鸿：我觉得那种压力不是常人能够承担的。

宋志平：那个时候我每天都到股份公司办公室坐一坐，我要给我的干部们、员工们一个信心。其实我以前有过这个经历，1993 年的时候我在北新当厂长，那个时候工厂也是揭不开锅，每天早晨出门的时候我都要对着镜子笑一笑，我觉得我站在我的员工面前，走过他们的身旁时，要给他们力量和信心。

陈伟鸿：理解您的人可能会认为，宋总像他以往一样，掌握了事物发展的规律；不理解您的人说好听点可能是认为宋总押宝押对了。因为在您重组工作一年之后，我们看到国家也发布了相关的文件，倡议大型水泥企业可以开始重组、并购等。我们回到当时这个时间节点，宋总发了一条朋友圈，这一刻您会抒发一些什么样的心情，请您现场回味一下当时。利用这个时间，我们问一问刘纪鹏教授，刚才这一番描述，其实有很多是让我们窒息的那种压力时刻，就是稍有不慎，这个企业就没了，但是宋总挺了过来，您觉得他靠的是什么？

刘纪鹏：我们很多人在谈到企业家这个概念的时候，可能认为企业家就是幸运者，甚至是赚钱者，甚至还有人说是圈钱者，是在拿别人的钱干自己的事。我觉得之所以能拿到公众的钱，能拿到银行的钱，特别是在最关键的时刻，这么多人帮他这绝不是偶然的，是要靠他的积累，开拓创新、坚韧不拔、勇于担当、诚信为本是关键。

陈伟鸿：谢谢刘教授。我们来揭晓一下宋总刚刚发的这条朋友圈，到底是什么样的内容，又表达了什么样的心情。这次连文字都没有了，宋总很"潮"，直接使用了表情。我们看到的是三个笑脸。

宋志平：这个照片是 2007 年 9 月 26 日，上海南方水泥正式成立的场景。其实用三个笑脸是因为我格外的高兴，因为在这个会上，习近平同志给我们发了贺信，当时我就非常受鼓舞。中国建材的重组是带有改革色彩的，所以我个人其实压力是很大的。在这个时候习近平同志发来贺信，虽然并不长，但是我认为字字千斤重，当时听完以后我心潮起伏。其实中国建材从南方水泥开始后，我们又做了北方水泥、西南水泥，在全国水泥行业里我们进行了大规模整合，才有了刚才您说的 5.3 亿吨。中国水泥行业的集中度也从过去我们整合前的12%，上升到了63%，这个集中度使得钢铁、煤炭行业出现大规模下滑的时候，水泥行业还能保持稳定，中国建材在整个重组过程中其实完全是市场化操作，没有向国家伸手，把整个水泥行业做了健康化的整合，这就是重组的意义。

陈伟鸿：这条朋友圈如果要特别提醒谁看的话，您会选择谁？

宋志平：肖家祥，他是南方水泥的总裁。当时组建南方水泥之后，我们也围绕着经理人员从哪里来进行了探讨，这就是别人所说的，"宋总，你的人从哪来？"我说一切皆来源于市场。当时我也找了一些猎头公司，也找来不少的人，一个一个谈话。但是后来我们选择了肖家祥，我当时跟他说南方水泥给你的待遇、物质条件可能不及民营企业高，但是你有归属感，这儿有一番事业，你可以好好地做。当然我说，我也不那么抠门，作为职业经理人我请你来，也会让你比我们体制内的同志收入高一点。

陈伟鸿：这个薪酬里面也有混合所有制的影子在里面。我们想问问肖总，最初为什么愿意接过宋总抛来的橄榄枝？

肖家祥：中国建材通过组建南方水泥，来有效地应对和解决产能严重过剩的问题，同时积极地探索央企市场化改革这条道路。中国建材在实现规模领先以后，通过持续地转型升级，来提高水泥行业在全球的市场竞争力，我认为中国建材这三个定位是符合我个人的职业定位的。

陈伟鸿：这种理念其实你们是相通的。宋总您觉得选到了一个合适的人才？

宋志平：他也是这三个笑脸中的一个。

陈伟鸿：各位企业家朋友看到这样的一条朋友圈，会引发你们什么样的一些触动？有请深圳市国显科技有限公司总经理欧木兰。

欧木兰：我 2015 年加入中国建材，在这之前，我在一个民营企业工作，从一个打工妹，到后来创业，我觉得每走一步真的是付出很大很大的代价才能够成长的。第一次中国建材的彭总跟我们谈联合重组的时候，实际上之前已经有五六家企业想收购我们，而且民营企业的收购出价是非常高的，当时给到我们十几亿元的收购价格。最后选择了中国建材是因为我更认可它所具有的持续经营、利国利他的精神，这样的企业，它的领导者和管理者才是对得起企业家这个称呼的。

陈伟鸿：谢谢。在这个评论当中我们看到了她的肺腑之言，当然对于宋总来说，看到自己旗下的企业不断地成长，也是一种欣慰。

第三个抉择：保持荣誉 VS 迎接挑战

陈伟鸿：当然在这个过程当中又会有新的挑战出现在宋总面前，一个是保持荣誉，一个是迎接挑战，您会做出什么选择呢？

宋志平：我会选择迎接挑战。

陈伟鸿:如果是一般级别的荣誉的话,我们觉得放弃荣誉迎接挑战是可以理解的,但是您的荣誉是很多中国企业非常向往的一份荣誉,比如做中国建材集团和国药集团的"双料董事长"。在中国企业家当中,应该没有像您这样可以同时领导两家世界500强企业的,对吧?

宋志平:是的。

陈伟鸿:可是2014年您主动放弃了其中一家,留在了另一家。为什么?

宋志平:辞去国药集团的董事长是我主动向国资委提出来的,很多人觉得很奇怪,做得好好的,很风光,为什么宋董事长要辞职呢?

陈伟鸿:您太辛苦了,但如果二选一的话,理论上大家觉得好像选择国药集团更有发展前景一点,水泥嘛,毕竟又回到了我们最初对它的偏见。

宋志平:做两个董事长确确实实很辛苦,5年的时光里我几乎没有休过一个礼拜天。

陈伟鸿:我记得郭台铭先生曾经在您同时兼任两家世界500强的董事长的时候,评价您是一个精神分裂的人,您每天在不同的领域当中穿梭。

宋志平:他跟我说,要么你是个奇人,要么你是个精神分裂者,当然这也是个玩笑。当时我记得一家报社画了一个漫画给我,题目是《最忙碌的董事长》。我的眼袋啊都画得很形象,一副疲惫的样子。还有一个原因是,新常态来临,经济下行压力很大,建材企业首当其冲,我觉得我应该全力以赴地来中国建材集团。

陈伟鸿:事实上那个时候在整个建材行业,人们更多探讨的是怎么更好地去做绿色的产业化、智能化、国际化、转型升级等,要完成这样一些目标,可能也不是一件容易的事。

宋志平:新常态的情况下,中国建材必须转型升级,不能像过去那样发展。我们大力发展新型材料,比如刚才讲的玻璃纤维,中国建材的玻璃纤维是全球第一;中国建材石膏板也是全球第一;最近中国建材做的碳纤维T800,过去这是美国、日本"卡我们脖子的",现在我们做到在国内供应量50%;那么还有刚才讲的TFT,就是液晶显示板的这一块玻璃,过去也是依赖于进口,现在我们国家的手机、iPad、电视的玻璃可以靠自己来解决了。

陈伟鸿： 在这个过程当中，我们请您再来发一条朋友圈，我们会看到什么样的内容呢？

观众： 应该更多的是家国情怀方面。

观众： 我觉得宋总可能发的是再启新征程。

陈伟鸿： 我们来揭晓一下谜底，看看现场的观众是否读懂了您的心。"每天的太阳都是新的。"——这位企业家突然间变成诗人。

宋志平： 大家看，这上面有一张照片，2016 年 8 月 26 日，就是中国建材和中国中材两家央企顺利实施合并，大家认为这就是世界巨无霸产生了。但是对我们来讲，我总觉得我们不仅要大，而且要强和优。所以这个合并的机会也是我们重新思考未来的机会。过去 10 年，中国建材在"一带一路"沿线国家，大概做了 312 条大型水泥线、60 条大型玻璃线，这些占市场比例多大，大家很难想象，占 65%。其实我们生产线都是非常好的生产线，我们现在提出来搞国际产能合作，一方面，要继续把我们高端的成套装备和技术推出去；另一方面，我们也要加大投资力度，同时我们还要使物流贸易、电商、科研等方面都要跟得上去，从而形成整体"走出去"的局面。另外在"走出去""一带一路"的过程中，我们也要站在道德高地上做企业，和当地和睦相处，让当地喜欢中国企业。所以我觉得做一个企业应该有品格，企业家更要有品格。

陈伟鸿： 企业本身也有品格。

宋志平： 比如中国建材的绿色发展，这就是品格；热心公益，这也是品格；让职工全面发展，这也是品格，所以我觉得企业最后做来做去，做到了极致，企业的品格可能是我们的最高境界。

陈伟鸿： 刚才发的这条朋友圈，如果特别提醒现场某一位企业家看，您希望提醒谁？

宋志平： 彭总。

陈伟鸿： 彭总，宋董事长这条朋友圈特别提醒您看，在中国建材走向海外、走向世界的过程当中，是不是也在转型升级的过程当中，拿出了一些最尖端的产品？

彭寿①：的确是，我们不是把产能过剩的东西拿出去，大家也知道，平板玻璃也产能过剩，大家是不是说把这种过剩的东西拿出去？我记得当时在澜湄展的时候，中国建材展示了世界最薄的 0.15 毫米的玻璃，当时越南副总理看了我们的玻璃，他怀疑这么薄是真的吗，结果他一看真是玻璃。中国建材最近在越南也参与了信息玻璃的投资，所以越南政府一看是这样的技术，毫不迟疑地就给批了。也就是说，中国建材不但把最新的技术带出去，还要把我们的文化和当地共融发展放在一起。

宋志平：所以即使在传统行业里，技术提升，会带来很大的贡献。中国建材最近在泰安做的最先进的水泥线，日产 5000 吨。20 年前一个日产 5000 吨的工厂，可能需要 2000 人，后来压缩到 500 人，再后来 100 人，而现在只需要 50 人，基本可以做到无人值守。现在一吨的耗煤，最好的水平就是 115 公斤，而泰安这条生产线每一吨熟料只耗煤 95 公斤，相差 20 公斤。如果 24 亿吨水泥都用中国建材的新技术，那将节省多少？中国建材在转型升级上，一个是致力于传统行业技术升级、节能降耗等，同时大力发展新产业，填补国家的空白，打破垄断了，才能够实现降价。

陈伟鸿：我估计现场很多的企业家听到这一刻的时候会有很多共鸣，尤其是在我们转型升级压力很大的今天。我想问一下各位，刚才这个朋友圈如果给你带来一些震撼的话，那个震撼是什么？

观众：宋总给我们分享了中国建材集团发展的心路历程，从您身上我也感受到了何为责任担当和如何来创新发展、转型升级。我的感受就是，作为一个企业负责人，更加要有一种敢为人先的担当精神，从而带动企业能够从逆境当中成长，不断地创新发展。

中国将迎来企业家社会

宋志平：西方人写书，认为 21 世纪是中国人的世纪。用我们的话说，中

---

① 彭寿，中国建材股份有限公司总裁。

国人更加接近世界舞台的中央，过去我们学习比较多的是美国的企业家、日本的企业家，而现在，我国优秀的企业和企业家人才辈出，我觉得中国企业家有责任带领企业走出国门，在全球竞争中获得我们应有的一个地位。同时，我们也应该大力地培育更多的企业家，真正让我们的社会成为一个创新型社会，成为一个企业家社会。

刘纪鹏：今天中国步入新时代，要真正走出中国道路、中国模式的背景下，肩负这个时代使命的重要的脊梁就是企业家，今天的话题是企业家和企业家精神，在宋志平身上体现得非常鲜明。

宋志平：我是一个国有企业的老兵，我觉得有一句话，就是"企业家不常青，企业常青"。每一个企业家的一生是短暂的，但是我希望我们的企业长存，希望我们的事业薪火相传，希望我们的国家昌盛，这是我的愿望。

陈伟鸿：现场也有这么多位企业家朋友，大家在经过这一轮互动之后，是否对企业家和企业家精神有新的认识，具体是什么？

企业家：创新、责任。

企业家：坚守、创新和责任。

陈伟鸿：还有不少的人依然在写，还有不少的人依然在思考，在我们今天这样一个变革时代，我们比任何时候都渴望拥有更多的企业家，都愿意用更大的努力去呼唤企业家精神。让我们欣慰的是，我们看到中国企业家的群体正在形成，并且受到了全社会越来越多的关注。我们有理由相信，未来我们即将迎来一个充满创新精神的企业家社会，期待着他们为社会创造出更多的价值。

33

点燃员工心中的火①

企业的成功是人的成功

苏勇：宋总，非常高兴您能接受这次采访。我们首先从您开始做厂长聊起，我知道 1993 年您开始做北新建材厂的厂长，挽狂澜于既倒，唤起大家心中的火，您是用了什么样的方式？

宋志平：我首先了解了大家的需求。当时员工普遍关心两件事情：一个是工资低，另一个是住房紧张。开会时我跟大家讲，房子的钥匙在谁手里呢？在大家手里。如果我们企业效益好，一两栋宿舍楼算什么呢？在北新文化节的时候，我挂了几个大气球飘在厂区上空，气球条幅上写着"房子年年盖，工资年年涨"。

苏勇：用现代的语言来说就是抓住大家的痛点。

宋志平：知道大家最需要什么，怎么把大家的需求和企业的效益结合起来，这是一个根上的事。大家觉得如果企业能像宋总说的这样，他们就愿意全身心地投入，这就是在点燃大家心中的火。这个火要烧起来，怎么烧呢？需要动力、热情。这就得知道大家的需求和愿望是什么，是非常重要的。

那个时候我刚当上厂长，一大部分的时间都在做沟通工作。一方面，每一个工厂，我都要去跟职工面对面动员，讲完后大家可以提问题，我再一一解

---

① 本文为复旦大学东方管理研究院"改变世界：中国杰出企业家管理思想访谈录"专访，录制于2016年 11 月 15 日。

答。另一方面，自己也要身先士卒。那时候员工经常迟到早退，甚至上班时间出去买菜，那个年代国有企业好像都有这种情况。我刚当厂长时，早晨就到厂区大门口一站，一开始两千多人里总要有一百四五十人迟到，我在那一连站了七个早上，就没有人迟到了。

苏勇：您就每天上班时站在厂门口，也不训斥他们？

宋志平：不训斥他们，我也不记录，只是看着他们，让大家知道我在那里。后来没有人迟到了，我就让人事部门贴了个告示，以后再迟到就要罚款了。

苏勇：这个是您的管理艺术，没有在一开始就罚。

宋志平：对，大家过去迟到是传统体制造成的，也没人严格要求，所以我就用这种方法来改变大家。后来我在工厂待了十年，这个工厂几乎再没有员工迟到早退的现象，就是从那开始把这个给管住了。

苏勇：您是用人格的力量感染了大家。

宋志平：这个工厂当时还有一个问题，就是国有企业在过了十几年之后，整个企业到处都脏兮兮的，残垣断壁，窗户上也没有玻璃。当时我们学习日本的"5S"管理：整理、整顿、清理、清扫、素养，对整个工厂进行了三个多月的大扫除。

苏勇：那不容易，建材厂以前给我们的感觉都是比较脏的。

宋志平：工厂里原来有个垃圾山，13年都没往外拉过，我们用大卡车拉了3个月，才把工厂的垃圾彻底清除走。窗户的玻璃统统给安上了，擦干净，老旧的墙面刷上一层新的涂料，还盖了一个新的大门。有的人说，"宋董，有钱要花在刀刃上，我们为什么要盖一个新的大门呢？"我说我们的大门破破烂烂的，中国人要门面，我们再穷也不能没有门面。在过去计划经济的时候，可能钱花在刀刃上是买两台机器，但是在市场经济时代，刀刃首先就是有门面，要让人知道你是个什么工厂。经过"管理"的工厂为之一新，干部员工都很振奋，客户也很喜欢来。

我们的工厂管理得比日本的工厂还要好。经常有日本人来工厂，他说："宋先生，你把工厂一平方公里以内的每一个角落都管理得那么干净，这让我们很吃惊。"现场管理好了，就会杜绝安全事故。在我当厂长之前，这个工厂差不多每一年都要出事故。但我当厂长这十年里，没有因事故死过一个人。

把工厂现场管理好，这是一个方法。第二个方法就是要让人的情绪好。管理学里有个洛桑实验——在不同的环境下，人有不同的行为。所以我们也在创造一些好的环境、好的心境，让职工心情愉悦，大家就会把心思都放在工作上，这样也就不容易出问题了。

苏勇：免得产生管理学上所谓的"破窗效应"。

宋志平：有时候出事故，实际上是由于职工心不在焉，大脑出现了空白，这该怎么解决？尤其像北京春天的时候易刮风，又干燥，俗话讲"春乏秋困"，就容易出问题，所以我在北新建材就搞了个春季运动会，让大家活跃一下，振奋一下精神。作为管理者来讲，不光是让大家干活吃饭，还有很多可以研究的事情，说管理是科学也好、艺术也好，总之管理者得想别人不想的问题。你要想你这个群体在什么样的情况下，会有什么样的行为，这些组织行为学的内容，对企业领导人非常重要。

我刚当厂长那时候，有人说："宋厂长这么年轻，他能行吗？"也有人说："宋厂长搞了10年的销售，他懂工厂的生产吗？他懂设备的管理吗？"我说你们讲得都太对了，但是有一点你们忽视了，我懂得人的心，我觉得这恰恰是当厂长最重要的。也许你懂生产管理，也许你懂设备，也许你懂账目，但是恰恰不懂员工心中在想什么，这才是最可惜的。

苏勇：这可能正应了中国的一句老话，"人心齐，泰山移"，把人心抓住了，其他问题相对都比较容易解决。

宋志平：是，其实我们做企业，包括社会管理、企业管理，最核心的就是让大家心悦诚服、让大家满意，这是最基本的事。要满足人的需求，而不是忽略了人去追求其他的一些成功，我觉得做企业最大的成功还是人的成功。

企业故事可能比文学作品还要精彩

苏勇：2002年的时候您被任命为中国新型建材集团公司，也就是中新集团的总经理，当时这个企业也非常困难，您又是靠什么把这个企业一步一步带出来，使其取得今天这样一个辉煌的成绩的呢？

宋志平：我那个时候出任中新集团的总经理，因为当时没有董事长，总经理就是一把手。好像我这个人的宿命就是这样，每一次有极端的困难，就把我找来了。

苏勇：受命于危难之际。

宋志平：当时中新集团规模很小，只有20多亿元销售收入，而且其中一大半是北新建材做的，就是我原来做厂长的那家企业。中新集团那时资不抵债，没有任何信用等级，财务部被法院贴上了封条，院子里不敢停车，停车就会被法院的警察开走。当时很戏剧性的是，任命我的那一天，在任命大会上，办公室主任跑上来递给我一张纸，我一看是法院冻结我们所有资产的通知。

苏勇：当头一棒。

宋志平：我马上要发表就职演说了，却被通知公司资产被冻结了。我常想，企业的故事可能比文学作品还要精彩，这些情节可能连作家都想象不出来。当时我看完通知后，就把那张纸背了过去，决定把眼前的事情干完再说，先给大家讲一些振奋人心的话。那一幕我始终都忘不了。

2002年、2003年的时候恰恰也是国企脱困的时候，国有企业当时普遍面临困难，不知道下一步该怎么走。过去我们虽然叫新型建材，但其实做的很多都是普通装饰建材，这些材料只适合一些小企业做，一旦民营企业、乡镇企业崛起，我们就会被挤出市场。中新集团当时规模小，机制不灵活，还没有信用，所有的银行都不给我们融资支持，这让我们非常困难。我当时做了两件事，第一件事是让这家企业从债务里面走出来。我差不多用了一年的时间，给北京的债权银行，包括资产管理公司做工作。我在北新做厂长的十年为此打下了扎实的基础，大家普遍认为，"宋志平来了中新集团，我们的钱有人还了"。其实那个时候我也没有钱，靠的主要是大家的信任。

苏勇：大家看好您这个人。

宋志平：对。我有一句话："我们借银行的钱，利息一天也不能拖，本金一分也不能差。"别人会说："宋总，你都那么困难了，怎么敢说这种豪言壮语呢？"我觉得"鸡生蛋，蛋生鸡"，一个企业能否借到钱并不在于借钱多少，而在于你有没有信用，有了信用，银行就愿意支持你。市场经济其实是一个信用经济，所以当时我认为首先必须把信用建立起来。

通过一年的时间，企业的债务链总算解开了，该债转股的就转，该还的就还，该债务重组的就重组。为了公司从"没信用"到"有信用"，我做了一系列工作，这是我做的一件很重要的事情。

苏勇：公司在财务困难里走出来了？

宋志平：是的，因为这样就有了融资环境。第二件事，我觉得要研究一下战略。作为一个国家级公司，我们到底要经营什么？当时我们的监事会主席在大会上就讲，"如果中国建材在行业里不能排前三名，不能是第一名，那就没有存在的意义"。在这个行业里我们到底要充当什么角色？未来到底要做什么？当时我就组织行业里的资深专家、学者、官员，包括退休的一些老同志开会，研究中新集团未来到底该如何发展？大家集思广益，最后一致的意见就是，中新集团既然做建材，就应该做一些主流产品，比如像水泥，在建材产业里占到GDP的70%，而不要再去做那些规模很小的装饰材料了，那些应该让给民营企业去做。

后来我们彻底调整了方向，公司以前叫中国新型建筑材料集团公司，2003年4月的时候更名为中国建筑材料集团公司。

苏勇：当时好像还有一些争议是吧？

宋志平：有争议。因为我们当时做水泥的基础非常薄弱。做水泥需要那么多钱，我们有吗？凭什么做？行业里有人笑话我们："叫中国建材，你们有代表性吗？"我们自己内部也说："宋总，我们这么困难，你还考虑什么战略？今天连饭都没得吃了，还研究战略？"我当时回答："我们今天没有饭吃，是因为昨天没有战略，如果今天不思考好未来，那么明天依然没饭吃，所以我们饿着肚子也得想未来，想清楚战略问题。"

关于大家的疑虑——能不能做水泥、能不能改变战略，我的看法是，我们要先有目标，缺什么找什么。我们中国人做事的传统是"有什么做什么"，看菜下饭、量体裁衣，觉得这样比较实际，一般不会在什么都没有的时候先定一个目标。但是我恰恰认为，有什么不重要，关键在于你想做什么，想清楚了没有。如果想清楚了要做水泥，那就没有工厂找工厂，没有钱找钱，没有人找人，关键是你选择的这个目标对不对。我跟大家讲，我们没有水泥厂，为什么不可以做水泥呢？我不懂水泥为什么不可以做水泥呢？你们的问题我想了想觉得没道理，我的思路你们也认真地想想。作为一个企业，我定了新的目标，然后按照这个目标去寻找资源，这就是我的想法。我当时每个礼拜都会在建材报上登一版形象广告，内容很清晰，也很简洁，就是告诉大家中国建材要干什么，就是一家整合资源的行业平台。

苏勇：整合资源的行业平台，这是哪一年的事？

宋志平：2002 年、2003 年的时候。

苏勇：那时候还不大有平台思维。

宋志平：对，不大有。我们提出了平台思维这个问题。我的想法是，大家刚看到中国建材广告的时候，不一定能接受，但是我们每一个星期都做一版，慢慢就会被接受了，同时，我们要做的事情也开始了。总的来看，那时候做中新集团，一个是解决了公司的信用问题，一个是明确了公司的未来、战略是什么。从那开始，这个公司真的发生了变化，销售收入从 20 多亿元增长到两材合并后的 3000 多亿元，光中国建材就做到了 2500 亿元的规模。

苏勇：销售收入差不多增加了 100 倍。

宋志平：100 倍。其实最初的动力就来源于那个时候，那个时候我也不知道中国建材未来能进入世界 500 强，根本想不到，也不敢想。

苏勇：那时认为只要能走出困境，做出一点成绩就不错了。

宋志平：那个时候只是觉得在向前走，觉得世界 500 强是很遥远的事情。国资委刚成立时，央企里没有几个世界第一，没有几个世界 500 强。没有想到，经历了不到十年时间，中国建材集团就进入了世界 500 强的行列。

走一条联合重组的道路

苏勇：您提出明确的战略后，就一直往前推进，以至于获得了"水泥大王"这样一个称号。我知道,在这个过程当中,中国建材集团兼并了近千家水泥企业,但在这当中也有一些不同的声音。比如有人说您是拿支票来换扩张。我有两个问题,第一个问题是您怎么样去发展这些被兼并企业,如何很好地提出联合兼并的主张?第二个问题是您哪来的钱?

宋志平:这两个问题非常好。我们确定发展水泥业务,不光是因为行业里的专家这么讲,从国外资本市场看,也有很多人建议中国建材集团做水泥,因为水泥是一个大宗产业,适合央企做,也应该由央企做。在中国,过去我们管水泥厂叫办建材,各行各业都在做水泥厂,做得遍地都是,从而形成了"多、散、乱"的局面。看看全世界水泥行业的发展,大的企业多是一路兼并重组发展而来的,没几个是自己一路建设那么多工厂,再慢慢做大做强的。

苏勇:都是这条路。

宋志平:我当时就想,中国建材要想做大应该怎么做?并不是自己另起炉灶,一个个建工厂,时间也不允许,而且市场上的水泥厂也很多,没有必要再增加。所以我就选择了一条国际上通行的发展道路,国外叫收购兼并,也就是兼并重组。

中国人的文化很难接受收购兼并,而更愿意称之为强强联合,哪怕他不强,你叫强强联合,大家心里也会觉得很高兴。所以我想来想去,就换了个词,适合于中国的 M&A①,叫联合重组,我们联合大家,而不是简单地并购大家。这不仅是换了个名字,也纳入我们中国企业家能够接受的一些内涵,就是大家联合起来。这个思路提出后,得到了水泥企业的响应。

关于你说的钱的问题,确实也是一个大问题,因为联合重组需要大量的资金,钱从什么地方来?我觉得钱要从资本市场上来,所以中国建材后来选择了在香港上市,去融资。

苏勇:当时融到了多少资金?

宋志平:当时融到的资金不多,大概 20 多亿港币。上市也很有意思,在 2004 年的时候我看到一张比较前卫的报纸,上面有一则消息说,可以把一些国

---

① Mergers and Acquisitions,即企业并购。

内的 A 股打包起来到香港上 H 股。中国建材当时有两只 A 股，规模都很小，增发很困难，当时我正发愁钱从哪来，正百无聊赖地一个人在办公室踱步的时候，看到这张报纸，马上眼睛一亮，我觉得中国建材也可以这样做，到香港上市。我马上打电话给办公室，通知大家下午开会，电话打完后，我就想着下午怎么还不来呢？下午开会的时候，我告诉大家我们要去香港上市，所有的干部眼睛都瞪得大大的，透着疑惑，可能在想宋总今天是不是"吃错药"了。

苏勇：听上去太"高大上"了。

宋志平：是的，因为大家想不到我们当时那么弱小还能去香港上市。我说你们不信但我信。香港当时追捧中国概念，全球"热钱"都涌入了中国，我说这是一个机会。中国建材抓住了这个机会，由摩根士丹利帮我们去香港上市，其实中间也有券商和中介机构打了退堂鼓，因为一听说要上市，需要中介机构，大家就蜂拥而至，但是看看中国建材的财务报表，很多人就摇摇头走了。

我那时差不多一两个月就给上市办的同志们打气、鼓劲，让大家坚定信心。中国建材上市是在 2006 年 3 月 23 日，应该说还是比较顺利的，虽然只拿到了 20 多亿港元，钱真的不多，但是它是第一把"米"，有了它后来中国建材集团才越做越大。当然了，银行也给了支持，为什么呢？因为中国建材逻辑正确，要干什么，大家都看得很清楚。有想法，概念被投资者认同，如果缺钱，那资本市场会给你，银行也会借给你，关键是你的"故事"成立不成立。因此，那个时候资本市场，包括金融界都非常支持我们。2008 年金融危机前，我们在香港想再发一次股票，因为当时的股价近 40 块钱，我们发 3 亿股就能拿到 120 亿元，没想到，金融危机一来，我们的股价一落千丈，跌到了 1 块多。

苏勇：从 40 块钱一路跌下来？

宋志平：对。那段日子很不好过，那个时候是股份公司干部压力最大的时刻，我每天都到办公室，坐在那里鼓励他们。我说目前的情况只是暂时的，即使是金融危机，我们也要相信自己的价值，不要听分析师乱讲。因为当时有个分析师在香港写了一篇文章，说中国建材如果降到每股 5 毛钱，这家企业就崩盘了。我说你们不要听他的，我们的企业非常好。后来金融危机之后，我们的股票又涨上了去，其实那一轮也有很多股民赚了很多钱，因为高位的时候买不到，那么低位来了，他们买了，就赚了很多钱。

刚才你讲到也有社会人士提出质疑，说中国建材哪有那么多钱呢？哪有那么多的管理人员呢？我是这么看的，媒体和社会人士对企业提出一些建议、提出一些质疑，都是正常的。见仁见智，大家的目的也是希望你走好、走稳，但外界不了解一些情况，就会有一些偏颇的看法，这并不奇怪，也用不着争论，只是你会感觉有点压力。但是你自己得坚信你做的事是对的，如果你一直听这些东西，张三一句，李四一句，你自己就很难坚持。所以作为企业家来讲，最重要的是关键时刻要有定力，能不能淡定地熬过那段困难的时间。

苏勇：咬定青山不放松。

宋志平：所以成功是熬出来的。那些困难的时刻，那些艰难的心理过程，你都得熬过去。我们想做成这件事情，但是做事情需要时间，在这个时间里可能有各种困难，有各种说法，各种冲击，但你就要横下一条心来把这件事坚持下去。

苏勇：在联合重组中，那么多水泥企业被您一一收纳进来，这当中有没有什么故事可以跟我们分享？我觉得您收纳的很多都是民企老板，他们也是自己一手把水泥公司做出来的，要想说服他们接受您的重组，难度会很大，其中一定有很多很精彩的故事。

宋志平：我们在收购的时候有两件很大的事情。一件大事是收购了徐州海螺。徐州海螺当时是国内最赚钱的一家水泥公司，比中国建材会赚钱，当然它有一些先天的优势。徐州本来是我们的地盘，我们有两条 5000 吨的水泥线，海螺在那里建了一条万吨线，这两家就开始"打仗"了，打得惨不忍睹，结果两家都亏损。这个时候怎么办？要么他收购了我，但他认为我的工厂不如他的好，不愿意收购；要么我们俩联合起来，他又不愿意联合；要么我收购了他，所以他就开了一个价钱，这个价钱确实高了一些，但是我们也没有别的路可走，我只能去收购了他，收购之后就会有协同效应。我当时在香港上市拿了 20多亿港币，花了一半的钱去收购徐州海螺。

收购徐州海螺有两个作用，一是保住了中国建材在徐州的市场，形成了协同效应，收购当年，两家企业加起来就赚了 3 亿元的利润。所以我有时候讲，如果我们收购的是一个会下蛋的鸡，可能前面多给了他一两个月的鸡蛋钱，后面不就都是给我们下蛋了吗？

第二个作用是，我们向全世界的同行表明：中国建材真的要做水泥了。因为别人都认为我们做不了水泥，我们的股票开始上市的时候只有 3 块多钱，后来扶摇直上到了近 40 块钱，其实启动点就是收购徐州海螺，因为投资者意识到中国建材动真格的了，宋志平是真干，把徐州海螺都给收了。

苏勇：通过这次收购，您向大家传达了很强烈的信号。

宋志平：所以收购徐州海螺有战略性的意义。但是当时也有不同的看法，有的人认为中国建材集团多花了钱，海螺失去了战略。但我认为，应该是海螺多收了钱，中国建材集团赢得了战略，这其实是件好事，是双赢的。徐州工厂一直是我们的王牌厂，后来我们又在那里建了一条万吨线。

苏勇：很主力的工厂。

宋志平：非常主力的，而且现在完全智能化了，有国家领导人去看过以后说，"像中国建材这样的全智能化的万吨线才是高技术"。这是一个故事，收购徐州海螺实际上是"蛇吞象"，大家都很难想象，当时的中国建材小小的，只有几百万吨的产量，而海螺是一个巨无霸，但我们做成了这件事。当然现在的中国建材集团已经是一个巨无霸了。

第二件事情是中国建材集团在浙江成立了南方水泥，这也很具有戏剧性。当时我们在江浙沪一带一两水泥都没有，没有水泥工厂，但是我发现这个地方市场化比较早，市场化程度也比较高，所以市场结构调整做得很快。像在浙江地区没有小水泥厂，都是新型干法水泥，但是有 200 多家民营企业同时在做，这些企业之间就开始竞争，高价位的时候水泥是 400 多元一吨，低价位的时候才 200 元一吨，打仗打得惨不忍睹。我认为机会来了，这个时候你去做工作人家才能接纳，如果每个人都赚很多钱，凭什么要接受你的收购？

但即使这样的话，重组工作也挺难做的，因为每个人都是抱着"宁当鸡头，不当凤尾"的思想，尤其是那个时候一些海外的资本，包括一些大的跨国公司也都在跟这些企业谈判，我必须要跟他们竞争，这是一件不容易的事情。

当时浙江水泥行业有四个大公司，号称"四大天王"。我把这四家企业负责人请来，谈了整整一天。这就是水泥行业著名的"汪庄谈判"。我说你们做水泥做到今天，不仅要自己打仗，还要把你们的水泥交给不同的跨国公司，请"雇佣兵"来打，这样一样赚不到钱，只有大家联合起来才能解决市场问题。中国建材可以把大家整合到一起。

我告诉他们，要变革就要端出"牛肉"来，所谓"牛肉"就是显而易见的好处。我有三盘"牛肉"，第一，价格公正，由第三方评估，该多少钱就给多少钱，我不欺负你。第二，重组后水泥价格能够恢复，但中国建材不想吃独食，你们在企业里可以留30%的股权，你过去股权100%时企业亏损，现在股权30%却能赚不少钱。

苏勇：比以前赚得还多。

宋志平：也就是咱们一块赚钱，当然以我为主，你们留下三成。第三，大家做水泥做到今天，我很尊重你们，中国建材要做水泥，但是我们没有那么多人，所以还得用你们的人，厂长、经理原则上都不换，但是前提是必须接受中国建材的文化和管理，这一点必须得统一，剩下的都好说。

那天我们从早谈到晚，四家企业统统加入了中国建材，这是我原来没有想到的。后来有一个原建材局老局长跟我说："南方的人都在传宋志平不得了，不能见他，见他20分钟，你就跟着他走了。"我说，这些企业家不是小孩子，他们都是很有成就、很有思想的人，之所以愿意跟着中国建材走，是因为我讲的话有道理，打动了他的心。无论是收购徐州海螺也好，还是"汪庄谈判"也好，为什么会成功？归根结底是因为我们做的事正确，重组是一个双赢和多赢的故事，收购海螺水泥和"汪庄谈判"都是同样的道理。

我的想法是，做生意一定要有利他的思想，一定要有分利的思想，仅仅想自己是不够的，要想着别人能得到什么，我想得到什么，这两者能不能达到一个均衡。孤木难成舟。做企业不可能是自己一家在做，总要在这个社会上与人合作，与人合作就不能只想自己，还要替对方着想。

苏勇：双赢。

宋志平：双赢，多赢，共赢。过去我们中国人对双赢不太理解，认为有双赢吗？实际上，在生意场里，在企业合作的过程中一定要双赢、多赢、共赢，让大家都赢利。

"央企市营"的探索

苏勇: 宋总,我读过您的两本书,一本书叫作《经营方略》,另外一本书叫作《我的企业观》。您讲到,在中国做企业,国企的实力加上民企的活力就等于企业的竞争力。你还讲到,企业如果不能做强的话,就不要做大。像您联合重组的过程当中,是不是很好地实现了中央提出的混合所有制改革的思路呢?您能不能给我们谈谈对这方面的看法?

宋志平: 建材这个领域是一个充分竞争的领域,这个领域里有大量的民营企业,中国建材要想在这个领域里拓展的话,不跟民营企业合作和谁合作?所以我们进行了混合所有制改革。我常想,中外合资就是混合做企业,外国的公司很少是国有的,要么是家族公司,要么是上市公司,其实很早就有国有企业与之合作了,合作得也很好。在我国,民营企业崛起了、发展了,国有企业为什么不能和民营企业合作呢?大家经常在这个点上困惑,一会说"民进国退",一会说"国进民退",尤其媒体上总是把他们的关系描绘成势不两立、此消彼长。

苏勇: 好像零和博弈。

宋志平: 零和博弈,实际上这两种经济形态是可以高度融合的,这也契合东方人的思想,就是包容和谐的思想。你看咱们的太极图就是把黑与白画到一起了,其实他们彼此之间是相互依存的。我们国家的经济发展模式是"两个毫不动摇",毫不动摇地巩固和发展公有制经济,毫不动摇地鼓励、引导、支持非公有制经济的发展。现在我们是两个都理直气壮,理直气壮地发展国有企业,理直气壮地支持民营企业,所以我赞成的是国民共进。

苏勇: 可以是并行不悖的。

宋志平: 而且在这个过程里我们必然会产生融合,这就是所谓的混合所有制。那么在整个混合的过程中,我们应该注意到什么呢?应该注意的是优势互补。我以前插过队,做过农业技术员,那时候是种子员。育种的一个核心就是杂交优势,新的品种一定要继承原来两株植物的优势。

发展混合所有制也是这样。国企有什么优势呢？实力，资金优势、研发能力、规范管理、国际市场开拓能力等。民企的优势呢？活力，机制灵活、拼搏意识、企业家精神等。两种优势融合之后就会出现一个新的物种，这个新物种就是混合所有制。当然，国企与民企也各有弱点，比如国企有时候有官僚主义、形式主义，民企往往管理不规范，如果把劣势集中到一起，这个企业就是一个怪物，所以我觉得混合所有制的关键就是优势互补。也就是说，通过混合所有制把市场的活力引入国有企业中，这就是我讲的，国企的实力加上民企的活力等于企业的竞争力。

对搞混合所有制我没有什么先见之明，其实也是一步一步发展的。但是我喜欢总结，我觉得我和一些人之间最大的区别，就是我在一段时间过后要认真总结一下，到底这段时间发生了什么，有没有值得总结出来的内容。在中国建材联合重组的过程中，我总结了两个东西，一个东西叫"央企市营"，就是中央企业如何进行市场化经营。央企是我们的属性，这一点不能改变，同时要按照市场化机制去经营。

后来我们在"市营"过程中发现，国有企业必须跟民营企业合作，发挥各自优势，这就是我最早提出混合所有制的基本想法。今天也是这样，现在我们说搞混合所有制的目的，是要把民营企业的市场活力引入国有企业来。

苏勇：所以我觉得这个公式总结得非常好，比较简练，能说明问题，而且描绘出了两种企业各自的优势和特点。

宋志平：为什么加起来，是因为要赢得市场的竞争力。

苏勇：对，这是企业最终的目的。

宋志平：不是为混而混，混的意义是什么？是让企业更加强大，能真真正正地把它做起来。刚才你讲到关于做大、做强、做优的问题，中国建材这些年如何从那么弱小的一家企业发展成为世界500强，这是大家非常感兴趣的一件事情。其实我们就靠两点，一是资本上的混合，就是把社会资本、民营资本吸引到企业里来搞混合所有制。

另一点是靠资源上的联合，就是自己不建工厂，而是把现有的工厂组合起来。所以我有时候常讲，其实我是个整合者，现在做企业是要发挥整合资源的能力，怎么能把更多的资源整合起来。而央企可以做到这一点，其他的企业做起来比较费劲。为什么呢？因为央企是跨区域的，比方说河北的企业整合河南的企业，大家心里总有点别扭，但是你说中央企业来了。

苏勇：那大家心理上没有障碍了。

宋志平：大家能接受，所以我们把南方水泥的总部设在了上海，因为当时整合了六省一市的水泥企业，将总部放在金融中心比较容易融资。当时把总部设在上海的时候，我们的领导人还给我们发了贺电，我们特别地高兴，大家都支持我们做这样的工作。

企业的发展有各种方法，我认为用联合重组的方法，把各种相关资源整合起来，来得会比较快、比较容易，能减少恶性竞争，让大家实现多赢和共赢，这其实是中国建材发展的一条途径。关于企业的成长，我有一次在飞机上写了一篇文章叫《企业成长的逻辑》。

我觉得，企业成长就像树一样，先要长高，还要长粗，最后才能长成参天大树、硕果累累，它有一个成长的过程，有一个必然的逻辑。

我不赞成大家总是把做大和做强对立起来，我觉得他们是统一体，只是不同的发展阶段。企业是规模经济，虽然大不一定强，但小一定不强。尤其作为央企，没有必要去做规模小的产业，规模小的产业应该交给民营企业来做。作为国企来讲，还是要做一个行业的领军者，要对这个行业结构调整起到作用，不然其存在就没什么意义。国企不仅是要保值增值，还要贯彻国家的产业政策，促进行业的转型升级和变革，我觉得这是非常重要的。

做两个董事长

苏勇：有研究者发现您和日本的稻盛和夫先生，都是同时兼任两家大型企业的董事长，这在世界上是非常少的。所以这个我也是非常好奇，建材和医药是完全不相干的两个行当，可以说几乎没有相关性，您是怎么样同时做两家公司的一把手，而且把两家公司都经营得那么好，使两家公司都成为世界500强的呢？我觉得很不容易，当时是国资委派你去的？

宋志平：对，这也是大家经常问我的一个问题。但这个故事已经成为历史了，因为我在 2014 年的时候辞掉了国药集团董事长一职。

苏勇：很传奇。

宋志平：其实我原来也没有想到过，人生还会有这么一段经历。记得 2009 年 4 月的一天，我当时要去英国路演，走到半路国资委的工作人员打电话问我在哪，我说要去机场，他问我能不能回来？我一听赶紧掉转车头，实际上当时并不知道是什么事情。我去了国资委以后，跟我说现在国资委研究决定让我去国药做董事长。我一听以为就把我调走了，后面一听不是，是同时任两个企业的董事长，我觉得很惊奇。我说是不是先过渡一下，然后把我从建材调走？他说不是，就是让你去做两个企业的董事长，我们要试一试这个模式。后来才知道，国资委这样任命，一方面是觉得我在建材做得不错，这是大前提，认可了我，同时觉得做医药需要一个学习能力很强的人，他们认为宋志平有学习能力。另一方面是因为医药当时需要进行行业整合，宋志平有整合的经验。

苏勇：这一点大家都很认同。

宋志平：领导层的安排是很有智慧的，后来我就去了。建材和国药确实是天壤之别，社会上包括股票市场也有不同的看法，怎么找了个"泥瓦匠"来做药呢？那时候把搞建材的人叫"泥瓦匠"，其实我不是泥瓦匠，我恰恰是学化学的，医药界里面把化学作为本专业。我在国药做了五年董事长，国药的销售收入从 360 亿元做到了 2000 多亿元，2013 年进入了世界 500 强。中国建材是 2010 年进了 500 强。2013 年世界 500 强企业发证书的时候，我带着建材和国药的两个总经理去了现场，还照了两张照片，一张是我和《财富》杂志的总编站在中间，两边各一个总经理，还有一张是我一个人拿着两块奖牌，我把这张照片放在办公室里了。我办公室里只有两张照片，一张照片是我女儿和我双胞胎小外孙的合影，另一张就是这个照片。

苏勇：也是双胞胎。

宋志平：非常有趣的事情。国药和建材实际上用的思路是一样的，也是联合重组，也是混合所有制。2014 年 7 月国资委确定混合所有制试点企业的时候，在所有央企里选了这两家作为试点。国药在香港上市拿到钱以后，在全国开展大规模重组，整合了全国的医药网，等于是复制了中国建材的模式，过程进行得得心应手。

苏勇：路子是一样的。

宋志平：对，轻车熟路了就很快，国药花了五年的时间销售收入就做到了2000多亿元，而中国建材差不多用了十年的时间，两个企业的成长确确实实是奇迹，而且又都是充分竞争行业，所以引起了社会上很大的好奇：一个人怎么能同时做两家企业？有一次台湾的郭台铭见到我，开玩笑地说："宋总，要么你是一个奇人，要么你有精神分裂症。"

苏勇：那时候您怎么上班呢？一三五这边，二四六那边？

宋志平：是。因为那个时候两边都很忙。中国的董事长跟国外的还不一样，中国的董事长工作量很大。我在国药和建材同时做董事长的这五年，没有休过一个礼拜天。但是那五年里，我觉得我比较庆幸的，一个是没有顾此失彼，两家企业都有了发展；第二个我觉得自己还算思路清晰，有时候在这边上午开了会，下午到那边去开会，从没有讲错过一次。我这个"频道"虽然换得很勤，但是换得很准确。我从建材坐车到国药的时候，路上就换了"频道"，就只想国药的事。

苏勇：您脑子也非常好用。

宋志平：看来一个人可以一心二用，可以同时做两件事情，而且是两件截然不同的事情。其实在西方的大公司里，很多是一个人兼好几个董事局主席，两三个都有。但是他的董事局主席和我们不同，他就是开开董事会，比较超脱，荣誉性质的，像总顾问那种。中国不一样，我们就是那里的头儿，所以这是一个很大的挑战。

我记得《华夏时报》有一年登了四个董事长的漫画画像，画得很有意思。我是"最忙碌的董事长"，我觉得这个媒体掌握住了我的特点，我那个时候确实非常忙碌。

后来我觉得企业做好了，战略、布局都做好了，我的年龄也渐渐大了，五年也是很长的时间，我就跟国资委提出卸任的请求。国资委觉得我还可以再做两年，但我说，一方面，董事长的职务是稀缺资源，我一个人占着两个，时间长了也不行，另一方面，我完成了当初预定的战略目标，这家企业有战略了、有布局了、进入世界 500 强了，孩子长大了，我也应该放手了。

苏勇：所以您是主动提出来不干了。

宋志平：主动提出来的，社会上很多人觉得很奇怪，干得好好的为什么非要不干了？世界上有这种事吗？但我恰恰就是这么想的，我是一个理性的人，我觉得什么事都要按照道理来，见好就收，没有必要一味地在那没完没了地去做。

苏勇：您和稻盛和夫先生一样，都做了两个 500 强，他是做了京瓷和 KD-DI，后来又做了日航，先后把它们带进了 500 强。您则是同时，左右开弓，带出两个 500 强。

宋志平：我很尊重稻盛和夫先生，我读了他不少的书。他是我们很尊敬的或者说很仰慕的一位企业领袖、企业思想家，但是我觉得我自己所做的事情和他有相同、也有不同的地方。不同之处在于，第一我们具有中国特色，我们的企业是在改革开放的大背景下成长起来的，一个人做两家企业的机会也是不多见的；第二我做的是两家国有企业；第三我是左右开弓地工作。

用东方管理思想做成世界级企业

苏勇：您说用东方的管理思想同样能够做成世界级的企业。而且您是这样实践的，也做到了。在这方面能不能给我们谈谈，您是怎么样把中国的传统文化和现代企业管理的实践很好地结合起来的？

宋志平：这其实与我对稻盛和夫的研究有关。稻盛和夫把京瓷和 KDDI 带入了世界 500 强，但是他的书里很少讲西方的管理思想，讲的都是东方的或者说是中国的思想，包括中国的儒家思想和中国的佛教思想。有人说佛教是印度的，其实中国的佛教源于印度、成长于中国，已经被儒化了，所以稻盛和夫的核心理念其实是中国的儒家思想。

那么稻盛和夫的成功在于什么呢？给了我们什么提示呢？就是用东方的儒家思想同样能够做企业，而且能够做大企业，这是我过去没想到的，我以前也是一个读西方管理书籍的人。

苏勇：管理学一开始都是西方的。

宋志平：那时候我读了好多书，包括人物传记，像美国的艾柯卡、哈默等，读得心潮澎湃。当时也到国外去过，参观了很多西方企业，所以脑子里根深蒂固地认为：做企业这件事情是西方文化，做大企业更是西方文化。

但是稻盛和夫，包括我们中国香港、台湾地区的很多有成就的企业家用实践告诉我们：东方思想也可以做大、做好企业。东方文化里有很多哲理，这些哲理是指引我们心灵的东西，不能把它丢掉。所以我们在学习西方管理思想的时候应该把我们古老的灿烂文化保留下来。可能和年龄有关，这些年我比较多地学习国学，看一些著作，研究一些东西，研究怎么把这些东西和企业管理结合起来。

当然东西方管理也要互相融合，不能偏废，西方管理更多的是逻辑思维，重视定量化，所以西方管理讲模型。东方大部分是定性化，讲的是理念、道——管理之道、人生之道。我觉得做小企业定量就可以，做大企业的话，定性的事情也很重要，我们要把理性的东西和感性的东西、定性的东西和定量的东西结合起来。

苏勇：能不能给我们举一个例子，比如说您管理团队的时候，或者在给别人做思想工作的时候，或者在制定企业战略的时候，是如何把二者结合起来的？

宋志平：可以说中国建材所做的大部分事情都是基于这种思想。比如说我在做企业的时候，推进数字化管理，八大工法的其中之一是 KPI 管理。KPI 就是数字化、定量化。我要求我们的企业干部要对自己的数字倒背如流。企业是由"数字"组成的，尤其上市公司有季报、半年报、年报，如果数字记不清，就不知道怎么管理。定量化的东西实际上是西方管理的核心理念，就是建立模型来进行技术管理。所以我们在企业里运用了很多西方的管理思想，但也有很多是东方文化，比如说我有一个对干部行为准则的要求，是什么要求呢？八个字：敬畏、感恩、谦恭、得体。

苏勇：敬畏、感恩、谦恭、得体，这是您对干部的要求？

宋志平：对，同时这也是我对 25 万职工的要求。这八个字像紧箍咒一样戴在大家的头上，内涵就是我们中国人的思想。敬畏，就是做事要有敬畏感，不能"天老大、我老二"，要有高压线、底线、红线，要适可而止，做什么事情都要把握度。感恩，就是感恩社会、父母、师长、同事、组织等。谦恭，指的是虚心学习他人长处，不骄傲，不自满，不说过头话，不做过头事，做人做事不张扬。得体，就是举手投足要像有央企干部的样子，说话办事都要三思而后行，不得体的事不做，不得体的话不说。这些要求很简单，你细想想就是东方思想。

苏勇：对，很强的东方思想。

宋志平：我提倡"中体西用"。为什么这么讲呢？因为我们的思想意识、我们的文化，还是中国人的思想。但是西方的一些科学、管理手段、量化、模型，我们也要很好地移植过来。这就是我讲的：在管理里面，我们既不要忘了老祖宗留下的灿烂文化，同时也要打开门，积极地吸纳西方的管理思想，中西合璧，我觉得这样才能做好企业。

苏勇：宋总，刚才您提到你们公司有 25 万职工，所以我很好奇，您怎么能够管理这么大一个企业，我看您也不是很雷厉风行或者说很凌厉地去管理，而是很儒雅、很温和的，您觉得是靠什么？

宋志平：这也是大家常问我的一个问题。有时候我也给一些 MBA 或者企业领导上课，有人就问我："宋总，我们见到你之前，猜想你一定是一个很威严的人，见了以后发现，你是很慈祥的一个人，这样的一个人怎样能管理企业呢？"我说举个例子，可能不恰当但能说明问题，父亲有严父，也有慈父，严父会打孩子训斥孩子，慈父从来不训斥孩子，态度很温和。两个父亲的共同点是什么呢？负责任。只要对孩子负责任就是一个好父亲，而不拘泥于他的性格。我觉得做企业也是这样，有要求严格的领导者，也有比较包容的、温和的、宽厚的领导者，但这不重要，重要的是他是一个责任心很强的领导者。

其实做小企业，主要靠言传身教。比如在北新建材的时候，我每天早晨提前半小时去，晚上晚走一小时，半夜 12 点到工厂车间去转转，一是看看上晚班的工人，二是去看看生产情况。工人们都讲，"宋总快来了"，他们也希望见到我。但是我到中国建材以后要管那么多人，就不可能亲自到一个个车间去，管这种大企业最重要的是战略和文化。

第一个是战略，你的战略是不是深入人心，大家知道不知道是为什么而工作？我们的明天是什么？就像我们中国，中国特色社会主义就是战略目标，要让大家知道。企业也一样，大家也要明白企业的战略。

第二个是文化，我们靠什么凝聚在一起，一定要有一个非常鲜明的文化。其实文化并不复杂，文化很简单，就是现阶段我们信奉什么，不信奉者不在此列。我们是把信奉同一价值观的人放在了一起，当然我们的文化一定要是正义的，一定要是很先进的，要能代表社会主流的文化。

苏勇：讲到文化，我知道您还写过一本书叫作《包容的力量》。大家可能现在都觉得包容很重要，但是企业要真的把它做好恐怕就比较难了。

宋志平：包容是个很重要的概念。这一次在 B20 峰会（二十国集团工商峰会）上，习近平总书记就讲到了包容性发展。

其实包容就是"包容不同"，如果什么都是一样的，就不用包容了。比如唱歌时，人家唱得不好你鼓鼓掌，我觉得这就是包容，你接纳了不同。这个社会不是只有一个企业，不是只有一个人，这么多的企业、这么多的人，大家都要生存、要发展，你的发展怎么和别人的发展融合起来？我觉得这个很重要。就是我们要利己，但是也要利他，把利己和利他结合起来，这就是包容。所以我也强调，包容是包容不同，我们能不能容纳别人的不同；包容也是战胜自己，战胜自己心里那些自私的东西。

苏勇：当您看到一个您直接管理的干部，他存在您觉得不合适的行为，或者他的想法不正确，您怎么样去包容他，并且让他按照企业的要求、按照您的要求去做呢？

宋志平：比如说有一个经常迟到的人，今天早到了，我在电梯里碰到他了，我会说今天你上班上得很早啊。这是表扬吧？但实际上他会想，宋总其实说的是我以前上班迟到了。我主张用善意表扬来引导大家，其实这也是管理里面的一些东西，包容实际上不是你看不到，也不是消极地接纳他，是你看得到、意识得到，但是你能够给他时间，用好的东西去改变他。

就像联合重组，最重要的是文化认同。最害怕的是什么呢？是坏文化把好文化同化了。好文化同化坏文化，这是一件好事。但坏文化也能把好文化同化了，因为坏文化满足人的劣根性，比较随便、舒服，但是也会把一些管理冲垮了。所以我们要意识到：包容不是一个迁就的过程，而是一个互相融合之后，一起前进进化的过程。

苏勇：这个是不是就是您提的四个和谐，与自然和谐，社会和谐，还要与竞争者和谐，最后是要与员工和谐。怎么能够和竞争者和谐，这个比较难。

宋志平：四大和谐里最难的就是和竞争者和谐，我觉得这也是我们竞争理念的提高，或者是我们市场经济的一个新常态、一个新变化。

过去我们的市场竞争，目的就是打垮对手、独占市场。但是现在的竞争要学会和竞争者和睦相处，怎么在行业里实现共赢。在有一次的水泥行业会上，我讲了一个道理：行业的利益高于企业的利益，企业利益孕育于行业利益之中。有的人不赞成，说宋总讲的这个太理想化了，现实中我们就是要想办法打垮竞争对手。

苏勇：其实很多企业这么想。

宋志平：但是我说："你知道对方怎么想吗？"他说："对方怎么想？"我说："对方也是想无所不用其极地打垮你。"这会怎么样？你们俩就互相残杀，这不就是"红海"？

苏勇：两败俱伤。

宋志平：两败俱伤。为什么会出现这种竞争模式呢？由于我们过去是小生产社会，再加上对西方早期竞争的理解，混合起来就形成了现在的一些竞争逻辑。其实西方现在已经不再讲恶性竞争这种传统的竞争方式了。西方现在怎么做呢？大规模地兼并重组，用重组来代替过去的倒闭，互相打垮，从而让利益得到更大的保全。我觉得，中国现在也到了这个时候了，我们现在推进"供给侧结构性改革"，要"去产能"。

苏勇：水泥产业也是要"去产能"的。

宋志平："去产能"大家都要去，不是简单地"我把你打败，让你关了门"，而是大家都要去掉落后的产能，然后把市场腾给一些先进的产能，我觉得这就是进步，企业之间要从竞争到竞合。竞争主要体现在技术创新上、管理创新上，大家互相对标、互相学习、共同进步。但是在市场上，那种相互挖墙脚，类似于西方中世纪比狠斗勇式的竞争思想是不应该有的。

苏勇：不是现代市场的竞争手段。

宋志平：对。看过去文学作品里讲到竞争，都是要竞争到"市场不相信眼泪"，那是没有人情味的，我认为不应该那么做。企业是人性化的，企业家也是有人格的，我们在做企业的时候，不应该光想到自己，也要想到别人，从竞争到竞合，从早期的"红海"到现在的"蓝海"再到未来的"绿海"。"蓝海"就是大家不要再拼命厮杀了。

苏勇：发现新的机会。

宋志平："绿海"就是包容，不光是行业之间，我们还要对自然包容，比如说对待大气问题等等，我们可能要做很多牺牲。我认为企业生产要素的价值排列是环境、安全、质量、技术、成本，也就是说，把赚钱排在最后一位，首要考虑的是环境，也就是"绿海"。

人类发展到今天，企业发展到今天，境界都在提高，从早期残酷的、你死我活的竞争到现在相互包容、互相促进的竞争，其中的区别是很大的，所以我在建材行业给大家讲的课，给大家做的表率，就是希望这个行业从"红海"走向"蓝海"，从"蓝海"走向"绿海"，做大企业领导者应该去引导大家。

做企业的终极目标是创造幸福

苏勇：作为两家世界 500 强企业的董事长，您曾经做了一个很生动的比喻，您说"企业的董事长就是在早期航海当中，把自己绑在桅杆上的来看指引航向的那个人"。以您这么丰富的做董事长的经验，能不能最后给我们的观众，或者说给我们那么多央企也好、国企也好、民企也好，那么多企业的决策者、企业的领导者分享一些经验？

宋志平：我们常讲领导人、负责人、管理者，企业都有一个"一把手"，大企业的"一把手"是个领导者。领导者最重要的是把方向、管战略、看未来，在这一点上别人代替不了你。企业里有成千上万优秀的管理者，但是任何人都无法站到你的位置上去想战略的问题。作为一个大企业领导人，最应该想的是，现在怎么做，未来怎么做，方向在哪里。哈佛商学院一个资深副院长曾问我："宋总，能让你24小时睡不着觉的是什么？"我说："担心想错了。"一个决定看起来好像是瞬间做出的，但其背后是成千上万次的否定之否定、反反复复的琢磨。

西方很多国家早年航海时，把人绑在桅杆上看远方的礁石和冰山，防止船舶触礁。在中国古代，打仗之前要看天象、看风向、看地形，研究战略思想，这与西方是相通的。看远方，想未来，观察环境变化，获取资源，找到捷径，这恰恰是做企业家最重要的任务。看不清远方的、不观察未来的企业家肯定是最失败的企业家。所以说，企业家是领导者，而不是管理者，管理者是把今天的事情做好、做到极致，企业家是个领导者，要看到明天的事情。

苏勇：要把明天的事情想好。

宋志平：对，要想清楚明天怎么做，今天的事情交给管理者去做。我觉得我们很多企业里面不乏管理者，但是我们缺了领导者，缺了看远方的战略家，也缺少对企业深刻思考的思想家。有人问我，说宋总你60岁了，退休后打算给企业留下什么？我说我最大的"遗产"不是做出了两家世界500强，而是我留给企业的文化，我今后最担忧的就是这个企业能不能秉承和发展这些文化。

苏勇：坚持。

宋志平：坚持这些文化，并且发展它。当然我也相信未来能够在这个基础上创造更优秀的文化。所以作为企业家领导人来讲，我觉得就是两点。

一是把方向、管战略、看未来，做绑在桅杆上的人。做企业家、做企业领导其实是很孤独的，因为你被绑在桅杆上，尽管会经受风吹雨打，但仍要努力睁开眼睛看着前方，所以这并不是一个很幸福的差事。很多人只看到做企业领导表面的光鲜，看不到他做决策时内心世界的煎熬，但这又是必须付出的，因为是他的职责所在。

二是创造思想和文化。在干部员工内心深处涌动的价值观是什么？怎么能让大家早晨一醒来就愿意来这个企业上班？怎样让客户发自内心地喜欢我们的产品和服务？怎么能得到社会的尊重和接纳？这都是企业家要深思的问题。我常讲企业是人、企业靠人、企业为人、企业爱人。企业是人，是说企业是人格化的，说到海尔就想到张瑞敏，说到联想就想起柳传志，说到阿里就想到马云，这就是人格化。企业靠人是说企业的一切都是由人来完成。企业为人，是企业要时刻为干部员工、投资者、社会人着想。企业爱人，就是企业要以仁爱之心待人，让人感到幸福，我觉得这是做企业最终的目的。做企业不能只看到厂房、看到设备、看到机器人，做企业所有的目的都是为了人的幸福。

苏勇： 企业家的终极目标。

宋志平： 对，为人类的幸福。所以我也希望中国的大型企业领导人，不仅要追逐进入世界500强，更要追逐社会责任感，追逐中国人的幸福感，多贡献一些先进的理念和文化，创造更多代表时代精神和灵魂的企业思想。

后 记

　　今年是改革开放 40 周年，整个社会都在认真回顾总结 40 年改革历程，希望从中探求出一些新的激情、智慧和创意。我也和大家一样，希望整理一下自己 40 年来的行囊，为改革再出发汇集一点力量，这就是这本《问道改革》访谈集的由来。

　　我是伴随着改革事业成长起来的一名企业工作者，多年来在企业改革的一线摸爬滚打，进行了不少思考，也经历了许多次思想深处的否定之否定。在这个过程中，我接受过不少媒体采访，介绍了企业的改革情况，提出了一些观点和看法，也回应了社会上关于国企的部分疑问，访谈中不乏犀利的提问和思想的交锋。我常想，改革确实是摸着石头过河，我们对改革的认识符合"实践、认识、再实践、再认识"这一规律。理越辩越明，路越走越宽。也因此，这本访谈集里的访谈基本保留了原貌，以便大家更好了解波澜起伏的改革经历以及我对改革思考的逐步深化。

　　访谈集取名《问道改革》，可以说是想了又想。过去 40 年，我从车间技术员到工厂销售员，从厂长到央企总经理、董事长，亲历了改革带给企业的沧桑巨变。我先后供职的北新建材、中国建材集团和国药集团，都处在充分竞争领域，这几家企业可以说没有任何垄断可言。正是这样，也逼迫我带领大家毅然决然地走向市场，在市场上艰难跋涉，过程中那些铭心刻骨的感受，是常人难以想象和理解的。改革不像田园诗那样浪漫，改革从来是被倒逼的。改革是创新的过程，改革是试错的过程，改革是思想剧烈撞击和不停思考问道的过程。

在 40 年改革历程中，我们不断地探索，不断地解决难题，不断地自我修正，我们确实是一路问道而来。改革是一场前所未有的伟大实践，而由实践上升归纳出的理论却又指引着我们前进的方向。

访谈集收录的大多是党的十八大召开之后的访谈。党的十八大以来，中国特色社会主义进入新时代，企业面临新的环境和目标，我们的改革需要创新，需要向深水区果敢迈步。改革开始触及体制机制中最深层次的问题，开始进行密集的顶层设计，同时又要有更多基层企业的首创精神。作为一名一线的央企领导人，这段时期也是我思考最多、思考最深的时期，相对于前些年，可以说，这些思考也相对成熟。

国企改革迄今已历经 40 年，从最初的放权让利到建立现代企业制度，从国资监管体制改革到顶层设计"1＋N"方案的出台落地，我们探索了一条国有经济与市场相结合的道路；我们破解了国有企业在市场中如何经营和发展的世界性难题；我们摸索出了国有企业、混合所有制企业、民营企业如何国民共进、共同发展的经济模式；我们蹚出了国有企业"走出去"融入国际的路子；我们比任何时候都更加充满信心。按照党的十九大精神，当前深化国企改革的路径已十分清晰，那就是落实以管资本为主的国资监管体制、建立国有资本投资运营公司、发展混合所有制经济和培育具有国际竞争力的世界一流企业，遵循这一路线图，国企改革正迈入一个崭新的时代。

我的人生观是积极的。正因为如此，我在企业发展过程中一直探索和思考，尽管我面对的是具体的企业和具体的事情，但我一直想努力概括归纳出一些经验体会提供给大家。我知道，由于站位的局限性，我的一些观点并不一定那么精准，但我想，哪怕有一个观点对大家有用也是值得的。能为国企改革贡献微薄之力是我的一大心愿。

这本访谈集请陈清泰同志作序。他是国企改革的前辈，具有丰富的企业经验，又从顶层设计的高度为国企改革探索多年。他那细致的思辨和直率的风格，给我留下了深刻印象。访谈集中涉及多位睿智的媒体人。他们对国家繁荣和社会进步的瞩望、对国企改革和成长的关心让我深受感动。在访谈集出版过程中，中国建材集团相关同志为整理书稿付出了辛勤努力，中国财富出版社为本书尽快与读者见面做了大量工作，在此一并表示感谢。

习近平总书记指出："一个时代有一个时代的问题，一代人有一代人的使命。虽然我们已走过万水千山，但仍需要不断跋山涉水。"站在改革开放 40 周年的新起点上，让我们砥砺奋进，继往开来，用智慧和汗水绘就中国企业新时代改革发展的斑斓画卷，为实现中华民族伟大复兴的中国梦做出更大贡献。

宋志平

2018 年 9 月